21世纪全国高等院校**财经管理**系列实用规划教材

财务会计系列

初级会计学

主　编　杨尚军

副主编　张立华　李朝芳　张宝贤

参　编　王继晨　郭亚辉　张治强

　　　　李　峰

北京大学出版社
PEKING UNIVERSITY PRESS

内容简介

本书按照理论结合实践的要求进行编写，力求反映会计理论的最新发展，注意吸收同类教材的长处。本书以“三基”为基础，即基本理论——《企业会计准则——基本准则》，基本方法——7个会计核算方法，基本技能——填制凭证、登记账簿和编制报表，以资金运动为主线，结构合理，体系完整。

本书可作为高等院校财经类专业学生的教材，也可用作为企业管理者、财会人员学习、培训的参考书。

图书在版编目(CIP)数据

初级会计学/杨尚军主编. —北京：北京大学出版社，2016.1

（21世纪全国高等院校财经管理系列实用规划教材）

ISBN 978-7-301-26690-8

Ⅰ.①初… Ⅱ.①杨… Ⅲ.①会计学—高等学校—教材 Ⅳ.①F230

中国版本图书馆CIP数据核字（2015）第314943号

书　　名	初级会计学 CHUJI KUAIJIXUE
著作责任者	杨尚军　主编
策划编辑	王显超
责任编辑	陈颖颖
标准书号	ISBN 978-7-301-26690-8
出版发行	北京大学出版社
地　　址	北京市海淀区成府路205号　100871
网　　址	http://www.pup.cn　　新浪微博：@北京大学出版社
电子信箱	pup_6@163.com
电　　话	邮购部62752015　发行部62750672　编辑部62750667
印 刷 者	三河市博文印刷有限公司
经 销 者	新华书店
	787毫米×1092毫米　16开本　20.25印张　471千字
	2016年1月第1版　2016年1月第1次印刷
定　　价	45.00元

前　　言

“经济越发展，会计越重要”。目前，我国经济发展迅猛，会计作为一项管理活动也越来越重要。新兴的信息革命方兴未艾，它将从根本上改变企业和个人对信息的认识。信息革命不是一场技术、机械、技巧、软件或速度的革命，而是概念上的革命。它不是在信息技术（IT）或管理信息系统（MIS）领域发生的革命，也不是首席信息官（CIO）领导下的革命，领导这场革命的是信息产业往往忽视的人——会计人员①。

本书共分12章，第1章为会计目标，介绍了会计的产生、发展和概念、会计的职能、会计核算方法、会计的目标和任务；第2章为会计准则，介绍了会计的基本前提、会计核算基础、会计信息质量要求、会计的计量属性等；第3章为设置账户，介绍会计对象、会计要素、会计等式、会计科目与账户设置；第4章为复式记账，介绍了记账的概念与种类，借贷记账法和平行登记法；第5章为工业企业经营过程核算，介绍了企业资金筹集、资金周转和资金退出的业务处理，重点是企业供、产、销过程以及利润的形成和分配的业务核算；第6章为成本计算，介绍成本的含义和作用、成本的核算；第7章为账户分类，介绍了账户按经济内容、用途和结构等的分类；第8章为会计凭证，介绍了会计凭证的意义及分类，原始凭证的填制和审核，记账凭证的填制和审核等；第9章为登记账簿，介绍了账簿的意义和种类，登账的规则，对账和结账，错账的查找和更正的方法等；第10章为财产清查，介绍了财产清查的作用和分类，清查的方法和清查结果的处理等；第11章为账务处理程序，介绍了记账凭证、汇总记账凭证、科目汇总表、多栏式日记账的账务处理程序；第12章为财务报告，介绍了财务报告的种类、资产负债表和利润表等的编制方法。

考虑到应用型本科学生的特点和要求，本书突出了以下特点。

（1）深入浅出，学以致用。会计学是一门实用性很强的学科，学习“初级会计学”课程的目的就是要掌握会计的基本概念、基本理论、基本方法和基本技能，为以后学习打下坚实的基础。本书突出实用性、可操作性，着力培养学生的动手能力。

（2）突出趣味，扩展知识。为防止阅读的枯燥，编者增加了相关知识图表、名人名言等。对相关知识也进行了内容扩展，意在提高学生的知识水平。

“不积跬步，无以至千里；不积小流，无以成江海。”会计是门验证的学科，既要动脑学，更要动手做。编者在每章章末为学生准备练习与思考，问题设置由浅入深，趣味突出，以使学生自觉自愿思考练习，为学习下一个章节奠定基础。

本书由杨尚军担任主编，由张立华、李朝芳、张宝贤担任副主编，王继晨、郭亚辉、张治强、李峰担任参编。具体分工如下：杨尚军负责提出全书的编写大纲，并编写第1、6章，进行全书总纂；李峰编写第2章；张立华编写第3章；王继晨编写第4章；李朝芳编写第5、10章；张治强编写第7、11章；张宝贤编写第8、12章；郭亚辉编写第9章。本

---

① 彼得·德鲁克. 21世纪的管理挑战. 朱雁斌，译. 北京：机械工业出版社，2006：84.

书为江苏高校品牌专业建设工程项目成果。

编者在编写本书的过程中得到院校领导和教师，以及有关单位和人员的大力支持和帮助，在此表示感谢！由于编者水平有限，书中难免存在不当之处，敬请广大读者批评指正，以便再版时完善提高。

编　者

2015年12月

目　录

第1章

会计目标

教学目标

通过本章的学习，了解会计的产生和发展、会计的基本含义、会计的职能、会计的核算方法、会计的目标和任务等内容。

教学要求

知识要点	能力要求	相关知识
会计的产生与发展	(1) 会计产生的条件 (2) 会计发展的环境	会计的产生；会计的发展过程；会计的第一个里程碑；会计的第二个里程碑
会计的概念	(1) 会计的概念 (2) 会计的目标	信息系统论；管理活动论
会计的职能	(1) 会计的基本职能 (2) 会计的衍生职能	核算职能；监督职能，事前监督、事中监督、事后监督；分析、预测、控制、决策
会计的方法	会计核算方法	设置账户；复式记账；填制和审核凭证；登记账簿；成本计算；财产清查；编制会计报表
会计目标和任务	(1) 会计的目标 (2) 会计的任务	受托责任观；决策有用观；会计的任务

"目标"不管是从一般的还是从特定的意义来看，他总是被认为是一个管理规划的终点。

——哈德罗·孔茨

基本概念

会计　基本职能　核算职能　货币量度　监督职能　事前监督　会计核算方法　设置账户　复式记账　填制和审核凭证　登记账簿　成本计算　财产清查　编制会计报表　会计目标　决策有用观　受托责任观

导入案例

不做假账

2001年4月16日下午，原国务院总理朱镕基同志在视察上海国家会计学院时指出，社会主义市场经济，不能没有与之相适应的"游戏规则"。不按"游戏规则"办事，经济秩序就会大乱，现代化事业就不可能实现，要按"游戏规则"办事，就必须培训大批高素质的会计人才。"不做假账"是每个会计人员最基本的职业道德和行为准则。并挥毫为该院题下了语重心长的四字校训——不做假账。

不做假账，会计信息才能真实可靠，进行经济决策才不会出问题。不做假账是会计工作的底线。

点评：会计目标既是会计工作的终点，也是会计工作的起点。

会计目标是提供会计信息，反映受托责任，进行经营管理，这是会计工作的终点，也是会计工作的起点，一切会计工作都要为达到会计目标而努力。本章主要介绍会计的产生和发展、会计的概念、会计职能、会计核算方法、会计目标等。

1.1 会计的产生、发展和概念

1.1.1 会计的产生

会计是适应人类社会生产实践和经济管理的客观需要而产生并发展的。在人类社会中，生产是最基本的实践活动，是人们生活的根本。人类要生存，社会要发展，必须进行物质资料的生产，依靠生产出来的物质来满足人们的衣、食、住、行和社会发展的需要。物质财富的生产是人类社会得以存在和发展的基础，人们在进行生产活动时，一方面要创造物质财富，有所得；另一方面要投入和耗费一定的财产物资及劳动，有所费。所得扣除所费以后有剩余，社会才能不断发展前进。为此，人们在生产中，无论在何种社会状态下，都必然非常关心自己的生产成果与耗费，力图以最少的耗费生产出尽可能多的生产成果。为达此目的，人们要知道生产过程的消耗和结果，因此有必要把生产的过程和结果记录下来，并登记生产账目，把生产过程的数量方面做成记录，以此来描述经济过程，评价经济上的得失，从而就产生了会计。所以，会计是应生产实践活动和客观需要而产生的一种活动，是为管理好生产而为人们提供信息的。

最初，会计从属于生产职能，就是在生产活动之外，附带抽出一部分时间把生产的成果和耗费及发生日期以一定形式做成记录。后来随着生产的发展，它逐渐从生产职能中分离出来，才成为独立的、特殊的、由专门人员从事的职能。马克思在《资本论》中说："单个商品生产者仅仅用头脑记账，或者仅仅在他的生产时间之外附带地把收支、支付日等记载下来，随着生产的发展，这种职能不再是生产职能的附带部分，而是从生产职能中分离出来，成为特殊的、专门委托的当事人的独立职能。"但是会计这一职能本身的性质，并没有因为它从生产职能中分离出来，成为独立的职能而有所变化。

1.1.2 会计的发展

会计在我国有悠久的历史。我国远古时期曾出现过"结绳记事"等最简单的会计行为，并被认为是会计起源的萌芽。根据《周礼》记述，早在西周奴隶社会就已经建立起一套完整的会计工作组织系统，有"司书""司会"等官吏专门从事会计工作。"司书"是记账的，主要对财物收支进行登记；"司会"是进行会计监督的，他要接受朝廷和地方百官的会计文书而进行考核。据《孟子》记载："孔子尝为委吏矣，曰：'会计当而已矣。'"清《孟子正义》对会计的解释是："零星算之为计，总和算之为会。"我国最早的一部完整的封建法典——战国时期的《法经》，也对会计问题做出了相应规定。

到宋代，把财政收支分为旧管、新收、开除和实在四个部分来计算和反映财产的增减变化情况。

明初，把宋代这一方法概括为"四柱清册"法。该方法把一定时期内财物收支记录，通过"旧管＋新收＝开除＋实在"(相当于现时的"上期结存＋本期收入＝本期支出＋本期结存")这一平衡公式加以总结，既可检查日常记账的正确性，又可系统、全面和综合地反映经济活动的全貌。

明末清初，在四柱的基础上产生了"龙门账"，用以计算盈亏。它把全部账目划分为"进""缴""存""该"四大类，运用"进－缴＝存－该"的平衡公式，计算盈亏，分别编制"进缴表"和"存该表"，两表计算结果相等称为"合龙门"。

清代，商品经济进一步发展，资本主义经济关系逐渐萌芽，在"龙门账"的基础上又产生了"天地合账"。使用该方法时，一切账项，无论是现金出纳、商品购销、内外往来等，都要在账簿上记录两笔，既登记"来账"，又登记"去账"，以反映同一账项的来龙去脉。账簿采用垂直书写，直行分上下两格，上格记收，称为"天"，下格记付，称为"地"，上下两格数额必须相等即所谓"天地合"。"四柱清册""龙门账"和"天地合账"显示了我国古代会计的杰出成就。

清朝中晚期及中华民国时期，我国会计处在中式簿记与西式簿记并存的时期，主要是引进西方复式簿记。

中华人民共和国成立后的几十年中，我国会计从实践到理论都发生了前所未有的发展和变化。特别是党的十一届三中全会以后，我国会计研究工作取得了丰硕成果。1978 年国务院颁布了《会计人员职权条例》，1985 年颁布了《中华人民共和国会计法》(以下简称《会计法》)，我国会计工作从此进入法制阶段，1993 年和 1999 年又对《会计法》进行了两次修订。为了适应我国社会主义市场经济的需要，1992 年 11 月 30 日财政部颁布了

《企业会计准则——基本准则》和《企业财务通则》，并从1993年7月1日起实施。1997年5月22日《企业会计准则——关联方关系及其交易的披露》具体准则发布，随后又相继制定了其他具体准则。这是引导我国会计工作与国际会计接轨的一项重大措施，也是我国会计理论与会计实践前所未有的重大发展，是我国会计发展的历史性转变。2006年2月15日，财政部修订颁布《企业会计准则——基本准则》和38项具体准则，进一步完善了我国会计准则体系。我国会计发展简史见表1-1。

表1-1 中国会计发展简史

时代	代表事件
夏	出现“会计”一词
西周	设有“司会”官员，会计成为独立的经济职能部门
唐	“比部”的设立；唐中期“四柱清册”结账方法产生
宋	“四柱清册”方法普遍采用
明	出现不完全复式簿记“三脚账”
明末清初	富山创立“龙门账”计算盈亏
清	出现复式簿记“四脚账”，并用于计算盈亏
1897年	中国通商银行采用“借贷复式”簿记

知识链接

美国会计学者A. C. 利特尔顿在《一九〇〇年前的会计发展》一书中提出复式簿记产生的七大条件：文字(由文字形成的书写方法)的产生，簿记首先是记录；算术的产生，簿记的技巧方面是由一系列的简单计算组成的；私有财产制度的产生，簿记只反映有关财产和财产权利的事实；货币产生，货币经济，簿记只能以货币作为共同的计量单位；信用(即非完全交易)，如果所有的交易均在一个时点完成，对记录的推动作用可能就微乎其微了；商业的产生，仅仅是地方性贸易，尚不会产生足够的压力使人们将各种不同的概念综合成一种系统的方法；资本的产生，没有资本，商业就是小宗买卖，信用交易也就不会产生。

国外的会计历史也很长久。远古时期，在公元前3600年左右的古巴比伦王国就开始了记账工作，当时用泥土块进行记录。马克思在《资本论》中指出，在远古的印度公社中，已经有了一个农业记账员，负责登记账目，登记和记录与此有关的一切事项。在古埃及，会计的发展水平与古巴比伦大体相同。在古希腊，早在公元前630年，就发明了铸币，簿记就变得专业化了。

一个会计中心的出现是与一个地方经济的繁荣息息相关的。从13世纪到15世纪，地中海沿岸某些城市的商业和手工业兴旺发达，经济繁荣，从而产生了复式记账制度。复式记账就是在1250—1440年产生于意大利的佛罗伦萨、热那亚、威尼斯等城市的。1494年意大利数学家和会计学家卢卡·帕乔利的数学专著《算术、几何、比及比例概要》一书在威尼斯的出版，开创了会计史上的新纪元，是会计发展史的第一个里程碑，是目前人类发现的关于复式簿记最早的文献。该书对复式簿记作了系统的说明，为复式簿记在全世界的推广普及奠定了基础。卢卡·帕乔利被会计学家尊称为“近代会计之父”。

18世纪中叶到19世纪中叶，是西欧工业革命时期。这个时期给社会和经济带来了巨大变化，使西欧各国形成了空前的生产力，并在会计方面产生了成本会计。股份有限公司的产权与经营权逐渐分离，信贷业务开始开展，社会上出现了以查账为职业的审计工作人员。特别是英国的“南海公司”事件，催生了特许或注册会计师(Certified Public Accountant，CPA)，使查尔斯·斯奈尔走到了历史的前台，成为“注册会计师之父”。1853年在苏格兰的爱丁堡创立了第一个注册会计师的专业团体——爱丁堡会计师协会，这是会计发展史上的第二个里程碑。再加上这一时期各国税法、商法、公司法的陆续颁布和完善，也促进了会计的发展，簿记逐渐成长，并称为会计。资产计价理论、折旧理论、成本会计理论、会计原则、审计理论等也逐渐系统、完善，相继出台并得到了一定的发展。

20世纪30年代以后，世界经济发展的中心转移到美国，因而，会计在美国得到飞速发展。一些权威的会计机构，如美国注册会计师协会(American Institute of Certified Public Accountants，AICPA)、美国会计学会(American Accounting Association，AAA)等，以及证券交易委员会(Securities and Exchange Commission，SEC)，对会计理论、方法和技术的发展起着重要的作用，完善了传统的财务会计理论和方法体系。20世纪50年代以后，信息论、控制论、系统论、现代数学、行为科学等引入会计，丰富了会计学的内容，尤其是出现了为企业内部管理服务的管理会计，与财务会计并列成为企业会计的两大分支。同时，也逐步建立了物价变动会计理论和方法体系，以适应通货膨胀的出现。跨国公司蓬勃兴起，出现了国际会计以及人力资源会计、环境会计、社会会计、社会责任会计等新会计领域。并且由于电子计算机的使用，会计信息的搜集、分类、处理、反馈等操作程序逐步摆脱了手工操作之劳苦，实现了自动化、电算化和信息化。西方会计发展简史见表1-2。

表1-2 西方会计发展简史

时间	代表事件	代表人物或组织	国家	经济管理状况	备注
1494年	借贷记账法	卢卡·帕乔利	意大利	银行出现	第一个里程碑
1600年	英国东印度公司	英国东印度公司	英国	委托和受托关系出现	
1605年	借贷记账符号	西蒙·斯蒂文	荷兰	商业繁荣	
1719年	南海事件	查尔斯·斯奈尔	英国		
1853年	爱丁堡会计师协会	爱丁堡会计师协会	英国		第二个里程碑
1887年	成本会计	埃米尔·加克约翰·费尔斯	英国	大工业出现	
1911年	标准成本会计	查特·哈里森	美国	科学管理	
1922年	管理会计	麦西金	美国	竞争中决策信息的需求	第三个里程碑
1939年	公认会计原则	AICPA	美国	经济危机影响	
1977年	公允价值计量	FASB	美国	经济变化加速对相关信息的需求	第四个里程碑

综上所述，无论是中国还是外国，社会上很早就产生了会计，有着专职承担会计工作的人员。同时也可以看出，会计总是处于一定的社会经济环境中，随着社会经济环境的不断运动、不断演变和发展而发展。随着科学技术的进步，特别是电子技术发展，会计核算手段也实现了机械化、电算化和信息化。社会经济环境影响和促进了会计的发展，而会计的发展反过来在一定程度上也促进和推动了社会经济的发展。

总之，历史发展证明，经济越发展，会计越重要。会计作为经济管理的重要组成部分，不仅是微观经济管理的重要手段，也是宏观经济管理的需要。

1.1.3 会计的概念

对于会计的概念，国内外的看法和表述不一，即使在同一国家的不同时期，也不尽相同。这是因为，社会经济环境制约和影响着会计，处于不同社会环境条件下的人们的观察角度不同、认识不同，从而形成不同的看法与表述方法，因此产生了不同的会计概念。

美国是现代会计发展的中心。自 20 世纪 30 年代以来，美国注册会计师协会、美国会计学会、美国注册会计师协会所属会计原则委员会(Accounting Principles Board，APB)、美国财务会计准则委员会(Financial Accounting Standards Board，FASB)在不同时期，分别描述过会计的含义，包括其他一些西方国家对会计的表述，都有一个共同的特点，即认为会计是一个经济信息系统。如 1966 年美国会计学会对会计所下的定义是“会计是鉴定、计量和传递经济信息的过程，借以使信息使用者能够做出可靠的判断和决策”。1978 年，美国财务会计准则委员会在第 1 号财务会计概念公报中所下的定义是“会计是计量、处理和传递有关一个经济单位财务信息的信息系统，依据它所提供的信息，报表使用者可做出合理的经济决策”。

在我国，对会计的认识也在不断地变化，存在着不同的观点，概括起来主要有信息系统论和管理活动论。信息系统论认为：会计是旨在提高经济效益，加强经济管理，在企业内建立一个计量、记录会计事项，并通过加工提供会计信息的经济信息系统。而管理活动论则认为：会计是经济管理的重要组成部分，它是通过确认、计量、记录、分类、汇总和报告经济信息，对企业进行管理、提高经济效益的一种管理活动。

从中外会计界对会计的不同认识可以看出，会计是与社会环境紧密联系在一起的，社会经济环境的发展变化，促使人们对会计的认识处于不断的变化之中。但是无论什么时期、哪一种观点，都应是对会计本质的概括和描述，所不同的只是方式。将各种会计的定义综合起来，可以概括为管理工具论、管理活动论、艺术论、信息系统论等。

综上所述，会计的一般概念可以定义为：会计是利用核算和监督的职能，对一定会计主体的经济活动遵照会计准则和会计的专门方法提供会计信息的系统，反映经济活动及结果，以进行经济管理活动。

1.2 会计的职能

1.2.1 会计的基本职能

会计职能是指会计本身所具有的功能。会计的职能可以有很多，但其基本职能只有两个：核算与监督。马克思在《资本论》第二卷中指出：“过程越是按社会规模进行，越是失去纯粹个人的性质，作为过程控制和观念总结的簿记，就越是必要；因此，簿记对资本主义生产，比对手工业和农民的分散生产更为必要，对公有生产，比对资本主义生产更为必要。”这里马克思科学地概括了会计的基本职能。“观念总结”就是指会计的核算职能，即利用货币作为主要的计量单位，通过数量上的记录、计算和分析来反映经济活动过程，从而为经济管理提供会计信息。“过程控制”是指会计的监督职能，即主要利用价值指标对经济活动全过程的合法性、合理性和有效性进行事前、事中和事后的监督。

1.2.2　会计核算职能

会计的核算职能是会计的最基本职能，也是全部会计管理工作的基础。任何经济实体单位要进行经济活动，各方面都要求会计提供真实的、正确的、完整的、系统的信息，就须对经济活动进行确认、计量、记录、分类、报告，将经济活动的内容转换成会计信息，编制会计报告，形成综合会计信息资料。因此会计的核算职能应具有以下三个特点。

（1）会计核算职能主要以货币为计量单位，从价值量上反映各单位的经济活动状况。会计上可以采用的计量单位有三种，即实物量度、劳动量度和货币量度。实物量度只能表示个别商品的数据，因而不能进行综合和比较，不能进行全面、综合的计算工作；劳动量度虽然能相加，但无法反映简单劳动和复杂劳动的区别；而货币具有一般等价物的作用，可用来衡量其他商品，因此以货币量度进行核算可以综合反映经济活动的过程和结果。由于现实经济活动的复杂多变，人们不可能简单地凭借观察和记忆或加工而掌握经济活动的全面情况，只有采用一定的方法，按一定程序加工处理后产生的以价值量表示的会计信息，才能全面掌握和了解经济活动。因此在商品经济条件下只有以货币为主的计量单位，才能综合反映经济活动全过程；而实物量度与劳动量度则作为辅助计量单位发挥作用。

（2）会计核算具有完整性、连续性、系统性。会计核算的完整性是指对全部经济活动进行完整的、全面的记录，不能有任何遗漏，既有总括的记录，又有明细的记录；既有货币量的核算，又有实物量、劳动量的核算。会计核算的连续性是指对经济活动的确认、计量、记录、报告要连续进行，不能有任何中断。会计核算的系统性是指要采用科学的核算方法，对各项经济活动进行分类、记录、加工整理，保证所提供的会计数据资料能成为一个有序的整体，从而揭示客观经济活动的规律性。

（3）会计核算职能是对各单位经济活动的全过程进行反映。市场经济的激烈竞争，单位规模的不断扩大，经济活动的日益复杂化，要求会计核算不仅仅进行事中、事后核算，还要同时进行事前核算、分析和预测，增强经营管理的预见性。因此，会计在对已经发生的经济活动进行事中、事后核算的同时，还要预测未来的经济活动。

1.2.3　会计监督职能

会计监督是会计的另一个基本职能。会计监督职能是指监督经济活动使其符合规定的要求，实现预期的目标。任何单位，不论规模大小，进行会计工作都应依据国家的方针、政策、法规以及会计准则和会计制度。方针、政策和法规是会计人员的纲领，会计准则是进行会计工作的规范，会计制度是进行会计工作的章法(即规章制度)。所以，设计和制定并颁布会计准则与会计制度，会计人员就必须遵照执行，否则就不能达到预期目的。

会计监督从监督的时间上看具有三个阶段：

（1）事前监督。会计监督要体现在经济活动发生之前，关口前移进行事前监督，对经济活动发挥预测作用，通过制定定额和计划进行管理。

（2）事中监督。根据经济业务的进行情况，对照事前的定额或计划对经济活动进行控制，保证经济活动按照定额或计划进行。

（3）事后监督。对于经济活动完成的情况进行评价，以考核完成工作的好坏。

监督职能的事前、事中与事后中，事前监督是基础，事中监督是关键，事后监督是总结，因此，要逐步把会计监督从事后监督转变到事前和事中进行监督。三者的关系如图1.1所示。

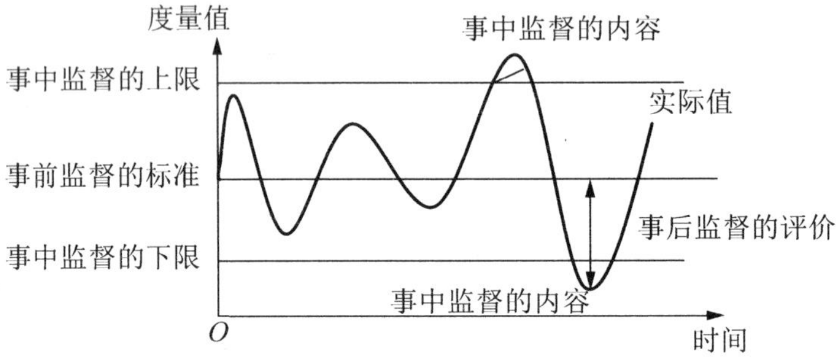

图 1.1　监督职能的过程

事中监督要遵循例外原则，只要在监督的界限内就可以不做控制，超过监督界限了，就要及时控制，并进行评价、反馈。

上述会计职能是会计的两个基本职能。会计的发展离不开与之紧密相连的社会经济环境，社会经济环境的发展变化，使得会计一直处于不断的发展变化之中。随着社会经济的发展，会计职能由两个基本职能发展和延伸出来许多其他职能，有四职能说、五职能说、六职能说等。六职能说认为会计有核算、监督、预测、决策、控制和分析的职能。

1.3　会计核算方法

1.3.1　会计方法

会计方法是用来核算和监督会计对象以及开展会计分析、检查、预测、决策等所采用的一系列专门方法。各会计主体为了对会计对象进行核算和监督，为各方提供及时有用的会计信息并有效利用信息，必须对会计方法加以研究。

会计方法是从会计实践中总结出来的，随着会计核算和监督内容的日趋复杂，以及会计含义的不断发展，会计方法也在逐步丰富、发展、完善。会计方法发展到今天，主要包括以下几方面。

1. 会计核算方法

会计作为经济管理的重要组成部分，需要有整套科学的方法体系。客观经济业务频繁复杂，在生产、交换、分配、消费的过程中发生的经济信息不可胜数。要将经济信息转换成会计信息，就必须依照会计准则的规定法则进行确认、计量、记录、分类、汇总、报告，成为有效的会计信息。这个信息转换的过程就是会计核算。所以，会计核算方法是指依据会计准则对会计要素进行确认、计量、记录和报告所应用的方法，它是会计的基本方法。

2. 会计分析方法

会计分析方法是在会计核算的基础上，结合调查研究，运用一定的分析方法，对企业的经营活动过程及其经营成果进行考核、评价，并做出定量或定性分析的方法。会计分析的定量方法主要有比较分析法、比率分析法和因素分析法等。它是会计预测、考核和决策的主要依据。

3. 会计监督方法

会计监督方法是检查会计核算的合法性、合规性，以及通过会计核算及会计分析所提供的资料与原定目标之比较，来检查企业的生产经营过程或单位的经济业务是否合理、合法，与原定目标有多大偏差，考核会计主体的经营业绩，监督经济运行的全过程，控制经济运行按预定的轨道进行的方法。

4. 会计预测方法

会计预测方法是利用会计核算及会计分析所提供的资料，结合瞬息万变的市场信息，运用一定的预测方法，对会计主体未来的资金运动进行科学预测所运用的方法，具体包括定性预测方法和定量预测方法。

5. 会计决策方法

会计决策方法是企业经营决策方法的重要组成部分。它是指会计主体为达到特定的目标选择最优方案所运用的方法。具体方法有量本利分析法、差量分析法、贡献毛利法、投资回收期法、净现值法等。

上述各方法之间存在着内在的联系。会计核算方法是最基本的方法，会计分析是在会计核算资料的基础上进行的分析，会计监督是对会计核算过程的必要补充，会计预测是在会计核算资料基础上所做的判断，会计决策是在预测的基础上，对预测的多种方案进行的选择。本节重点介绍会计核算的具体方法。

1.3.2 会计核算的具体方法

会计核算方法是对会计对象进行核算的手段。它包括下列 7 个专门方法：设置账户、复式记账、填制与审核凭证、登记账簿、成本计算、财产清查、编制会计报表。

1. 设置账户

设置账户是对会计对象具体内容进行分类核算的方法。会计对象的内容是丰富多样的，要对它们进行系统的核算和全面的监督，就必须进行科学的分类，以便取得各种不同性质、不同类别的核算指标以满足管理要求。设置账户是进行会计核算的前提。

2. 复式记账

复式记账是对每一项经济业务，都要以相等的金额同时在两个或两个以上的相关账户中进行记录的方法。复式记账法要使得每项经济业务所涉及的两个或两个以上的账户之间产生一种平衡关系，这样既可以了解和掌握经济业务的内容，又可以检查会计记录的正确性。采用复式记账法，就要在有关账户中全面地、相互联系地进行记录，这样，可以了解资金运动的来龙去脉、来踪去迹，相互联系地反映资金增减变动的完整内容。在会计核算中，填制凭证、登记账簿、成本计算、编制会计报表都要运用复式记账的基本原理。

3. 填制与审核凭证

填制和审核凭证是为会计记录提供完整的、真实的原始资料，保证账簿记录正确、完整的方法。会计凭证分为原始凭证和记账凭证，所有原始凭证都要经过会计部门和其他有关部门的审核。只有审核后的，并认为是正确无误的原始凭证，才能作为填制记账凭证和登记账簿的依据。所以，填制和审核凭证，严格以凭证为依据进行会计核算，既是会计核算的特点，又是保证会计资料真实性、正确性的有效手段。

4. 登记账簿

账簿是用来全面、连续、系统地记录各项经济业务的簿记，也是保存会计数据资料的重要工具。登记账簿是在账簿上连续地、完整地、科学地记录和反映经济活动和财务收支的一种方法，把经济业务分门别类地登记到账簿中去，并定期进行结账和对账，以便为编制会计报表提供准确无误的数据资料。

5. 成本计算

成本计算是一种会计计量活动，是按照一定对象归集各个经营过程中所发生的费用，从而计算各个对象的总成本和单位成本的一种专门方法。通过成本计算，可以正确地对会计核算对象进行计价、计算，为考核生产经营活动过程中物化和活劳动的消耗，正确计算盈亏提供数据资料，以便挖掘降低成本的潜力，提高企业的经济效益。

6. 财产清查

财产清查是通过实物盘点、往来款项的询证核对来检查财产实有数额的方法。通过财产清查有利于摸清单位情况，挖掘潜力。在财产清查中发现财产账面数额与实存数的不一致，应查明账实不符的原因，以明确责任，加强管理，提高经济效益。对清查中发现的积压或残损物资以及往来账款中的呆账、坏账，要积极清理和加强管理。因此，财产清查是保证会计核算资料的真实性、正确性的一种手段。

7. 编制会计报表

编制会计报表是根据账簿记录的数据资料，采用一定的表格形式，概括地、综合地反映各单位在一定时期内经济活动过程和结果的一种方法。编制会计报表是对日常核算的总结，是在账簿记录基础上对会计核算资料进一步加工整理。

会计核算方法不是孤立存在的，而是相互联系的，从而构成一个完整的会计核算方法体系(图 1.2)，体现出会计的严谨和科学。

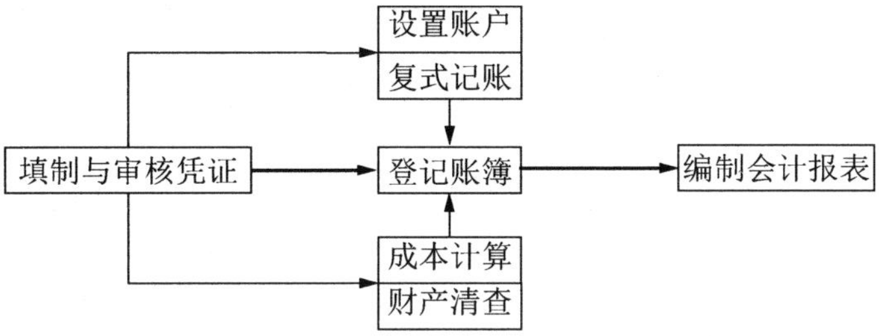

图 1.2 会计核算方法体系

会计是个系统化的过程。一般来说，对于日常发生的每项经济业务，都要首先填制凭证，然后审核，按规定的账户采用复式记账原理在有关账簿中登记，并进行成本计算和定期或不定期地财产清查，在进行成本计算和财产清查的同时也要填制凭证和登记账簿。期末，在账实相符的基础上，依据账簿记录编制会计报表，向会计信息使用者报告企业、单位的财务状况、经营成果和现金流量。

需要特别强调的是，图 1.2 中划粗线联结的“填制与审核凭证”“登记账簿”“编制会计报表”三项既是方法，又是会计循环的基本步骤。

“填制与审核凭证→登记账簿→编制会计报表”三个步骤，第一步“填制与审核凭证”是会计信息的收集记录过程，对信息进行甄别，进行会计确认、计量；第二步“登记账簿”是会计信息的分类整理过程，按照类别对会计信息进行分类的确认、计量；第三步“编制会计报表”是对会计信息的汇总表述过程，按照会计信息需求者的要求，对会计信息进行汇总报告。

从填制与审核凭证，到登记账簿，再到编制会计报表，三个基本步骤进一步细化，就是第 11 章要学习的账务处理程序。

1.4 会计的目标和任务

1.4.1 会计的目标

人类的一切活动都有目标，如果没有目标，人类活动也就失去了意义。会计也有其目标，会计目标就是会计应该达到的目的或结果。并且，随着社会经济的发展，生产管理对会计的要求会越来越高，会计的目标也在发生着变化。当前，对于会计目标的认识，主要有“决策有用观”和“受托责任观”两种观点。所谓“决策有用观”是把会计的目标定位于为理性决策提供有用的信息，如财务报表(告)的目的就是向信息使用者提供对他们的理性决策有用的信息。会计信息的最终产品就是决策，这项决策无论是由投资者、管理者、债权人、政府部门制定，还是由潜在的投资者、职工等与企业财务业绩有关的团体制定，都会因使用会计信息而得到加强。

所谓“受托责任观”是把会计的目标定位于提供受托责任履行情况的信息，认为企业是一个契约组织，存在着不同的委托和受托关系，会计的目标就是反映受托的责任。

知识图说

罗纳德·哈里·科斯说：“现代企业理论的一个基本命题是，企业是一系列契约(合同)的组合。”(图 1.3)。

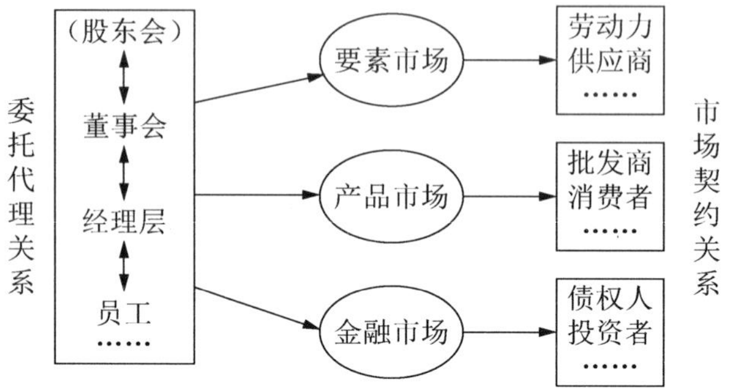

图 1.3　公司科层与市场契约

会计的目标是与企业所处的外部经济环境相适应的。决策有用观与受托责任观所认定的经济环境既有相同之处，也存在着较大差异。决策有用观与受托责任观的异同见表 1-3。

表 1-3　会计目标对比

项　目		决策有用观	受托责任观
相同点	前提	所有权和经营权相分离	所有权和经营权相分离
	形式	会计报表	会计报表
不同点	理论	所有权理论	契约理论
	立场	投资者或潜在的投资者	经营管理者
	信息的侧重	企业未来现金流动的金额、时间分布及其不确定性	反映经营业绩及其评价方面

事实上，从本质上看，两种目标并不存在根本上的冲突。两者相互联系，相互补充，受托责任代表决策有用的一个侧面，因为受托责任本身就是为委托人评价受托责任的履行情况提供依据的；而决策有用也必须考虑管理当局对受托资源管理责任的履行情况。否则，信息使用者的决策基础就将被动摇。

所以，无论是受托责任观还是决策有用观，都与具体的经济环境相关联。就对整个经济发展过程具有全面影响方面而言，决策有用观更具重要性，而就某一发展过程具体的经济环境来看，受托责任观有其实用性。

我国《企业会计准则——基本准则》从“受托责任观”和“决策有用观”两个方面规定了会计的目标是：“向财务会计报告使用者提供与公司财务状况、经营成果和现金流量等有关的会计信息，反映企业管理层受托责任履行情况，有助于财务会计报告使用者做出经济决策。”

1.4.2 会计的任务

会计的任务是实现会计目标，会计人员进行会计工作能够完成的工作任务，取决于社会主义市场经济和生产经营管理的要求，也取决于科学技术的发展水平。在现阶段，会计的任务主要有以下四个方面。

（1）加强会计核算，真实、正确地提供会计信息。会计核算是会计的基本职能之一，加强会计核算是会计的首要任务。会计核算要求正确计算各项收入和支出，严格掌握成本和开支，合法、真实、正确、完整地核算会计主体的经济活动，如实反映单位财务状况、经营成果和现金流量，为会计信息使用者提供真实、正确的会计信息，使之能满足会计主体内部、外部各个方面的信息使用者进行理性决策的需要。

（2）严格会计监督，维护财经法规，控制生产经营活动全过程。会计监督也是会计的基本职能之一，会计主体应建立会计监督制度，定期审查会计资料的真实性、正确性和合法性；监督会计主体生产经营活动中的重大对外投资、资产处置、资金调度和其他重要的经济业务事项的理性决策；控制企业各项收入、费用和利润的实现；保护单位资源的完整；制止违反财经法规、财务制度的收支行为，从而保护单位所有者和债权人的权益，维护市场秩序。

（3）加强目标的考核与分析，发挥会计在提高单位经济效益中的作用。提高经济效益是会计主体生产经营活动的根本宗旨，也是会计工作的主要目标。会计部门要利用一切有利条件，除按规定进行会计核算，实行会计监督以外，还要参与制订各项计划和预算，分析、考核单位财务状况、经营成果和现金流量，以提高经济效益，发挥会计工作在维护市场经济、提高经济效益中的作用。

（4）预测经济前景，参与经营决策。管理就是决策，企业根据会计资料分析企业过去的经营情况，对企业经营活动的发展进行预测，制定出经营目标，参与经营管理决策。

本章小结

本章介绍了会计的产生和发展，会计的含义，会计的核算和监督基本职能，会计的目标和任务，以及会计核算、会计分析等方法，特别是设置账户、复式记账、填制凭证、登记账簿、成本计算、财产清查和编制会计报表7种会计核算方法的基本理论和内容。

名人名言

会计的发展是反应性的，也就是说会计主要是应一定时期的商业需要而发展的，并与经济的发展密切相关。

——迈克尔·查特菲尔德

任何研究领域都要以阐明范围和确定目标为其出发点。

——埃尔登·S. 亨德里克森

在会计领域中，目标可以视为形式结构中假设的一部分，或者视为超过或同于假设水准的一组建议。

——埃尔登·S. 亨德里克森

受托责任的关系可因宪法、法律、合同、组织的规则、风俗习惯、甚至口头合约而产生。一个公司对其股东、债权人、雇员、客户、政府或有关联的公众承担受托责任。在一个公司内部，一个部门的负责人对分部经理负有受托责任，而部门经理对更高一层的负责人也承担受托责任。就这一意义而言，说我们今天的社会是构建在一个巨大的受托责任网络之上，毫不过分。

——伊尻雄治

人类社会发展史就是一部会计发展史。

——郭道扬

企业在构造一种服务职能的理论体系中，第一个程序是建立职能的目的和目标。随着时间的推移，目的和目标会变动。但在任何时期，目的和目标都必须规定明白或有可能明白地予以规定。

——德尤因

练习与思考

一、单项选择题

(1) 会计的基本职能是(　　)。

A. 核算与监督　　B. 分析与考核　　C. 预测和决策　　D. 核算与预测

(2) 会计的主要方法是(　　)。

A. 会计分析方法　　B. 会计核算方法　　C. 会计预测方法　　D. 会计决策方法

(3) 会计监督主要是通过(　　)来进行的。

A. 数量指标　　B. 价值量指标　　C. 实物量指标　　D. 劳动量指标

(4) 会计的目标是(　　)。

A. 提供会计信息，进行价值管理　　B. 提供会计信息，提高经济效益

C. 反映受托责任，进行经济决策　　D. 提供会计信息，进行预测决策

二、判断题

(1) 会计是一种经济管理活动。(　　)

(2) 现代会计是作为生产职能的附带部分存在的，同时也有自己的独立的职能。(　　)

(3) 会计计量单位只有一种，即货币量度。(　　)

(4) 价值管理就是会计管理。(　　)

(5) 会计职能只有两个，即核算与监督。(　　)

(6) 资产包括固定资产和流动资产两部分。(　　)

(7) 会计核算的主要目的是向会计信息使用者提供真实、完整的会计信息。(　　)

(8) 会计方法主要是指会计核算方法。(　　)

(9) 预测和决策也是会计的两个重要职能。(　　)

(10) 会计核算主要从价值量上反映各单位的经济活动状况。(　　)

(11) 会计核算的完整性是指对所有的经济活动都要进行计量、记录、报告。(　　)

三、填空题

选择合适的内容(登记总账、设置账户、填制和审核凭证、复式记账、登记账簿、编

制会计报表、会计检查、会计分析、成本计算、财产清查、编制资产负债表、填制和审核原始凭证)填列到下图合适的方框内，以构建会计核算方法体系。

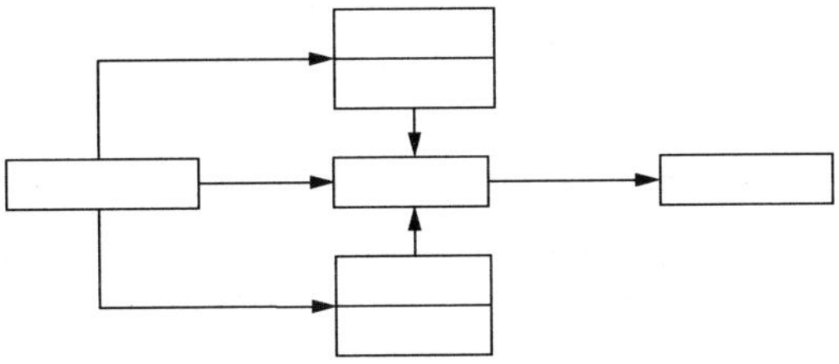

四、问答题

(1) 什么是会计?

(2) 会计的职能有哪些?如何认识会计职能的发展?

(3) 会计核算的方法有哪些?如何表述?各方法之间关系如何?

五、讨论题

(1) 你认为会计有何作用?为什么要学会计?如何当好会计?

(2) 阅读《会计法》，谈谈你的体会。

六、阅读分析题

簿 记

劳动时间除了耗费在实际的买卖上外，还耗费在簿记上；此外，簿记又耗费物化劳动，如钢笔、墨水、纸张、写字台、事务所费用。因此，在这种职能上，一方面耗费劳动力，另一方面耗费劳动资料。这里的情况和买卖时间完全一样。

资本作为它的循环中的统一体，作为处在过程中的价值，无论是在生产领域还是在流通领域的两个阶段，首先只是以计算货币的形态，观念地存在于商品生产者或资本主义商品生产者的头脑中。这种运动是由包含商品的定价或计价(估价)在内的簿记来确定和控制的。这样，生产的运动，特别是价值增值的运动，——在这里，商品只是价值的承担者，只是这样一种物品的名字，这种物品的观念的价值存在固定为计算货币，——获得了反映在观念中的象征形象。在单个商品生产者仅仅用头脑记账(例如农民；只有资本主义农业，才产生使用簿记的租地农场主)，或者仅仅在他的生产时间之外附带地把收支、支付日等记载下来的时候，很明显，他的这种职能和他执行这种职能所消耗的劳动资料，如纸张等，都是劳动时间和劳动资料的追加消耗。这种消耗是必要的，但是既要从他能用于生产的时间中扣除，又要从那种在现实生产过程中执行职能的、参加产品和价值的形成过程的劳动资料中扣除。不论这种职能集中在资本主义商品生产者手中，不再是许多小商品生产者的职能，而是一个资本家的职能，是一个大规模生产过程内部的职能，从而获得了巨大的规模；还是这种职能不再是生产职能的附带部分，而从生产职能中分离出来，成为特殊的、专门委托的当事人的独立的职能，——这种职能本身的性质都是不会改变的。

如果一种职能就其本身来说，也就是在它独立出来以前，不形成产品和价值，那么，分工这种职能的独立，并不会使这种职能形成产品和价值。如果一个资本家新投入资本，他就必须把一部分资本投在雇用记账员等和购置簿记用品上。如果他的资本已经执行职能，处在不断的再生产过程中，那么，他就必须使他的商品产品的一部分，通过转化为货币，不断再转化为记账员、事务员等。这部分资本是从生产过程中抽出来的，它归入流通费用，归入总收益的扣除部分(专门用于这一职能的劳动力本身也包括在内)。

但是，簿记所产生的各种费用，或劳动时间的非生产耗费，同单纯买卖时间的费用，毕竟有一定的区别。单纯买卖时间的费用只是由生产过程的一定的社会形式而产生，是由这个生产过程是商品的生产过程而产生。过程越是按社会的规模进行，越是失去纯粹个人的性质，作为过程控制和观念总结的簿记就越是必要；因此，簿记对资本主义生产，比对手工业和农民的分散生产更为必要，对公有生产，比对资本主义生产更为必要。但是，簿记的费用随着生产的积聚而减少，簿记越是转化为社会的簿记，这种费用也就越少。

我们这里谈的，只是由单纯形式上的形态变化所产生的流通费用的一般性质。这里用不着考察这些流通费用的各种详细形式。但是，这些属于价值的纯粹的形式转化的范围，从而产生于生产过程的一定社会形式的流通费用形式，在单个商品生产者那里只是转瞬即逝的、几乎觉察不到的要素，是同他的生产职能并行或交织在一起的；而这些形式在表现为巨额的流通费用时，却可以令人触目惊心，在单纯的货币收支上，一旦这种业务作为银行或单个企业的出纳员的专门职能而独立和大规模集中，我们就看到这一点。要牢记的是，这些流通费用不会因形态的变化而改变其性质。

问题：

(1) 马克思如何论述会计产生与发展的三个阶段？

(2) 马克思如何论述会计的职能？

（资料来源：马克思．资本论［M］．北京：人民出版社，1975.）

会 计 目 标

法国著名生物学家巴斯德说："立志、工作、成功，是人类活动的三大要素。立志是事业的大门，工作是登堂入室的旅程。这旅程的尽头就有成功在等待着，来庆祝你的努力成果。"人立志，这个志就是目标。哲学家郭尔凯戈尔有句名言："你怎样信仰，你就怎样生活。"会计也如此，先确立目标，再工作，进而实现会计目标(Accounting Objective)，如图 1.4 所示。

著名管理学家哈德罗·孔茨认为："'目标'不管是从一般的还是从特定的意义来看，他总是被认为是一个管理规划的终点。"①

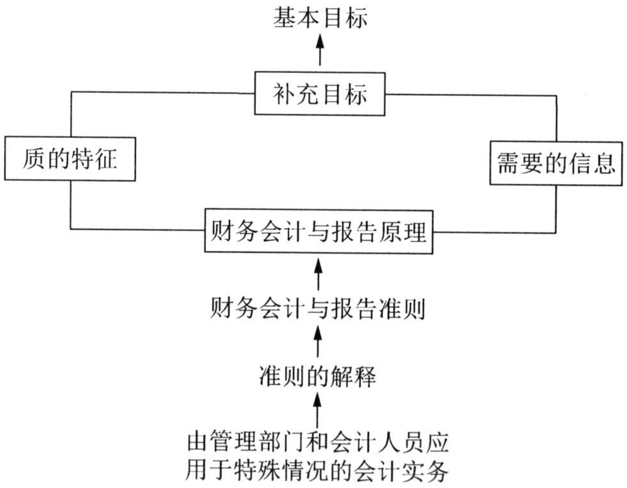

图 1.4　财务会计和报告编制的观念结构构成要素分级图②

① ［美］哈德罗·孔茨，西里尔·奥唐奈．管理学．中国人民大学工业经济系，译．贵阳：贵州人民出版社，1982：182.

② 孙又奇，等．国际财务会计与会计准则．北京：中国物资出版社，1993：13.

那么，什么是会计目标呢？著名会计学家埃尔登·S. 亨德里克森认为：“在会计领域中，目标可以视为形式结构中假设的一部分，或者视为超过或同于假设水准的一组建设。”①

为什么要研究会计目标呢？在20世纪中叶以后，美国会计界放弃了以会计假设为会计理论研究逻辑起点的研究方式，取而代之的是以财务会计目标为会计理论研究的逻辑起点，并在较短的时间内建立起以财务会计目标、会计报表构成要素、会计信息质量特征、会计确认、会计计量、资本保全为核心的会计理论框架结构②。在我国会计界关于会计目标主要有两种不同的观点：一种观点认为，西方各国和国际会计准则委员会都立足“决策有用观”，即把会计的目标定位于提供决策有用的信息，会计是国际通用的“商业语言”，在决策有用学派来看，财务报告的目的就是向信息使用者提供对他们的决策有用的信息。美国财务会计准则委员会在第1号概念公告中，将财务报告的目标主要确定为以下三个方面：① 财务报告应该提供对现在的和可能的投资者、债权人以及其他使用者做出合理的投资、信贷及类似决策有用的信息。这类信息对那些相当了解经营和经济活动并愿意相当勤勉地研究这类信息的人们来说，应该是全面的。② 财务报告应该提供有助于现在和可能的投资者、债权人以及其他使用者评估来自销售、偿付、到期证券和贷款等的实得收入的金额、时间分布和不确定的信息。③ 财务报告应提供关于企业的经济资源、对这些资源的要求权(企业把资源转移给其他主体的责任及业主权益)，以及使资源和对这些资源的要求权发生变动的交易、事项和情况影响的信息。另一种观点则认为，会计目标的选择取决于一定的社会经济环境，我国的市场经济环境与西方发达国家有着较大的区别，因此，我国应立足“受托责任观”，即把会计的目标定位于提供受托责任履行情况的信息。受托责任的含义大致可确定为以下三个方面：① 资源的受托方接受委托，管理委托方所交付的资源。受托方因此承担了合理、有效地管理与应用受托资源，使其尽可能地保值、增值的责任。② 作为资源的受托方，承担了如实地向资源的委托方报告其受托责任的履行过程与结果(即资源的管理情况与成果)的义务，而这种报告，主要是以财务报告为手段。此外，有不少学者还认为，由于企业是处在一定的外部环境之中，企业的很多资源是直接取自其所在的环境(如人力资源、良好的社区环境等)。③ 作为资源受托方的企业管理当局，还负有必要的社会责任：最大限度地保持并提高企业所处的社区的环境、有效地利用并培养人力资源，等等。在受托责任学派看来，受托责任之所以存在，首要原因在于资源的所有权和经营权的分离。

只要存在两权分离，就存在受托责任。著名的会计家伊尻雄治(又译为伊尻雄士或井尻雄士)对此有过以下评述：“受托责任的关系可因宪法、法律、合同、组织的规则、风俗习惯，甚至口头合约而产生。一个公司对其股东、债权人、雇员、客户、政府或有关联的公众承担受托责任。在一个公司内部，一个部门的负责人对分部经理负有受托责任，而部门经理对更高一层的负责人也承担受托责任。就这一意义而言，说我们今天的社会是构建在一个巨大的受托责任网络之上，毫不过分。”③

我国在准则制定中同时采用了以上两个观点，《企业会计准则——基本准则》第四条规定：“财务会计报告的目标是向财务会计报告使用者提供与企业财务状况、经营成果和现金流量等有关的会计信息，反映企业管理层受托责任履行情况，有助于财务会计报告使用者做出经济决策。”

当然，以会计目标作为会计理论体系的起点也还存在着不同的看法，归纳起来有以会计对象、会计假设、会计本质、会计动因、会计职能、会计环境为起点的六类会计理论体系④。

问题：

(1) 受托责任观点的基础是什么？以此谈一谈会计是在不断发展的。

(2) 决策有用观与受托责任观是否矛盾？为什么？

---

① [美] 埃尔登·S. 亨德里克森. 会计理论. 王澹如，译. 上海：立信会计图书用品社，1987：78.

② 闫达五. 高级会计学. 北京：中国人民大学出版社，1998：8.

③ 葛家澍，刘峰. 会计理论：关于财务会计概念结构的研究. 北京：中国财政经济出版社，2003：92.

④ 陈国辉. 会计理论研究. 大连：东北财经大学出版社，2001：171-173.

第2章

会计准则

教学目标

通过本章的学习，了解会计的基本前提、会计的核算基础、会计信息质量特征和会计计量属性等内容。

教学要求

知识要点	能力要求	相关知识
会计的基本前提	会计的基本前提的内容	会计主体；持续经营；会计分期；货币计量
核算基础	会计的核算基础	权责发生制；收付实现制
会计信息质量的特征	(1) 质量特征 (2) 次级特征	可靠性、相关性、可理解性、可比性、重要性、谨慎性、实质重于形式、及时性
计量属性	计量属性的特征	历史成本；重置成本；可变现净值；现值；公允价值

会计是在隐含的框架结构下运行的，这个框架结构就是公认会计原则。

——艾哈迈德·里亚希-贝克奥伊

基本概念

会计准则　会计假设　会计主体　持续经营　会计分期　货币计量　权责发生制　收付实现制　可靠性　相关性　可理解性　可比性　重要性　谨慎性　实质重于形式　及时性　计量　历史成本　现值　公允价值

导入案例

会计是“商业语言”

语言是人们进行沟通的工具，是思想的表现方式。语言不通，人们就无法交流。在洛阳有这样一个幽默故事：一次英语课上，老师讲情态动词can，may，must的用法。老师讲完后提问一位洛阳本地的学生，问他会不会用。这个学生站起来一言不发，老师看他是不会，说：“sit down，please!”学生在坐下时用洛阳土话自言自语道：“会侃。”老师耳尖听到了，说：“会can，就会may，就会must。”洛阳本地的学生们笑翻了天，“会侃”在洛阳方言中有不会或瞎胡说的意思。我国各地的方言很多，有“十里不同音”之说。比如“日本”这个词，东北话念成“一本”，湖北人说成“二本”，上海话讲作“十本”。这三人碰到一起，如果用方言讲话，那就热闹了，谈何交流呢？所以必须推广普通话。

会计也一样。会计是反映经济信息的一个系统，会计的反映方式、方法不同，信息的准确性就大有不同。会计是“商业语言”，会计的业务处理要遵从国际惯例。国际会计标准（The International Accounting Standard，缩写为IAS）就是会计行业的“普通话”。

点评：会计是“商业语言”。

会计是商业活动的“商业语言”，语言不通，商业活动的交流就会困难，各方无法准确了解会计信息。会计准则是会计活动的行为准绳，会计工作要在会计准则的指导下进行，按照准则规定的标准和方法处理会计业务，提供有用的会计信息。本章主要介绍会计假设、会计核算基础、会计信息的质量特征和会计计量属性等。

2.1 会计的基本前提

2.1.1 会计准则的内容

会计准则是进行会计核算的规范，是处理会计业务的准绳。会计准则是慢慢进化而形成的共识，而不是设计出来的条款。会计准则分为基本准则和具体准则。在基本准则中主要规定了会计的基本前提、核算基础、会计信息质量特征、会计要素、计量属性和报告原则。具体准则是根据基本准则的要求，就会计核算的基本业务和特殊行业的会计核算做出规定，包括共性会计准则、会计报表准则和特殊行业特殊会计核算准则三个方面。会计基本前提是财务会计整个结构的基础，而会计信息质量特征是记录经济业务的质量要求。

2.1.2 会计基本前提的内容

会计的基本前提又称会计假设，是会计核算的基本假设，即对会计核算所处的变化不定的环境做出的合理判断，是会计核算的基础条件。因为会计所处的社会经济环境极为复杂，会计核算所面对的是变化不定的社会经济环境。在这种情况下，会计人员有必要对会计核算所处的经济环境做出判断，针对社会经济环境做出某些假定，这样会计核算才能得以正常进行下去。由此看出，会计基本前提是人们从长期会计实践中抽象出来并能体现会计活动基本特性的会计概念。我国规定了企业财务会计有如下四个基本前提。

1. 会计主体

会计主体是指会计核算应当以企业发生的各项经济业务为对象，记录和反映企业本身的各项生产经营活动。所以在会计处理中，必须把主体的经济业务和企业所有者的活动及其他主体的业务严格区分，才能正确反映有关会计主体的资产、负债、经济往来和财务状况及经营成果。因此，会计主体假设了现代会计活动的空间范围与界限，表明了会计微观属性，解决了会计工作人员为“谁”记账、算账、报账的问题，明确了会计工作为之服务的特定对象。

对会计主体的确定，有两个基础依据：一是根据能控制资源、承担义务并进行经营运作的经济单位来确定；二是根据特定的个人、集团或机构的经济利益的范围来确定。所以，会计主体不同于法律主体的法人，它既可以是一个企业，也可以是一个企业内部的某些责任单位，还可以是一个企业集团。虽然其中有些不是法人，但从会计核算的角度来看，仍有必要和可能作为独立的会计主体组织核算。

由上述可知，会计主体应具备三个特征。

（1）经济性。它是一个有经济业务并发生收支的实体。

（2）整体性。会计反映和处理会计主体的经济活动要从整体出发。

（3）独立性。会计主体是一个独立的或相对独立的独立体，要求独立核算和编制对外报表。

知识链接

法人是具有民事权利能力和民事行为能力，依法独立享有民事权利和承担民事义务的组织，是社会组织在法律上的人格化。

企业作为有别于自然人的组织体，是否具有主体资格，曾经存在三种学说：法人拟制说、法人否认说和法人实在说。法人拟制说认为，自然人才是权利义务的主体，法人只不过是出于需要，法律将其拟制为自然人以确定团体利益的归属。法人否认说也是根本否认法人人格的存在。法人实在说认为法人既非法律虚构拟制的，也并不是没有团体意识和团体利益，而是有其社会实在，法人本身就是客观的独立主体，主要有有机体说、组织体说和社会作用说。

【例 2-1】 K&J 企业下设 5 个分厂，对 K&J 企业来说，一方面，企业既是一个法律主体，又是一个会计主体，需要以企业为主体核算企业的各项经济活动，以反映整个企业的财务状况、经营成果和现金流量；另一方面，各分厂虽不是法律主体，没有对外签署法律文书的权利，但需要单独核算，以反映各个分厂的财务状况和经营成果，反映责任的完成情况，因此，各分厂也可成为会计主体。

【例 2-2】 某公司拥有 6 家子公司，母、子公司均是独立的法律主体，子公司也必然是会计主体，而母公司除了反映自己本身的经济活动以外，还对子公司有控制权，需要反映母、子公司组成的企业集团整体财务状况、经营成果和现金流量，还需要将企业集团作为一个会计主体，编制合并报表。

2. 持续经营

持续经营是指会计核算应当以企业持续、正常的生产经营活动为前提。也就是说，除非出现相反证据，企业在可预见的未来会继续存在下去，它所持有的资产将在正常的经营中被耗用，它所承担的负债也将在正常的经营过程中按它承诺的条件加以清偿。这样，企业的资产、负债的计量和收入、费用的计量，就可以依据持续经营而不是清算为基础。例如，可以按历史成本来计量企业资源；对企业长期使用的资产可以采用折旧或摊销方法在其整个寿命周期内分期转作费用等。所以持续经营假设是保证会计方法和程序按持续基础恰当记录和报告主体经营活动，从而提供可靠和相关会计信息的一个重要条件。

【例 2-3】 K&J 企业建造厂房，决算价为 4 000 000 元，预计可以使用 50 年，根据企业经营计划，企业将会持续经营下去，因此假定企业厂房会在持续的生产经营过程中长期发挥作用，并为生产经营过程提高生产保障，直到厂房不能使用。因此，对厂房就应该按照历史成本计量、记录，并采用折旧的方法，将厂房的成本分配到预计的使用期 50 年中所生产的相关产品中。

如果企业已出现无法持续经营的现象时，必须采用相反的假设，即按照清算的基础进行会计处理。

3. 会计分期

会计分期是指人为地将企业持续不断的经营活动截取一定等长的时间段落，即会计核算应当划分会计期间，分期结算账目和编制财务会计报告，以考核、评价企业的财务状况、经营成果和现金流量的情况。

在国际会计惯例中，会计年度可以采用公历年制(每年的元月 1 日至 12 月 31 日)，也可以采用四月制(每年的 4 月 1 日至次年的 3 月 31 日)，还可以采用七月制(每年的 7 月 1 日至次年的 6 月 30 日)。我国《企业会计准则》规定：我国的企业会计分期只能采用公历年制(每年元月 1 日至 12 月 31 日)，即会计制度季度和月份的起止日期采用公历日期。

会计分期是持续经营假设的一个必要补充，是会计系统能够发挥作用的必要前提。但因会计分期假设的建立，也产生了本期与非本期的差别，才引起企业的资产、负债、收入和费用归属于哪个会计期间的问题。

4. 货币计量

会计对经营活动中数量方面的计量和报告，要有一个可以度量全部经济业务的共同尺度。在市场经济条件下，由于货币是一切商品价值的“显示器”，会计必须以货币为计量单位，计量、记录和汇总企业的一切经济业务。

货币计量基本前提包括三个方面的含义。

（1）经济业务的计量可以采用不同的计量单位，但只有货币计量是会计计量的主要计量尺度。

【例 2-4】 K&J 企业的材料下有钢材、木材、铝材等材料，钢材下又分板材、圆钢、螺纹钢、工字钢、槽钢等，这些材料的实物计量单位是不一样的。因此，反映材料总括指标必须是货币计量单位，而具体的、详细的材料，既要用货币计量，又要用实物计量单位计量。

（2）在有多种货币并存的情况下，或某些业务是用外币结算时，就必须确定某一种货币为记账本位币。

【例 2-5】 K&J 企业在经营中，除了有人民币业务外，还有较大量的外币业务（如果只有零星的外币业务，收支外币时，应及时兑换成人民币）。K&J 企业确定以人民币为记账本位币，并开设外币存款账户，但记账时应以人民币记账，同时反映外币金额。如收到 10 000 美元，记账时应按当时汇率（如 1∶6）换算为人民币 60 000 元记账，同时反映美元金额 10 000 美元，即库存现金——美元户￥60 000（＄10 000）。

（3）货币计量单位实际上是借助于价格来完成的，而价格是在市场的交换中形成的。

此外，以货币作为计量单位，还要解决货币作为价值尺度自身的量度问题，即假定单位货币所包含的价值量相同不变，即使有所变动，充其量是微不足道的，不足以影响会计计量及财务信息的可靠性和相关性。只有如此，会计计量才有可能对含糊不清、不同期间的各种资产、负债、收入和费用进行汇总合计，从而对经济活动的连续、系统记录才有实际的效用。因此，货币作为计量单位，应假定币值稳定不变。

2.2 会计核算基础

2.2.1 会计核算基础概述

会计核算基础，也称记账基础，是指确定收入和费用归属期间的标准。企业在持续不断地生产经营过程中，不断取得收入，也不断发生支出。会计核算以会计分期假设为前提，在确定了会计期间后，并不能直接根据账簿中所记的收入和费用来计算本期的损益。因为有些收入和费用是属于本期的，有些收入与费用是属于上期的，而有些收入与费用是属于下期的。因此，必须划清哪些收入属于本期收入，哪些费用属于本期费用，只有将本期收入与本期费用进行比较才能正确计算本期盈亏。为此有必要了解收入和费用的收支期间和归属期间的概念。收入和费用的收支期间，是指实际收到和支付现款的会计期间；收入和费用的归属期间，则是指应获得收入和应负担费用的会计期间。

一般而言，收入和费用的收支期间与收入和费用的归属期间是否一致有如下三种情况：

（1）本期收到的现款就是本期已实现的收入，本期已付出的现款就是本期应负担的费用。例如，本期销售商品，本期收到货款；本期支付本期的房屋租金等。

（2）本期收到的现款并不是本期获得的收入，本期支付的现款并不是本期应负担的费用。例如，上期销货，本期收回货款；本期预收款，下期销售商品；本期支付下年度的房屋租金等。

（3）本期应获得的收入本期尚未收到现款，本期应负担的费用本期尚未支付现款。例如，本期销货，下期收回货款；本期应负担但未支付的利息费用等。

上述第一种情况，收入和费用的收支期间与收入和费用的归属期间一致，属于同一会计期间，可直接将本期收入和费用相比较后计算本期损益。在第二、第三种情况下，收入和费用的收支期间和归属期间不一致，应采用一定的记账基础进行处理。记账基础主要有两种：权责发生制和收付实现制。

2.2.2 权责发生制

权责发生制要求企业会计核算应当以业务的权责发生为基础。凡是当期已经实现的收入或发生的费用，不论款项是否收到或支付，都应当确认为当期的收入或费用；凡是不属于当期的收入或费用，即使款项已在当期收到或支付，也不应当确认为当期的收入或费用。

有时企业发生的货币收支业务与交易事项并不完全一致，如款项已经收到，但销售并未实现；或者款项已经支付，但并不是为本期生产经营而发生的。为了明确会计核算的确认基础，更真实地反映特定会计期间的财务状况和经营成果，就要求企业在会计核算过程中应当以权责发生制假设为基础。

【例 2-6】 K&J 企业 20××年 9 月份销售产品一批，价款 30 000 元，产品已经提供，那么不论货款是否收到，按权责发生制基础，均应计确认作为 9 月份收入入账。

【例 2-7】 K&J 企业 20××年 11 月份预付明后两年的房租，共付 360 000 元，尽管企业已经支付现款，但由于使用房屋在明后年才受益，按权责发生制基础，这 360 000 元不应作为 11 月份费用处理，而应递延在明后两个年度的 1 月至 12 月中分摊。

权责发生制的核心是根据权责关系的实际发生和影响来确认本期的收入、费用和损益。采用权责发生制的会计核算比较科学合理，能真实地反映本期收入费用，正确计算本期损益，但会计核算手续比较复杂，主要适用于企业单位进行会计核算。

《企业会计准则——基本准则》第九条规定："企业应当以权责发生制为基础进行会计确认、计量和报告。"

2.2.3 收付实现制

收付实现制是以款项的实际收付作为标准来处理经济业务，确定本期收入和费用的一种记账基础。在收付实现制下，凡是当期收到或支付的款项，均确认为当期收入或费用。

【例 2-8】 K&J 企业在 20××年 9 月份销售产品一批，价款 30 000 元，产品已经提供，月底仍未收到货款，按收付实现制的要求，这 30 000 元不作为 9 月份的收入，什么时候收到货款，什么时候确认收入。

【例 2-9】 20××年 11 月份，K&J 企业以银行存款 360 000 元支付以后两年的保险费，由于企业已经支付现款 360 000 元，尽管企业 11 月份未受益，但按收付实现制的要求，这 360 000 元应确认作为 11 月份的费用。

显然按收付实现制确定本期收入和费用的要求与会计账簿日常记录的收入和费用是完全一致的，在会计期末也就不需要对会计账簿日常记录的收入和费用进行调整，直接根据账簿记录便可确定本期损益。

收付实现制的核心是根据款项现款收支情况来确认当期的收入、费用和损益。因此，在收付实现制下，会计处理不尽合理，不能准确计算和确定各个会计期间的损益。目前我国行政单位采取收付实现制，事业单位除经营业务采取权责发生制外，其他业务也采取收付实现制。这种记账基础的好处在于会计期末不需进行账项调整，计算简便，也符合人们的习惯，同时有利于开展现金流量支付能力分析。

权责发生制与收付实现制区别举例如下。

【例 2-10】 K&J 企业 20××年 9 月销售甲产品 100 件，每件售价 300 元，在三种情况下，权责发生制同收付实现制的对比见表 2-1。

表 2-1　权责发生制与收付实现制的对比

项　目	业务与款项收付的关系	事　项	权责发生制		收付实现制	
			20××年9月收入	下一年2月收入	20××年9月收入	下一年2月收入
第一种情况	业务与款项收付同时发生	20××年 9 月卖出商品、收到货款	30 000 元		30 000 元	
第二种情况	业务先发生，款项收付在后	20××年 9 月卖出商品；下一年 2 月收到货款	30 000 元			30 000 元
第三种情况	款项收付在前，业务后发生	20××年 9 月收到货款；下一年 2 月发出商品		30 000 元	30 000 元	
		小　计				
		合　计				

特别提示

在持续经营情况下的一个相当长的时间内，权责发生制和收付实现制计算的结果是相等的，即一段时间内有“∑权责发生制核算的数值=∑收付实现制核算的数值”，此时这两种数值可以相互调整转换，并编制现金流量表。

2.3　会计信息质量要求

2.3.1　会计信息质量要求的作用

信息是人们适应外部世界，并且使这种适应为外部世界所感知的过程中同外部世界交换的内容的名称。信息是使人们对事物不确定性的减少或消除的东西。信息既不是物质，也不是能量。会计信息是包含在一整套财务报告等会计资料中的内容。会计信息要能满足信息使用者的需要，就是达到一定的质量要求。所谓质量就是产品、过程或服务满足规定或内在需求的特征和特性的总和。因此，会计信息质量就是指会计信息满足信息使用者需求特征的总和，是依据会计假设和经营管理的要求而形成的对会计活动的一些基本指导规范，对企业的会计核算业务处理具有广泛的指导作用。其作用是：

(1) 实现会计目标的要求。便于财务会计报告使用者理解和使用，便于不同企业间的相互比较，实现反映企业管理层受托责任履行情况，有助于会计信息使用者做出经济决策。

(2) 会计确认、计量和报告的行为标准。如实反映符合确认和计量要求的各项会计要素及其他相关信息，保证会计信息真实可靠、内容完整。

(3) 评价会计信息质量的依据。会计信息质量的好坏，评价的依据就是会计信息是否符合会计信息质量的要求。高品质的会计信息有助于财务会计报告使用者对企业过去、现在或者未来的情况做出准确评价或者预测。

2.3.2 会计信息质量要求的特征

我国《企业会计准则——基本准则》规定了企业会计信息质量的八个特征。

1. 可靠性

可靠性要求企业应当以实际发生的交易或者事项为依据，进行会计确认、计量和报告，如实反映符合确认和计量要求的各项会计要素及其他相关信息，保证会计信息真实可靠、内容完整。

可靠性是对会计工作的基本要求。会计工作提供信息的目的是满足会计信息使用者的决策需要，因此，就应做到内容真实、数字准确、资料可靠。在会计核算工作中坚持可靠性原则，就应当在会计核算时客观地反映企业的财务状况、经营成果和现金流量，保证会计信息的真实性；会计工作应当正确运用会计原则和方法，准确反映企业的实际情况；会计信息应当能够经受验证，以核实其是否真实。

【例 2-11】 K&J 企业 20××年 12 月实现销售收入 500 000 元，在利润表中披露报告。这项销售收入 500 000 元是实际交易发生的，符合销售收入的确认条件，会计信息是真实可靠的。

如果企业的会计核算不是以实际发生的交易或事项为依据，没有如实地反映企业的财务状况、经营成果和现金流量，会计工作就失去了存在的意义，甚至会误导会计信息使用者，导致决策的失误。

【例 2-12】 某企业在 20××年 12 月，根据销售计划，已先开出销货发票记录的销售收入为 10 000 000 元，并在利润表中进行了披露报告。这项业务就不是实际交易发生的，将 10 000 000 元销售计划作为销售收入就是虚假的会计信息，必会误导会计信息使用者进行决策。

2. 相关性

相关性也称有用性，要求企业提供的会计信息应当与财务会计报告使用者的经济决策需要相关，有助于财务会计报告使用者对企业过去、现在或者未来的情况做出评价和预测。

信息的价值在于其与决策相关，有助于决策。相关的会计信息有助于会计信息使用者评价过去的决策，证实或修正某些预测，从而具有评价作用；有助于会计信息使用者对企业未来情况做出预测，从而具有预测作用。信息相关性的程度取决于定性或定量的程度，在会计核算工作中坚持相关性，就要求在收集、加工、处理和提供信息过程中，充分考虑会计信息使用者的信息需要。对于特定用途的会计信息，不一定都能通过财务会计报告来提供，而必须采用其他形式加以提供和披露。

如果会计信息提供以后，没有满足会计信息使用者的需要，对于会计信息使用者的决策没有什么作用，就不具有相关性。

【例 2-13】 K&J 企业 20××年 12 月按照会计准则的规定在利润表中报告的利润总额为 180 000 元，净利润为135 000元。这两项指标有统一的计算方法，反映的内容是规范的，同以前月份或往年同期，以及同其他企业都是可比的，可以用来评价企业盈利水平，预测以后月份的盈利情况。因此，报告的利润总额 180 000 元和净利润 135 000 元对会计信息使用者的决策是相关的。

如果企业下个月份不按照规定报告相关指标，而是报告毛利润 250 000 元。这个指标以前没有报告过，其他企业也没报告过。这个信息对会计信息的使用者就无用，就是不相关信息。

3. 可理解性

可理解性也称清晰性，要求企业的会计核算和编制的财务会计报告应当清晰明了，便于理解和使用。

要使用会计信息首先必须了解会计信息的内涵，弄懂会计信息的内容，这就要求会计核算和财务会计报告必须清晰明了。在会计核算工作中坚持可理解性原则，会计记录应当准确、清晰，填制会计凭证、登记会计账簿必须做到依据合法、账户对应关系清楚、文字摘要完整；在编制会计报表时，项目勾稽关系清楚、项目完整、数字准确等。

如果企业的会计核算和编制的财务报告不能做到清晰明了、便于理解和使用，就不符合可理解性原则的要求，不能满足会计信息使用者的决策需求。可理解性的最低要求是本专业的人士可以理解，最高标准是非专业人士也能一目了然。

在例 2-13 中，K&J 企业 20××年 12 月报告的利润总额为 180 000 元，净利润为 135 000元。在会计上有营业利润、利润总额和净利润指标，准确地报告这些指标就是可理解的。如果仅仅报告实现利润 135 000 元，这个利润指标就不准确、不清晰明了，到底指的是营业利润，还是利润总额，或者是净利润呢？可理解性差，容易造成决策的偏差。

4. 可比性

可比性原则要求企业提供的会计信息应当具有可比性。会计核算应当按照规定的会计处理方法进行，会计指标应当口径一致、相互可比。

可比性要求企业的会计核算应当按照国家统一规定的会计准则进行，使所有企业的会计核算都建立在可比的基础上，即横向可比。只要是相同的交易或事项，就应当采用相同的会计处理方法。会计处理方法的统一是保证会计信息可比的基础。不同的企业可能处于不同行业、不同地区，经济业务发生于不同时点，为了保证会计信息能够满足决策的需要，便于比较不同企业的财务状况、经营成果和现金流量，企业应当遵循可比性的要求。

可比性还要求企业的会计核算方法前后应当保持一致，不得随意变更，即纵向可比。可参见例2-13的分析，只有指标可比，才能进行评价考核，才有目标，才有好坏、高低、大小、涨跌等之分，所以可比性是信息相关性的保证。企业的会计核算方法如有必要变更，应当将变更的内容和理由、变更的累积影响数，以及累积影响数不能合理确定的理由等，在会计报表附注中予以说明。

企业发生的交易具有复杂性和多样化，对于某些交易或事项可以有多种会计处理方法。例如，存货的发出，可以采用先进先出法、移动加权平均法、月末一次加权平均法和个别计价法等确定其实际成本；固定资产折旧方法可以采用年限平均法、工作量法、年数总和法、双倍余额递减法等。保证会计信息一致性的前提是企业在各个会计期间应采用相同的会计处理方法。如果企业在不同的会计期间采用不同的会计处理方法，将不利于会计信息使用者对会计信息的理解，不利于会计信息作用的发挥。

在会计核算工作中要求企业的会计核算方法前后各期应当保持一致，不得随意变更。这并不意味着所选择的会计核算方法不能作任何变更，在符合一定条件的情况下，企业也可以变更会计核算方法，并相应地在企业财务会计报告中予以披露。

5. 实质重于形式

实质重于形式要求企业应当按照交易或事项的经济实质进行会计确认、计量和报告，不应仅以它们的法律形式作为依据。

在实际工作中，交易或事项的外在法律形式或人为形式并不总能完全反映其实质内容。所以，会计信息要想反映其所拟反映的交易或事项，就必须根据交易或事项的实质和经济现实，而不能仅仅根据它们的法律形式进行核算。

【例2-14】 K&J企业20××年1月融资租入一条产品生产线，租赁期10年，租金共2 000 000元，支付方式为每年年末支付租金200 000元，到期生产线归企业所有。这是以融资租赁方式取得固定资产。凡是租入的资产，虽然从法律形式来讲承租企业并不拥有其所有权，但是由于租赁合同中规定的租赁期相当长，接近于该资产的使用寿命；租赁期结束时承租企业有优先购买该资产的选择权；在租赁期内承租企业有权支配资产并从中受益，从其经济实质来看，企业能够控制其创造的未来经济利益。所以，会计核算上将以融资租赁方式租入的资产视为承租企业的资产进行确认，并以租金按照一定折现率折算的现值进行计量。

如果企业的会计核算仅仅按照交易或事项的法律形式或人为形式进行，而其法律形式或人为形式又没有反映其经济实质和经济现实，那么，其最终结果将不仅不会有利于会计信息使用者的决策，反而会误导会计信息使用者的决策。

6. 重要性

重要性要求企业提供的会计信息应当反映与企业财务状况、经营成果和现金流量等有关的所有重要交易或事项。在会计核算上应当遵循重要性的要求，在会计核算过程中对交易或事项应当区别其重要程度，采用不同的核算方式。对资产、负债、损益等有较大的影响，进而影响财务会计报告使用者据以做出合理判断的重大会计事项，必须按照规定的会计方法和程序进行处理，并在财务会计报告中予以充分、准确地披露。对于次要的会计事项，在不影响会计信息的真实性和不至于误导财务会计报告使用者做出正确判断的前提下，可适当简化处理。

重要性与会计信息确认、计量和报告的成本效益直接相关。坚持重要性要求，对重要交易或事项进行充分反映，就能够使会计信息确认、计量和报告的收益大于成本。对于那些不重要的交易或事项，如果也采用严格的会计程序，分别核算，分项核算，分项反映，就会导致会计信息确认、计量和报告的成本大于收益。

【例 2-15】 K&J 企业有机器设备 100 台(套)，总价值 3 000 000 元，有量具、卡具等 500 件(套)，总价值 50 000 元。重要性的实质是“重要的少数，次要的多数；重要的重点管理，次要的一般管理”的体现，因此，按照重要性的要求，对机器设备要进行重点管理，确认为固定资产进行单独核算，单项披露报告。而对于同属于劳动工具的量具、卡具等，相对于机器设备就不太重要，确认为周转材料下低值易耗品项目进行明细核算，合并列入存货项目下披露报告。

在评价某些项目的重要性时，很大程度上取决于会计人员的职业判断。一般来说，应当从质和量，即定性和定量两个方面综合分析。从性质来说，当某一事项有可能对决策产生一定影响时，就属于重要项目，称为变化标准；从数量方面来说，当某一项目的数量达到一定规模时，就可能对决策产生影响，称为规模标准。

7. 谨慎性

谨慎性要求企业在进行会计核算时，应当保持应有的谨慎，不应高估资产或收益，低估负债或费用。

企业的经营活动充满着风险和不确定性，在会计核算工作中坚持谨慎性，要求企业在面临不确定因素的情况下做出职业判断时，应当保持必要的谨慎，充分估计到各种风险和损失，既不能高估资产或收益，也不能低估负债或费用。例如，要求企业定期或者在中期和年终，对可能发生的各项资产损失计提资产减值准备等，就充分体现了谨慎性。还有固定资产的加速折旧法、预计负债等，都是谨慎性的要求。

【例 2-16】 K&J 企业 20××年 12 月末，应收的账款余额为 5 000 000 元，企业根据以往的资料，按照 10%的预估坏账率，本年为第一次计提坏账准备，可计提坏账准备 500 000元，计入当期损益。低估收入，高估费用；收入核实，费用计足，这就是谨慎性的要求。

需要注意的是，谨慎性原则并不意味着企业可以任意设置各种秘密准备，否则，就属于滥用谨慎性原则，将视为重大会计差错，必须进行相应的会计处理。

8. 及时性

及时性要求企业对于已经发生的交易或事项，应当及时进行会计确认、计量和报告，不得提前或延后。

会计信息的价值在于帮助投资者、债权人和管理者等会计信息的使用者做出经济决策，具有时效性。即使是客观、可比、相关的会计信息，如果不及时提供，对于会计信息使用者也没有任何意义，甚至可能误导会计信息使用者。

【例 2-17】 K&J企业按照要求编制会计报表，定期按时报告企业的财务状况、财务成果和现金流量，这就是及时性的要求。而如果企业的管理者提出需要每天报告销售日报表，反映企业的销售收入情况，以及以前销售回款、本月销售回款和累计应收款情况，以便企业管理者掌握资金情况、进行决策，这更加显现了会计信息及时性的特征。《周礼·天官·司会》中有司会“以参互考日成”，所谓日成就是一日计算之文书，就是今日之日报表。“时间就是金钱，效率就是生命”，及时性体现了信息是一种资源的实质。

因此，在会计核算过程中必须坚持及时性要求。

（1）要求及时收集会计信息，即在经济业务发生后，及时收集整理各种原始单据。

（2）及时处理会计信息，即在国家统一的会计规定的时限内，及时编制出财务会计报告；

（3）及时传递会计信息，即在国家统一的会计制度规定的时限内，及时将编制出的财务会计报告传递给财务会计报告使用者。

如果企业的会计核算不能及时进行，会计信息不能及时提供，就无助于经济决策，就不符合及时性的要求。

知识链接

有关国家或组织对会计信息质量特征要求的对比见表 2-2。

表 2-2 会计信息质量特征对比

比较项目	中国	国际会计准则	美国	英国
质量特征	可靠性、相关性、可理解性、可比性、实质重于形式、重要性、谨慎性、及时性	可理解性、可靠性、相关性、可比性	可理解性、有用性、可靠性、相关性、可比性、重要性、成本效益原则	相关性、可靠性、可比性、可理解性、重要性
次级特征	评价作用、预测作用、一致性	预测作用和验证作用，性质和重要性，真实反映、实质重于形式、成本效益原则等	及时性、预测价值和反馈价值、如实表述、不偏不倚、可验证性	预测价值、验证价值、如实反映、中立性等
其他特征		真实与公允观	决策有用性	重要性测试

2.4 会计的计量属性及其特征

2.4.1 会计的计量属性

会计应当按照规定的会计计量属性进行计量，确定会计要素的金额。所谓计量，是指根据规则将一定的量度向对象或事项所做的分配。那么，会计计量就是为了将符合确认条件的会计要素登记入账并列报于财务报表而确定其金额的过程。所谓计量属性，是指被计量客体的特性或外在表现形式。而会计计量属性就是指资产、负债等要素可用财务形式定量化的方面，即能用货币单位计量的方面。

会计计量属性主要包括：

（1）历史成本。在历史成本计量下，资产按照购置时支付的现金或者现金等价物的金额，或者按照购置资产时所付出的对价的公允价值计量。负债按照承担现时义务而实际收到的款项或者资产的金额，或者承担现时义务的合同金额，或者按照日常活动中为偿还负债预期需要支付的现金或者现金等价物的金额计量。

例 2-3 中的企业建造的厂房 4 000 000 元，就是厂房的历史成本。

（2）重置成本。在重置成本计量下，资产按照现在购买相同或者相似资产所需支付的现金或者现金等价物的金额计量，负债按照现在偿付该项债务所需支付的现金或者现金等价物的金额计量。

（3）可变现净值。在可变现净值计量下，资产按照其正常对外销售所能收到现金或者现金等价物的金额，扣减该资产至完工时估计将要发生的成本、估计的销售费用以及相关税费后的金额计量。

（4）现值。在现值计量下，资产按照预计从其持续使用和最终处置中所产生的未来净现金流入量的折现金额计量，负债按照预计期限内需要偿还的未来净现金流出量的折现金额计量。

（5）公允价值。在公允价值计量下，资产和负债按照在市场参与者于计量日发生的有序交易中，出售资产所能收到或者转移债务所需支付的价格计量。

公允价值应用时应考虑的假定：一是有序交易；二是主要市场(或最有利市场)；三是计量日；四是经济利益最大化等。公允价值的本质是市场参与者基于市场信息评价的“脱手价格”。

企业在对会计要素计量时，一般应采用历史成本，采用历史成本、重置成本、可变现净值、现值、公允价值计量的，应当保证所确定的会计要素金额能够取得并可靠计量。

2.4.2 计量属性的特征

计量属性的特征主要表现在时间、交易特征和信息质量特征等方面，总结归纳见表 2-3。

表 2-3　各种计量属性的特征

计量属性＼特征	时间秩序	交易特征	交换价值类型	信息质量特征		可操作性
				可靠性	相关性	
历史成本	过去	实际	投入(买)	强	弱	易
重置成本	现在	假定	投入(买)	↓	↓	↓
可变现净值	未来	预期	产出(卖)			
现值	未来	预期	产出(卖)			
公允价值	现在	假定	产出(卖)	弱	强	难

知识链接

我国《企业会计准则——基本准则》的架构如图 2.1 所示。

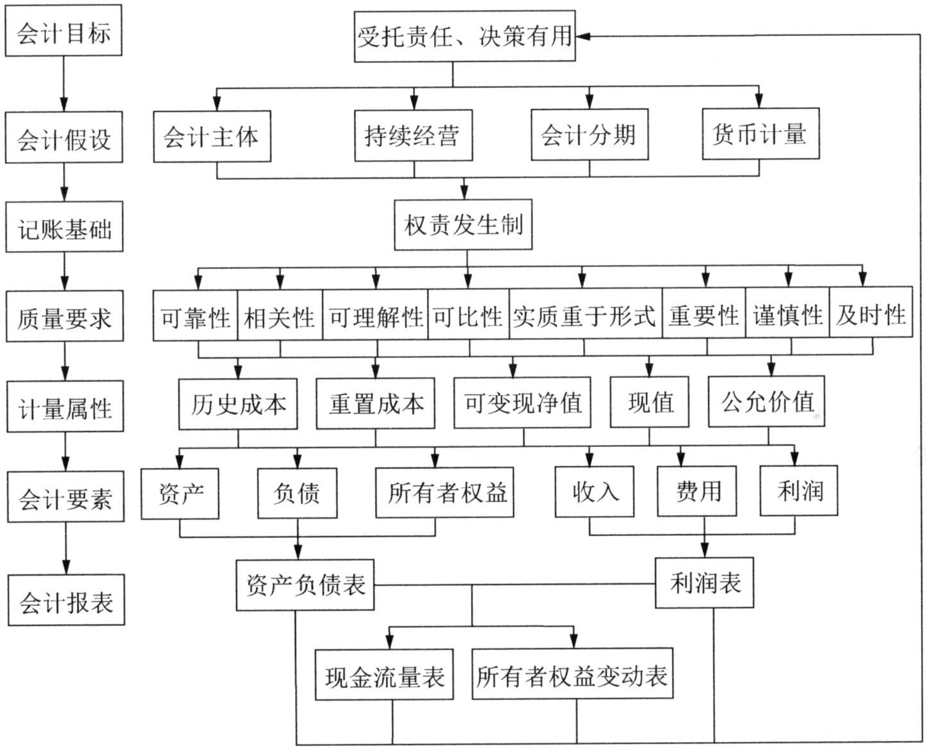

图 2.1　会计准则——基本准则结构

本章小结

本章介绍了会计主体、持续经营、会计分期和货币计量四个基本前提，会计核算基础权责发生制，可靠性、相关性、可理解性、可比性、重要性、谨慎性、实质重于形式和及时性八项会计信息质量特征，以及计量属性的基本理论和内容。

名人名言

只要自然科学在思维着，它的发展形式就是假说。

——恩格斯

现代会计不但需要在许多场合运用估计和判断，而且整个框架是建立在一系列的一般假设的基础上。换句话说，要有一些基本前提和假设支持会计人员对价值、成本和收益等做出特定结论。否则，这些结论将难以成立。

——威廉·佩顿

会计假设是不证自明的命题或公理，因其与财务报表的目标相一致而得到普遍接受。

——艾哈迈德·里亚希-贝克奥伊

纯粹从技术上看，货币是最完善的经济计算手段。

——马克斯·韦伯

第一条会计的成规是，每一件东西都要用共同的单位来表示——在美国就是美元。

——保罗·A. 萨缪尔森

会计计量是会计系统的核心职能。

——伊尻雄治

信息是我们适应外部世界，并且使这种适应为外部世界感到的过程中同外部世界进行交换的内容的名称。

——维纳

信息的成本，也就是建立和运转信息渠道所需要的投入。首先和最重要的是，个人本身就是一种投入，如果在这里从各方面定量的话，个人确实就是对他的任何信息渠道的主要投入。……信息成本第二个重要的特点是，它们也是一部分资本成本；更特别地说，它们典型地代表了一种不可逆的投资。……信息成本的第三个基本特点是，信息成本在不同的方向上完全不一致。

——肯尼斯·阿罗

练习与思考

一、单项选择题

(1) 一般说来会计主体与法律主体(　　)。

A. 是有区别的　B. 相互一致的　C. 不相关的　D. 相互可替代的

(2) 制定会计准则的主要依据是(　　)。

A. 会计实践　B. 宪法　C. 会计法　D. 会计制度

(3) 下列各项中适用于划分各会计期间收入和费用的是(　　)。

A. 相关性　B. 权责发生制　C. 可比性　D. 谨慎性

(4) 以下各项中适用于财产物资计量的是(　　)。

A. 谨慎性　B. 权责发生制　C. 配比性　D. 历史成本

(5) 会计主体从(　　)上对会计核算范围进行了有效的界定。

A. 空间　B. 时间　C. 空间和时间　D. 内容

(6) 持续经营为(　　)提供了理论依据。

A. 会计确认　B. 会计计量　C. 会计要素的划分　D. 复式记账

(7) 会计分期是从(　　)引申出来的。

A. 会计主体　　B. 持续经营　　C. 货币计量　　D. 权责发生制

(8) 货币计量前提还包含着(　　)前提。

A. 会计主体　　B. 持续经营　　C. 会计分期　　D. 币值稳定

(9) 权责发生制作为(　　)的时间基础。

A. 会计分期　　B. 会计确认　　C. 会计计量　　D. 谨慎性

二、判断题

(1) 会计主体就是法人企业。(　　)

(2) 持续经营前提是会计计量理论的基本依据。(　　)

(3) 会计准则必须符合会计核算前提的要求。(　　)

(4) 谨慎性要求会计核算工作中做到谦虚谨慎，不夸大企业的资产。(　　)

(5) 权责发生制是正确进行资产、负债计量的基本准则。(　　)

(6) 会计分期不同，对各期的利润总额不会产生影响。(　　)

(7) 会计主体假设确立了会计核算的空间范围，持续经营假设与会计分期假设确立了会计核算的时间长度，而货币计量假设则为会计核算提供了必要手段。(　　)

三、填空题

根据业务事项，在表2-4中适当空格内填上金额数字。

表2-4 权责发生制与收付实现制的对比

序号	事 项	权责发生制		收付实现制	
		10月	11月	10月	11月
1	10月卖出商品，11月收到货款100 000元				
2	10月支付11月房租5 000元				
3	10月电费10 000元，11月支付				
4	10月预收货款500 000元，11月销售发出商品				
5	10月支付本月水费4 000元				
6	11月销售发出商品，货款60 000元，款收到				
	小 计				
	合 计				

四、问答题

(1) 会计准则分几层？会计基本准则的主要内容有哪些？

(2) 会计的基本前提有哪几个？分别是什么含义？

(3) 会计信息质量的特征有几个？各项特征如何表述？

五、讨论题

阅读《企业会计准则——基本准则》，叙述其主要内容。

六、材料分析题

会计假设

1. 会计主体——会计核算的空间边界

有这样一个例子：甲有一个工厂，一年收入为100 000元，家里有3个孩子，一共5口人，工厂和家里开支一年100 000元；乙有和甲同一规模、同一产品、同样工人人数的工厂，年收入也为100 000元，但家里有1个孩子，共3口人，乙也较勤俭，工厂和家里开支一年60 000元。如果所得税税率为25%，那么，你算一下甲应交多少税呢？乙又应交多少税呢？计算结果见表2-5。

表2-5　利润对比（1）　　单位：元

项目	甲工厂	乙工厂
工厂收入	100 000	100 000
减：工厂及家庭费用	100 000	60 000
利润	0	40 000
减：所得税费用	0	10 000
净利润	0	30 000

经计算，甲的利润100 000元减100 000元为0元，不用交所得税；而乙的利润为40 000元，要交10 000元(40 000×25%)的税。你说这公平吗？乙会愿意吗？就是乙愿意，税务局也不会愿意的。

那么，怎么办？只有划分范围。著名管理学家哈德罗·孔茨认为："被看作是一个系统的任何系统，必须有把它同其所处的环境分开的'分界线'。①"

如何划分呢？把工厂的核算范围和家庭开支范围区别开进行核算，这样才公平。如果甲工厂的费用为50 000元，家庭开支为50 000元，那么，甲工厂的利润为50 000元(100 000−50 000)，交12 500元(50 000×25%)的税；乙工厂的费用为50 000元，家庭开支为10 000元，那么，乙工厂的利润也为50 000元(100 000−50 000)，也交12 500元(50 000×25%)的税。对比资料见表2-6。

表2-6　利润对比（2）　　单位：元

项目	甲工厂	乙工厂
工厂收入	100 000	100 000
减：工厂费用	50 000	50 000
利润	50 000	50 000
减：所得税费用	12 500	12 500
净利润	12 500	12 500

有了核算范围，甲和乙就公平了，这个核算范围就是会计核算的首要问题中的首要问题——会计假设中的第一个假设——会计主体(Accounting Entity)假设。孟子曰："仁政必自经界始。"管理必须划分经济界限，一切问题都是经济问题，从经济学的方面讲是产权问题，从会计学的方面讲就是会计主体问

① 哈德罗·孔茨，西里尔·奥唐奈．管理学．中国人民大学工业经济系，译．贵阳：贵州人民出版社，1982：19.

题，用西方谚语说是“让上帝的归上帝，让恺撒的归恺撒”，用中国老百姓的话说是“李家的归李家，张家的归张家”。不仅如此，不同的经济类型的界限也要划分。经济学家认为划分界限，其本质是利益的差别，康芒斯在其著作《制度经济学》中引用休谟的话：“我心里对于人我的利益已经不分彼此，为什么还要在邻人的田和我的田之间设置界标呢？”① 反证了这个本质。

有了会计主体假设，就有了核算的边界，就有了核算的相关性、可比性，资本主义企业也就诞生了，正如美国管理思想史学家克劳德·小乔治所描述的：“把商人的私人家政与商人的经济管理分开来，依据复式簿记使商人的经济管理独立起来，资本主义企业就是这个过程的结果。”马克斯·韦伯也是这样认为的：“资本主义企业的现代合理的组织在其发展过程中如果缺失其他两个重要因素也许是不存在的。这两个重要因素就是：企业从与之密切相连的家庭中分离，以及合理的簿记。②”

我国《企业会计准则——基本准则》第五条规定：“企业应当对其本身发生的交易或者事项进行会计确认、计量和报告。”

2. 持续经营——会计核算的时间边界

甲借乙的钱，乙在把钱给甲的时候，在心中肯定认为甲在还钱的期限内不会死亡。但在客观上，甲存在死亡的偶然性，而乙在借给甲钱时，只是假设甲不会死亡而已。这就是所谓的持续假设。当然除这个最基本的假设外，借款人还应具备以下条件：提供信用者之人格(Character)、提供信用者之能力(Capacity)、提供信用者之财力(Capital)，这就是信用的3C基础。

自然人如此，法人也如此。法人之间的经济往来，法人本身的经济事项的发生都是以对方和自己本身不会破产为假设、为前提的，以期在可预见的时间里，都能按照经营计划完成经营目标。简而言之，企业的经营时间是从企业注册登记开始一直持续，用数学方法表示为时间从 $0\to\infty$。否则，就成了以破产清算为前提的破产会计了。

持续经营(Going Concern)假设带有一定主观假定性，虽然在市场经济下，企业会破产、改组，这是不以人的主观意识为转移的。尽管日本经济新闻社曾统计分析日本100家大企业30年后仍在榜内者不足20%，从而得出企业的繁荣景象只能维持30年的结论，我们还是认为持续经营假设有主观假定性，而不是主观臆定性。娄尔行教授认为：“会计学领域里存在着某些尚未确知的事物，存在着某些现在还无法正面加以论证的事物。要把会计学建成一门比较完整的学科，对于这些事物就不得不做出一些合理的假设。假设不是毫无根据的虚构幻想，而是对客观情况合乎事理的推断。③”

著名会计学家佩顿在1922年出版社的《会计理论》一书中第一次提出了会计假设，其中就有持续经营④。

3. 会计年度——人为的时间边界

为什么要确定会计期间(Accounting Period)呢？在持续经营下，企业的经营没有停止的时间，那么要考核收益，计算盈亏，对比计划是否实现，只有人为地选择一段时间，计算此期间的盈亏，看看企业目标的完成情况。如何确定这段时间呢？从理论上讲这段时间的起始点，应该是企业经营活动少或者是相对停止的时间，这样计算就会相对准确一点。自然，我们就想到了“年”。马克思在《资本论》中说道：“正如工作日是劳动力职能的自然计量单位一样，年是处在过程中的资本的周转的自然计量单位。这个计量单位的自然基础是，在温带，这个资本主义国家生产最重要的农产品都是一年收获一次。”⑤ 工业国都是从农业国发展而来的，农业是按“年”计算收成的，因此工业国也按“年”来考核收益。说起农

---

① [美] 康芒斯．制度经济学(上册) [M]．于树生，译．北京：商务印书馆，1997：172.

② [美] 艾哈迈德·里亚西-贝克奥伊．会计理论 [M]．钱逢胜，等译．上海：上海财经大学出版社，2004：11.

③ 娄尔行．资本主义企业财务会计 [M]．北京：中国财经出版社，1984：7.

④ 汤云为．会计理论 [M]．上海：上海财经大学出版社，1997：82.

⑤ 马克思．资本论(第二卷) [M]．北京：人民出版社，1975：174.

业和工业这个话题，让我想起被美国《时代周刊》评为20世纪影响美国历史的25位人物之一的商业思想家史蒂芬·柯维说过的一句话："管理者的真实身份，更像是一个园丁，正因此我才将领导者视为农夫，他需要花很长一段时间才能迎来收获的季节，没有快速又简单的方法。我们在公司里所做的一切就犹如播种、浇水、除草、收割的整个培育过程，不可能在短期内见到效益。"那么在会计时间的选择上，还有什么理由不能按年来划分呢？

会计期间又称会计年度(Accounting Year)。《会计法》第十一条规定："会计年度自公历1月1日起，至12月31日止。"

世界各国的会计年度如下。

(1) 采用历年制(1月至12月)的有奥地利、德国、俄罗斯、巴西、希腊、朝鲜、马来西亚、瑞士、约旦等。

(2) 采用本年4月至次年3月制的有日本、丹麦、加拿大、英国、印度、新加坡等。

(3) 采用本年7月至次年6月制的有澳大利亚、瑞典、孟加拉国、巴基斯坦、菲律宾、埃及等。

(4) 采用本年10月至次年9月制的有美国、海地、缅甸、泰国、斯里兰卡等。

(5) 其他类型如下。

阿富汗、伊朗：本年3月21日至次年3月20日；

尼泊尔：本年7月16日至次年7月15日；

埃塞俄比亚：本年7月8日至次年7月7日；

阿根廷：本年11月至次年10月；

卢森堡：本年5月至次年4月；

沙特阿拉伯：本年10月15日至次年10月14日。

虽说是"三年不算账，钱也不会跑到国外去"，但现代会计之父卢卡·帕乔利也建议应该是一年结一次账，且认为会计是友谊的基础，犹如俗话说的"亲兄弟也要明算账""每一年都结清账簿是一个好办法，当你与他人合伙经营时尤为如此。正如谚语所说的那样：'账目长清，友谊长存'①"。

会计年度不统一，国际会计准则又如何统一呢？

4. 货币计量——会计的单位

1970年诺贝尔经济学奖得主保罗·A. 萨缪尔森在《经济学》一书中认为："第一条会计的成规是，每一件东西都要用共同的单位来表示——在美国就是美元。"② 书中只讲了第一条，也是唯一一条规则，没有第二条。笔者认为，这可能是翻译的问题，因为未见过原书，只是猜测是否将"first"直译成"第一"了，如从上下文看应译为"首要的"才好。

什么是货币计量(Monetary Measurement)？

货币，马克思认为货币就是用以交换的特殊商品。1974年诺贝尔经济学奖获得者哈耶克认为："货币通常被定义为那种获得普遍接受的交换媒介。③"

计量，斯蒂文斯认为计量(Measurement)是指"根据规则将一定的量度向对象或事项所做的分配"④。合义，货币计量就是指某对象或事项值多少钱。

---

① [意] 帕乔利. 簿记论 [M]. 林志军，译. 上海：立信会计出版社，2009：74.

② [美] 保罗·A. 萨缪尔森，威廉·D. 诺德豪斯. 经济学(下) [M]. 12版. 高鸿业，等译. 北京：中国发展出版社，1992：739.

③ [英] 弗里德里希·冯. 哈耶克. 货币的非国家化 [M]. 姚中秋，译. 北京：新星出版社，2007：60.

④ [美] 艾哈迈德·里亚西-贝克奥伊. 会计理论 [M]. 钱逢胜，等译. 上海：上海财经大学出版社，2004：37.

哈耶克认为，货币的用途有四种，其中之一是“作为会计单位，尤其是在记账时①”，并且认为这是影响货币选择的根本因素——“尽管乍一看，货币的不同属性对于其不同的用途而言，似乎都是可欲的；然而，货币在发挥一种功能，即在为一种会计单位时，保持稳定才是最可欲的。尽管乍一看，在人们的日常购物活动中，是否便利可能会被认为是选择的决定因素，但我相信，事实将证明，作为会计单位的稳定性，才是主宰一切的”②。会计对经营活动中数量方面的计量和报告，必须要有一个可以度量全部经济业务的共同尺度。在市场经济条件下，由于货币是一切商品价值的“显示器”，会计必须以货币为计量单位，统一确定，计量、记录和汇总企业的一切经济业务。

货币计量基本前提包括3个方面的含义：

(1) 经济业务的计量可以采用不同的计量单位，但只有货币计量是会计计量的主要计量尺度。

(2) 在有多种货币并存的情况下，或某些业务是用外币结算时，必须确定某一种货币为记账本位币。

(3) 货币计量单位实际上是借助于价格来完成的，而价格是在市场的交换中形成的。

会计上可以采用的计量单位有3种，即实物量度、劳动量度和货币量度。实物量度只能表示个别商品的数据，因而不能进行综合和比较，不能进行全面、综合的计算工作；劳动量度虽然能相加，但无法反映简单劳动和复杂劳动的区别；而货币具有一般等价物的作用，可用来衡量其他商品，因此以货币量度进行核算可以综合反映经济活动的过程和结果。会计是以货币为主要的计量单位，而实物量度与劳动量度则作为辅助计量单位发挥作用，如计量材料，既有货币，又有公斤等实物计量单位；计量工人劳动，既有货币，又有工时等时间计量单位。

此外，以货币作为计量单位，还要解决货币作为价值尺度自身的量度问题，即假定单位货币所包含的价值量相同不变，即使有所变动，充其量是微不足道的，不足以影响会计计量及财务信息的正确性。只有如此，会计计量才有可能对含糊不清、不同期间的各种资产、负债、收入和费用进行汇总合计，从而对经济活动的连续、系统记录才有实际的效用。因此，货币作为计量单位，应假定币值稳定不变。哈耶克认为：“只有在会计单位的价值大致保持平稳的情况下，才有可能完成会计的主要任务，即确保企业的资本存量不会被消耗掉，只有表现为利润的净收益才能由股东支配。③”

（资料来源：杨尚军．会计物语［M］．成都：西南交通大学出版社．2008.）

问题：

(1) 会计主体必须是组织吗？自然人可不可以是会计主体？自然人的某一个项目可不可以是会计主体？为什么？

(2) 持续经营和会计期间之间有何关系？

① ［英］弗里德里希·冯·哈耶克．货币的非国家化［M］．姚中秋，译．北京：新星出版社，2007：75.

② 同上。

③ 同上，第77页。

第3章

设置账户

教学目标

通过本章的学习，了解会计的对象——资金运动，理解会计各要素的定义，掌握会计方程式及其变化，熟记会计科目表，了解账户的基本结构。

教学要求

知识要点	能力要求	相关知识
会计对象	(1) 资金的含义 (2) 资金运动	资金取得、资金周转、资金退出；资金分布；货币资金、储备资金、生产资金、成品资金
会计要素	(1) 资产负债表要素 (2) 利润表要素	资产；负债；所有者权益；收入；费用；利润
会计方程式	(1) 会计的静态公式 (2) 会计的动态公式	资产＝负债＋所有者权益；利润＝收入－费用
会计科目	(1) 会计科目的含义 (2) 会计科目的设置原则	一级科目；明细科目
账户设置	(1) 账户的含义 (2) 账户的结构	账户基本结构；账户与会计科目的联系与区别

所谓会计要素，就是会计报表通常所包含的大类项目，是构建会计报表最根本的组件。会计要素就是会计报表要素。

——娄尔行

基本概念

会计对象　资金运动　资金取得　资金周转　资金退出　货币资金　储备资金　生产资金　成品资金　会计要素　确认　资产　负债　所有者权益　收入　费用　利润　会计等式　会计科目　账户及基本结构

导入案例

银行卡的卡号

张小丫考上大学了，学校给她办了一张银行卡，用于交学费和以后发放奖学金等有关款项。这张银行卡上是张小丫的名字，还有银行编的卡号。不知不觉，张小丫就和会计有了联系。办了银行卡就是在银行开了户，户头是张小丫。

这就是会计上的账户设置。

点评：设置账户是会计信息分类的基础。

设置账户是会计核算的方法之一，有了账户就可以对会计信息进行分类归集，以分类反映企业的经济活动。本章主要介绍会计的对象、会计要素、会计方程式、会计科目和账户的基本结构。

3.1 会计对象

3.1.1 会计对象的内涵

会计对象是指会计核算和监督的内容。如前所述，马克思所指会计是“对过程控制和观念总结的簿记”，在这里马克思不仅揭示了会计的本质性和基本职能，同时也间接指出了会计的对象是价值运动。马克思所指的“过程”，即社会再生产过程，它由生产、分配、交换和消费四个环节组成，包括了许多经济活动，而会计核算和监督的仅仅是该“过程”中的资金运动过程。

会计对象具有演进性。最初的会计以实物为计量单位，其会计对象只能是财产和钱物的收支。当货币作为一般等价物的功能被使用后，使得会计可以以货币为计量尺度，综合地反映会计对象。因而在商品经济条件下，会计的一般对象就是经济活动中能以货币表现的方面，即资金运动过程，简称资金流。资金即财产物资的货币表现，所以资金流也可称为货币流。在不同的行业，资金运动的具体形态有所不同，下面主要说明工业企业、商品流通企业、金融企业、财政机关和行政事业单位的资金运动。

3.1.2 工业企业的资金运动

工业企业是社会物质资料生产的基层单位，是直接从事工业生产或提供劳务并独立进行经济核算的经济实体，其主要目的是提供满足社会需要的产品和劳务，满足人们的生产、生活需要。工业企业的资金运动的阶段如下。

（1）资金取得阶段。工业企业在生产开始及扩大再生产规模之前，首先必须取得资金，资金即是企业财产物资的货币表现。工业企业取得资金的渠道只有两个：投资人投入和向债权人借入。

（2）资金周转阶段。工业企业的资金周转又包括三个过程。

① 供应过程。工业企业在拥有一定数量资金以后，要以现金、银行存款或其他货币资金形式购买各种劳动对象，为进行生产而储备必要的物资，资金由货币资金转化为储备资金形态，完成供应任务即供应过程结束。

② 生产过程。生产过程是工业企业最主要的过程，该过程既要生产出产品，同时又要消耗物化劳动和活劳动。因此通过生产过程中物化劳动和活劳动的耗费，使材料物资转化为在产品或半成品，资金运动也由储备资金转化为生产资金，到产品制造完工，在产品或半成品成为产成品而进入仓库，生产资金即转化为成品资金。

③ 销售过程。销售过程是产品价值与使用价值的实现过程，具体表现为出售产品，收回货币，补偿耗费的过程，即企业将产品售出，收回货币资金，使成品资金转化回到货币资金形态。

通过供、产、销过程不断改变资金的形态，称为资金循环，周而复始地不断演变，称为资金周转，由此形成企业的资金周转过程。

（3）资金退出阶段。在销售收回的货币资金中，企业以成本为标准弥补生产耗费，使企业进行再生产，剩余部分在企业有关各方面进行利润分配，分配股息或上缴利润等，一部分资金退出企业。资金运动的一般过程如图 3.1 所示。

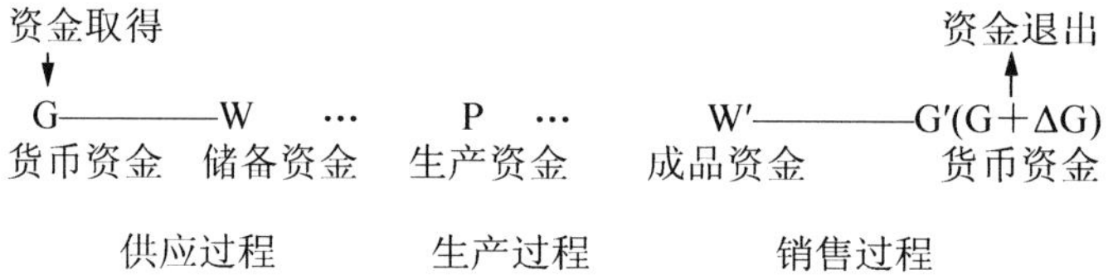

图 3.1　工业企业资金运动（1）

上述资金运动过程中的购销方式都是“一手钱一手货”的方式。在实际工作中，还有其他的购销方式，在供应过程中有购货后，货物先到，而货款尚未支付，会有应付款项，为负债结算资金；在销售过程中，有销货后销售实现，而货款尚未收到，会有应收款项，为资产结算资金。由此，资金运动过程的图示可扩展为图 3.2。

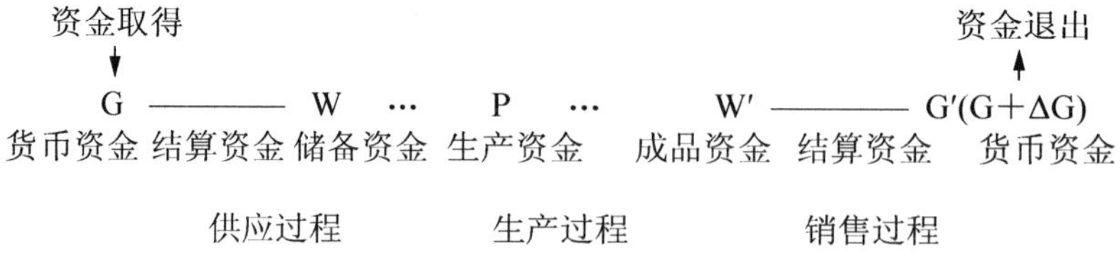

图 3.2　工业企业资金运动（2）

在会计持续经营假设下，资金运动在不断重复。

综上所述，工业企业的会计对象即企业的资金运动。

3.1.3 商品流通企业的资金运动

商品流通企业是从事组织商品流通，并实行独立经济核算的经济实体，它担负着社会商品交换的任务，是再生产过程中的重要环节。

商品流通企业的资金运动与工业企业相比有所不同，它一般只包括供应和销售两个过程。商品流通企业通过接受投资和向银行借款取得资金，使企业拥有一定数量的货币资金进入经营过程。在供应过程，主要是购进商品，结算货款和支付采购费用，使货币资金转化为商品资金。在销售过程中主要是销售商品，结算销售款和支付工资及销售费用，使商品资金又转化为货币资金。然后将利润进行分配，一部分资金退出企业，如此不断周转和循环形成商品流通企业的资金运动，如图 3.3 所示。

资金投入 ↓ 资金退出 ↑

G —— W —— G′(G+ΔG)

货币资金 商品资金 货币资金

购买过程 销售过程

图 3.3 商品流通企业资金运动

由此可知，商品流通企业的会计对象就是商品流通企业的资金运动。

3.1.4 金融企业的资金运动

金融机构，是指专门从事货币信用活动的中介组织。金融企业包括银行、证券公司、保险公司、信托公司等类型的金融机构。以银行为例，银行是经营存款、放款、储蓄、汇兑等业务充当金融中介的信用机构。从银行的性质看，它是一般企业，又是特殊企业。银行主要有四项基本职能：信用中介、支付中介、信用创造和金融服务。

金融企业的资金运动与工业企业相比更加特殊，它以服务创收、取得存款、放款赚取存贷差，或者提供有关服务、赚取收入，这些都是货币资金在周转，然后分配利润，一部分资金退出企业，如此不断周转和循环形成金融企业的资金运动，如图 3.4 所示。

资金投入 ↓ 资金退出 ↑

G —— G′(G+ΔG)

货币资金 货币资金

存款过程 放款过程

图 3.4 金融企业资金运动

由此可知，金融企业的会计对象就是金融企业的资金运动。

特别提示

马克思认为货币是一种特殊的商品。陈雨露教授在《世界是部金融史》一书中很形象、诙谐地认为金融就是卖钱的。金融和菜贩一样，是三百六十行之一，只不过，卖菜的卖菜，卖钱的卖钱。金融的本质：永远用你的钱，为比你更有钱的人服务。

3.1.5 财政机关和行政事业单位的资金运动

财政机关和行政事业单位也需拥有一定数量的资金才能开展工作，但由于它们的业务活动和执行预算的任务不同，它们的资金运动也有所差别。财政机关预算会计的对象表现为执行总预算的过程，包括各项预算资金的集中、分配及结果。行政事业单位预算会计的对象表现为各级单位预算资金的领拨、使用及结果。

由此可见，财政机关和行政事业单位的预算会计对象是它们的资金运动，具体表现为预算资金的收支活动。

知识链接

资金运动有两种表现形式，即静态表现形式和动态表现形式。资金在运动过程中具有并存性与继起性。资金运动并存性是指资金在循环周转中，几种占用形态并存；继起性是指资金在周转循环中顺序地从一种形态转化为另一种形态。资金并存是继起的条件，继起运动的结果又形成并存。资金在空间上的并存性和时间上的继起性，是相互联系和互为条件的。没有并存性，各种职能形式就不能相继转换，所以并存性是继起性的前提。同样，如果各种职能形式不能相继进行转化，三种职能形式的并存性也将被破坏，所以并存性又是继起性的结果。

资金的特点有：资金的垫支性，资金运动必须先要垫付资金，购买生产资料(劳动手段和劳动对象)；资金的周转性，垫付的资金必须周转，才能补偿；资金的补偿性，资金在循环周转中消耗的数额必须在经营收入中获得补偿；资金的增值性，所获得的经营收入，除补偿耗费的资金数额外，还应有剩余。

3.2 会计要素

3.2.1 会计要素的概念和划分

1. 会计要素的概念

会计对象是资金运动，这是对会计核算和监督内容的高度概括和抽象，但这不便于也不能作为会计核算与监督的直接对象和依据，因而还必须对会计对象(即资金运动)具体内容的内涵和外延作进一步的归纳、划分和明确界定，使其成为具体的概念范畴。对会计对象具体内容按其经济特征的分类，从而形成会计核算与监督的必要构成因素就是会计要素。所谓会计要素是为实现会计目标，在会计基本前提的基础上，对会计对象进行的分类，是会计核算对象的具体化，是用于反映会计主体财务状况，确定经营成果的基本单位。会计要素又是主要会计报表的基本构件，因而也称作会计报表要素，具体包括以下几点。

(1) 会计要素是对会计对象的具体化。在商品货币经济条件下，资金作为抽象人类劳动凝结的价值符号，表现为“看不见”的运动，通过会计要素以及根据会计要素所确定的会计账户等形式进行确认和计量，使资金运动变成具体的“看得见”的客观实在。只有将会计对象加以具体化才能进行会计核算和监督，没有分类就不能核算，就没法有效管理。

(2) 会计要素是进行会计核算的依据和指标形式。会计核算必须以会计要素的严格定义为条件，如在什么情况下一项经济活动才是会计的核算内容，是资产，还是费用；一项经济活动引起资金运动的量度又如何计价，如果没有确认和计量的标准，会计就无法进行核算。另外，会计要为关心企业财务状况和经营情况的各个方面提供会计信息。会计要素又是为提供会计信息确立的指标形式，提供企业财务状况就应包括资产、负债及所有者权益的信息等，而提供经营情况就应包括收入、费用和利润的信息等。

(3) 会计要素是组成会计报表的基本框架，是编制会计报表的理论依据。会计核算的最终“产品”是会计报表，而会计报表的基本结构和内容是由会计要素组成的。各会计要素之间的相互关系又形成了每一种会计报表内部各项目之间及各种会计报表之间的相互关系，从而揭示了各种会计信息之间的内在联系，便于分析和运用会计信息。

2. 会计要素的划分

会计要素的划分是指运用最精练、最概括而又十分明确的语言来概述会计要素的基本内涵和外延。划分会计要素必须依据资金运动的不同状态和形式，同时又要满足经济管理(包括微观经济管理和宏观经济管理)上的需要。从资金运动不同状态和形式看，划分会计要素，一方面要保持资金运动的整体性，要求各个会计要素之间要相互联系；另一方面又要反映资金运动的各种具体的运动状态和形式，要求各个会计要素之间要相互区别。从满足管理上的需要看，划分会计要素，一方面要明确界定产权关系以保护资产所有者及债权人的权益；另一方面又要为企业经营管理和国家宏观经济管理及有关各方提供足够具体的会计信息，要求会计要素必须既能定性又能定量。

根据以上这些要求，我国将会计要素划分为资产、负债、所有者权益、收入、费用和利润六个要素。资金运动在相对静止状态下，资金占用表现为各种资产，这些资产所需资金是企业通过所有者投入的资本和依靠负债的方式取得的。用资产、负债和所有者权益来概括资金运动的相对静止状态，既区分了各种不同性质的资金，又反映了各种资金之间的相互关系，保持了资金的整体性。资金运动在显著变动状态下，表现为资金的投入、使用(耗费)、回收和增值等，因此，用收入、费用和利润的概念，就能比较全面、准确地概括资金运动的动态状况。通过资产、负债、所有者权益、收入、费用和利润要素，既反映了一个企业的财务状况，又反映出一个企业的经营成果，满足了管理上的需要。后面会分别说明各个会计要素的含义。

3. 确认为会计要素的标准

确认是正式记录或把一个项目包括到一个企业财务报表中作为一项资产、负债、收入、费用或类似项目的过程。确认包括用文字和数字对一个项目的描述，它的数量包括到财务报表的总量中。从会计角度看，确认一个项目能否列入会计要素中，应符合四个基本的标准。

(1) 符合定义。即项目要符合会计报表某一要素的定义，如资产、负债、所有者权益等。

（2）能可靠计量。即有相关的计量属性，足以充分可靠地予以计量。

（3）相关性。即与该项目有关的信息在会计信息使用者的决策中具有举足轻重的作用。

（4）可靠性。即与该项目相关的信息是真实的、可验证的。

满足了上述四个基本标准，还要进一步考虑成本效益原则和重要性原则，即考虑确认该项目所花费的成本是否低于其信息所带来的效益，这些信息是否对使用者更为重要等因素。综合考虑各种因素后，再决定如何在财务报表中确认该项目。而何时确认要依据权责发生制记账基础进行确定。

3.2.2 会计要素的内容

1. 资产

1）资产的定义和确认

资产是指企业过去的交易或者事项形成的、由企业拥有或者控制的，预期会给企业带来经济利益的资源。

所谓资源，特别是自然资源，是指在一定时期、地点、条件下能够产生经济价值，以提高人类当前和将来福利的自然因素和条件。企业从事生产经营活动必须具备一定的物质资源，或者说物质条件。在市场经济条件下，这些必要的物质条件表现为货币资金、厂房场地、机器设备、原材料等，称为资产。它们是企业从事生产经营活动的物质基础。除上述外，资产还包括不具备物质形态，反映债权的应收款项和有助于生产经营活动进行的专利权、商标权等无形资产，以及反映企业具有超额收益能力的商誉等。此外，还包括对其他单位的投资等。

资产的确认条件是：

（1）与该资源有关的经济利益很可能流入企业。

（2）该资源的成本或者价值能够可靠地计量。

【例 3-1】 K&J 企业购入 10 台机器，每台价值 100 000 元，共 1 000 000 元，并投入使用。对照资产确认的条件看，这 10 台机器已能发挥效益，与机器有关的经济利益能流入企业，符合资产定义，机器的价值为每台 100 000 元，可以准确计量。因此，这 10 台机器符合资产的确认条件，可以确认为企业资产。

2）资产的特征

资产具有以下特征。

（1）资产是由过去的交易或事项形成的。所谓交易是指以货币为媒介的商品或劳务的交换，如购买原材料等；所谓事项是指没有实际发生货币交换的经济业务，如原材料领用出库等。

资产必须是现实的资产，而不能是预期的资产。只有过去发生的交易或事项才能增加或减少企业的资产，而不能根据谈判中的交易或计划中的经济业务来确认资产。例如，已经发生的固定资产购买交易会形成企业的资产，而计划中的固定资产购买交易则不会形成企业的资产。

（2）资产是为企业所拥有的，或者即使不为企业所拥有，也是企业所控制的。企业拥有资产，就能够排他性地从资产中获取经济利益。有些资产虽然不为企业所拥有，但是企业能够支配这些资产，因此同样能够排他性地从资产中获取经济利益。如果企业不能拥有或控制资产所能带来的经济利益，那么就不能作为企业的资产。

【例 3-2】 对以融资租赁方式租入的固定资产来说，虽然企业并不拥有其所有权，但是由于租赁合同规定的租赁期相当长，接近于该资产的使用寿命，而且租赁期满，承租企业一般有优先购买该资产的选择权，以融资租赁方式租入的固定资产应视为企业的资产。对于以经营租赁方式租入的固定资产来说，由于企业不能控制它，因此，以经营租赁方式租入的固定资产不应视为企业的资产。

（3）资产能够直接或间接地给企业带来经济利益。所谓经济利益，是指直接或间接地流入企业的现金或现金等价物。资产导致经济利益流入企业的方式多种多样，例如，单独或与其他资产组合为企业带来经济利益；以资产交换其他资产；以资产偿还债务等。

资产之所以成为资产，就在于其能够为企业带来经济利益。例如，货币资金可以用于购买所需要的商品；厂房场地、机器设备、原材料等可以用于生产经营过程，制造商品或提供劳务，出售后收回货款，货款即企业所获得的经济利益。

如果某项目不能给企业带来经济利益，那么就不能确认为企业的资产。例如，生产过程中出现的废品；库存材料、库存商品的霉损、变质等。

【例 3-3】 K&J 企业在生产过程中出现不可修复废品 20 件，每件废品损失 100 元，共 2 000 元。对照资产确认的条件看，这 20 件废品已没有经济价值，与废品有关的经济利益不能流入企业，不符合资产定义。因此，这 20 件不符合资产的确认条件，不是企业资产。

3）资产的分类

资产可以按照不同的标准进行分类。

（1）资产按照流动性分类，可以分为流动资产和非流动资产。流动资产是指可以在 1 年内或者超过 1 年的一个营业周期内变现或耗用的资产，主要包括现金、银行存款、交易性金融资产、应收及预付款、存货等。有些企业经营活动比较特殊，经营周期可能长于 1 年，如造船企业、大型机械制造企业等，其从购买原材料至建造完工，从销售实现到收回货款，周期比较长，往往超过 1 年，此时，就不能以 1 年内变现作为流动资产的划分标准，而是将经营周期作为流动资产的划分标准。

除流动资产以外的资产，都属于非流动资产，包括长期股权投资、固定资产、无形资产和其他资产。长期股权投资是指不准备在 1 年内变现的投资，包括股票投资和其他投资。固定资产是指使用年限在 1 个会计年度以上，单位价值在规定标准以上，并在使用过程中保持原来物质形态的资产，包括房屋、建筑物、机器设备、运输设备、工具器具等。无形资产是指可供企业长期使用，无实物形态而有较高价值的资产，包括专利权、商标权、著作权等。其他资产是指除以上各项以外的各种资产，如长期待摊费用是指企业已经支出，但摊销期限在 1 年(不含 1 年)以上的各项费用，包括企业的租入固定资产改良和大修理支出等。

（2）资产按照有无实物形态分类，可以分为有形资产和无形资产。例如，存货、固定资产等属于有形资产，因为它们具有物质实体；货币资金、应收款项、交易性金融资产、长期股权投资、专利权、商标权、商誉等属于无形资产，因为它们没有物质实体，而是表现为某种法定权利或技术。一般来说，通常将无形资产作狭义的理解，仅将专利权、商标权等不具有物质形态但能够为企业带来超额利润的资产称为无形资产。

2. 负债

1）负债的定义和确认

负债是指企业过去的交易或者事项形成的、预期会导致经济利益流出企业的现时义务。

负债的确认条件是：

（1）与该义务有关的经济利益很可能流出企业。

（2）未来流出的经济利益的金额能够可靠地计量。

【例 3-4】 K&J 企业购入材料 1 000 千克，每千克 10 元，货款尚未支付。K&J 企业有应付账款 10 000 元，属于法定现时义务，与购料有关的经济利益很可能流出企业，支付的金额为 10 000 元，可以准确计量。因此，这笔 10 000 元应付款符合负债的确认条件，就是企业的负债。

2）负债的特征

负债具有以下特征。

（1）负债是由过去的交易或事项形成的。作为现时义务，负债是过去已发生的交易或事项所产生的结果，是现时的义务。只有过去发生的交易或事项才能增加或减少企业的负债，而不能根据谈判中的交易和事项或计划中的经济业务来确认负债。如例 3-4 中应付账款是因为企业采用信用方式购买商品或接受劳务而形成的，而在购买商品或接受劳务发生之前，相应的应付账款并不存在。

【例 3-5】 K&J 企业从银行贷款 10 000 000 元，存入企业银行户头内。银行借款是因为企业接受了银行贷款而形成的，企业支付借款利息和到期还本的现时义务。如果企业只是计划贷款而还没有接收到贷款，则不会发生银行借款这项负债。

（2）负债的清偿预期会导致经济利益流出企业。清偿负债导致经济利益流出企业的形式多种多样，如用现金偿还或以实物资产偿还；以提供劳务偿还；部分转移资产、部分提供劳务偿还；将负债转为所有者权益，如债转股业务等。对此，企业不能或很少可以回避；如果企业能够回避，则不能确认为企业的负债。

【例 3-6】 K&J 企业接受某单位捐赠汽车一辆，价值 200 000 元。这笔钱企业是不用偿还的，与受捐赠义务有关的经济利益不会流出企业，不符合负债定义。因此，这笔 200 000元款项不符合负债的确认条件，不是企业的负债。

（3）负债是企业承担的现时的经济义务。所谓义务是和权利相对应的，指承担的经济责任，这个义务是明确的、有期限、无条件的经济义务，不是潜在的、无期限、有条件的责任。例如，企业雇用工人，应按照工作情况支付职工薪酬，这个义务明确、有规定的发放时间、无支付的条件，这就是现时义务；反之，如果是说企业有盈利了发工资，无盈利就不发工资，这就不是现时义务。

3）负债的分类

负债按照流动性分类，可以分为流动负债和非流动负债。流动负债，是指将在1年(含1年)或者超过1年的一个营业周期内偿还的债务，包括短期借款、应付票据、应付账款、预收账款、应付职工薪酬、应付股利、应交税费、其他暂收应付款项、1年内到期的非流动负债等。非流动负债，是指偿还期在1年或者超过1年的一个营业周期以上的负债，包括长期借款、应付债券、长期应付款等。

3. 所有者权益

1）所有者权益的定义

所有者权益是指企业资产扣除负债后由所有者享有的剩余利益。所有者权益是资产偿还负债后的剩余求索权，在数量上等于资产减负债。公司的所有者权益又称为股东权益。所有者权益的来源包括所有者投入的资本、直接计入所有者权益的利得和损失、留存收益等。

利得和损失代表那些不直接与企业正常的收入或者活动相联系的有利和不利事项。所谓利得是指由企业非日常活动中形成的、会导致所有者权益增加的、与所有者投入资本无关的经济利益的流入。所谓损失是指由企业非日常活动中形成的、会导致所有者权益减少的、与向所有者分配利润无关的经济利益的流出。例如，可供出售金融资产的公允价值变高，则有利得；变低，则为损失。

2）所有者权益的特征

所有者权益具有以下特征。

(1) 所有者凭借所有者权益能够参与利润的分配。

(2) 除非发生减资、清算，企业不需要偿还所有者权益。

(3) 企业清算时，只有在清偿所有的负债后，所有者权益才返还给所有者。

3）所有者权益的分类

所有者权益按照永久性分为实收资本(股本)、资本公积、盈余公积、未分配利润。实收资本(股本)是指企业在工商部门注册的资金；资本公积是指投资者出资额超过其在注册资本或股本中所占份额的部分，属于所有者的公共资金部分；盈余公积是指企业从净利润中提取的，已指定用途的部分；未分配利润是指尚未指定用途的净利润部分。其中实收资本(股本)和资本公积是企业投入的“本钱”，盈余公积和未分配利润是企业获得的一部分“利钱”留存备用，也称为留存收益。

4）所有者权益与负债的异同

所有者权益与负债是企业权益的两个方面，权益是指对企业资产所拥有的权利即所有权。企业的资产均有其来源：有些是个人或团体以投资方式提供的；有些是以贷款方式提供的。投资于企业的人称为该企业的所有者或业主；贷款于企业的人称为该企业的债权人或债主。所有者与债权人把资产供给某一特定企业，则对该企业的资产享有一定权利，我们把这种权利统称为权益或称为主权、产权、分配权。权益包括所有者权益和债权人权益，在会计学上又把所有者权益称为资本，把债权人权益称为负债。

所有者权益与负债虽都是对企业资产的一种权利，但它们在性质上有很大区别，主要表现在：

（1）对资产的权利不同。负债是债权人对企业资产的索偿权，所有者权益是企业所有者对企业净资产的所有权。

（2）与企业的关系不同。债权人与企业只有债权债务关系，无参与企业管理的权利，而企业所有者则有着法定的管理企业和委托他人管理企业的权利。

（3）作用时间不同。负债必须按期偿还，而所有者权益随企业共存，在经营期间无须偿还，至于收益的分配应按照有关规定处理。

4. 收入

1）收入的定义

收入是指企业在日常活动中形成的、会导致所有者权益增加的、与所有者投入资本无关的经济利益的总流入。

【例 3-7】 K&J 企业销售产品 800 件，每件 1 000 元，总计 800 000 元，收到货款存入银行。这项业务的收入符合收入的定义，基本可以确认为企业的收入了。当然销售实现也是有条件的，具体到销售业务时再详细介绍。

【例 3-8】 K&J 企业接受投资者投入资金 8 000 000 元，存入银行。这项业务的款项是与所有者投入资本有关的经济利益的总流入，不符合收入的定义，不是企业的收入。

2）收入的特征

收入具有以下特征。

（1）收入是从企业的日常经营活动中产生，而不是从偶发的交易或事项中产生。所谓日常活动，是指企业为完成其经营目标而从事的所有活动，以及与之相关的其他活动，如工业企业销售产品，金融企业从事贷款活动等。企业所进行的有些活动并不是经常发生的，如工业企业售出材料，虽不是经常发生，但因与日常活动有关，也属于收入。但是，有些交易或事项虽然也能为企业带来经济利益，但由于不属于企业的日常经营活动，因此，其流入的经济利益不属于收入而是利得。

（2）收入可能表现为企业资产的增加，或负债的减少，或两者兼而有之。收入为企业带来经济利益的形式多种多样，既可能表现为资产的增加，如增加银行存款、形成应收款项；也可能表现为负债的减少，如减少预收账款；还可能表现为两者的组合，如销售实现时，部分冲减预收的货款，部分增加银行存款。

（3）收入能引起企业所有者权益的增加。由于收入是经济利益的总流入，因此，收入能引起所有者权益的增加。

（4）收入只包括本企业经济利益的流入，而不包括为第三方或客户代收的款项。企业为第三方或者客户代收的款项，如增值税、代收利息等，一方面增加企业的资产，另一方面增加企业的负债，因此，不增加企业的所有者权益，也不属于本企业的经济利益，不能作为企业的收入。

按照企业所从事日常活动的性质，收入有三种来源：① 销售商品，取得现金或者形成应收款项；② 提供劳务；③ 让渡资产使用权，主要表现为对外贷款、对外投资或者对外出租等。

3）收入的构成

收入按照与企业经营业务的关系，分为营业收入和营业外收入。

营业收入按照日常活动在企业所处的地位，分为主营业务收入和其他业务收入。其中，主营业务收入是企业为完成其经营目标而从事的日常活动中的主要项目，如工商企业的销售商品、银行的贷款和办理结算等收入。其他业务收入是主营业务以外的其他日常活动，如工业企业销售材料，提供非工业性劳务等收入。

营业外收入是与企业经营业务无关的收入，如工业企业出售固定资产的净收入等。

除此以外，企业对外投资，收入还包括投资收益。

5. 费用

1）费用的定义

费用是指企业在日常活动中发生的、会导致所有者权益减少的、与向所有者分配利润无关的经济利益的总流出。

【例 3-9】 K&J 企业以银行存款支付广告费 9 800 000 元。这项业务的支出符合费用的定义，可以确认为企业发生的费用了。

【例 3-10】 K&J 企业以银行存款支付股东的股利 8 000 000 元。这项业务的支出是与向所有者分配利润有关的经济利益的总流出，不符合费用的定义，不是企业发生的费用。

2）费用的特征

（1）费用是企业在日常活动中发生的经济利益的流出，而不是从偶发的交易或事项中发生的经济利益的流出。商业企业从事商品采购活动、金融企业从事存款业务、工业企业采购原材料等所发生的经济利益的流出，属于费用。但是有些交易或事项虽然也能使企业发生经济利益的流出，但由于不属于企业的日常经营活动，其经济利益的流出不属于费用而是损失。

（2）费用可能表现为资产的减少，或负债的增加，或两者兼而有之。费用的发生形式多种多样，既可能表现为资产的减少，如购买原材料支付现金、制造产品耗用存货；也可能表现为负债的增加，如负担长期借款利息；还可能是两者的组合，如购买原材料支付现金，同时承担债务。

（3）费用将引起所有者权益的减少。由于费用是经济利益的总流出，因此，费用能引起所有者权益的减少。

收入与相关的成本费用相配比后，如果收入大于费用，则引起所有者权益的净增加；反之，导致所有者权益净减少。

3）费用的构成

费用按照与企业经营活动的关系，可分为生产经营费用和非生产经营费用。

（1）生产经营费用按照费用与收入的关系，可以分为营业成本和期间费用。

营业成本是指所销售商品或提供劳务的成本。营业成本按照其所销售商品或提供劳务在企业日常活动中所处地位可以分为主营业务成本和其他业务成本。

期间费用包括销售费用、管理费用和财务费用。销售费用是企业在销售商品、提供劳务等日常活动中发生的除营业成本以外的各项费用以及专设销售机构的各项经费；管理费用是企业行政管理部门为组织和管理生产经营活动而发生的各种费用；财务费用是企业筹集生产经营所需资金而发生的费用。

（2）非生产经营费用是企业生产经营活动以外发生的支出，包括基本建设支出、福利支出、营业外支出和以税弥补的支出等。

6. 利润

1）利润的定义

利润是指企业在一定会计期间的经营成果。利润包括收入减去费用后的净额，直接计入当期利润的利得和损失。

2）利润的构成

利润包括营业利润、利润总额和净利润。

营业利润是企业在销售商品、提供劳务等日常活动中所产生的利润，为主营业务收入和其他业务收入减去主营业务成本和其他业务成本、营业税金及附加，减去营业费用、管理费用、财务费用、资产减值损失，加上公允价值变动、投资收益后的金额。

利润总额是指营业利润加上营业外收入，减去营业外支出后的金额。其中，营业外收入是指企业发生的与其生产经营无直接关系的各项收入，如非流动资产处置利得、非货币性资产交换利得、债务重组利得、政府补助、盘盈利得、捐赠利得等；营业外支出是指企业发生的与其生产经营无直接关系的各项支出，如盘亏损失、非货币性资产交换损失、非流动资产处置损失、债务重组损失、罚款支出、捐赠支出、非常损失等。

净利润是指利润总额减去所得税费用后的金额。

3.3 会计等式

3.3.1 会计等式的种类

1. 会计基本等式

资产是为企业将来从事的经济活动提供效益的经营资源，而权益则是对这些资产的求偿权，也就是说投资人和债权人将其拥有的资本金供给企业使用，从而对于企业运用这些资本金所获得的各项资产就相应地享有一种索取权，即“相应的权益”。由此看，资产与权益是相互依存的，有一定数额的资产，必然有相应数额的权益，反之亦然。有资产就有权益，资产丧失，权益也就自然丧失；资产增加，权益也随之相应增加。资产与权益总是连带发生、连带消失的，两者永远互相对应，彼此相等，是一个事物的两个方面。所以资产恒等于权益，公式为

资产＝权益

权益包括债权人权益和投资人权益，即负债和所有者权益，所以上述公式可变为

资产＝负债＋所有者权益

“资产＝负债＋所有者权益”是会计基本公式，是设置账户、阐述复式记账和设计资产负债表的依据。

上述公式，不仅是个等式，更是会计的等式。因此，对于该公式有以下几个说明。

(1) 公式中，左方表示企业经营者拥有或控制的各种经济资源，即资产。这些经济资源在实际经营活动中分布在不同的位置，以货币形式表现为不同的存在形态。右方则表示了企业经济资源形成的源泉及对经济资源的各种求偿权，货币表现即资金的来源。即公式中各要素是有方向性的，具体到后面学习账户中，资产的余额只能余在左边(借方)，而负债和所有者权益的余额总是在右边(贷方)。

(2) 资产和权益是相互对应的，不过这种对应是综合对应而非逐项一一对应。资产的各种不同要素，表示整个权益所有组成部分；权益的各种不同份额，表示对整个资产的求偿权的比例。所以综合对应不是逐一项目的对应，例如，不能认为债权人权益(即负债)是对应现金的，也不能认为所有者权益是对应汽车、建筑物的等。

(3) “资产＝负债＋所有者权益”公式中的要素顺序不能任意颠倒，必须先表述资产，后表述负债，再表述所有者权益。因为这个方程式不仅仅表示数量的相等，更有其经济的意义。负债要排在所有者权益的前面，反映清算的顺序，体现所有者权益是剩余求索权。

(4) “资产＝负债＋所有者权益”可移项改为“资产－负债＝所有者权益”，这是从所有者立场出发的，表示一个企业在某一时刻的净资产数额。

(5) “资产＝负债＋所有者权益”公式反映企业在某一时刻的财务状况，是静态的会计公式。

2. 会计动态等式

上述是会计的基本公式，表示企业在某时日的资产及其来源渠道。当企业开始经营后，在一个会计期间内，企业会获取收入，发生费用，以收入抵偿费用后的余额即企业利润。所以有

收入－费用＝利润

该会计公式是进行经营成果核算的依据，也是编制利润表的依据。它综合地反映了企业在一定时期内的经营成果。因为收入、费用、利润是在各期经营过程中出现的，所以该公式是一个动态的会计公式。

3. 会计扩展等式

由于收入和费用的发生带来的是资产的流入和流出，而利润则是资产流入和流出的结果，最终带来的是净资产的增加，因此可以把上述两个会计公式综合在一起表示为

资产＝负债＋所有者权益＋收入－费用

移项后得

资产＋费用＝负债＋所有者权益＋收入

这是对全部会计要素之间的经济关系所做的综合表示。企业所发生的一切经济业务，只要能用货币表现，均可在此公式中反映。到企业利润分配后，该公式即又恢复为

资产＝负债＋所有者权益

特别提示

从公式“资产＝负债＋所有者权益＋收入－费用”来回看“收入”“费用”要素的定义，对收入或费用会使所有者权益增加或减少应该会有一个深刻的理解，而所有者权益的变动(除去投入增加和利润分配的减少)就是资产或负债的变动，所以，收入和费用的定义是从资产负债观来定义的。

上述三个会计公式，是对会计要素之间内在关系的数量表达，在数量上它们是恒等的。在动态状况下，在企业经营过程中，不断发生的各种经济业务即会计事项，尽管要影响各会计要素的增减，但均不会改变上述会计公式的恒等性，最多是由一种平衡转化为另一种新的平衡。所以会计公式是一种恒等式。

会计的对象是资金运动，会计要素是对会计对象的进一步分类，会计等式是会计要素之间的关系，也是资金运动的体现和结果，如图 3.5 所示。

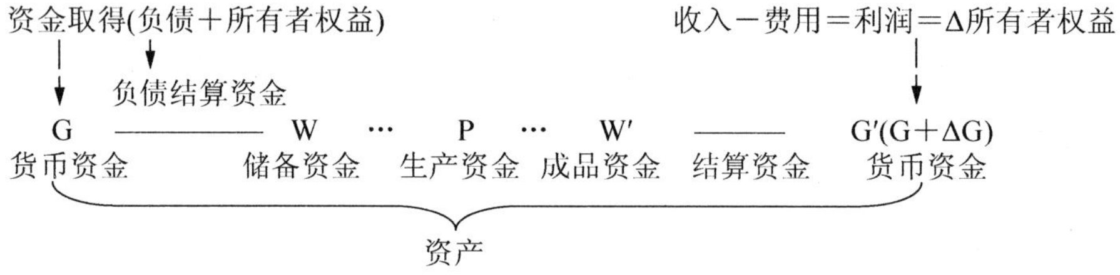

图 3.5　会计要素是对资金运动的分类

3.3.2　经济业务的类型

企业发生的经济业务量很多，但是按照“资产＝权益”来说，经济业务类型可归纳为如下四类。

(1) 资产和权益的同增，资金总量增加。

(2) 资产和权益的同减，资金总量减少。

(3) 资产内部的此增彼减，资金总量不变。

(4) 权益内部的此增彼减，资金总量不变。

【例 3-11】 K&J 企业在期初有资产 10 000 000 元，有负债 5 000 000 元，所有者权益为 5 000 000 元。

本期，企业现从银行贷款 1 000 000 元，存入银行。

例中的业务处在资金取得阶段，企业从银行取得资金，银行存款属于资产，增加了 1 000 000元，从银行借的借款属于权益，增加了 1 000 000 元。

属于“资产和权益的同增”的业务类型，企业的资金总量也增加了 1 000 000 元。两边各增加 1 000 000 元，现总资产为 11 000 000 元，总权益也为 11 000 000 元，会计等式“资产＝权益”平衡。

【例 3-12】 K&J 企业以银行存款 200 000 元，归还原欠供货单位的应付货款。

例中的业务处在资金周转阶段的供应过程，以货币资金偿付负债结算资金。银行存款属于资产，减少了 200 000 元，原欠供货单位的应付账款属于权益，减少了 200 000 元。

属于“资产和权益的同减”的业务类型，企业的资金总量也减少了 200 000 元。两边各减少 200 000 元，现总资产为 10 800 000 元，总权益也为 10 800 000 元，会计等式“资产＝权益”仍然平衡。

【例 3-13】 K&J 企业用银行存款 500 000 元购买材料。

例中的业务处在资金周转的供应过程，货币资金转换为储备资金。购入的材料属于资产，增加了 500 000 元，银行存款也属于资产，减少了 500 000 元，现总资产还为 10 800 000元，总权益也为 10 800 000 元。

属于“资产内部的此增彼减”的业务类型，企业的资金总量不增不减。资产一边的类别转换，会计等式“资产＝权益”依旧平衡。

【例 3-14】 K&J 企业将原欠供货单位货款 30 000 000 元，转成投资资本。

例中的业务资金取得阶段，属于负债和所有者权益的转换。投资的资本属于权益，增加了 30 000 000 元，原欠供货单位货款的应付账款也属于权益，减少了 30 000 000 元，现总资产还为 10 800 000 元，总权益也为 10 800 000 元。

属于“权益内部的此增彼减”的业务类型，企业的资金总量不变。权益一边的类别转换，会计等式“资产＝权益”还是平衡。

由此可知：经济业务事项无论怎样变化，资金运动的类型不外乎“同类有增有减，异类同增同减”，如图 3.6 所示。

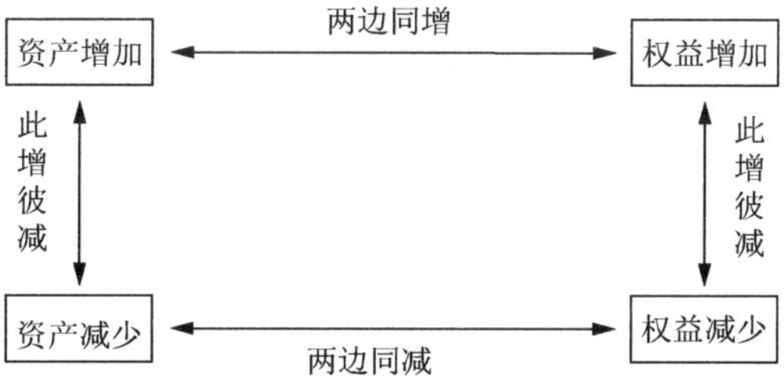

图 3.6 经济业务变化的四种类型

知识图说

权益分为债权人权益和所有者权益，因此会计等式就是“资产＝权益”。经济业务的变化不会改变会计等式的平衡关系。分析如下。

资产和权益期初状态如图 3.7 所示。

(1) 资产和权益同时增加，资金总量增加了，如图 3.8 所示。天平两边各加上了 100，天平不会倾斜。

(2) 资产和权益同时减少，资金总量减少了(图 3.9)。天平两边各减去了 50，天平也不会倾斜。

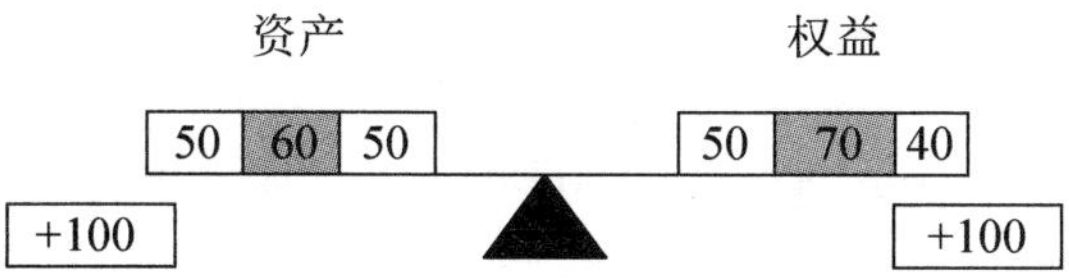

图 3.7 资产和权益期初状态图

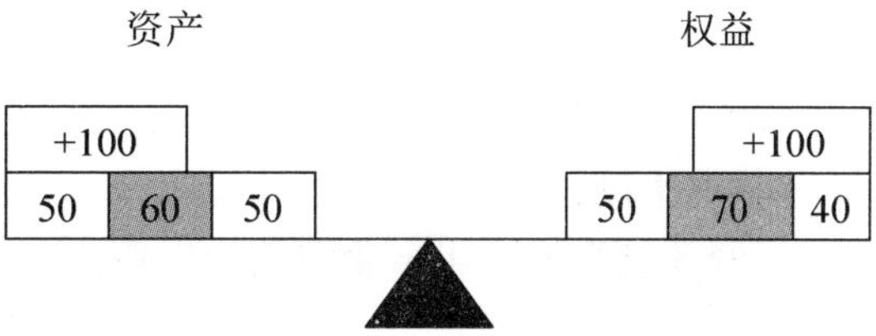

图 3.8 资产和权益同时增加变化图

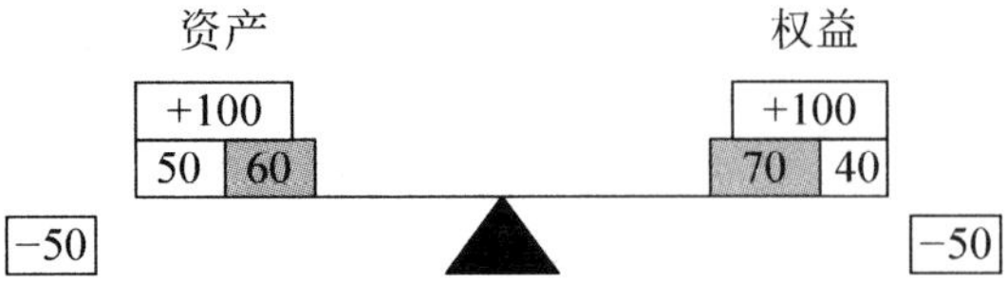

图 3.9　资产和权益同时减少变化图

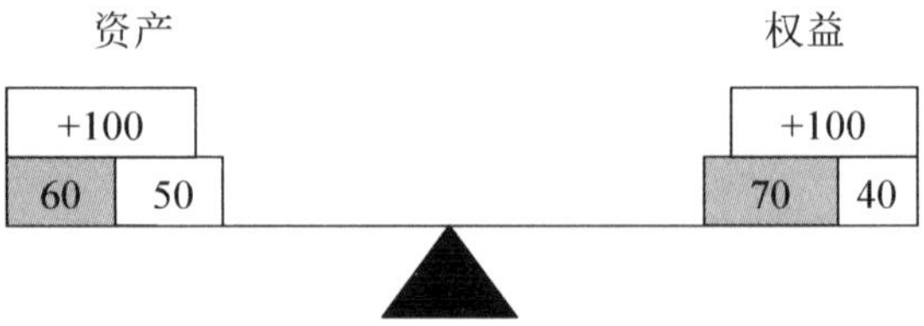

图 3.10　资产内部变化图

(3) 资产内部的此增彼减，换换位置，资金总量不变(图 3.10)。资产一边 50 和 60 位置互换，天平还是不会倾斜。

(4) 权益内部的此增彼减，换换位置，资金总量不变(图 3.11)。权益一边 70 和 40 位置互换，天平仍然不会倾斜。

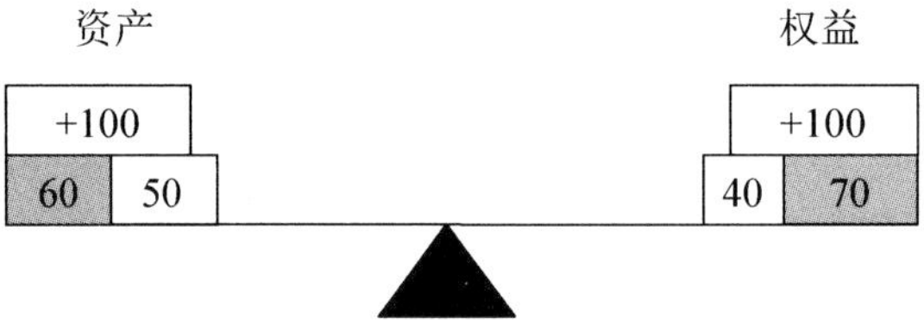

图 3.11　权益内部变化图

特别提示

收入－费用＝利润，利润是投入资本生成的“利”，归属于“所有者权益”，因此，有关“收入”“费用”要素的业务变化内容，都归属于“所有者权益”要素的业务类型中，即权益中。

如按照“资产＝负债＋所有者权益”三个要素来看，三个要素两两组合，经济业务类型又可归纳为如下九种类型。

(1) 资产和负债的同增，资金总量增加。

(2) 资产和负债的同减，资金总量减少。

(3) 资产和所有者权益的同增，资金总量增加。

(4) 资产和所有者权益的同减，资金总量减少。

(5) 资产内部的此增彼减，资金总量不变。

(6) 负债内部的此增彼减，资金总量不变。

(7) 所有者权益内部的此增彼减，资金总量不变。

(8) 负债的增加所有者权益的减少，资金总量不变。

(9) 负债的减少所有者权益的增加，资金总量不变。

分别举例如下。

【例 3-15】 K&J 企业在期初有资产 10 000 000 元，有负债 5 000 000 元，所有者权益为 5 000 000 元。

本期，企业从银行借入短期借款 2 000 000 元，存入银行。

例中的业务处在资金取得阶段，从银行借入资金。银行存款属于资产，增加了2 000 000元，从银行借的借款属于负债，增加了2 000 000元。

属于“资产和负债的同增”的业务类型，企业的资金总量也增加了2 000 000元。两边各增加2 000 000元，现总资产为12 000 000元，总负债为7 000 000元，所有者权益为5 000 000元，会计等式“资产＝负债＋所有者权益”平衡。

【例3-16】 K&J企业以银行存款100 000元，支付应付账款。

例中的业务处在资金周转的供应过程，货币资金偿付负债结算资金。银行存款属于资产，减少了100 000元，应付账款属于负债，减少了100 000元。

属于“资产和负债的同减”的业务类型，企业的资金总量也减少了100 000元。两边各减少100 000元，现总资产为11 900 000元，总负债为6 900 000元，所有者权益为5 000 000元，会计等式“资产＝负债＋所有者权益”平衡。

【例3-17】 K&J企业接受国家投资50 000 000元，存入银行。

例中业务处在资金取得阶段，所有者投入资金。银行存款属于资产，增加了50 000 000元，国家投资的实收资本属于所有者权益，增加了50 000 000元。

属于“资产和所有者权益的同增”的业务类型，企业的资金总量也增加了50 000 000元。两边各增加50 000 000元，现总资产为61 900 000元，总负债为6 900 000元，所有者权益为55 000 000元，会计等式“资产＝负债＋所有者权益”平衡。

【例3-18】 K&J企业接受某公司减资要求，希望减资5 000 000元，以银行付讫。

例中业务处在资金取得阶段，所有者抽走资金，也即资金投入是负值。银行存款属于资产，减少了5 000 000元，单位投资的实收资本属于所有者权益，减少了5 000 000元。

属于“资产和所有者权益的同减”的业务类型，企业的资金总量也减少了5 000 000元。两边各减少5 000 000元，现总资产为56 900 000元，总负债为6 900 000元，所有者权益为50 000 000元，会计等式“资产＝负债＋所有者权益”平衡。

【例3-19】 K&J企业将现金100 000元，存入银行存款。

例中业务处在资金周转阶段，货币资金本身的转换。库存现金属于资产，减少了100 000元，银行存款也属于资产，增加了100 000元，现总资产为56 900 000元，总负债为6 900 000元，所有者权益为50 000 000元。

属于“资产内部的此增彼减”的业务类型，企业的资金总量不增不减。资产一边内部的类别转换，会计等式“资产＝负债＋所有者权益”依旧平衡。

【例3-20】 K&J企业应付票据500 000元，到期无力支付，属于银行承兑汇票转成短期借款。

例中业务处在资金取得阶段。应付票据属于负债，减少了500 000元，短期借款也属于负债，增加了500 000元，现总资产为56 900 000元，总负债为6 900 000元，所有者权益为50 000 000元。

属于“负债内部的此增彼减”的业务类型，企业的资金总量不增不减。负债内部的类别转换，会计等式“资产＝负债＋所有者权益”依旧平衡。

【例3-21】 K&J企业以盈余公积10 000 000元，转增资本。

例中业务处在资金取得过程。实收资本属于所有者权益，增加了10 000 000元，盈余公积也属于所有者权益，减少了 10 000 000 元，现总资产为 56 900 000 元，总负债为 6 900 000元，所有者权益为 50 000 000 元。

属于“所有者权益内部的此增彼减”的业务类型，企业的资金总量不增不减。所有者权益内部的类别转换，会计等式“资产＝负债＋所有者权益”平衡。

【例 3-22】 K&J 企业分配本年股利 5 000 000 元，尚未支付。

例中业务处在资金退出阶段。利润分配使所有者权益减少了 5 000 000 元，应付股利属于负债，增加了 5 000 000 元。

属于“负债增加所有者权益减少”的业务类型，企业的资金总量不增不减。现总资产为 56 900 000 元，总负债为 11 900 000 元，所有者权益为 45 000 000 元。会计等式“资产＝负债＋所有者权益”平衡。

【例 3-23】 K&J 企业可转换应付债券 4 000 000 元，转换股本。

例中业务处在资金取得阶段。股本属于所有者权益，增加了 4 000 000 元，应付债券属于负债，减少了 4 000 000 元。

属于“负债减少所有者权益增加”的业务类型，企业的资金总量不增不减。现总资产为 56 900 000 元，总负债为 7 900 000 元，所有者权益为 49 000 000 元。会计等式“资产＝负债＋所有者权益”平衡。

由此可知：在“资产＝负债＋所有者权益”三要素下，经济业务事项的变化，涉及等式一边的是有增有减，同时涉及两边的是同增同减。

3.4 会计科目与账户设置

3.4.1 会计科目

会计要素是对会计对象具体内容的分类，从而形成会计核算的必要构成因素。但是会计要素仍然无法用来直接记账，因为各会计要素内的内容仍然较综合，并存在着性质上的较大差异。以资产为例，资产通常包括库存现金、银行存款、应收账款、原材料、固定资产等很多内容，如果会计对这些资产项目不加以细分，并提供各项目具体金额，就无法使投资者、债权人等有关各方了解企业营运能力和偿还债务的能力等信息，因而，有必要对会计要素进行分类，设置会计科目。设置会计科目就是对会计对象的具体内容进行的科学分类。

设置会计科目是对会计要素的分类，具有重要的意义。设置会计科目能使编制、整理会计凭证和设置账簿记录有所依据，编制会计报表有了基础，并能提供全面、统一的会计信息，便于管理者、投资者、信贷者以及各有关方面掌握和分析企业的财务状况和经营成果。

1. 设置会计科目的原则

会计科目，必须根据会计准则，并应按照会计准则的规定设置和使用。企业在不影响会计核算的要求和会计报表指标的汇总，以及对外提供统一的会计报表的前提下，可以根据实际情况自行增设、减少或合并某些会计科目。设置会计科目应遵循下列基本原则：

(1) 要保持会计指标体系的完整和统一，既能全面而概括地反映企业资金运动情况，以满足国家宏观经济管理的要求和有关各方了解企业财务状况和经营成果的需要，又要适应企业经营活动的特点，满足企业内部经营管理的需要。

(2) 要讲究实用，以便清晰地提供经济管理上所需要的资料。

(3) 科目名称力求简明扼要，内容确切。每一科目，原则上反映一项经济内容，各科目之间不能互相混淆，以保证核算指标的口径一致。

2. 会计科目的分类

1) 按反映的经济内容分类

会计科目按其反映的经济内容不同，可分为资产类、负债类、共同类、所有者权益类、成本类和损益类。

(1) 资产类科目分为流动资产、非流动资产等科目。其中流动资产科目又分为库存现金、各种存款、应收账款、原材料和库存商品等科目。

(2) 负债类科目分为流动负债和非流动负债。其中流动负债包括短期借款、应付账款、应付职工薪酬、应交税费、应付利息以及应付股息等。

(3) 共同类科目包括衍生工具、套期工具等。

(4) 所有者权益类科目包括实收资本、资本公积、盈余公积、本年利润和利润分配等。

(5) 成本类科目包括生产成本和制造费用等。

(6) 损益类科目包括主营业务收入、其他业务收入等收入(收益)类科目和主营业务成本、其他业务支出、销售费用、管理费用等费用(损失)类科目。

2) 按隶属关系分类

会计科目就其隶属关系分类，可分为总账科目、子目和细目。

(1) 总账科目又称一级科目，它是反映各种经济业务事项的概括。工业企业常用的会计科目详见表3-1。

(2) 子目又称二级科目，它是对总账科目作进一步的分类。

(3) 细目是对子目的进一步分类，是三级科目以下的统称，三级、四级等都为细目。子目和细目统称为明细科目。其隶属关系见表3-2。

表3-1 会计科目表

顺序号	编号	名　　称	顺序号	编号	名　　称
一、资　产　类			9	1132	应收利息
1	1001	库存现金	10	1221	其他应收款
2	1002	银行存款	11	1231	坏账准备
3	1012	其他货币资金	12	1401	材料采购
4	1101	交易性金融资产	13	1402	在途物资
5	1121	应收票据	14	1403	原材料
6	1122	应收账款	15	1404	材料成本差异
7	1123	预付账款	16	1405	库存商品
8	1131	应收股利	17	1406	发出商品

续表

顺序号	编号	名　　称	顺序号	编号	名　　称
18	1407	商品进销差价	55	2502	应付债券
19	1408	委托加工物资	56	2701	长期应付款
20	1409	周转材料	57	2702	未确认融资费用
21	1461	融资租赁资产	58	2711	专项应付款
22	1471	存货跌价准备	59	2801	预计负债
23	1501	持有至到期投资	60	2901	递延所得税负债
24	1502	持有至到期投资减值准备	三、共同类		
25	1503	可供出售金融资产	61	3101	衍生工具
26	1511	长期股权投资	62	3201	套期工具
27	1512	长期股权投资减值准备	四、所有者权益类		
28	1521	投资性房地产	63	4001	实收资本
29	1531	长期应收款	64	4002	资本公积
30	1532	未实现融资收益	65	4101	盈余公积
31	1601	固定资产	66	4103	本年利润
32	1602	累计折旧	67	4104	利润分配
33	1603	固定资产减值准备	68	4201	库存股
34	1604	在建工程	五、成本类		
35	1605	工程物资	69	5001	生产成本
36	1606	固定资产清理	70	5101	制造费用
37	1701	无形资产	71	5201	劳务成本
38	1702	累计摊销	72	5301	研发支出
39	1703	无形资产减值准备	73	5401	工程施工
40	1711	商誉	六、损益类		
41	1801	长期待摊费用	74	6001	主营业务收入
42	1811	递延所得税资产	75	6051	其他业务收入
43	1901	待处理财产损溢	76	6101	公允价值变动损益
二、负债类			77	6111	投资收益
44	2001	短期借款	78	6301	营业外收入
45	2101	交易性金融负债	79	6401	主营业务成本
46	2201	应付票据	80	6402	其他业务支出
47	2202	应付账款	81	6403	营业税金及附加
48	2203	预收账款	82	6601	销售费用
49	2211	应付职工薪酬	83	6602	管理费用
50	2221	应交税费	84	6603	财务费用
51	2231	应付利息	85	6701	资产减值损失
52	2232	应付股利	86	6711	营业外支出
53	2241	其他应付款	87	6801	所得税费用
54	2501	长期借款	88	6901	以前年度损益调整

表 3-2　会计科目按隶属关系的分类

总分类科目(一级科目)	明细分类科目		
	二级明细科目(子目)	三级明细科目(细目)	四级明细科目(细目)
原材料	原料及主要材料	钢材	圆钢
			槽钢
		……	

续表

总分类科目(一级科目)	明细分类科目		
	二级明细科目(子目)	三级明细科目(细目)	四级明细科目(细目)
原材料	辅助材料	油漆	白漆
			……
		机油	
		……	
	燃料	煤炭	
	……		
应付账款	黄河有限责任公司		
	洛河有限责任公司		
	……		
生产成本	甲产品	直接材料	
		直接人工	
		制造费用	

知识图说

马克思在《资本论》中论述了簿记，说明了簿记记录的对象，马克思说："资本作为它的循环中的统一体，作为处在过程中的价值，无论是在生产领域还是在流通领域的两个阶段，首先只是以计算货币的形态，观念地存在于商品生产者或资本主义商品生产者的头脑中。这种运动是由包含商品的定价或计价(估价)在内的簿记来确定和监督的。①"

企业的经济内容要用货币进行计量，形成了资金流(或称货币流)；会计对象是资金运动；会计要素是经济内容的分类；会计科目是经济内容的具体分类，会计科目又分成总分类科目和明细分类科目。企业经济内容可以分层次，因此，会计对象也是分层次的，并且是横向到边，纵向到底的网格化，形成了会计信息的全覆盖，这也正说明了会计核算是全面的、系统的。企业经济内容的分类层次如图3.12所示。

3.4.2 设置账户

上述只是对会计对象具体内容进行分类的会计科目，但企业发生的各种经济业务事项是十分频繁复杂的，为了系统、连续地把各种经济业务事项发生情况和由此而引起的各项资金变化情况分门别类地进行核算和监督，还必须根据规定的会计科目在账簿中开设账户，以便提供日常管理上的核算资料。

1. 账户的基本结构

1) 账户的概念

账户是根据会计科目设置的，具有一定的结构，是用来系统、连续地核算经济业务事项增

① 马克思．资本论［M］．第2卷．北京：人民出版社，1975：151.

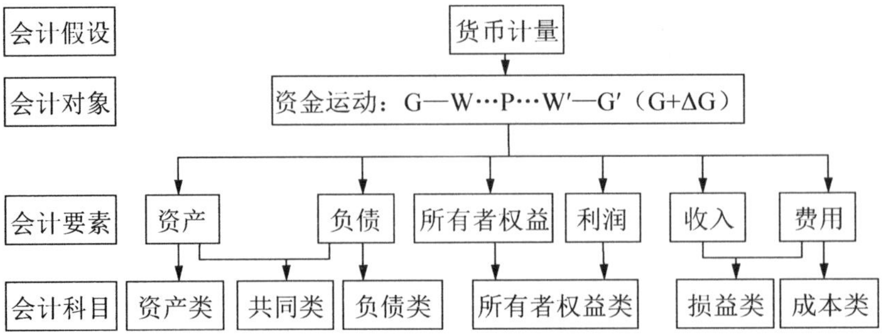

图 3.12　企业经济内容的分类层次

减变化情况及其结果的一种工具和手段。会计科目将会计要素的构成内容分为若干项目，随着企、事业单位经营业务活动的开展，每个项目都在发生着增减变动，账户就是用来记录会计具体内容中每一项目发生的增减变动及其结果的形式。从会计资料的储存、传递过程来看，账户还是对会计信息资料进行分类、整理、归集、储存和传递的场所。因此，账户的主要作用在于将会计数据进行科学的归类和记录，为进一步进行记账、报账等提供基础条件。

2）账户的基本结构

账户的结构就是账户的格式。为了全面、清晰地记录各项经济业务事项，每一个账户既要有明确的经济内容，又必须有一定的结构。在资金运动过程中，每类资金都会发生增加和减少两个方向的运动，这种增减变动是在账户中进行记录的，因此账户必须由分别记录增加金额和减少金额的两个基本部分所组成，从而形成了账户的基本结构。账户的基本结构通常划分为左、右两方，每方再根据实际需要分为若干栏次，用以记录有关会计信息。账户的格式多种多样，但是其基本结构内容一般包括：

（1）账户的名称。

（2）经济业务事项内容，包括日期和摘要。

（3）增减金额。

（4）凭证字号(说明账户记录的依据)。

账户的一般格式见表 3-3。

表 3-3　账户名称(会计科目)

日期	凭证号数	摘要	金额	日期	凭证号数	摘要	金额

表 3-3 所列账户左右两方金额栏，分别记录有关项目的增加金额和减少金额，以及增减相抵后的差额，即账户的余额。由于会计实行分期核算，因此，在账户中记录的金额就自然分为期初余额、本期增加额、本期减少额和期末余额。其关系可用公式表示如下：

期末余额＝期初余额＋本期增加额合计－本期减少额合计

本期增加额合计又称为本期增加发生额，本期减少额合计又称为本期减少发生额。为了便于说明，表 3-3 可以简化为“丁”字账户，也称“T”型账户，即账户的最简单形式，仅有三个要素：标题，即账户的名称；左方；右方，如图 3.13 所示。

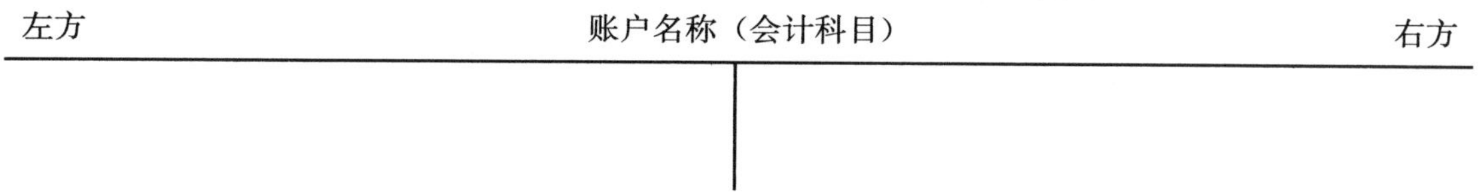

图 3.13　丁字账结构

在借贷记账法下，账户的左方为借方，右方为贷方，其中一方登记增加额，另一方登记减少额，余额在哪方要看账户性质。

2. 账户和会计科目的区别与联系

会计科目与账户是两个既有联系又有区别的概念。

(1) 会计科目与账户的区别。会计科目是会计要素构成内容分类的项目以及每一项目的性质标志(即名称)，而账户是对会计要素构成内容分类核算的形式和场所。显然会计科目仅是会计要素构成内容的分类的项目名称，账户具有一定的结构(即“左右”结构)及其内容，会计科目不存在结构问题；会计科目是核算、检查、考核一个单位的静态指标体系，而账户是分类核算的动态形式。总之，会计科目是会计要素内容的性质标志，账户是对会计要素内容进行核算的形式。在资金运动过程中，每一类资金都朝着增加和减少两个方向运动，这种增减变动是在账户中反映的，而会计科目仅是每一类具体资金的名称。

(2) 会计科目与账户的联系。会计科目是对会计要素内容的分类，账户是对会计要素内容的分类核算。因而，两者的目的是相同的，都是对会计要素内容进行分类核算。会计科目是设置账户的基础和依据，是账户的名称。会计科目明确规定了账户的核算内容及性质，从一定意义上讲，没有账户，设置会计科目也就失去了作用和意义；反之，没有会计科目，设置账户也就没有依据。总之，会计科目与账户是相辅相成的，存在着紧密联系。

本章小结

本章主要介绍会计的对象资金运动，介绍了资产、负债、所有者权益、收入、费用、利润六个会计要素，介绍了“资产＝负债＋所有者权益”和“收入－费用＝利润”两个会计等式及其变化，介绍了会计科目，以及账户的基本结构和账户的期末余额公式。

名人名言

资本作为它的循环中的统一体，作为处在过程中的价值，无论是在生产领域还是在流通领域的两个阶段，首先只是以计算货币的形态，观念地存在于商品生产者或资本主义商品生产者的头脑中。这种运动是由包含商品的定价或计价(估价)在内的簿记来确定和监督的。

——马克思

一动不动地放在钱柜里的资本是死的，而流通中的资本却会不断增值。

——恩格斯

我们认为财产的经济的意义就是“资产”，而资产的法律的意义就是“财产”。

——康芒斯

会计所处理的对象同价值商品等交易事项密切相关，这些交易和事项存在着很大的不确定性，面临不确定性，会计只能建立在若干假设的前提之上。

——威廉·佩顿

练习与思考

一、单项选择题

(1) 判断业务所处的阶段、过程、资金形态的转换，在适当的空格中选择打“√”。

项目	资金取得	G—W	W…P	P…W′	W′—G′	资金退出
发行股票，款存入银行						
以银行存款购买材料						
从银行借入短期借款存入银行存款						
企业生产领用材料						
产品完工入库						
企业以存款归还银行借款						
销售产品收到货款存入银行						
企业分配股利，并以存款支付						

(2) 参照“库存现金”行，选择合适的项目确认打“√”。

项目	资产	负债	所有者权益	收入	费用	利润
库存现金	√					
实收资本						
原材料						
应付账款						
主营业务收入						
管理费用						
本年利润						

(3) 参照“库存现金”行，在合适的项目中选择确认打“√”。

项目	资产类	负债类	所有者权益类	成本类	损益类
库存现金	√				
固定资产					
累计折旧					
应交税费					
制造费用					
主营业务成本					
利润分配					

(4) 会计科目与账户间关系，下列表述不正确的是(　　)。

A. 两者口径一致，但性质不同

B. 账户是会计科目的具体运用

C. 没有会计科目，账户就失去了设置依据

D. 实际工作中，对会计科目和账户往往不加以严格区分，而是相互通用

(5) (　　)既反映了会计对象要素的基本数量关系，同时也是复式记账的理论依据。

A. 会计科目　B. 会计恒等式　C. 记账符号　D. 账户

(6) 一个企业的资产总额与权益总额(　　)。

A. 必然相等　B. 有时相等　C. 不会相等　D. 只有在期末相等

(7) 会计对象是(　　)。

A. 资金　B. 钱　C. 资金运动　D. 资产

(8) 企业收入的发生往往会引起(　　)。

A. 负债增加　B. 资产减少　C. 资产增加　D. 所有者权益减少

(9) 企业生产的产品属于(　　)。

A. 非流动资产　B. 流动资产　C. 固定资产　D. 长期待摊费用

(10) 经济业务发生只涉及资产这一会计要素时，只引起该要素中某些项目发生(　　)。

A. 同增　B. 同减　C. 不变　D. 此增彼减

二、多项选择题

参照“从银行提取现金”行，在合适的项目中选择打“√”。

项目	资产		负债		所有者权益	
	增加	减少	增加	减少	增加	减少
从银行提取现金	√	√				
以银行存款购置固定资产						
从银行借入短期借款存入银行存款						
甲企业投入合营资本，存入银行						
以银行存款支付前欠的应付账款						
原欠乙企业应付账款现转为合营资本						
销售产品收到货款存入银行						
以库存现金支付差旅费						

三、填空题

在适当的空格内填写会计科目。

项目	资产		负债		所有者权益	
	增加	减少	增加	减少	增加	减少
从银行提取现金						

续表

项目	资产		负债		所有者权益	
	增加	减少	增加	减少	增加	减少
以银行存款购置固定资产						
从银行借入短期借款存入银行存款						
甲企业投入合营资本，存入银行						
以银行存款支付前欠的应付账款						
原欠乙企业应付账款现转为合营资本						
销售产品收到货款存入银行						
以库存现金支付差旅费						

四、判断题

(1) 会计等式揭示了会计要素之间的内在联系，是设置账户、进行复式记账、编制会计报表的依据。 ( )

(2) “资产=负债+所有者权益”，这个公式反映的是资金的静态运动。 ( )

(3) “收入-费用=利润”，这个公式反映的是资金的动态运动。 ( )

(4) 收入类账户和费用类账户一般无期末余额，但有期初余额。 ( )

(5) 会计科目是各单位设置账户、处理账务所必须遵循的依据。 ( )

(6) 会计科目按其提供指标的详细程度，可以分为总分类科目和明细分类科目。 ( )

(7) 会计要素中既有反映财务状况的要素，又有反映经营成果的要素。 ( )

(8) 所有者权益是企业投资人对企业资产的所有权。 ( )

(9) 与所有者权益相比，负债一般有规定的偿还期，而所有者权益没有。 ( )

(10) 企业取得收入，意味着利润就会形成。 ( )

五、连线题

在正确的两者之间连线。

	生产成本
资产类	应收账款
负债类	原材料
所有者权益类	应付账款
成本类	实收资本
损益类	主营业务收入
	制造费用

六、业务题

习题1

1. 目的：了解“银行存款”账户。

2. 资料：某企业“银行存款”账户详情见表3-4。

表3-4 “银行存款”账户 单位：元

项 目	一季度	二季度	三季度	四季度	合 计
期初余额	8 000				
加：现销收入					321 000
可动用存款小计	88 000				
加：银行借款			—	—	22 000
减：支出：					
采购材料	35 000	45 000		35 000	
销售费用		30 000	30 000		113 000
购置设备	8 000	8 000	10 000		36 000
支付股利	2 000	2 000	2 000	2 000	
小计		85 000		55 000	
减：归还借款			5 000	17 000	
归还利息			375	1 325	
期末余额	5 000	5 000	5 625	7 300	

3. 要求：(1) 练习账户余额公式，根据余额公式填空。

(2) 认识静态值(时点值)和动态值(时期值)，了解账户余额和发生额的特性。

习题2

1. 目的：练习业务类型的判断。

2. 资料：某企业2012年5月有关资料如下。

(1) 各账户期初余额：银行存款15 000元，库存现金2 000元，应收账款75 000元，库存商品278 000元，固定资产260 000元，实收资本500 000元，短期借款100 000元，应付账款30 000元。

(2) 5月发生下列经济业务：

① 销售商品90 000元，货款存入银行。

② 从银行提现金20 000元，准备发放职工工资。

③ 以现金发放职工工资20 000元。

④ 购入商品20 000元，货款未付。

⑤ 销售商品40 000元，货款未收。

⑥ 支付零星开支5 000元，以银行存款支付。

⑦ 购入物品45 000元，以银行存款支付。

⑧ 收到应收账款 60 000 元，存入银行。

⑨ 以银行存款支付房租 4 000 元，水电费 1 000 元。

⑩ 销售商品一批 25 000 元，货款存入银行。

⑪ 以存款支付机器大修理费 15 000 元。

⑫ 以银行存款偿还前欠货款 30 000 元。

⑬ 销售商品一批 80 000 元，货款存入银行。

⑭ 以银行存款归还银行借款 100 000 元。

⑮ 结转本月销售商品成本 215 000 元。

3. 要求：(1) 填制表 3-5，回答下列问题：

① 根据期初各账户余额确定资产、负债、所有者权益数量关系。

② 对 5 月份发生的每项业务确认、计量各要素，分析对会计等式的影响。

③ 判断业务处在资金运动的阶段、过程、资金形态的变化，确定业务类型。

④ 根据期初余额、本月发生额，计算期末余额，确定资产、负债、所有者权益的数量关系。

(2) 利用有关科目，计算本月利润。

表 3-5　某企业 5 月资金情况

业务	资产		负债		所有者权益		资金总额变化	业务类型
	增加额	减少额	增加额	减少额	增加额	减少额		
期初金额							—	—
1.								
2.								
3.								
4.								
5.								
6.								
7								
8.								
9.								
10.								
11.								
12.								
13.								
14.								
15.								
期末金额							—	—

第4章

复式记账

教学目标

通过本章的学习，了解复式记账的含义和基本原理，掌握借贷记账法的记账规则、特点，能够熟练运用借贷记账法处理会计事项。

教学要求

知识要点	能力要求	相关知识
借贷记账法	(1) 借贷记账法的定义 (2) 借贷记账法的优点	记账符号；记账规则；会计分录；试算平衡
平行登记法	(1) 总账的控制作用 (2) 明细账的补充作用	同时期登记；同方向登记；同金额登记

> 复式簿记从技术角度看，是簿记发展的最高形态。
>
> ——马克斯·韦伯

基本概念

单式记账　复式记账　借贷记账法　记账规则　会计事项　会计分录　单式分类　复合分录　一借多贷　一贷多借　多借多贷　账户对应关系　对应关系账户　试算平衡　发生额平衡　余额平衡　平行登记法

导入案例

复 式 簿 记

1494年，意大利人卢卡·帕乔利在《算术、几何、比及比例概要》一书中，记录下了复式簿记，这是会计的第一个里程碑。自创始以来，它的基本结构未曾变化过，这正体现了它的科学性。正如著名会计学家利特尔顿说的："复式记账从最初始的时候起，譬如说，从15世纪中叶起，就具有某些基本的特征。这些特征至今屹立不变，成为簿记之所以有别于其他记事制度的主要分界石。它的技术处理方法，历经几个世纪的风霜，而未有根本性的变化。①"

艾尔弗雷德·克罗斯比评价是："复式簿记的重要性在于：欧洲的商人能利用精确的、整理清楚的、以数量反映的簿记记录来理解并控制它们经济生活中的许多细节。时钟使商人能够度量时间，而复式簿记使他们能够把时间凝固——至少在纸上。②"

点评：复式记账是簿记的最高形态。

复式记账是会计核算方法之一，在会计上具有标志性的意义，从此会计就有了科学的性质。本章主要介绍借贷复式记账法的定义、记账符号、记账规则和试算平衡方法。

4.1　记账方法的概念与种类

4.1.1　记账方法的概念

所谓记账方法就是根据一定的原理、记账符号、记账规则，采用一定的计量单位，利用文字和数字记录经济活动的一种专门方法。

为了核算会计要素的具体内容，必须采用一定的记账方法，以登记各项经济业务事项。设置会计科目和账户，仅仅明确了会计核算的项目和形式，至于账户的左方记什么内容，右方记什么内容，即如何使用账户，还需要一定的记账方法。

4.1.2　记账方法的种类

记账方法按记录方式的不同，可以分为单式记账法和复式记账法两类。

---

①　伊尻雄治．三式簿记和收益动量［M］．娄尔行，译．上海：上海人民出版社，1984：1.

②　［美］阿妮塔·S霍兰德，等．现代会计信息系统［M］．杨周南，译．北京：经济科学出版社，1999：75.

单式记账法是一种比较简单、不完善的记账方法，它将每一笔经济业务事项只在一个账户上登记一笔账。例如，“以库存现金 1 000 元购买材料”这笔经济业务事项，仅在“原材料”账户或“库存现金”账户上记录减少 1 000 元。对于仅在“原材料”账户中记录的是只反映一方“原材料”的增加，不反映另外一方“库存现金”的减少，“库存现金”账户的变化到期末结账时，再按照一定的方法，计算出其减少额和余额。反之，也可。因此，单式记账法不能从账户中直接反映资金的来龙去脉，资金运动的相互平衡关系被割裂开了；不能自动反映发生额和余额的平衡，也就不便于检查账户记录的正确性和真实性。

单式记账法作为一个方法现在已不在使用，只是在“备查账”中核算一些辅助或账外经济内容时，还要使用，参见第 8 章备查账的登记。

复式记账法是为了克服单式记账法的缺点而形成的一种科学的记账方法。所谓复式记账法就是对每一笔经济业务事项，都要以相等的金额，在相互联系的两个或两个以上的账户中进行登记的一种记账方法。例如，上述“以库存现金 1 000 元购买材料”这一经济业务事项，运用复式记账，既在“库存现金”账户登记减少 1 000 元，又在“原材料”账户登记增加 1 000元，表明这项经济业务事项引起资金运动由“库存现金”账户中“来”，到“原材料”账户中“去”的过程，同时两个账户之间的发生额有对应的平衡关系，便于核对。复式记账的优点：一是可以反映资金运动的来龙去脉；二是可以保持广泛的平衡关系。

4.2 借贷记账法

4.2.1 借贷记账法的概念

借贷记账法起源于十三四世纪的意大利。当时为了适应逐渐发展的商业资本和借贷资本经营者管理的需要，借贷资本家以某人开户，将贷出给某人的款项记为某人“借”，表示“人欠”；将吸收某人的存款记为某人“贷”，表示“欠人”，用“借”和“贷”分别记录往来款项的增减变化。随着商品经济的发展，经营业务活动日趋复杂，将记录借贷业务的方法逐渐扩展，用于记录财产物资乃至经营损益等业务内容，“借”“贷”二字也逐渐失去原来的字面含义而成为专门的记账符号。由于借贷记账法在国际上广泛流行，借(Debit，Dr.)和贷(Credit，Cr.)两字已成为国际通用的“商业语言”。由此可见，借贷记账法就是以“借”和“贷”为记账符号的一种复式记账法。

4.2.2 借贷记账法的基本内容

借贷记账法的基本内容包括以下几个方面。

1. 记账符号

借贷记账法以“借”和“贷”作为记账符号，每一个账户都分为借方和贷方两个基本部分，左方为借方，右方为贷方。对于不同性质的账户，借贷的含义有所不同。如前所述，“借”最初的含义是“人欠”，表示借贷资本家贷出的款项，即“应收”的款项；“贷”最初的含义是“欠人”，表示借贷资本家吸收的存款，即“应付”的款项。因而，对于“应收”款项的增加金额，自然记借方，而对于“应付”款项的增加，则记入贷方。由于每一个会计账户的基本结构都有增方和减方两个部分，因此，“应收”款项借方登记增加金额，则其贷方必然登记减少金额；同样“应付”款项贷方登记增加金额，则其借方必然登记减少金额。又由于“应收”款项是资产类账户，因此推而广之形成习惯，凡是资产类账户一律借方记增加金额，贷方记减少金额；“应付”款项是负债类账户，因而凡是负债类账户，贷方记增加金额，借方记减少金额。在“资产＝负债＋所有者权益”的公式中，“负债”能和“所有者权益”相加，因而，所有者权益类账户的登记方向应和负债类账户相同，贷方记增加金额，借方记减少金额。资产类、负债类和所有者权益类账户中“借”“贷”记账符号及账户结构格式如下。

借方　　资产(成本)类账户　　贷方

借方		贷方	
期初余额	×××		
本期增加额	×××	本期减少额	×××
本期发生额合计	×××	本期发生额合计	×××
期末余额	×××		

借方　　负债类、所有者权益类账户　　贷方

借方		贷方	
		期初余额	×××
本期减少额	×××	本期增加额	×××
本期发生额合计	×××	本期发生额合计	×××
		期末余额	×××

企业收入的取得，一般会导致所有者权益的增加；费用的发生，一般会导致所有者权益的减少。因而按上述资产和权益账户的基本结构推论，收入类账户借方记减少数，贷方记增加数；费用类账户借方记增加数，贷方记减少数。收入类和费用类账户中“借”“贷”记账符号及账户结构格式如下。

借方　　收入类账户　　贷方

借方		贷方	
本期减少额	×××	本期增加额	×××
本期发生额合计	×××	本期发生额合计	×××

借方　　费用类账户　　贷方

借方		贷方	
本期增加额	×××	本期减少额	×××
本期发生额合计	×××	本期发生额合计	×××

特别提示

收入类、费用类月末有累计发生额，年终结转后无余额。因为收入类和费用类账户都是虚账户。

对共同性质的账户(即事先难以确定是资产类账户还是负债类账户)，应视具体业务性质分别按照资产类和负债类账户登记。成本类账户也较特殊，成本类账户的发生额同费用类账户一样，但其有期末余额，表示的是资产，因此，成本类账户同资产类账户的结构完全相同。

2. 记账规则

对于经济业务的变化，按照“资产＝负债＋所有者权益”三个要素来看，经济业务类型只有九类，而资金运动的类型为：涉及等式一边的有增有减，同时涉及两边的同增同减。用“借”“贷”记账符号来表示例3-15—例3-23的九类业务变化如下。

【例4-1】 K&J企业从银行借入短期借款2 000 000元，存入银行。

用“借”“贷”记账符号表示为

借记“银行存款”账户2 000 000元，贷记“短期借款”账户2 000 000元。

例中，有借有贷，金额相等。

【例4-2】 K&J企业以银行存款100 000元，支付应付账款。

用“借”“贷”记账符号表示为

借记“应付账款”账户100 000元，贷记“银行存款”账户100 000元。

例中，还是有借有贷，金额相等。

【例4-3】 K&J企业接受国家投资50 000 000元，存入银行。

用“借”“贷”记账符号表示为

借记“银行存款”账户50 000 000元，贷记“实收资本”账户50 000 000元。

例中，还是有借有贷，金额相等。

【例4-4】 K&J企业接受某公司减资要求，希望减资5 000 000元，以银行付讫。

用“借”“贷”记账符号表示为

借记“实收资本”账户5 000 000元，贷记“银行存款”账户5 000 000元。

还是有借有贷，金额相等。

【例4-5】 K&J企业将现金100 000元，存入银行存款。

用“借”“贷”记账符号表示为

借记“银行存款”账户100 000元，贷记“库存现金”账户100 000元。

有借有贷，金额相等。

【例4-6】 K&J企业应付票据500 000元，到期无力支付，属于银行承兑汇票转成短期借款。

用“借”“贷”记账符号表示为

借记“应付票据”账户500 000元，贷记“短期借款”账户500 000元。

仍然是有借有贷，金额相等。

【例4-7】 K&J企业以盈余公积10 000 000元，转增资本。

用“借”“贷”记账符号表示为

借记“盈余公积”账户10 000 000元，贷记“实收资本”账户10 000 000元。

仍然是有借有贷，金额相等。

【例 4-8】 K&J 企业分配本年股利 5 000 000 元，尚未支付。

用“借”“贷”记账符号表示为

借记“利润分配”账户 5 000 000 元，贷记“应付股利”账户 5 000 000 元。

仍然是有借有贷，金额相等。

【例 4-9】 K&J 企业可转换应付债券 4 000 000 元，转换股本。

用“借”“贷”记账符号表示为

借记“应付债券”账户 4 000 000 元，贷记“实收资本(股本)”账户 4 000 000 元。

依然是有借有贷，金额相等。

九类经济业务类型中，都是有借有贷，金额相等。因此，在借贷记账法下，资金运动的类型同类有增有减，异类同增同减，就成为“同类有借有贷，异类还是有借有贷”。归纳可知：

根据复式记账原理，对每项经济业务事项都要以相等金额，同时在两个或两个以上相互联系的账户中进行登记。记账时，对每项经济业务事项必须以相等金额，一方面记入一个或几个有关账户的借方，另一方面记入一个或几个有关账户的贷方，借方账户与贷方账户数额必然相等，这就形成了借贷记账法的记账规则：“有借必有贷，借贷必相等”。

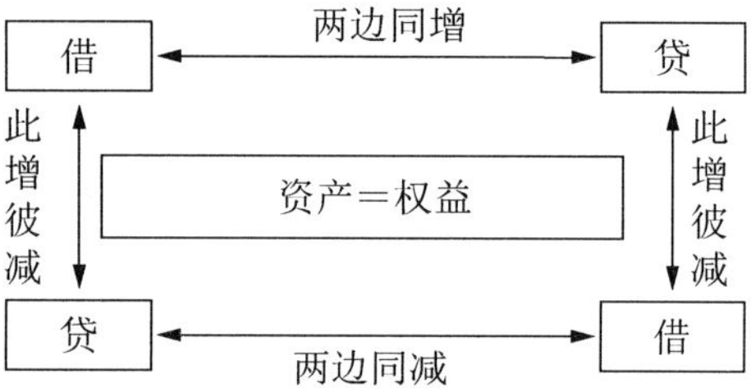

图 4.1 经济业务类型、会计等式和记账规则的关系

经济业务类型、会计等式和记账规则的关系如图 4.1 所示。

知识链接

根据图 4.1，会计学家把复式记账分为两种类型：一是根据会计等式，两边同时变化的有借有贷，称为分类的复式记账，表现为两边同增有借有贷，两边同减有借有贷；二是一边变化的有借有贷，称为因果的复式记账，表现为同类有增有减对应着有借有贷。所以，因果的复式记账是最完美的复式记账。伊尻雄治赞誉道：“相对于分类的复式记账，因果关系复式记账的双重性却有更深的根源。在这种方法下，增加(借方)与减少(贷方)是匹配的。……此分录中的两重性不是源自分类复式记账中两种分类的选择，而是源自我们对资财增减变动的观察。”

3. 账户对应关系和会计分录

根据上述记账规则登记每项经济业务事项时，在有关账户之间就发生了应借、应贷的相互关系。账户之间这种应借、应贷相互对照的关系称为账户对应关系，简称对应关系。发生对应关系的账户，称为对应账户。例如，用银行存款 5 000 元购买原材料，这项经济业务发生后，引起“银行存款”账户减少了 5 000 元，同时“原材料”账户增加 5 000 元，在这一登账结果中，“银行存款”账户和“原材料”账户就发生了对应关系，“银行存款”账户称为“原材料”账户的对应账户，反之“原材料”账户称为“银行存款”账户的对应账户。通过账户对应关系，可以了解经济业务事项的内容和资金的来龙去脉。

会计上需要设置的账户很多，发生的经济业务事项又十分频繁，为了准确地反映出账户的对应关系与登记金额，在每项经济业务事项发生后，正式记入账户之前，必须编制会计分录。会计分录简称分录，是对每项经济业务事项(会计事项)指出应登记的账户名称和记账方向与金额的一种记录。会计分录按其所反映经济业务事项的复杂程度，可分为简单会计分录和复合会计分录两种。

简单会计分录是指一项经济业务事项发生后，只在两个账户中记录其相互联系的两个经济因素的数量变化情况的会计分录，如例 4-10—例 4-14 所示。这种分录的账户对应关系一目了然。复合会计分录也称“复杂分录”，是指经济业务事项发生后，需要用三个或三个以上的账户记录其相互联系的多种经济因素的数量变化情况的会计分录，如例 4-15 所示。一个复合会计分录实质上是由若干简单会计分录复合而成的。

在借贷记账法下，可以编制“一借一贷”“一借多贷”“多借一贷”的会计分录，也可以编制“多借多贷”的会计分录。但是，在实际工作中应尽量不编多借多贷的复合分录，因为多借多贷复合分录账户对应关系不清楚，不便于了解经济业务事项内容，更不能单纯为了省事，将多项经济业务事项合在一起，编制“多借多贷”的会计分录。

一笔会计分录主要包括三个要素：会计科目、记账符号、记账金额。在书写时必须前后上下错开，以便于一目了然。

编制会计分录的步骤如下：

第一步，判断经济业务的内容，及处在资金运动的阶段和过程；

第二步，判断经济业务的类型，确定涉及的会计要素及增减情况；

第三步，判断经济业务涉及的会计科目，科目内容是增加还是减少，科目的增加和减少是用借方还是贷方表示，以及各会计科目的借方、贷方的金额；

第四步，按照会计分录的格式，做出会计分录。

概而言之，编制会计分录就是“三确认”：确认会计科目，确认记账符号，确认计量金额。

【例 4-10】 6 月 1 日，企业收到国家投资 10 000 000 元，存入银行。根据资料分析。

第一步，判断经济业务的内容，及处在资金运动的阶段和过程。对照图 3.1 可知，该业务属于所有者自有资金的筹资，处在资金运动的资金取得阶段，取得货币资金。

第二步，判断经济业务的类型，确定涉及的会计要素及增减情况。对照第 3 章提到的经济业务九类型可知，该业务是资产和所有者权益的同增。

第三步，判断经济业务涉及的会计科目，以及各会计科目的借贷金额。对照表 3-1 可知，该业务涉及银行存款的存入，确认的会计科目为“银行存款”，属于资产类科目，增加用借方表示，计量的金额为 10 000 000 元；涉及的另一方为国家投入的资金，确认的会计科目为“实收资本”，属于所有者权益类科目，增加用贷方表示，计量金额为 10 000 000元。

第四步，按照会计分录的格式，做出会计分录。根据涉及的会计科目，遵循“有借必有贷，借贷必相等”的记账规则，按照会计分录的格式，编制会计分录如下：

借：银行存款　　　　10 000 000

　　贷：实收资本　　　　10 000 000

【例 4-11】 6 月 10 日，企业用银行存款购买甲种原材料，价值 120 000 元，已验收入库。根据资料分析。

第一步，判断经济业务的内容，及处在资金运动的阶段和过程。对照图 3.1 可知，该业务属于企业购买材料，处在资金运动的供应过程，货币资金转换为储备资金。

第二步，判断经济业务的类型，确定涉及的会计要素及增减情况。对照第 3 章提到的经济业务九类型可知，该业务是资产内部的此增彼减。

第三步，判断经济业务涉及的会计科目，以及各会计科目的借贷金额。对照表 3-1 可知，该业务涉及购入的材料，确认的会计科目为“原材料”，属于资产类科目，增加用借方表示，计量金额为 120 000 元；涉及的另一方为银行存款的支付，确认的会计科目为“银行存款”，也属于资产类科目，减少用贷方表示，计量金额为 120 000 元。

第四步，按照会计分录的格式，做出会计分录。根据涉及的会计科目，遵循“有借必有贷，借贷必相等”的记账规则，按照会计分录的格式，编制会计分录如下：

借：原材料——甲材料　　120 000

　　贷：银行存款　　120 000

【例 4-12】 6 月 15 日，企业购入某公司乙种原材料一批，价值 50 000 元，款项尚未支付。根据资料分析。

第一步，判断经济业务的内容，及处在资金运动的阶段和过程。对照图 3.2 可知，该业务属于企业购买材料内容，处在资金运动的供应过程，取得储备资金，同时形成负债结算资金。

第二步，判断经济业务的类型，确定涉及的会计要素及增减情况。对照第 3 章提到的经济业务九类型可知，该业务是资产和负债的同增。

第三步，判断经济业务涉及的会计科目，以及各会计科目的借贷金额。对照表 3-1 可知，该业务涉及购入的材料，确认的会计科目为“原材料”，属于资产类科目，增加用借方表示，计量金额为 50 000 元；涉及的另一方为货款未付，确认的会计科目为“应付账款”，属于负债类科目，增加用贷方表示，计量金额为 50 000 元。

第四步，按照会计分录的格式，做出会计分录。根据涉及的会计科目，遵循“有借必有贷，借贷必相等”的记账规则，按照会计分录的格式，编制会计分录如下：

借：原材料——乙材料　　50 000

　　贷：应付账款　　50 000

【例 4-13】 6 月 21 日，企业用银行存款偿还银行短期借款 200 000 元。根据资料分析。

第一步，判断经济业务的内容，及处在资金运动的阶段和过程。对照图 3.1 可知，该业务属于企业偿付债务内容，处在资金运动的资金取得阶段，货币资金归还负债，或者说是负的资金取得。

第二步，判断经济业务的类型，确定涉及的会计要素及增减情况。对照第 3 章提到的经济业务九类型可知，该业务是资产和负债的同减。

第三步，判断经济业务涉及的会计科目，以及各会计科目的借贷金额。对照表 3-1 可知，该业务涉及短期的银行借款，确认的会计科目为“短期借款”，属于负债类科目，减少用借方表示，计量金额为 200 000 元；涉及的另一方为银行存款的支付，确认的会计科目为“银行存款”，属于资产类科目，减少用贷方表示，计量金额为 200 000 元。

第四步，按照会计分录的格式，做出会计分录。根据涉及的会计科目，遵循“有借必有贷，借贷必相等”的记账规则，按照会计分录的格式，编制会计分录如下：

借：短期借款　　200 000

　　贷：银行存款　　200 000

【例 4-14】 6 月 28 日，用银行存款支付到期应付票据 10 000 元。根据资料分析。

第一步，判断经济业务的内容，及处在资金运动的阶段和过程。对照图 3.2 可知，该业务属于企业偿付结算债务的内容，处在资金运动的供应过程，以货币资金偿付负债结算资金。

第二步，判断经济业务的类型，确定涉及的会计要素及增减情况。对照第 3 章提到的经济业务九类型可知，该业务是资产和负债的同减。

第三步，判断经济业务涉及的会计科目，以及各会计科目的借贷金额。对照表 3-1 可知，该业务涉及应付的票据，确认的会计科目为“应付票据”，属于负债类科目，减少用借方表示，计量金额为 10 000 元；涉及的另一方为银行存款的支付，确认的会计科目为“银行存款”，属于资产类科目，减少用贷方表示，计量金额为 10 000 元。

第四步，按照会计分录的格式，做出会计分录。根据涉及的会计科目，遵循“有借必有贷，借贷必相等”的记账规则，按照会计分录的格式，编制会计分录如下：

借：应付票据　　10 000

　　贷：银行存款　　10 000

【例 4-15】 6 月 29 日，企业购买乙材料，价值 600 000 元，已验收入库，以银行存款支付 500 000 元，余款未付。根据资料分析。

第一步，判断经济业务的内容，及处在资金运动的阶段和过程。对照图 3.1 和图 3.2 可知，该业务属于企业购买材料内容，处在资金运动的供应过程，一部分是货币资金转换成储备资金，一部分是取得储备资金，同时形成负债结算资金。

第二步，判断经济业务的类型，确定涉及的会计要素及增减情况。对照第 3 章提到的经济业务九类型可知，该业务涉及两种业务类型，一是资产内部的此增彼减，二是资产和负债的同增。

第三步，判断经济业务涉及的会计科目，以及各会计科目的借贷金额。对照表 3-1 可知，该业务涉及购入的材料，确认的会计科目为“原材料”，属于资产类科目，增加用借方表示，计量金额为 600 000 元；涉及有银行存款的支付，确认的会计科目为“银行存款”，也属于资产类科目，减少用贷方表示，计量金额为 500 000 元；还涉及有余款未付，确认的会计科目为“应付账款”，属于负债类科目，增加用贷方表示，计量金额为100 000元。

第四步，按照会计分录的格式，做出会计分录。根据涉及的会计科目，遵循“有借必有贷，借贷必相等”的记账规则，按照会计分录的格式，编制复合会计分录如下：

借：原材料——乙材料　　600 000

　　贷：银行存款　　500 000

　　　　应付账款　　100 000

上述复合会计分录也可编制成如下两个简单分录：

1）借：原材料——乙材料　　500 000

　　　贷：银行存款　　500 000

2）借：原材料——乙材料　　100 000

　　贷：应付账款　　100 000

4. 过账

各项经济业务事项编制会计分录后，即应记入有关账户，这个过程通常称为“过账”。过账以后，一般要在月终进行结账，即结出各账户的本期发生额合计和期末余额。

【例 4-16】 K&J 企业 20××年 5 月 31 日总账各账户余额见表 4-1。

表 4-1　K&J 企业总账各账户余额

20××年 5 月 31 日　　单位：元

资产类账户	借方余额	负债及所有者权益账户	贷方余额
库存现金	500	短期借款	533 000
银行存款	20 000	应付账款	10 000
应收账款	1 500	应付票据	10 000
原材料	81 000	实收资本	1 000 000
固定资产	1 450 000		
总　　计	1 553 000	总　　计	1 553 000

6 月发生的经济业务事项见例 4-10—例 4-15，现将以上经济业务事项的会计分录记入下列各账户。

借方　　库存现金　　贷方

借方		贷方	
期初余额	500		

借方　　银行存款　　贷方

借方		贷方	
期初余额	20 000	（2）	120 000
（1）	10 000 000	（4）	200 000
		（5）	10 000
		（6）	500 000
本期发生额	10 000 000	本期发生额	830 000
期末余额	9 190 000		

借方　　原材料　　贷方

借方		贷方	
期初余额	81 000		
（2）	120 000		
（3）	50 000		
（6）	600 000		
本期发生额	770 000		
期末余额	851 000		

借方　　应收账款　　贷方

借方		贷方	
期初余额	1 500		

借方	固定资产		贷方
期初余额	1 450 000		

借方	短期借款		贷方
(4)	200 000	期初余额	533 000
本期发生额	200 000	本期发生额	
		期末余额	333 000

借方	应付票据		贷方
(5)	10 000	期初余额	10 000
本期发生额	10 000	本期发生额	
平		平	

借方	应付账款		贷方
		期初余额	10 000
		(3)	50 000
		(6)	100 000
		本期发生额	150 000
		期末余额	160 000

借方	实收资本		贷方
		期初余额	1 000 000
		(1)	10 000 000
		本期发生额	10 000 000
		期末余额	11 000 000

5. 编制试算平衡表

1）发生额平衡公式

由于借贷记账法在处理每一笔经济业务事项时，都必须遵循“有借必有贷，借贷必相等”的记账规则，因此，在一定时期内(一个月)，所有账户的借和贷发生额双方合计也必然保持平衡，称为发生额平衡。也即有一笔业务的借方发生额＝贷方发生额，那么，发生额试算平衡可归纳如下：

全部账户的本期借方发生额合计＝全部账户的本期贷方发生额合计

2）余额平衡公式

由于有会计等式“资产＝负债＋所有者权益”，而“资产”账户的余额在借方，“负债”和“所有者权益”账户的余额在贷方。在第2.2节中，分析得出经济业务不管如何变化，会计等式总是相等，也即必有

“资产”账户的借方余额合计＝“负债”＋“所有者权益”账户的贷方余额合计

(1) 所有账户期初余额平衡，即

全部账户的期初借方余额合计＝全部账户的期初贷方余额合计

(2) 所有账户的借方期末余额合计数与贷方期末余额合计数必然是相等的，称为余额平衡。其公式如下：

全部账户的期末借方余额合计＝全部账户的期末贷方余额合计

根据记账规则和试算平衡公式，对K&J企业20××年6月发生的经济业务事项，编制总分类账试算平衡表——也称本期发生额及余额对照表——来进行试算平衡，以检查其记账是否正确，见表4-2。

表4-2 总分类账试算平衡表

20××年6月30日　　　　单位：元

会计科目	期初余额		本期发生额		期末余额	
	借方	贷方	借方	贷方	借方	贷方
库存现金	500				500	
银行存款	20 000		10 000 000	830 000	9 190 000	
应收账款	1 500				1 500	
原材料	81 000		770 000		851 000	
固定资产	1 450 000				1 450 000	
短期借款		533 000	200 000			333 000
应付票据		10 000	10 000			
应付账款		10 000		150 000		160 000
实收资本		1 000 000		10 000 000		11 000 000
合　计	1 553 000	1 553 000	10 980 000	10 980 000	11 493 000	11 493 000

从表4-2可以看出，各账户期初借、贷余额合计数均为1 553 000元，本期借、贷发生额合计数都是10 980 000元，期末借、贷余额合计都是11 493 000元，各自保持平衡。这说明记账很可能是正确的。如果不等，就表明有错误，典型的错误有过账时将借记入贷方，或相反；账户余额计算错误；编制试算平衡表时，将借方金额抄到贷方，或相反；编制试算平衡表时，抄错金额；试算平衡表合计时加减错误等。试算平衡表不平，应认真查明更正。通过本表，除了可以检查账户记录的准确性外，还可以利用它所提供的资料，了解企业经济活动的概况，并为编制资产负债表提供一定的方便。

当然，试算平衡表也是有局限的，并不能证明交易已经正确分析并记入恰当账户。例如，错记账户，试算平衡表仍然平衡；一笔业务疏忽而没有记入账户，试算平衡表也不能揭示这种错误。试算平衡表仅仅证明借方总额等于贷方总额。

特别提示

为什么说试算平衡表中本期发生额借贷方和期末余额借贷方都平衡了，记账很可能也是不正确的呢？因为它只能检查出金额记错的情况，无法检查出科目记错等的情况。

综上所述，借贷记账法的特点是用“借”“贷”两个高度抽象化的记账符号，依据

“有借必有贷，借贷必相等”的记账规则，来分别反映每项经济业务事项所涉及的资金增减变化的内在联系，在各类账户里，完整地体现各项资金活动的来龙去脉和对应关系。因此，借贷记账法具有严谨的科学性和广泛的适用性，记账规律易于掌握，确实是一种科学的记账方法。

4.3　平行登记法

4.3.1　平行登记法的含义及作用

平行登记法是指在登记总分类账和明细分类账时，都要根据会计分录进行登记，以保证发挥总账的统驭、控制作用和明细账的辅助、补充作用。

总分类账是概括反映各种经济业务事项的账目，总括地核算和监督某类经济业务内容。明细账是对总分类账的再分类，是详细地核算和监督某类经济业务内容的账目。因此，总分类账对明细账有统驭、控制作用；明细分类账对总分类账有辅助、补充作用，如图 4.2 所示。

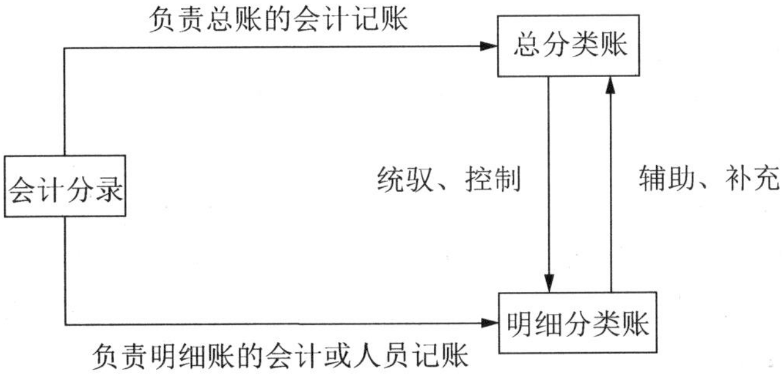

图 4.2　平行登记法

总分类账和明细分类账都要直接按照会计分录登记，不能相互交叉，即总账不能利用明细账进行登记，明细账也不能利用总账登记，故名平行登记法。

4.3.2　平行登记法的要点

平行登记法的要点有三个方面：同方向、同金额、同时期，即在登记总分类账的同时，要同方向、同金额、同时期登记明细分类账，总分类账和明细分类账之间保持平衡关系：

总分类账发生额＝各明细分类账发生额之和

总分类账余额＝各明细分类账余额之和

【例 4-17】　假如 K&J 企业 20××年 6 月期初原材料 81 000 元中甲材料为 50 000 元，乙材料为 31 000 元。6 月发生的业务见例 4-11—例 4-12，按照有关会计分录，登记原材料明细账如下。

借方	原材料——甲材料	贷方
期初余额	50 000	
(2)	120 000	
本期发生额	120 000	
期末余额	170 000	

借方	原材料——乙材料	贷方
期初余额	31 000	
(3)	50 000	
(6)	600 000	
本期发生额	650 000	
期末余额	681 000	

对照“原材料”总账和“原材料”明细账，可知：

“原材料”总账的本期借方发生额为 770 000 元，“原材料——甲材料”和“原材料——乙材料”明细账户本期借方发生额分别为 120 000 元和 650 000 元，120 000 元和 650 000 元的合计为 770 000 元。“原材料”总账借方发生额等于“原材料——甲材料”和“原材料——乙材料”明细账户借方发生额之和，且方向一致、时期相同。

“原材料”总账的期末借方余额为 851 000 元，“原材料——甲材料”和“原材料——乙材料”明细账户期末借方余额分别为 170 000 元和 681 000 元，170 000 元和 681 000 元的合计为 851 000 元。“原材料”总账借方余额等于“原材料——甲材料”和“原材料——乙材料”明细账户借方余额之和，且方向一致、时期相同。

本章小结

本章主要介绍了借贷记账法的原理和内容：以“借”和“贷”为记账符号；“有借必有贷，借贷必相等”的记账规则；会计分录的编制；借贷记账法的平衡关系，既保持发生额平衡：全部账户的本期借方发生额合计＝全部账户的本期贷方发生额合计，又保持余额平衡：全部账户的期末借方余额合计＝全部账户的期末贷方余额合计；以及总分类账和明细分类账的平行登记法。

名人名言

创造复式簿记的精神，也就是创造伽利略和牛顿系统的精神。

——沃纳·松巴特

一个合理的资本主义企业就是一个富有资本会计制度的企业，也就是，根据现代簿记和结算的方法来确定它的收益能力的一个机构。

——马克斯·韦伯

复式簿记原理像欧几里德的比率理论一样，是绝对完善的。

——阿瑟·凯利

在一位干练的经理的精心管理之下，用单式簿记也能建立起，并且执行高水平的经营责任制度，但是一个初级制度在干练人员之手能够完成任务和一个高级制度能够自动完成任务是有巨大差别的。复式簿记制具有后者的性质，而这正是它之所以有别于单式簿记制的关键性特色。

——伊尻雄治

他从复式簿记制度中得到了多大的好处！这是人类智慧最好的发明之一。

——歌德

经商之人如果不懂复式簿记，钱将像肉包子打狗一样有去无回。

——卢卡·帕乔利

练习与思考

一、单项选择题

(1) 下列各项中属于所有者权益的有(　　)。

A. 房屋　　B. 银行存款　　C. 借款　　D. 未分配利润

(2) 账户发生额试算平衡法是根据(　　)确定的。

A. 借贷记账法的记账规则　　B. 经济业务的内容

C. “资产＝负债＋所有者权益”的恒等式　　D. 经济业务的类型

(3) 收入类账户的借方登记(　　)。

A. 负债减少　　B. 收入增加　　C. 收入转销　　D. 费用增加

(4) 下列项目中属于会计科目的有(　　)。

A. 商品　　B. 未完工产品　　C. 生产成本　　D. 月末在产品成本

(5) 账户余额一般与(　　)在同一方向。

A. 增加额　　B. 减少额　　C. 借方发生额　　D. 贷方发生额

(6) 通过复式记账可以了解每一项经济业务的(　　)。

A. 合理性　　B. 合法性　　C. 来龙去脉　　D. 经济业务类型

(7) 借贷记账法账户的基本结构是，左边为(　　)。

A. 增加方　　B. 减少方　　C. 借方　　D. 贷方

(8) 企业从银行取得借款直接偿还应付购货款，属于(　　)类型变化的业务。

A. 资产项目之间此增彼减　　B. 负债项目之间此增彼减

C. 资产项目和权益项目同增　　D. 资产项目和权益项目同减

(9) 复式记账法对每项经济业务都以相等的金额(　　)中进行登记。

A. 一个账户　　B. 两个账户

C. 全部账户　　D. 两个或两个以上的账户

(10) 借贷记账法余额试算平衡的依据是(　　)。

A. 会计等式　　B. 资金变化业务类型

C. 借贷记账规则　　D. 平行登记

(11) 所有者权益类账户的期末余额根据(　　)计算。

A. 借方期末余额＝借方期初余额＋借方本期发生额－贷方本期发生额

B. 借方期末余额＝借方期初余额＋贷方本期发生额－借方本期发生额
C. 贷方期末余额＝贷方期初余额＋贷方本期发生额－借方本期发生额
D. 贷方期末余额＝贷方期初余额＋借方本期发生额－贷方本期发生额

(12) 下列错误中，能够通过试算平衡查找的有(　　)。
A. 重记经济业务　B. 漏记经济业务　C. 借贷方向相反　D. 借贷金额不等

(13) 复式记账法最主要的特点是(　　)。
A. 对经济业务事项进行双重记录　B. 各账户之间具有严密的对应关系
C. 账户记录能够相互平衡　D. 账户记录是否正确并可以进行自我验证

(14) 存在对应关系的账户被称为(　　)。
A. 一级账户　B. 二级科目　C. 总分类账户　D. 对应账户

(15) 借贷记账法的余额试算平衡公式是(　　)。
A. 每个账户的借方发生额＝每个账户的贷方发生额
B. 全部账户本期借方发生额合计＝全部账户本期贷方发生额合计
C. 全部账户期末借方余额合计＝全部账户期末贷方余额合计
D. 全部账户期末借方余额合计＝部分账户期末贷方余额合计

二、多项选择题

(1) 明细分类科目(　　)。
A. 也称一级会计科目　B. 是进行明细分类核算的依据
C. 是进行总分类核算的依据　D. 提供更加详细具体的指标
E. 是对总分类科目核算内容详细分类的科目

(2) 复式记账时，对任何一项经济业务需要在(　　)个账户中予以登记。
A. 一个　B. 两个　C. 三个　D. 两个或两个以上

(3) 复合会计分录指的是(　　)。
A. 一借一贷的会计分录　B. 一借多贷的会计分录　C. 多借一贷的会计分录
D. 多借多贷的会计分录　E. 写出明细科目的会计分录

(4) 平行登记的要点是(　　)。
A. 登记内容相同　B. 登记方向相同　C. 登记金额相同
D. 登记时点相同　E. 登记人员相同

(5) 编制会计分录时，必须考虑(　　)。
A. 经济业务发生涉及的会计要素是增加还是减少
B. 在账户中记录的金额
C. 登记在哪些账户的借方或者贷方
D. 账户的余额是在借方还是在贷方

(6) 借贷记账法下，负债类账户的期末余额一般在(　　)。
A. 借方　B. 贷方　C. 增加方　D. 减少方

三、判断题

(1) 在发生经济业务时，单式记账法只在一个账户中登记，复式记账法则在两个账户中登记。(　　)

(2) 借贷记账法下的记账符号表示经济业务的增减变动和记账方向。 ( )

(3) 借贷记账法的记账规则是：有借必有贷，借贷必相等。 ( )

(4) 根据试算平衡的结果，可以确认账户记录是否完全正确。 ( )

(5) 所有的总分类科目下都必须开设明细分类科目。 ( )

(6) 借贷记账法下，账户的借方表示增加，贷方表示减少。 ( )

(7) 经济业务发生后，一定不能编制多借多贷会计分录。 ( )

(8) 不管是一贷多借、一借多贷，还是多借多贷，借贷方的金额肯定是相等的。 ( )

(9) 存在对应关系的账户被称为一级账户。 ( )

(10) 发生额试算平衡公式的理论依据是借贷记账法的记账规则，余额试算平衡公式的理论依据是会计恒等式。 ( )

(11) 借贷记账法的账户，其左方一律称为“借方”。 ( )

(12) 通过编制试算平衡表，如果试算不平衡，则账户记录或计算肯定有误；如果试算平衡，可大体推断账户记录正确，但不能绝对肯定记账无误。 ( )

(13) 一般来说，各类账户的期末余额方向与记录增加额的方向保持一致。 ( )

(14) 复式记账法是指对发生的每一项经济业务，都以相等的金额，在相互关联的两个或两个以上账户中进行记录的一种记账方法。 ( )

(15) 凡是余额在借方的账户都是资产类账户。 ( )

(16) 定期汇总的全部账户发生额的借贷方合计数平衡说明账户记录完全正确。 ( )

四、填空题

(1) 参照“资产”列，在合适的项目中填写“借方”或“贷方”。

项目	资产	负债	所有者权益	收入	费用	利润
增加	借方					
减少	贷方					

(2) 参照“负债”列，在合适的项目中填写“增加”或“减少”。

项目	资产	负债	所有者权益	收入	费用	利润
借方		减少				
贷方		增加				

(3) 参照“库存现金”列，在合适的项目中填写“增加”或“减少”。

项目	库存现金	库存商品	短期借款	本年利润	实收资本	管理费用	生产成本
借方	增加						
贷方	减少						

(4) 参照“库存现金”列，在合适的项目中填写“借方”或“贷方”。

项目	库存现金	原材料	应付职工薪酬	生产成本	财务费用	银行存款	主营业务收入
增加	借方						
减少	贷方						

（5）参照“主营业务收入”列，在合适的项目中填写“有”或“无”“借方”或“贷方”。

项目	主营业务收入	原材料	应付账款	实收资本	管理费用	应交税费
期末余额有无	无					
余额方向	—					

（6）计算后，在空格处填上正确的数字。

项目	库存现金	原材料	应付账款	实收资本	银行存款	应交税费
期初余额	10 000	200 000	600 000	20 000 000	500 000	400 000
借方发生额		400 000	800 000	10 000 000	10 000 000	400 000
贷方发生额	30 000					600 000
期末余额	25 000	50 000	500 000	30 000 000	300 000	

五、阅读分析题

从会计等式识破骗局

这几年每年都有一些学生陷入传销骗局，新的骗术层出不穷，危害很大，特别是新生刚离开家庭，极易被传销骗局所迷惑。必须从实质上揭开这些骗局，以防更多的人上当受骗。笔者利用会计专业的基础知识，从会计等式入手来分析一下骗局的实质，在“解惑”的同时授会计之业。

会计等式如下：

资产＝负债＋所有者权益

这个等式是会计信息建立的基础，在会计上有举足轻重的地位。什么是资产呢？著名经济学家康芒斯有个通俗的认识：“我们认为财产的经济意义就是‘资产’，而资产的法律意义就是‘财产’。”资产是怎么形成的呢？从上式中可以看出，财产的来源只能有两个，一是借入的资金，二是投资者投入的资金。那么“空手套白狼”的骗局就只会有这两种：一种是所收的钱是以“负债”形式出现，用高息揽储，“借新债还旧债，债债不还”；另外一种就是以投资方式出现的骗局了，在会计等式上是以“所有者权益”要素的形式表现的。所有者权益是由两大部分组成的：投入的投资“本钱”和盈利的留存“利钱”，用会计专业的词汇具体分为实收资本（或股本）、资本公积、盈余公积和未分配利润。用公式表示“本钱”生“利钱”的动态情况如下：

资产＝负债＋所有者权益＋利润

其中：

利润＝收入－费用

所以，

资产＝负债＋所有者权益＋收入－费用

“利钱”又成为新的“本钱”，达到一个新的平衡状态：

资产＝负债＋所有者权益

例如，一个企业年初资产为 1 000 000 元，负债 500 000 元，所有者权益 500 000 元，见表 4-3。

表 4-3 资产负债表

项目	金额	项目	金额
资产	1 000 000	负债	500 000
		所有者权益	500 000
合计	1 000 000	合计	1 000 000

经营一年，到年末本年企业盈利净利润为 2 000 000 元。如果不分红，则年末企业新的财务状况见表 4-4 所示。

表 4-4 资产负债表

项目	金额	项目	金额
资产	3 000 000	负债	500 000
		所有者权益	2 500 000
合计	3 000 000	合计	3 000 000

从表 4-10 中可以看出，如果经营后有利润，这个时候分红是正常的。如果全分完，那么下一年的生产就是简单再生产；如果分一部分，留一部分投入生产，就是扩大再生产。而如果利润为 0，又想分红，那么这个红利其实就是投资者投入的钱，如此过不了几年，就再也没钱可分了。

而对于传销，不管是无产品的传销，还是有产品(但是产品没有最终的消费者)的传销，根本就没有经营活动，哪里又会有经营利润呢？但又想分红，怎么办呢？只有拉新的投资者(传销称之为“下线”)不断地再投入资金，以新投资者(下线)的钱给老投资者(上线)分红，这就是历史上著名的“庞氏骗局”①。

了解了上述知识，希望学生们不要参与传销活动，更不要以传销去欺骗他人。记得有一位所谓“成功人士”将“成功经验”总结为这样一副对子：

挖东墙补西墙，墙墙不倒。

借新债还旧债，债债不还。

横批：资本运作。

但是事实终将是：

挖东墙补西墙，墙墙不倒，难、难、难！

借新债还旧债，债债不还，错、错、错！

横批是一电视剧的名字：天不藏奸。

问题：

(1) 你还能找出第三种骗局吗？

(2) 如果你身边有人身陷传销，你能否用会计专业知识分析劝解他？

① “庞氏骗局”是一种最古老和最常见的投资诈骗，是金字塔骗局的变体，很多非法的传销集团就是用这一招聚敛钱财的。“庞氏骗局”源自于一个名叫查尔斯·庞齐(Charles Ponzi，1882—1949)的意大利人，他 1903 年移民到美国。庞齐来到波士顿，设计了一个投资计划向美国大众兜售。1919 年，第一次世界大战刚刚结束，世界经济体系一片混乱。他宣称购买欧洲的某种邮政票据，再卖到美国，便可以赚钱。由于政策、汇率等因素，很多国家之间的经济行为普通人一般确实不容易搞清楚。他一方面在金融上故弄玄虚，另一方面则设置了巨大的诱饵，宣称所有的投资，在 45 天之内都可以获得 50%的回报。而且还给人们“眼见为实”的证据：最初的一批“投资者”在规定时间内拿到了所承诺的回报，于是后面的“投资者”大量跟进。当时的庞齐被一些愚昧的美国人称为与哥伦布、马可尼(无线电发明者)齐名的最伟大的三个意大利人之一，因为他像哥伦布发现新大陆一样发现了“钱”。1920 年 8 月，庞齐破产，锒铛入狱，大约 4 万人被卷入骗局，被骗金额达 1 500 万美元。现在“庞氏骗局”成为一个专门名词，意思是指用后来的“投资者”的钱，给前面的“投资者”以回报，但是这种模式一般只能维持两三年。

第5章

工业企业经营过程核算

教学目标

通过本章的学习，了解工业企业的经营过程，掌握供应过程中材料采购业务的核算，原材料收、发、存的业务的核算；生产过程中各项费用的发生和归集的核算；销售过程中产品销售业务的核算，以及利润的形成与利润分配等业务的核算内容。

教学要求

知识要点	能力要求	相关知识
资金筹集	(1) 借入资金 (2) 自有资金	银行借款的核算；投入资金的核算
资金周转	(1) 供应过程 (2) 生产过程 (3) 销售过程	购置固定资产的核算；购入材料的核算；材料发出的核算；职工薪酬的核算；固定资产折旧的核算；制造费用的核算；产品入库的核算；管理费用的核算；销售收入的核算；销售成本的核算；销售费用的核算；增值税的核算；利润形成的核算
资金退出	利润分配	利润分配的核算；本年利润和利润分配结转的核算

> 科学研究的区分，就是根据科学对象所具有的特殊的矛盾性。因此，对于某一现象的领域所特有的某一种矛盾的研究，就构成某一门科学的对象。
>
> ——毛泽东

基本概念

实收资本　进项税额　销项税额　材料成本　计划成本　实际成本　累计折旧　营业利润　利润总额　净利润　盈余公积　所得税费用　所得税　期间费用　销售费用　管理费用　财务费用　营业外收支

导入案例

产业资本

现在让我们来考察总运动 $G-W\cdots P\cdots W'-G'$，或它的详细形式 $G-W<Pm^{A}\cdots P\cdots W'(W+w)-G'(G+g)$。在这里，资本表现为一个价值，它经过一系列互相联系、互为条件的转化，经过一系列的形态变化，而这些形态变化也就形成总过程的一系列阶段。在这些阶段中，两个属于流通领域，一个属于生产领域。在每个这样的阶段中，资本价值都处在和不同的特殊职能相适应的不同形态上。在这个运动中，预付的价值不仅保存了，而且增长了，它的量增加了。最后，在终结阶段，它回到总过程开始时它原有的形式。因此，这个总过程是循环过程。

资本价值在它的流通阶段所采取的两种形式，是货币资本的形式和商品资本的形式。它属于生产阶段的形式，是生产资本的形式。在总循环过程中采取而又抛弃这些形式并在每一个形式中执行相应职能的资本，就是产业资本。

这是马克思在《资本论》中对产业资本的论述。

点评：　产业资本是流通和生产的统一。

产业资本循环的过程最全，资本形态变化最多，并且只有产业资本创造剩余价值，因此在会计核算上，了解了工业企业的会计核算对学习其他行业部门的会计核算就打下了基础。本章主要介绍工业企业的资金筹集、资金周转和资金退出的核算，重点是资金周转中供、产、销三个过程以及利润形成和分配的核算。

5.1　资金筹集的核算

我们以工业企业为例说明企业主要经营过程核算、成本计算和账务处理。

工业企业的基本经济业务，按其与生产经营过程及其与经营资金运动的关系，主要包括资金取得、资金周转和资金退出三个阶段的资金筹集业务、供应过程业务、生产过程业务、销售过程业务和财务成果分配业务。

资金筹集是企业经营全过程的起点。工业企业进行生产经营所需资金主要来源于投资者投入的资本和向债权人借入的资金。投资者投入的资金形成企业的所有者权益，借入的资金形成企业的负债。

5.1.1 投入资本的核算

成立企业必须拥有一定数量的资本金，因此，投资者必须首先向企业投入资本。资本金是指企业在工商行政管理部门登记的注册资金。资本金按投资主体可分为国家资本金、法人资本金、个人资本金和外商资本金。投资者可以用现金、银行存款、实物、无形资产等形式向企业投资。投资者投入企业的资本在企业经营期内，除法律、法规另有规定外，投资者一般不得收回。投资者投入超过注册资金或股票溢价的部分，属于全部所有者的公共积累，称为资本公积。

为了对投入资本核算，需要了解设置哪些账户，各账户的用途是什么，即用该账户可以提供什么信息，账户在 T 型结构中，借方核算什么，贷方核算什么，余额在哪一方。

为了核算企业投资者投入资本金的增减变动及其结余情况，应设置“实收资本”账户（股份制公司设置为“股本”账户）。该账户属于所有者权益类账户，其贷方登记企业实际收到的投资者投入的资本，借方登记投入资本的减少额，期末余额在贷方，表明期末投入资本的实有数额，其账户结构如下。该账户应按投资者设置明细账进行明细核算。

借方　　　　实收资本	贷方
发生额：投入资本的减少额	期初余额：实收资本实有额 发生额：投入资本的增加额
	期末余额：实收资本的实有额

为了核算资本公积的增减变动及其结余情况，应设置“资本公积”账户。该账户属于所有者权益类账户，其贷方登记企业资本公积的增加额，借方登记资本公积的减少额，期末余额在贷方，表明资本公积的实有数额，其账户结构如下。该账户应按形成类别“资本溢价”“其他资本公积”等设置明细账进行明细核算。

借方　　　　资 本 公 积	贷方
发生额：资本公积的减少额	期初余额：资本公积实有额 发生额：资本公积的增加额
	期末余额：资本公积的实有额

特别提示

在“所有者权益”要素中，“实收资本”和“资本公积”是企业最“原始”的本钱，“利润”是“所有者权益”这个“本钱”本年生的“利”。利润对外分配完后，剩余的部分为“盈余公积”（已指定用途的利润）和“未分配利润”（未指定用途的利润），增大了“所有者权益”，这时“利”又成为下一次资本循环的“本钱”，所进行的生产就为扩大再生产。

企业对投入资本应按实际投资额入账，以货币资金投资的，应按企业实际收到的款项作为投资者的投资额入账；以固定资产、存货等实物形式投资的，应按双方认可的评估价作为实际投资额入账。

现以 K&J 企业 20××年 12 月份发生的经济业务为例说明其核算方法。

【例 5-1】 12 月 1 日，K&J 企业收到国家投资 60 000 元，存入银行。

这项经济业务的发生，一方面使企业的银行存款增加 60 000 元，另一方面使企业实收资本增加 60 000 元。这笔经济业务引起资产和所有者权益两个要素发生变化，确认涉及的账户为“银行存款”和“实收资本”两个账户，“银行存款”账户属于资产类账户，银行存款的增加是企业资产的增加，应记入“银行存款”账户的借方，国家对企业的投资属于所有者权益的增加，应记入“实收资本”账户的贷方。编制会计分录如下：

借：银行存款　　60 000
　　贷：实收资本——国有投资　　60 000

【例 5-2】 12 月 3 日，收到 K 公司投入生产设备一台，双方协商按设备的账面原价 200 000 元作为投入资本入账。

这项经济业务的发生，一方面使企业的固定资产原值增加了 200 000 元，另一方面又使 K 公司对企业的投资也增加了 200 000 元。因此，这项经济业务引起资产和所有者权益两个要素发生变化，确认涉及的账户为“固定资产”和“实收资本”两个账户。“固定资产”账户属资产类账户，固定资产的增加是资产的增加，应记入“固定资产”账户的借方；K 公司对企业投资的增加是企业所有者权益的增加，应记入“实收资本”账户的贷方。编制分录如下：

借：固定资产——设备　　200 000
　　贷：实收资本——K 公司　　200 000

【例 5-3】 收到 J 公司投入专利一项，评估价为 60 000 元。如果 J 公司出资额度只有 50 000 元，则 50 000 元作为投入资本入账，超过 J 公司出资的 10 000 元为资本公积。

这项经济业务的发生，使企业的无形资产增加 60 000 元，又使 J 公司对企业投资增加 50 000 元，资本公积增加 10 000 元。因此，这项经济业务引起资产和所有者权益两个要素的变化，确认涉及的账户为“无形资产”“实收资本”和“资本公积”三个账户。“无形资产”账户是资产类账户，无形资产的增加是资产的增加，应记入“无形资产”账户借方，J 公司对企业投资的增加是企业所有者权益的增加，应记入“实收资本”账户的贷方，资本公积增加是所有者权益的增加，应记入“资本公积”账户的贷方。编制分录如下：

借：无形资产——专利权　　60 000
　　贷：实收资本——J 公司　　50 000
　　　　资本公积——资本溢价　　10 000

5.1.2 借入资金的核算

企业在生产经营过程中，由于种种原因，经常需要向银行或其他非银行金融机构借入各种借款。借款按归还期限长短不同可分为短期借款和长期借款。短期借款是归还期在一年以内(含一年)的借款，长期借款是归还期在一年以上的借款。

为了对借款进行核算，需要设置“短期借款”“长期借款”“财务费用”和“应付利息”等账户。

“短期借款”账户用来核算和监督企业借入期限在一年以内(含一年)的各种借款。该账户属于负债类账户，其贷方登记企业借入的短期借款的数额，借方登记归还数额，余额在贷方，表示短期借款实有额，其账户结构如下。该账户按借款金融机构、借款种类和借款合同号设置明细账，进行明细分类核算。

借方　　　　短期借款	贷方
发生额：已偿还短期借款额	期初余额：短期借款余额 发生额：新增短期借款额
	期末余额：应偿还短期借款余额

“长期借款”账户用来核算和监督企业借入的期限在一年以上的各种借款。该账户属于负债类账户，其贷方登记取得的各种长期借款，借方登记归还的各种长期借款；期末余额在贷方，表示企业尚未归还的长期借款，其结构如下。该账户按借款金融机构、借款种类和借款合同号进行明细分类核算。

借方　　　　长期借款	贷方
发生额：已偿还长期借款额	期初余额：长期借款余额 发生额：新增长期借款
	期末余额：应偿还长期借款余额

“财务费用”账户属于损益类账户，用来核算企业为筹集生产经营所需资金等而发生的筹资费用，主要有利息支出(减利息收入)、汇兑损益以及相关的手续费、企业发生的现金折扣等，结构如下。发生财务费用时记入“财务费用”账户的借方，期末将财务费用的借方发生额从贷方转入“本年利润”账户的借方，结转后该账户无余额。该账户按照费用项目进行明细核算。

借方　　　　财务费用	贷方
财务费用增加额	财务费用的结转
平	平

“应付利息”账户用来核算和监督企业按照合同约定应支付的利息。该账户属于负债类账户，其贷方登记企业应付的利息数额，借方登记支付的利息数额。余额在贷方表示应付未付的利息。账户结构如下。

借方　　　　应付利息	贷方
发生额：已支付应付利息	期初余额：应付利息 发生额：应付利息增加
	期末余额：应付未付利息

【例 5-4】 企业于 12 月 1 日向银行借款 120 000 元，期限 6 个月，年利率为 4.2%，款项已存入银行。

这项经济业务的发生，一方面使银行存款增加 120 000 元，另一方面又使短期借款增加 120 000 元。因此该项经济业务引起资产和负债两个要素发生变化，确认涉及的账户为“银行存款”和“短期借款”两个账户。银行存款增加为借方，短期借款增加为贷方。编制会计分录如下：

借：银行存款　　　　120 000

　　贷：短期借款　　　　120 000

【例 5-5】 12 月 31 日，企业从银行借款 200 000 元存入银行，期限 3 年，年利率 5%，到期一次还本付息。

这项经济业务的发生，一方面使企业银行存款增加 200 000 元，另一方面使企业的长期借款增加 200 000 元。因此该经济业务的发生引起资产和负债两个要素的变化，确认涉及的账户为“银行存款”和“长期借款”两个账户。银行存款的增加是资产的增加，应记入“银行存款”账户的借方，长期借款的增加是负债的增加，应记入“长期借款”账户的贷方。编制会计分录如下：

借：银行存款　　　　200 000

　　贷：长期借款　　　　200 000

【例 5-6】 12 月 31 日，用银行存款支付短期借款利息 420 元。

这项经济业务的发生，一方面使财务费用增加 420 元，另一方面使银行存款减少 420 元。因此，这项经济业务引起资产和费用两个要素发生变化，确认涉及的账户为“财务费用”和“银行存款”两个账户。财务费用的增加是费用的增加，应记入“财务费用”账户的借方，银行存款减少是资产的减少，应记入“银行存款”账户的贷方。编制会计分录如下：

借：财务费用——利息支出　　　　420

　　贷：银行存款　　　　420

【例 5-7】 12 月 31 日，计算本月上年借入长期借款的利息 1 250 元。

这项经济业务的发生属于费用已发生，而款项尚未支付，按照权责发生制基础要先预计财务费用。即一方面使财务费用增加 1 250 元，另一方面使应付利息增加 1 250 元。因此，这项经济业务引起负债和费用两个要素发生变化，确认涉及的账户为“财务费用”和“应付利息”两个账户。财务费用的增加是费用的增加，应记入“财务费用”账户的借方，应付利息是负债的增加，应记入“应付利息”账户的贷方。编制会计分录如下：

借：财务费用——利息支出　　　　1 250

　　贷：应付利息　　　　1 250

特别提示

企业为某项目借入的长期借款，如果该项目最终形成的是固定资产，那么在固定资产建造期内发生的借款利息要进行资本化，即要借记“在建工程”账户。

【例 5-8】 12 月 31 日，用银行存款归还上年度借入的长期借款 300 000 元，应付利息为 15 000 元。

这项经济业务的发生，一方面使银行存款减少 315 000 元，另一方面使长期借款减少 300 000 元，应付利息减少 15 000 元。因此，这项经济业务引起资产和负债两个要素发生变化，确认涉及的账户为“银行存款”“长期借款”和“应付利息”三个账户。长期借款和应付利息的减少是负债的减少，应分别记入“长期借款”和“应付利息”账户的借方，银行存款减少是资产的减少，应记入“银行存款”账户的贷方。编制会计分录如下：

借：长期借款　　300 000
　　应付利息　　15 000
　　贷：银行存款　　315 000

上述资金筹集业务的账簿处理如图 5.1 所示。

借方	短期借款	贷方
		(4) 120 000

借方	银行存款	贷方
(1) 60 000		(6) 420
(4) 120 000		(8) 315 000
(5) 200 000		

借方	长期借款	贷方
(8) 300 000		(5) 200 000

借方	实收资本	贷方
		(1) 60 000
		(2) 200 000
		(3) 50 000

借方	固定资产	贷方
(2) 200 000		

借方	无形资产	贷方
(3) 60 000		

借方	资本公积	贷方
(3) 10 000		

借方	财务费用	贷方
(6) 420		
(7) 1 250		

借方	应付利息	贷方
(8) 15 000		(7) 1 250

图 5.1　资金筹集业务的处理

5.2　供应过程的核算

5.2.1　固定资产购置业务的核算

1. 固定资产核算的内容

企业为了生产，要购买劳动资料，为生产产品做好物资准备。劳动资料包括劳动手段(购置固定资产)和劳动对象(购买原材料)两个方面。

固定资产，是指同时具有下列特征的有形资产：一是为生产商品、提供劳务、出租或经营管理而持有的；二是使用寿命超过一个会计年度。

固定资产本质是劳动手段，在生产时实物形态不会发生改变，要加工相当多的产品后，固定资产才会损坏、报废；从生产资金的运动上看，就是固定资产要经过相当多的周转过程，固定资产的价值通过折旧的方式逐步转移到产品成本中去。

固定资产应当按照成本进行初始计量。外购固定资产的成本，包括购买价款、相关税费、使固定资产达到预定可使用状态前所发生的可归属于该项资产的运输费、装卸费、安装费和专业人员服务费等。自行建造固定资产的成本，由建造该项资产达到预定可使用状态前所发生的必要支出构成。

2. 固定资产核算的账户设置

为了核算和监督固定资产购置、建造的情况，需要设置如下账户。

“固定资产”账户，属于资产类账户，用来核算固定资产原值的增加、减少及结存情况。该账户借方登记固定资产原值的增加数，贷方登记固定资产原值的减少数(是指出售、转让、报废固定资产或发生固定资产毁损)，期末余额在借方，反映现有固定资产原值，其账户结构如下。该账户按固定资产的类别、项目进行明细核算。

借方　　　　固 定 资 产	贷方
期初余额：固定资产的原价 发生额：购置固定资产	发生额：固定资产处置转出的原价
期末余额：固定资产的原价	

“在建工程”账户，属于资产类账户，用来核算购建固定资产时，为构建固定资产发生费用的归集和成本计算的情况。该账户借方登记构建固定资产发生的费用，贷方登记固定资产完工交付使用转出的成本，期末余额在借方，反映现有在建工程的成本，其账户结构如下。该账户按固定资产的类别、项目进行明细核算。

借方　　　　在 建 工 程	贷方
期初余额：在建工程成本 发生额：在建工程发生的费用	发生额：工程完工，交付使用
期末余额：尚未完工工程成本	

“应交税费”账户，属于负债类账户，用来核算按规定应交纳的各种税费。贷方登记企业应交纳的各种税费，借方登记企业已交纳的税费。期末余额如在贷方，则表示应交而未交的税费；余额如在借方，则反映为多交的税费，其账户结构如下。该账户应按税费的种类设置明细账，进行明细核算。

借方　　　　应 交 税 费	贷方
发生额：预交税费(包括增值税进项税额)	期初余额：未交税费 发生额：应交税费(包括增值税销项税额)
期末余额：多交的税费(未抵扣完进项税额)	期末余额：应交未交税费

企业应交的增值税，在“应交税费”账户下设“应交增值税”“未交增值税”明细账户核算，并在“应交税费——应交增值税”明细账内分别设置“进项税额”“销项税额”“已交税金”“转出未交增值税”“转出多交增值税”等专栏，期末将应交未交和预交多交税费转入“未交增值税”明细账后无余额。

企业自建固定资产，主要有自营和出包两种方式。自营工程是指企业自行组织工程物资采购、自行组织施工人员施工的建筑工程和安装工程。出包工程是指企业通过招标方式将工程项发包给建造承包商，由建造承包商组织施工的建筑工程和安装工程。两者的主要区别是：在自营工程发生费用时，如领用原材料和分配职工薪酬等时，借记“在建工程”账户，贷记“原材料”“应付职工薪酬”等账户；而出包工程发生费用是企业给承包商办理工程价款时，借记“在建工程”账户，贷记“银行存款”账户。

【例 5-9】 企业以银行存款购入不需安装设备一台，价值 200 000 元，增值税税率为 17%，直接交付使用。

这项经济业务的发生，一方面使固定资产增加 200 000 元，进项税额增加 34 000 元，另一方面使银行存款减少 234 000 元。这项经济业务的发生引起资产要素和负债要素(但反映的是资产的状况)中三个不同项目的增减变化，确认涉及的账户为“固定资产”“银行存款”“应交税费”三个账户。固定资产的增加是资产的增加，应记入“固定资产”账户的借方，进项税额的增加是“应交税费”的抵扣，记入“应交税费”账户的借方，银行存款的减少是资产的减少，应记入“银行存款”账户的贷方。编制会计分录如下：

借：固定资产——某设备　　200 000
　　应交税费——应交增值税(进项税额)　　34 000
　　贷：银行存款　　234 000

【例 5-10】 企业购入需安装设备一台，价值 500 000 元，增值税税率为 17%，货款以银行存款支付，设备交付安装。

这项经济业务的发生，一方面使在建工程增加 500 000 元，进项税额增加 85 000 元，另一方面使银行存款减少 585 000 元。这项经济业务的发生引起资产要素和负债要素(但反映的是资产的状况)中三个不同项目的增减变化，确认涉及的账户为“在建工程”“银行存款”“应交税费”三个账户。在建工程的增加是资产的增加，应记入“在建工程”账户的借方，进项税额的增加是“应交税费”的抵扣，记入“应交税费”账户的借方，银行存款的减少是资产的减少，应记入“银行存款”账户的贷方。编制会计分录如下：

借：在建工程——某需安装设备　　500 000
　　应交税费——应交增值税(进项税额)　　85 000
　　贷：银行存款　　585 000

【例 5-11】 以存款支付需安装设备运费 6 000 元(为简化运费不计算进项税额，以下同)，保险费 3 000 元。

这项经济业务的发生，一方面使在建工程增加 9 000 元，另一方面使银行存款减少 9 000元。这项经济业务的发生引起资产要素两个不同项目的一增一减，确认涉及的账户为“在建工程”“银行存款”两个账户。在建工程的增加是资产的增加，应记入“在建工程”账户的借方，银行存款的减少是资产的减少，应记入“银行存款”账户的贷方。编制会计分录如下：

借：在建工程——某需安装设备　　9 000
　　贷：银行存款　　9 000

【例 5-12】 设备安装工程外包给某工程队，以存款支付安装费 5 000 元。

这项经济业务的发生，一方面使在建工程增加 5 000 元，另一方面使银行存款减少 5 000元。这项经济业务的发生引起资产要素两个不同项目的一增一减，确认涉及的账户为“在建工程”“银行存款”两个账户。在建工程的增加是资产的增加，应记入“在建工程”账户的借方，银行存款的减少是资产的减少，应记入“银行存款”账户的贷方。编制会计分录如下：

借：在建工程——某需安装设备　　　　5 000

　　贷：银行存款　　　　5 000

【例 5-13】 上述需安装设备安装完成，设备成本合计为 514 000 元，并交付使用。

这项经济业务的发生，一方面使固定资产增加 514 000 元，另一方面使在建工程减少 514 000 元。这项经济业务的发生引起资产要素两个不同项目的一增一减，确认涉及的账户为“固定资产”“在建工程”两个账户。固定资产的增加是资产的增加，应记入“固定资产”账户的借方，在建工程的减少是资产的减少，应记入“在建工程”账户的贷方。编制会计分录如下：

借：固定资产　　　　514 000

　　贷：在建工程——某需安装设备　　　　514 000

上述固定资产构建业务的账簿处理如图 5.2 所示。

借方　银行存款	贷方
	(9) 234 000
	(10) 585 000
	(11) 9 000
	(12) 5 000

借方　在建工程	贷方
(10) 500 000	(13) 514 000
(11) 9 000	
(12) 5 000	
514 000	514 000

借方　固定资产	贷方
(9) 200 000	
(13) 514 000	

借方　应交税费	贷方
(9) 34 000	
(10) 85 000	

图 5.2　固定资产构建业务的处理

5.2.2　材料采购业务的核算

1. 供应过程核算的内容和账户设置

在供应过程中，企业用库存现金或银行存款等货币资金购买原材料、支付采购费用、形成生产储备。货币资金即转化成储备资金，用符号表示为 G—W。业务关系如图 5.3所示。

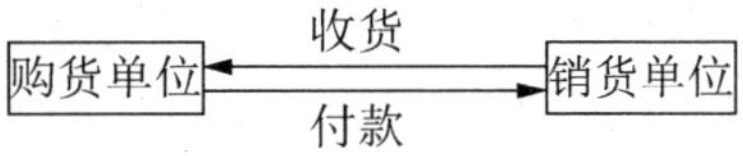

图 5.3　供应过程基本业务及关系

特别提示

企业的货款结算一般都要通过银行进行，但在特殊情况下，双方也可用库存现金进行结算。

工业企业的供应过程，主要是进行采购和储存生产经营所需的各种材料，为生产经营的正常进行做好准备工作，满足生产经营的需要，并及时结算货款。所谓结算就是指款项的收付行为。收货和付款结算业务具体又分为三种情况：料已到，款已付，即一手钱一手货；料已到，款未付；料未到，款已付。

在材料采购过程中，应遵照经济合同和结算制度的规定支付货款，还必须支付各种采购费用，如运输费用、装卸搬运费、包装费用等。材料买价加上采购费用就构成材料的采购成本。因此，供应过程的主要业务为购料和结算业务，以及计算材料的采购成本等。

为了核算和监督材料采购费用的发生与供应单位的结算关系及计算材料的实际采购数量和实际成本，需要设置如下账户。

“在途物资”账户。本账户属于资产类账户，用来核算企业购入但尚未入库材料的买价和采购费用，并计算确定材料采购实际成本的账户。该账户的借方登记购入材料的买价和采购费用，贷方登记验收入库的材料实际成本。期末余额在借方，表示期末尚未到达或验收入库的在途材料的实际成本。该账户按照材料的类别、品种、规格分别设置“在途物资”明细账，进行明细分类核算。账户结构如下。

借方　　在途物资	贷方
期初余额：在途材料 发生额：① 材料买价 ② 采购费用	发生额：验收入库材料实际成本
期末余额：在途材料	

“原材料”账户。本账户属于资产类账户，用来核算和监督库存材料的增加、减少和结存情况。该账户的借方登记已验收入库的材料的实际成本，贷方登记发出材料的实际成本。期末余额在借方，反映材料的实际成本。为了具体核算、监督材料的情况，还要按材料的类别、品种及规格设置明细账，进行材料明细分类核算。账户结构如下。

借方　　原材料	贷方
期初余额：库存材料成本 发生额：验收入库材料成本	发生额：出库材料成本
期末余额：库存材料成本	

“应付账款”账户。该账户属于负债类账户，用来核算企业因采购材料、接受劳务等而应付供应单位款项的发生和偿付情况。该账户贷方登记应付给供应单位的款项，借方登记已偿还的应付款项。期末余额在贷方，反映企业尚未偿还的应付款项。为了具体反映与各个供应单位的债务结算情况，“应付账款”账户应按供应单位名称设置明细账，进行明细账分类核算。账户结构如下。

借方　　应付账款	贷方
发生额：已支付应付账款	期初余额：应付未付款项 发生额：应付账款增加额
	期末余额：应付未付款项

特别提示

应付账款的内容包括应付的货款、增值税的进项税额、供货单位代垫的运费等。

“应付票据”账户。该账户属于负债类账户，用来核算企业对外发生债务时所开出承兑的商业汇票及兑付情况。该账户的借方登记到期已兑付商业汇票的金额，贷方登记企业发生债务时所开出承兑的商业汇票的金额，期末余额在贷方，表示已开出的承兑尚未支付的商业汇票金额。账户结构如下。

借方　　　　　应 付 票 据	贷方
	期初余额：应付未付票据
发生额：到期支付的应付票据	发生额：应付票据增加额
	期末余额：应付未付票据

“预付账款”账户。该账户属于资产类账户，用来核算企业按购货合同预付给供应单位的货款及其结算情况。该账户借方登记预付或补付货款的金额，贷方登记所购货物金额及退回多付货款的金额。期末余额在借方，反映已预付货款但尚未收到货物的金额。“预付账款”按供应单位设置明细账，进行明细分类核算。账户结构如下。

借方　　　　　预 付 账 款	贷方
期初余额：预付的货款	
发生额：预付货款的增加额	发生额：预付货款的减少额
期末余额：预付货款余额	

2. 材料按实际成本的核算

【例 5-14】 12 月 8 日，企业从 K 公司购入甲材料 5 000 千克，买价 50 000 元，购入乙材料 2 000 千克，买价 40 000 元，取得增值税专用发票，增值税税率为 17%。材料尚未验收入库，货款已由银行存款支付。

这项经济业务的发生，一方面使材料采购成本增加 90 000 元，进项税额增加 15 300 元；另一方面使银行存款减少 105 300 元。这项经济业务的发生引起资产要素和负债要素(但表示为资产的状况)的变化，确认涉及的账户为“在途物资”“应交税费”和“银行存款”三个账户。材料采购的增加是资产的增加，应记入“在途物资”账户的借方，进项税额的增加是“应交税费”的抵扣，记入“应交税费”账户的借方，银行存款的减少是资产的减少，应记入“银行存款”账户的贷方。编制会计分录如下：

借：在途物资——甲材料　　50 000
　　　　　　——乙材料　　40 000
　　应交税费——应交增值税(进项税额)　　15 300
　　贷：银行存款　　105 300

【例 5-15】 12 月 11 日，企业用银行存款支付甲、乙两种材料的运杂费 700 元。按照甲、乙材料重量分配运杂费，甲材料负担 500 元，乙材料负担 200 元。

这项经济业务的发生，一方面使材料采购支出增加 700 元，另一方面使银行存款减少 700 元。因此，这项经济业务的发生引起资产要素中两个不同项目发生一增一减的变化，确认涉及的账户为“在途物资”和“银行存款”两个账户。材料采购成本的增加是资产的增加，应记入“在途物资”账户的借方，银行存款的减少是资产的减少，应记入“银行存款”账户的贷方。编制会计分录如下：

借：在途物资——甲材料　　500
　　　　　　——乙材料　　200
　贷：银行存款　　700

【例 5-16】 12 月 12 日，企业从 K 公司购入的甲、乙两种材料已验收入库，按实际采购成本 90 700 元予以转账。

这项经济业务的发生，一方面使材料采购成本减少 90 700 元，另一方面使材料增加 90 700 元。因此，这项业务引起资产要素中两个不同项目发生一增一减的变化，确认涉及的账户为“在途物资”和“原材料”两个账户。材料采购成本的减少是资产的减少，应记入“在途物资”账户的贷方，材料的增加是资产的增加，应记入“原材料”账户的借方。编制会计分录如下：

借：原材料——甲材料　　50 500
　　　　　——乙材料　　40 200
　贷：在途物资——甲材料　　50 500
　　　　　　　——乙材料　　40 200

特别提示

材料的计量应该按照实际成本进行初始计价，材料的成本是指材料的采购成本，包括买价、运杂费、加工及整理费用、税金和其他费用。因此，材料的“采购单价”不是材料的实际“成本单价”。如例题中甲、乙材料的买价单价分别为 10 元和 20 元，而实际成本单价为 10.1 元和 20.1 元。甲、乙材料发出时就不能再用 10 元和 20 元计价，而要用 10.1 元和 20.1 元计价。

如果有期初材料，或本期各次购入材料的单价不相同，那么发出材料时，其材料成本的计价要采用先进先出法、期末加权平均法等方法。所谓先进先出法即先购入的材料先发出，计算发出材料成本；期末加权平均法即期初材料成本加上本期购入成本之和比上期初材料量加上本期购入材料量之和为其发出的单价，计算发出材料成本。

【例 5-17】 12 月 15 日，企业从 J 公司购入丙材料 3 000 千克，买价 60 000 元，代垫运杂费 900 元，增值税税率为 17%。货款尚未支付，材料已验收入库。

这项经济业务的发生，一方面使材料采购支出增加 60 900 元，进项税额增加 10 200 元(为简化，运费不计进项税额)；另一方面使应付账款增加 71 100 元。因此，这项经济业务的发生引起资产和负债两个要素发生变化，确认涉及的账户为“在途物资”“应交税费”和“应付账款”三个账户。材料采购的增加是资产的增加，应记入“在途物资”账户的借方，进项税额的增加是“应交税费”的抵扣，记入“应交税费”账户的借方，应付账款的增加是负债的增加，应记入“应付账款”账户的贷方。编制会计分录如下：

借：在途物资——丙材料　　60 900
　　应交税费——应交增值税(进项税额)　　10 200
　贷：应付账款——J 公司　　71 100

【例 5-18】 12 月 16 日，企业从 J 公司购入丁材料 4 000 千克，买价 120 000 元，运杂费 1 200 元，增值税税率为 17%，货款以商业汇票支付，材料尚未验收入库。

这项经济业务的发生，一方面使材料采购成本增加 121 200 元，进项税额增加 20 400

元；另一方面使应付票据增加 141 600 元。因此，这项经济业务引起资产和负债两个要素发生变化，确认涉及的账户为“在途物资”“应交税费”和“应付票据”三个账户。材料采购的增加是资产的增加，应记入“在途物资”账户的借方，进项税额的增加是“应交税费”的抵扣，记入“应交税费”账户的借方，应付票据的增加是负债的增加，应记入“应付票据”账户的贷方。编制会计分录如下：

借：在途物资——丁材料　　121 200
　　应交税费——应交增值税(进项税额)　　20 400
　　贷：应付票据——J 公司　　141 600

特别提示

材料采购在实践中的做法，为了业务核算简化，一般等入库单和结算凭证两者都齐了，按正常业务处理。到月末时，如只有结算凭证，无入库单，作在途材料处理；如只有入库单，无结算凭证，作暂估入库处理；后两种情况同时再做一笔下月初冲转分录，再继续等入库单和结算凭证，等都到齐了，还按正常业务处理。

【例 5-19】 12 月 17 日，企业以银行存款预付 J 公司购丙材料 5 000 千克，货款80 000 元。

这项经济业务的发生，一方面使预付账款增加 80 000 元，另一方面使银行存款减少 80 000 元。因此，这项经济业务引起资产要素中两个不同项目发生一增一减的变化，确认涉及的账户为“银行存款”和“预付账款”两个账户。预付账款的增加是资产的增加，应记入“预付账款”账户的借方，银行存款的减少是资产的减少，应记入“银行存款”账户的贷方。编制会计分录如下：

借：预付账款——J 公司　　80 000
　　贷：银行存款　　80 000

【例 5-20】 12 月 24 日，所购 J 公司 5 000 千克丙材料运到，增值税税率为 17%，并验收入库，需补付货款 21 000 元和进项税款。

这项经济业务的发生，一方面使材料采购成本增加 101 000 元，进项税额增加 17 170 元，另一方面预付账款和银行存款分别减少 80 000 元和 21 000 元，引起资产要素中四个不同项目发生二增二减的变化，涉及“在途物资”“应交税费”“预付账款”和“银行存款”四个账户。另外材料已验收入库，使材料增加 101 000 元，材料采购成本减少 101 000 元，引起资产要素中两个不同项目发生一增一减的变化，确认涉及的账户为“原材料”和“在途物资”两个账户。编制会计分录如下：

(1) 借：在途物资——丙材料　　101 000
　　　　应交税费——应交增值税(进项税额)　　17 170
　　　　贷：预付账款——J 公司　　80 000
　　　　　　银行存款　　38 170
(2) 借：原材料——丙材料　　101 000
　　　　贷：在途物资——丙材料　　101 000

材料采购业务的总分类核算账簿登记如图 5.4 所示。

借方	银行存款 贷方
	(14) 105 300
	(15) 700
	(19) 80 000
	(20) 38 170

借方	预付账款 贷方
(19) 80 000	(20) 80 000

借方	应付票据 贷方
	(18) 141 600

借方 在途物资	贷方
(14) 90 000	(16) 90 700
(15) 700	(20) 101 000
(17) 60 900	
(18) 121 200	
(20) 101 000	
373 800	191 700
期末余额：182 100	

借方 原材料	贷方
(16) 90 700	
(20)101 000	

借方 应交税费	贷方
(14) 15 300	
(17) 10 200	
(18) 20 400	
(20) 17 170	

借方	应付账款 贷方
	(17) 71 100

图 5.4 供应过程的核算

3. 材料按计划成本的核算

企业为了考核采购业务的好坏，提高管理水平，同时也为减轻财务人员的核算工作量，提高工作效率，在定额管理好的企业可以采取按照计划成本核算材料的收、发、存业务。材料按照计划成本核算，就是“原材料”总账和明细账都按照计划成本进行收、发、存登记。材料在购入时，通过“材料采购”账户核算，材料差异通过“材料成本差异”账户核算。三个账户的具体性质、用途、结构如下。

“材料采购”账户。本账户属于资产类账户，用来核算企业购入材料买价和采购费用，计算确定材料采购实际成本。该账户的借方登记购入材料的买价和采购费用，贷方登记验收入库材料的计划成本以及结转的材料成本差异。期末余额在借方，表示期末尚未到达或验收入库的在途材料的实际成本。该账户按照材料的类别、品种、规格分别设置“材料采购”明细账，进行明细分类核算。账户结构如下。

借方 材料采购	贷方
期初余额：在途材料 发生额：① 材料买价 ② 采购费用	发生额：① 验收入库材料的计划成本 ② 结转的材料成本差异
期末余额：在途材料	

“原材料”账户。用来核算和监督库存材料增加、减少和结存的计划成本情况。该账户的借方登记已验收入库的材料的计划成本，贷方登记发出材料的计划成本。期末余额在借方，反映库存材料的计划成本。为了具体核算、监督材料的情况，还要按材料的类别、品种及规格设置明细账，进行材料明细分类核算。账户结构如下。

借方　　　　　　原　材　料	贷方
期初余额：库存材料的计划成本 发生额：入库材料的计划成本	发生额：出库材料的计划成本
期末余额：库存材料的计划成本	

“材料成本差异”账户。用于反映材料实际成本和计划成本的差异情况。该账户的借方登记购入材料的实际成本大于计划成本的差额，贷方登记：① 购入材料的实际成本小于计划成本的差额；② 材料发出时实际成本大于计划成本的差额(蓝字)；③ 材料发出时实际成本小于计划成本的差额(红字)。期末余额在借方表示材料实际成本大于计划成本的超支差，在贷方表示材料实际成本小于计划成本的节约差。“材料成本差异”账户可以按照材料综合进行核算，也可以根据条件按照材料类别设置明细账，进行明细分类核算。账户结构如下。

借方　　　　　　材料成本差异	贷方
期初余额：材料实际成本大于计划成本的超支差 发生额：购入材料的实际成本大于计划成本的差额	期初余额：材料实际成本小于计划成本的节约差 发生额：① 购入材料的实际成本小于计划成本的差额 ② 材料发出时实际成本大于计划成本的差额(蓝字) ③ 材料发出时实际成本小于计划成本的差额(红字)
期末余额：材料实际成本大于计划成本的超支差	期末余额：材料实际成本小于计划成本的节约差

知识回放

在第 1.2 节，会计的监督职能有事前监督、事中监督和事后监督。原材料的计划成本核算，是管理思想的体现，把事前监督、事中监督和事后监督结合起来，能够明确责任，便于监督考核。实际成本和计划成本对比，如果是超支差，说明供应部门工作使材料成本上升了；如果是节约差，说明是供应部门工作使材料成本下降了，以便进一步分析原因，加强管理。原材料计划成本管理如图 5.5 所示。

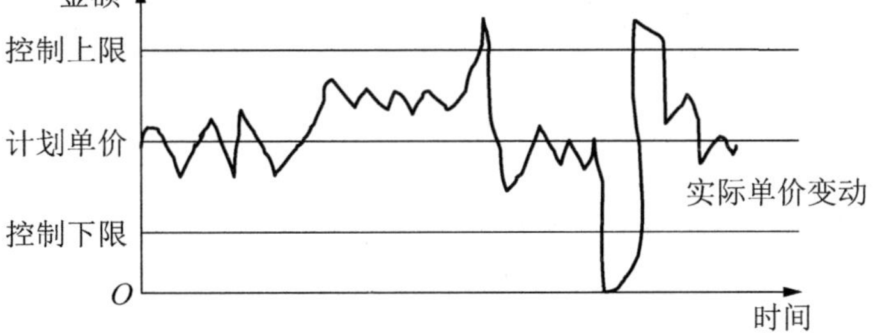

图 5.5　原材料计划成本管理

在按照计划成本核算和管理时，要遵守例外原则，也即如果差异在计划成本控制幅度内围绕计划成本波动，属于正常的差异，没有必要花费时间和金钱去作分析，但是如果超过控制幅度或不围绕计划成本波动的差异，就是例外，就要深入分析原因，加强管理。

原材料按照计划成本核算是标准成本法中的一部分。标准成本法是科学管理和会计结合最为成功的一种成本核算方法，被会计学家称为会计发展史上的第三个里程碑。

【例 5-21】 企业购入 C&J 公司甲材料 1 000 千克，单价 1 000 元/千克，增值税税率为 17%，货款未付。

这项经济业务的发生，一方面使材料采购支出增加 1 000 000 元，进项税额增加了 170 000元，另一方面使应付账款增加 1 170 000 元。因此，这项经济业务的发生引起资产和负债两个要素发生变化，确认涉及的账户为“材料采购”“应付账款”“应交税费”三个账户。材料采购的增加是资产的增加，应记入“材料采购”账户的借方，进项税额增加是负债的抵扣，应记入“应交税费”账户的借方，应付账款的增加是负债的增加，应记入“应付账款”账户的贷方。编制会计分录如下：

借：材料采购——甲材料	1 000 000	
应交税费——应交增值税(进项税额)	170 000	
贷：应付账款——C&J 公司		1 170 000

【例 5-22】 甲材料 1 000 千克验收入库，计划单位成本 980 元/千克。

这项经济业务的发生，材料已验收入库，使材料计划成本增加 980 000 元，材料采购成本减少 1 000 000 元，实际成本大于计划成本，材料成本差异是超支差异 20 000 元(1 000 000−980 000)。引起资产要素中不同项目发生增减的变化，确认涉及的账户为“原材料”“材料成本差异”和“材料采购”三个账户。编制会计分录如下：

借：原材料——甲材料	980 000	
材料成本差异	20 000	
贷：材料采购——甲材料		1 000 000

【例 5-23】 企业购入乙材料 500 千克，单价 180 元/千克，增值税税率为 17%，货款未付。

这项经济业务的发生，一方面使材料采购支出增加 90 000 元，进项税额增加了 15 300 元，另一方面使应付账款增加 105 300 元。因此，这项经济业务的发生引起资产和负债两个要素发生变化，确认涉及的账户为“材料采购”“应付账款”“应交税费”三个账户。材料采购的增加是资产的增加，应记入“材料采购”账户的借方，进项税额增加是负债的抵扣，应记入“应交税费”账户的借方，应付账款的增加是负债的增加，应记入“应付账款”账户的贷方。编制会计分录如下：

借：材料采购——乙材料	90 000	
应交税费——应交增值税(进项税额)	15 300	
贷：应付账款——C&J 公司		105 300

【例 5-24】 乙材料 500 千克验收入库，计划单位成本 200 元/千克。

这项经济业务的发生，材料已验收入库，使乙材料计划成本增加 100 000 元，材料采购成本减少 90 000 元，实际成本小于计划成本，材料成本差异是节约差异 10 000 元(100 000−90 000)。引起资产要素中不同项目发生增减的变化，确认涉及的账户为“原材料”“材料成本差异”和“材料采购”三个账户。编制会计分录如下：

借：原材料——乙材料	100 000	
贷：材料成本差异		10 000
材料采购——乙材料		90 000

【例 5-25】 企业生产 C 产品，领用甲材料 600 千克，乙材料 400 千克，按计划单价计价。

甲材料计划单价 980 元/千克，乙材料计划单价 200 元/千克，计算得：甲材料计划成本 588 000 元，乙材料计划成本为 80 000 元。

这项经济业务的发生，一方面材料出库，使生产的计划成本增加 668 000 元，另一方面材料出库，使原材料中甲、乙材料计划成本分别减少 588 000 元和 80 000 元，引起资产要素中不同项目发生增减的变化，确认涉及的账户为“生产成本”“原材料”两个账户。编制会计分录如下：

借：生产成本——C 产品——直接材料　　668 000
　　贷：原材料——甲材料　　588 000
　　　　　　　——乙材料　　80 000

【例 5-26】 月末，计算成本差异率，结转领用材料的成本差异。

平时材料发出时，都是计划成本。为了计算成本的实际成本，需要在期末将发出材料计划成本调整成实际成本，调整的方法是计算出材料的成本差异率，计算出发出材料的差异额，求出发出材料的实际成本。材料成本差异率公式如下：

$$\text{材料成本差异率}=\frac{\text{期初材料成本差异}+/-\text{本期材料成本差异}}{\text{期初原材料计划成本}+\text{本期购入原材料计划成本}}\times 100\%$$

$$\text{发出材料应负担的差异}=\text{发出材料的计划成本}\times\text{材料成本差异率}$$

$$\begin{aligned}\text{材料的实际成本}&=\text{发出材料的计划成本}\pm\text{材料应负担的差异}\\&=\text{发出材料的计划成本}\times(1\pm\text{材料成本差异率})\end{aligned}$$

假如，“原材料”账户期初余额为 5 000 000 元，“材料成本差异”为贷方余额 20 000 元。计算本期的材料成本差异率。

计算如下：

$$\text{材料成本差异率}=\frac{-20\ 000+20\ 000-10\ 000}{5\ 000\ 000+1\ 080\ 000}\times 100\%=-0.16\%$$

$$\text{发出材料应负担的差异}=668\ 000\times(-0.16\%)=-1\ 069(\text{元})$$

然后开始编制会计分录。这项业务使生产的计划成本减少 1 069 元，材料成本差异转出节约额 1 069 元，引起资产要素中不同项目发生增减的变化，确认涉及的账户为“生产成本”“材料成本差异”两个账户，因为材料成本差异转出是节约额，要用红字。编制会计分录如下：

借：生产成本——C 产品　　−1 069
　　贷：材料成本差异　　−1 069

特别提示

原材料的实际成本＝原材料实际数量×实际单价

原材料的计划成本＝原材料实际数量×计划单价

实际成本＝计划成本＋(或－)超支差异(节约差异)

实际成本－计划成本为正值时，成为超支差异；为负值时称为节约差异。

材料入库时：

“材料采购”账户的贷方发生额＝“原材料”账户的借方发生额＋(或－)“材料成本差异”账户的借方超支发生额(贷方节约发生额)

材料出库时：

“原材料”账户的贷方发生额＋(或－)“材料成本差异”账户的贷方超支发生额(蓝字)［或贷方节约发生额(红字)］＝“生产成本”账户借方发生额

同时注意：原材料的计划成本同以后所学的产品成本中材料计划成本或本年材料计划成本是有区别的，后者是指原材料计划数量×计划单价。

5.3 生产过程的核算

5.3.1 生产过程核算的内容和账户设置

生产过程是工人利用劳动工具对劳动对象进行加工，制造出工业产品的过程。生产过程既是物化劳动和活劳动的耗费过程，也是产品的形成过程。在生产过程中所消耗的材料、支付的工资和机器设备等固定资产磨损的价值逐步转移到产品的价值中去。资金形态也相应由储备资金、货币资金、固定资金转化为生产资金，随后又转化为成品资金，用符号表示为 W…P…W′。

工业企业的生产过程是从投入材料到产品完工并验收入库的全过程。企业在生产产品的过程中要消耗材料，支付职工工资及其他费用，发生固定资产的磨损等，这些耗费是生产费用。为生产产品而发生的各种费用按一定的方法和程序归集到各种产品中去，计算出为制造某种产品而耗用的生产费用即产品成本，这种产品成本一般称作制造成本。

知识图说

W…P…W′可以分成两个阶段，即 W…P 和 P…W′，W…P 可以称为产品正在生产阶段；P…W′为产品完工入库阶段。而产品正在生产阶段的主要业务及相关内容如图 5.6 所示。

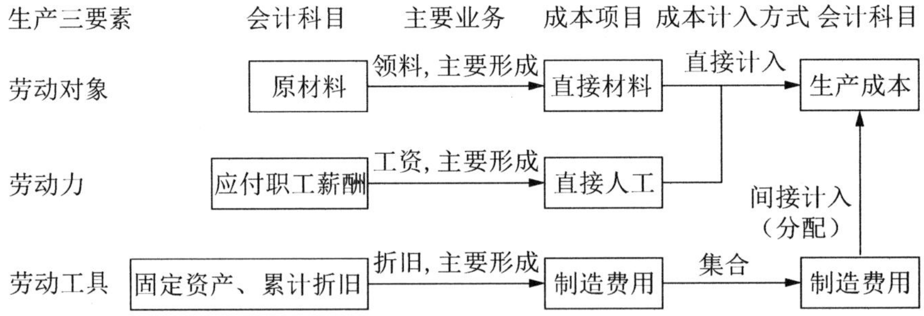

图 5.6 生产过程中正在生产阶段业务的主要内容

为了反映和监督生产费用的发生、归集和分配情况，应设置生产费用核算账户，并在此基础上进行产品成本计算。生产过程核算一般要设置“生产成本”“制造费用”“应付职工薪酬”“累计折旧”“库存商品”“管理费用”等账户。

“生产成本”账户，属于成本类账户，用来核算与监督为制造产品而发生的各种费用。

该账户借方登记本期发生的各种直接材料、直接人工以及由“制造费用”账户归集后分配转入的制造费用；贷方登记已完工并验收入库的产品的实际生产成本。期末余额在借方，表示尚未完工的在产品成本。账户结构如下。

借方　　　　　　　　生 产 成 本　　　　　　　　贷方

借方	贷方
期初余额：在产品成本 发生额：① 直接材料 ② 直接人工 ③ 制造费用	发生额：完工入库产品成本
期末余额：在产品成本	

为了正确核算各种产品的生产数量、生产费用和实际生产成本，还应结合成本计算方法，按照产品的种类、批别或步骤分别设置“生产成本”明细分类账进行明细核算。

其他账户在后面用到时再一一介绍。

5.3.2 生产过程的具体核算

1. 材料发出的核算

企业生产是劳动者通过劳动工具加工劳动对象——材料的过程。材料是构成产品实体的内容，是产品成本的主要组成部分。材料的本质是劳动对象，经过加工其实物形态会发生改变，价值一次转移到产品中去，从资金运动上讲，就是只经过一个资金周转过程。材料购入的核算前面已叙述过了，对于材料发出核算，企业是根据领料单进行汇总，编制材料领用汇总表进行账务处理。

【例 5-27】 12 月 31 日，根据表 5-1 编制材料发出的会计分录。

表 5-1　材料领用汇总表　　　　单位：元

材料种类	A 产品	B 产品	车间领用	管理部门	金额合计
甲材料	50 000	5 000			55 000
乙材料		20 000			20 000
丙材料			6 000	2 000	8 000
丁材料	22 000	3 000			25 000
合计	72 000	28 000	6 000	2 000	108 000

这些经济业务的发生，使原材料减少 108 000 元，同时又使费用增加 108 000 元。因此，这项经济业务引起资产和费用两个要素发生变化，确认涉及的账户为“生产成本”“制造费用”“管理费用”和“原材料”四个账户。将 A 产品、B 产品直接耗用成本记入“生产成本”账户的借方，将车间一般耗用材料成本记入“制造费用”账户的借方，管理部门耗用材料成本记入“管理费用”账户的借方；材料的减少是资产的减少，应记入“原材料”账户的贷方。编制会计分录如下：

借：生产成本——A 产品　　72 000
　　　　　　——B 产品　　28 000
　　制造费用——物料消耗　　6 000
　　管理费用——物料消耗　　2 000
　　贷：原材料——甲材料　　55 000
　　　　　　　——乙材料　　20 000
　　　　　　　——丙材料　　8 000
　　　　　　　——丁材料　　25 000

2. 职工薪酬的核算

企业职工劳动按照按劳分配的原则，取得劳动报酬。除劳动报酬以外，还享有职工福利、职工教育等福利。为核算职工薪酬，需设置“应付职工薪酬”账户。

“应付职工薪酬”账户，属于负债类账户，是用来核算企业应付给职工的各种薪酬的分配和支付情况的账户，包括职工奖励及福利，结构如下。该账户的贷方登记本期实际发生的应付职工薪酬额，借方登记本期实际支付的工资额。该账户应无余额，但在实际工作中，由于在核算过程中往往应分配薪酬和实际支付薪酬在时间上存在差异，该账户可能有借方或贷方的期末余额。该账户可按“短期薪酬”“离职后福利”“辞退福利”和“其他长期职工福利”进行二级核算，再按“工资”“职工福利”“社会保险费”“住房公积金”“工会经费”“职工教育经费”“非货币性福利”“股份支付”等进行明细核算。

借方　　应付职工薪酬　　贷方

发生额：已支付职工薪酬	发生额：应付职工薪酬
借方余额表示应付小于已付	贷方余额表示应付未付或应付大于已付

【例 5-28】 12 月 6 日，开出现金支票 50 000 元，从银行提取现金，准备发放工资。

这项经济业务的发生，使现金增加 50 000 元，同时使银行存款减少 50 000 元，引起资产要素中两个不同项目一增一减的变化，确认涉及的账户为“库存现金”和“银行存款”两个账户。编制会计分录如下：

借：库存现金　　50 000
　　贷：银行存款　　50 000

【例 5-29】 12 月 6 日，企业用库存现金 50 000 元支付职工工资。

这项经济业务的发生，使现金减少 50 000 元，同时又使应付薪酬减少 50 000 元，引起资产和负债两个要素同时减少。这项经济业务涉及“应付职工薪酬”和“库存现金”两个账户。现金的减少应记入“库存现金”账户的贷方；应付职工薪酬的减少应记入“应付职工薪酬”账户的借方。编制会计分录如下：

借：应付职工薪酬——短期薪酬——工资　　50 000
　　贷：库存现金　　50 000

【例 5-30】 12 月 12 日，以银行存款支付职工福利 7 000 元。

这项经济业务的发生，使银行存款减少 7 000 元，同时又使应付职工薪酬减少了 7 000

元，引起资产和负债中项目的同减，涉及“应付职工薪酬”和“银行存款”两个账户。职工福利的增加是负债的减少，应记入“应付职工薪酬”账户的借方。银行存款的减少是资产的减少，记入“银行存款”的贷方。编制会计分录如下：

借：应付职工薪酬——短期薪酬——职工福利　　7 000
　　贷：银行存款　　7 000

【例 5-31】 12 月 31 日，月末计算应付职工工资 50 000 元，其中 A 产品生产工人工资 20 000 元，B 产品生产工人工资 15 000 元，车间管理人员工资 5 000 元，企业管理人员工资 10 000 元。

这项经济业务的发生引起了负债和费用两个要素发生变化，一方面使企业应付职工工资增加了 50 000 元，另一方面使生产费用增加了 50 000 元。因此，这项经济业务的发生，涉及“生产成本”“制造费用”“管理费用”“应付职工薪酬”四个账户。应付职工薪酬的增加是负债的增加，应记入“应付职工薪酬”账户的贷方；生产费用的增加是费用的增加，其中生产工人的工资是可计入生产成本的直接费用，应记入“生产成本”账户的借方，车间管理人员的工资是间接费用，应记入“制造费用”账户的借方，企业管理人员的工资应记入“管理费用”账户的借方。编制会计分录如下：

借：生产成本——A 产品　　20 000
　　　　　　——B 产品　　15 000
　　制造费用——职工薪酬　　5 000
　　管理费用——职工薪酬　　10 000
　　贷：应付职工薪酬——短期薪酬——工资　　50 000

【例 5-32】 12 月 31 日，企业按工资比例分配职工福利 7 000 元，其中，产品生产工人的福利费 4 900 元(A 产品生产工人的福利 2 800 元，B 产品生产工人的福利 2 100 元)，车间管理人员的福利 700 元，企业管理人员的福利 1 400 元。

分配职工福利费引起负债和费用两个要素的变化，生产工人的应付福利应记入“生产成本”账户的借方，车间管理人员的福利应记入“制造费用”账户的借方，企业管理人员的福利记入“管理费用”账户的借方；职工福利应记入“应付职工薪酬”账户的贷方。编制会计分录如下：

借：生产成本——A 产品　　2 800
　　　　　　——B 产品　　2 100
　　制造费用——职工薪酬　　700
　　管理费用——职工薪酬　　1 400
　　贷：应付职工薪酬——短期薪酬——职工福利　　7 000

3. 累计折旧的核算

固定资产由于磨损而发生的价值损耗，称为折旧。固定资产的磨损分有形损耗和无形损耗。所谓有形损耗，又称物质损耗或物质磨损，指固定资产由于使用而发生的物质磨损或自然力的影响，即受到物理、化学或自然力等因素的作用而逐渐发生的一定程度的损耗或磨损。所谓无形损耗，亦称精神损耗或精神磨损，指机器、设备等固定资本在其有效使用期内由于科学技术进步所引起的贬值。机器、设备、厂房等固定资产由于发生损耗，固定资产的价值随着其损耗程度，逐渐转移到所生产的产品价值中去而得到补偿。其同材料的价值转移有显著不同，材料的价值随同材料的使用价值的转移一同转移，其实物形态也发生了变化。而固定资产的价值是随着使用价值的损耗而逐步转移的，其实物形态是不变的。因此，折旧的实质是在企业持续经营的前提下，固定资产连续使用的状态下，由于会计分期考核，按照权责发生制核算基础对固定资产价值的一个分配过程。

为了核算和监督固定资产的价值磨损的情况，需要设置"累计折旧"账户。

"累计折旧"账户，属于资产类账户，用来核算固定资产使用而发生价值损耗及其转销情况，其结构如下。该账户贷方登记累计折旧的增加数，借方登记已提折旧的减少或转销数，期末余额在贷方，反映现有固定资产已提折旧的累计数。该账户按固定资产的类别或项目进行明细核算。

借方　　　　累计折旧	贷方
发生额：固定资产处置转出的累计折旧	期初余额：累计折旧 发生额：本期计提的折旧
	期末余额：累计折旧

【例 5-33】 12 月 31 日，计提本月固定资产折旧 8 000 元，其中车间固定资产折旧 6 000元，企业管理部门固定资产折旧 2 000 元。

这项经济业务的发生使固定资产价值减少 8 000 元，同时又使制造费用和管理费用分别增加 6 000 元和 2 000 元。因此这项经济业务涉及"累计折旧""制造费用"和"管理费用"三个账户。固定资产价值的减少即累计折旧的增加，应记入"累计折旧"账户的贷方，制造费用和管理费用的增加是费用的增加，应分别记入"制造费用"和"管理费用"账户的借方。编制会计分录如下：

借：制造费用——折旧费　　6 000
　　管理费用——折旧费　　2 000
　　贷：累计折旧　　　　　　8 000

4. 制造费用的核算

企业生产单位发生的制造费用属于间接费用，平时发生时，需要先归集起来，到期末或产品完工时，将制造费用按一定的方法分配给各成本计算对象，记入"生产成本"账户中。制造费用的核算需要设置"制造费用"账户。

"制造费用"账户，属于成本类账户，用来归集和分配企业为生产产品和提供劳务而发生的各种间接费用。借方登记制造费用的增加数，包括车间管理人员的工资和福利费、机器设备及车间厂房的折旧费和修理费、车间办公费、水电费、机器物料消耗、劳动保护费等；贷方登记转入"生产成本"账户的数额。本账户期末一般无余额(但在季节性生产企业或按照计划分配率分配费用时会有余额，具体在"成本会计学"课程中介绍)。为了具体反映制造费用的发生情况，"制造费用"账户应按车间划分费用项目进行明细核算。账户结构如下。

借方	制造费用 贷方
发生额：各项费用的归集	发生额：费用的分配
一般无余额	

知识图说

制造费用是制造部门发生的费用，制造费用的确定直接关系到产品成本计算的准确性。制造部门如何确定呢？这要结合企业的规模和机构的设置等情况。一般企业的管理机构有如图 5.7 所示的几种形式，在不同的企业管理形式下，制造部门所指的概念不一样，但其工作的实质内容是一样的，即制造产品，非法人，无产品销售权等。制造部门范围内发生的各种耗费就形成了产品制造成本，即产品成本。

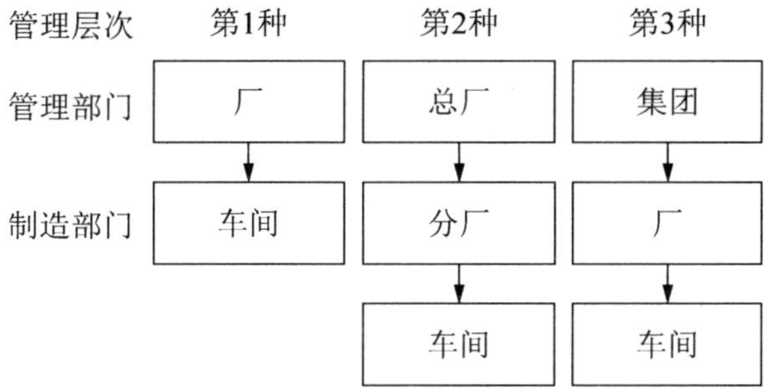

图 5.7 企业管理层次设置形式

【例 5-34】 12 月 31 日，企业支付本月财产保险费 700 元，其中生产车间 500 元，管理部门 200 元。

这项经济业务的发生，一方面使生产车间和管理部门负担的费用增加，另一方面又使银行存款减少，引起资产和费用两个要素发生变化，涉及“制造费用”“管理费用”和“银行存款”三个账户。编制会计分录如下：

借：制造费用——保险费　　500
　　管理费用——保险费　　200
　　贷：银行存款　　700

【例 5-35】 12 月 31 日，企业将本月发生的制造费用通过分配全部计入 A、B 产品的生产成本。12 月份共发生制造费用 18 200 元，A 产品应负担 11 000 元，B 产品应负担 7 200元。

这项经济业务的发生，使生产成本增加了 18 200 元，同时又使制造费用减少 18 200 元。这项经济业务涉及“生产成本”和“制造费用”两个账户。生产成本的增加是费用的增加，应记入“生产成本”账户的借方；制造费用的减少是费用的减少，应记入“制造费用”账户的贷方。编制会计分录如下：

借：生产成本——A 产品　　11 000
　　　　　　——B 产品　　7 200
　　贷：制造费用　　18 200

5. 期间费用的核算

期间费用主要是因为时间延续而发生的费用，一般是本期没有产品生产，这些费用还会发生，同生产的产品没有直接因果关系，不能计入产品的成本中，也即期间费用同收入的关系是时间配比关系，直接计入当期损益。

期间费用包括销售费用、管理费用和财务费用。“财务费用”账户见 5.1.2 节的介绍，这里介绍管理费用和销售费用的核算。

“管理费用”账户，属于损益类账户，用来核算企业行政管理部门为组织和管理生产经营活动所发生的各项管理费用，主要有公司经费、工会经费、董事会费、诉讼费、研究费用、业务招待费、车船税、房产税、印花税等。发生管理费用时记入“管理费用”账户的借方，期末将管理费用的借方发生额从贷方转入“本年利润”账户的借方，结转后该账户无余额。该账户应按费用项目设置明细账，进行明细分类核算。

借方　　　　管 理 费 用　　　　贷方

发生额：管理费用增加额	发生额：管理费用的结转
平	平

“销售费用”账户，属损益类账户，用来核算企业在生产过程中发生的各种销售费用，如展览费、广告费、包装费、运输费、装卸费、专设销售机构经营费用等。借方登记销售费用，贷方登记期末转入“本年利润”账户的本期销售费用，结转后本账户应无余额。该账户应按费用项目设置明细账，进行明细分类核算。

借方　　　　销 售 费 用　　　　贷方

发生额：销售费用增加额	发生额：销售费用的结转
平	平

【例 5-36】 12 月 8 日，管理部门用库存现金 500 元购入办公用品。

这项经济业务的发生引起资产和费用两个要素发生变化，一方面使现金减少了 500 元，另一方面使费用增加了 500 元，涉及“库存现金”“管理费用”两个账户。编制会计分录如下：

借：管理费用——办公费　　　　500

　　贷：库存现金　　　　500

【例 5-37】 12 月 21 日，用银行存款支付广告费 3 680 元。

这项经济业务的发生，引起资产和费用两个要素的变化。一方面银行存款减少了 3 680元，另一方面销售费用增加了 3 680 元，这笔业务涉及“销售费用”和“银行存款”两个账户。销售费用的增加是费用的增加，应记入“销售费用”账户的借方；银行存款的减少是资产的减少，应记入“银行存款”账户的贷方。编制会计分录如下：

借：销售费用——广告费　　　　3 680

　　贷：银行存款　　　　3 680

6. 产品完工入库的核算

产品经过生产过程加工完成，要由生产部门转入成品仓库，资金形态由生产资金转换成成品资金。完工产品的核算需要设置“库存商品”账户核算。

“库存商品”账户属于资产类账户，是用来核算、监督产成品收、发、存的账户。借方登记已经完工验收入库的产成品成本，贷方登记销售等发出的产成品成本，期末余额在借方，表示现有库存产成品的成本。该账户应按产成品的品种、规格分别设置“库存商品”的明细账进行明细分类核算。

借方　　　库 存 商 品	贷方
期初余额：库存商品结余额 发生额：验收入库的库存商品	发生额：出库的库存商品成本
期末余额：库存商品的成本	

【例 5-38】 12 月 31 日，结转本月完工入库产品的生产成本。其中 A 产品 200 件，全部完工，总成本 68 000 元；B 产品 500 件，完工 300 件，总成本 42 000 元。

这项经济业务的发生，使生产成本减少 110 000 元，同时产成品增加 110 000 元。这项经济业务引起资产和费用两个要素发生变化，涉及“库存商品”和“生产成本”两个账户。产成品的增加是资产的增加，应记入“库存商品”账户的借方；生产成本的减少是费用的减少，应记入“生产成本”账户的贷方。编制会计分录如下：

借：库存商品——A 产品　　68 000
　　　　　　——B 产品　　42 000
　贷：生产成本——A 产品　　68 000
　　　　　　　——B 产品　　42 000

上述生产过程业务的账簿登记如图 5.8 所示。

借方　原材料	贷方
	(27) 108 000

借方　银行存款	贷方
	(28) 50 000
	(30) 7 000
	(34) 700
	(37) 3 680

借方　库存现金	贷方
(28) 50 000	(29) 50 000
	(36) 500

借方　应付职工薪酬	贷方
(29) 50 000	(32) 7 000
(30) 7 000	(31) 50 000

借方　生产成本	贷方
(27) 100 000	(38) 110 000
(31) 35 000	
(32) 4 900	
(35) 18 200	
158 100	110 000
期末余额 48 100	

借方　制造费用	贷方
(27) 6 000	(35) 18 200
(31) 5 000	
(32) 700	
(33) 6 000	
(34) 500	
18 200	18 200
平	平

借方　库存商品	贷方
(38) 110 000	

借方　管理费用	贷方
(27) 2 000	
(31) 10 000	
(32) 1 400	
(33) 2 000	
(34) 200	
(36) 500	

借方　销售费用	贷方
(37) 3 680	

借方　累计折旧	贷方
	(33) 8 000

图 5.8　生产过程的核算

5.4 销售过程的核算

5.4.1 销售过程核算的内容

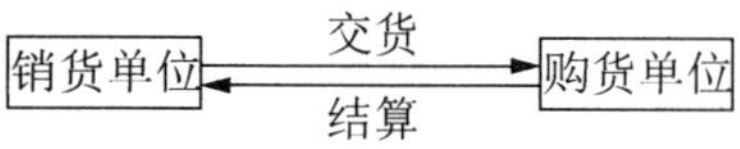

图 5.9 销售过程基本业务及关系

在销售过程中，出售产品收回货款，使成品资金转化为货币资金，完成一次资金循环，符号表示为 $W'—G'(G+\Delta G)$。业务关系如图 5.9 所示。

销售过程是企业以一定方式将产品销售给购货单位，并按销售价格取得销售收入的过程。销售商品收入同时满足下列条件的，才能予以确认。

(1) 企业已将商品所有权上的主要风险和报酬转移给购货方。结合销售方式，见表 5-2。

表 5-2 所有权上主要风险和报酬关系

交易方式	所有权凭证转移	实物交付	风险和报酬转移	符合本条销售收入确认
一手钱一手货的零售、托收承付等	√	√	√	√
交款提货	√	×	√	√
特殊：① 委托代销	×	√	×	×
② 需安装、检验的，如电梯、锅炉等	√	√	×	×
③ 存在退货条款，且无法估计	√	√	×	×
④ 同合同不符	√	√	×	×

(2) 企业既没有保留通常与所有权相联系的继续管理权，也没有对已售出的商品实施有效控制。

(3) 收入的金额能够可靠地计量。

(4) 相关的经济利益很可能流入企业。

(5) 相关的已发生或将发生的成本能够可靠地计量。

5.4.2 销售过程核算的账户设置

1. 主营业务的核算和账户设置

销售过程是工业企业生产经营过程的最后阶段，其核算的主要内容是营业收入、营业成本和营业税金等。为了正确反映营业收入、营业成本和往来结算业务，需要设置以下账户。

“主营业务收入”账户。该账户属损益类账户，是用来核算企业销售产品、提供劳务所得收入的账户。贷方登记企业取得的营业收入，借方反映收入的减少和转销。月末将本账户的贷方发生额从借方全部转入“本年利润”账户的贷方，结转后该账户无余额。该账户应按主营业务种类、产品或劳务类别设置明细分类账，进行明细分类核算。账户结构如下。

借方	主营业务收入　　　贷方
发生额：主营业务收入的结转	发生额：主营业务收入的增加额
平	平

“主营业务成本”账户。该账户属损益类账户，用来核算企业销售产品、自制半成品和工业性劳务等的成本。借方登记已销产品的成本，期末将其借方发生额从贷方全部转入“本年利润”账户的借方，本账户期末无余额。该账户应按业务种类、产品或劳务的类别设置明细账，进行明细分类核算。账户结构如下。

借方	主营业务成本　　　贷方
发生额：主营业务成本增加额	发生额：主营业务成本的结转
平	平

“应收账款”账户。该账户属资产类账户，用来核算企业因销售商品或提供工业性劳务而向对方收取的款项。借方登记发生的应收款项，贷方登记已收回的应收款项和已确认为坏账的应收账款。期末余额在借方，反映企业尚未收回的应收账款。该账户应按单位和个人设置明细账。账户结构如下。

借方	应 收 账 款　　　贷方
期初余额：应收的账款 发生额：应收账款的增加额	发生额：收回或注销的应收账款
期末余额：应收未收回的款项	

特别提示

应收账款的内容：应收的货款；增值税的销项税额；代购货单位垫的运杂费等。

“应收票据”账户。该账户属资产类账户，用来核算企业因销售产品而收到的商业汇票。借方登记企业收到已承兑的商业汇票，应收票据到期收回票款记入该账户的贷方。期末余额在借方，反映企业持有的应收票据金额。账户结构如下。

借方	应 收 票 据　　　贷方
期初余额：应收的票据 发生额：应收票据的增加额	发生额：贴现或到期收回的应收票据
期末余额：未到期票据	

【例 5-39】 K&J 企业 12 月份销售 A 产品 100 台，每台售价 500 元，共计 50 000 元。增值税税率为 17%，款项已收到，并已存入银行，产品已交付购货方使用。

这项经济业务的发生，一方面使银行存款增加了 58 500 元，另一方面又使营业收入增加了 50 000 元，销项税额增加了 8 500 元。因此，这项经济业务引起资产、收入和负债要素的变化，涉及“银行存款”“主营业务收入”和“应交税费”三个账户。银行存款的增加是资产的增加，应记入“银行存款”账户的借方；营业收入的增加是收入增加，应记入“主营业务收入”账户的贷方，销项税额增加是负债的增加，记入“应交税费”账户的贷方。编制会计分录如下：

借：银行存款　　58 500

　　贷：主营业务收入——销售商品——A产品　　50 000

　　　　应交税费——应交增值税(销项税额)　　8 500

特别提示

销货单位是销售业务，购货单位就是采购业务。因此，销售业务的会计分录做的对不对，可以按照对方做采购业务的会计分录是不是对应来检验。例如，例5-39中对方采购业务的会计分录为

借：原材料　　50 000

　　应交税费——应交增值税(进项税额)　　8 500

　　贷：银行存款　　58 500

对于材料的购销交易、金融资产交易、债券的溢折价、资产的公允价值变动等业务都可采用此法检验。

【例5-40】 12月份向K公司销售B产品200台，单价300元，增值税税率为17%。货款尚未收到。

这项经济业务的发生，一方面使应收账款增加了70 200元，另一方面又使营业收入增加了60 000元，销项税额增加了10 200元。因此，这项经济业务引起资产、收入和负债三个要素的变化，涉及“应收账款”“主营业务收入”和“应交税费”三个账户。应收账款的增加是资产的增加，应记入“应收账款”账户的借方；营业收入的增加是收入增加，应记入“主营业务收入”账户的贷方，销项税额增加是负债的增加，记入“应交税费”账户的贷方。编制会计分录如下：

借：应收账款——K公司　　70 200

　　贷：主营业务收入——销售商品——B产品　　60 000

　　　　应交税费——应交增值税(销项税额)　　10 200

【例5-41】 12月份对外提供修理劳务，价值6 000元，非增值税发票。收到对方开出的6个月不带息商业汇票一张。

这项经济业务的发生，引起资产和收入两个要素的变化。一方面使应收票据增加了6 000元，另一方面使营业收入增加了6 000元，该笔经济业务涉及“应收票据”和“主营业务收入”两个账户。应收票据的增加是资产的增加，应记入“应收票据”账户的借方；营业收入的增加是收入的增加，应记入“主营业务收入”账户的贷方。编制会计分录如下：

借：应收票据　　6 000

　　贷：主营业务收入　　6 000

【例5-42】 12月31日，结转本月已销售产品成本。共销售A产品100台，单位成本为340元，销售B产品200台，单位成本140元，共计62 000元。

这项经济业务的发生，使营业成本增加了62 000元，同时又使产成品减少了62 000

元。因此，该项经济业务的发生引起了资产和费用两个要素的变化，涉及“主营业务成本”和“库存商品”两个账户。营业成本的增加是费用的增加，应记入“主营业务成本”账户的借方；产成品的减少是资产的减少，应记入“库存商品”账户的贷方。编制会计分录如下：

借：主营业务成本——A 产品　　34 000
　　　　　　　　——B 产品　　28 000
　贷：库存商品——A 产品　　34 000
　　　　　　　——B 产品　　28 000

2. 其他业务收支的核算及账户设置

企业在经营过程中，除销售产品、提供劳务等主营业务外，还有一些非经常性的附营业务收入，如销售材料、出租固定资产、出租无形资产、出租包装物等。为核算附营业务需设置以下账户。

“其他业务收入”账户。该账户属损益类账户，用来核算企业除主营业务以外其他经营活动实现收入的账户。贷方登记企业取得的收入，借方反映收入的减少和转销。月末将本账户的贷方余额全部转入“本年利润”账户，结转后该账户无余额。该账户应按类别项目设置明细分类账，进行明细分类核算。账户结构如下。

借方　　　　其他业务收入	贷方
发生额：其他业务收入的结转	发生额：其他业务收入的增加额
平	平

“其他业务成本”账户。该账户属损益类账户，用来核算企业除主营业务活动以外的其他经营活动所发生的成本。借方登记发生的其他业务成本，期末将其借方发生额从贷方全部转入“本年利润”账户的借方，本账户期末无余额。该账户应按类别项目设置明细账，进行明细分类核算。账户结构如下。

借方　　　　其他业务成本	贷方
发生额：其他业务成本增加额	发生额：其他业务成本的结转
平	平

【例 5-43】 12 月 25 日，销售给 J 公司甲材料 500 千克，每千克售价 20 元，共计 10 000元，增值税税率为 17%，款项已收存银行。

这项经济业务的发生，引起资产、收入和负债三个要素的变化，一方面使银行存款增加了 11 700 元，另一方面使其他业务收入增加了 10 000 元，销项税额增加 1 700 元，这笔业务涉及“银行存款”“其他业务收入”和“应交税费”三个账户。编制会计分录如下：

借：银行存款　　11 700
　贷：其他业务收入——销售材料　　10 000
　　　应交税费——应交增值税(销项税额)　　1 700

【例 5-44】 12 月 31 日，结转本月已销售甲材料 500 千克的成本 5 000 元。

这项经济业务的发生，使材料销售成本增加了 5 000 元，同时又使材料减少了 5 000

元。因此，该项经济业务的发生引起资产和费用两个要素发生变化，涉及“其他业务成本”和“原材料”两个账户。编制会计分录如下：

借：其他业务成本——销售材料　　5 000
　　贷：原材料——甲材料　　5 000

3. 营业税金及附加的核算

企业在销售环节实现了收入，应该向国家缴纳销售税金及附加，包括消费税、城市维护建设税、资源税以及教育费附加等。为核算营业税金及附加，需设置的账户如下。

“营业税金及附加”账户。该账户属损益类账户，用来核算企业因销售产品、提供工业性劳务等负担的税金及附加，包括消费税、资源税、城乡维护建设税和教育费附加等。借方登记按规定计算出应交的营业税金，贷方登记期末从本账户转入“本年利润”账户的本期营业税金。本账户期末无余额。账户结构如下。

借方　　营业税金及附加	贷方
发生额：营业税金及附加增加额	发生额：营业税金及附加的结转
平	平

【例 5-45】 12 月 31 日，A、B 产品为消费税征收对象，税率 5%，按产品销售收入计算应交消费税为 5 500 元。

这项经济业务的发生，使应交税费增加了 5 500 元，同时又使营业税金增加了 5 500 元。因此，该项经济业务的发生引起费用和负债两个要素发生变化，涉及“应交税费”和“营业税金及附加”两个账户。营业税金的增加是费用的增加，应记入“营业税金及附加”账户的借方；应交税费的增加是负债的增加，应记入“应交税费”的贷方。编制会计分录如下：

借：营业税金及附加　　5 500
　　贷：应交税费——应交消费税　　5 500

【例 5-46】 12 月 31 日，按规定应税额的 7%和 3%计算本月应交城建税和教育费附加 550 元。

本月增值税的销项税额为 20 400 元，小于进项税额 182 070 元(详见图 5.2 和图 5.4 中“应交税费”账户的登记)。因此，只按照应纳消费税税额计征城建税和教育费附加。这项经济业务的发生，使应交税费增加了 550 元，同时又使营业税金增加了 550 元。因此，该项经济业务的发生引起费用和负债两个要素发生变化，涉及“应交税费”和“营业税金及附加”两个账户。营业税金的增加是费用的增加，应记入“营业税金及附加”账户的借方；应交税费的增加是负债的增加，应记入“应交税费”的贷方。编制会计分录如下：

借：营业税金及附加　　550
　　贷：应交税费——应交城建税　　385
　　　　　　　　——应交教育费附加　　165

上述销售过程业务的账务处理如图 5.10 所示。

借方	库存商品 贷方
	(42) 62 000

借方	主营业务成本 贷方
(42) 62 000	

借方	主营业务收入 贷方
	(39) 50 000
	(40) 60 000
	(41) 6 000

借方	应交税费 贷方
	(39) 8 500
	(40) 10 200
	(43) 1 700
	(45) 5 500
	(46) 550

借方 银行存款	贷方
(39) 58 500	(40) 3 000
(43) 11 700	

借方	应收账款 贷方
(40) 70 200	

借方	营业税金及附加 贷方
(45) 5 500	
(46) 550	

借方	原材料 贷方
	(44) 5 000

借方	应收票据 贷方
(41) 6 000	

借方	其他业务收入 贷方
	(43) 10 000

借方	其他业务成本 贷方
(44) 5 000	

图 5.10　销售过程的核算

知识链接

有人说世界上最难的两件事：一是让人接受你的思想，装入他的脑袋中；二是让人把钱从他的口袋里掏出来，放入你的兜里，这两件事都被销售碰上了。夸产品和服务好，叫别人接受，并心甘情愿地掏出钱给你，你说难不难！

马克思对销售过程认识更加深刻，他指出："商品价值从商品体跳到金体上，像我在别处说过的，是商品的惊险的跳跃。这个跳跃如果不成功，摔坏的不是商品，但一定是商品所有者。①"

5.5　利润形成的核算

5.5.1　利润的含义和构成

利润是指企业在一定时期内进行经营活动取得的经营成果。工业企业的利润总额包括营业利润、投资净收益和营业外收支净额等部分。企业利润总额扣除应负担的所得税后的利润就是企业的净利润，计算公式如下：

（1）营业利润＝营业收入－营业成本－营业税金及附加－销售费用－管理费用－财务费用－资产减值损失＋公允价值变动损益＋投资收益。

其中：

营业收入＝主营业务收入＋其他业务收入

营业成本＝主营业务成本＋其他业务成本

资产减值损失是指企业计提各项资产减值准备所形成的损失。

公允价值变动损益是指企业交易性金融资产等公允价值变动形成的应计入当期损益的利得或损失，为损失时公式中为"－"。

投资收益是指企业以各种方式对外投资所取得的收益或损失，为损失时公式中为"—"。

① 马克思．资本论［M］．第2卷．北京：人民出版社，1975：124.

（2）利润总额＝营业利润＋营业外收入－营业外支出。

其中：

营业外收入是指企业发生的与其日常活动无直接关系的各项利得。

营业外支出是指企业发生的与其日常活动无直接关系的各项损失。营业外收支的具体内容见第3章利润要素中的论述。

（3）净利润＝利润总额－所得税费用。

其中：

所得税费用是指企业确认的应从当前利润总额中扣除的所得税费用。

5.5.2 利润形成核算的账户设置

产品销售过程结束，企业应将实现的各种收入和发生的费用进行对比，计算企业的经营成果，并进行合理分配。为了核算和监督利润的形成，应设置如下账户。

“本年利润”账户。该账户属所有者权益类账户，用来核算监督企业在本年内实现的利润(或亏损)总额，贷方登记转入的“主营业务收入”“其他业务收入”“营业外收入”等账户的期末余额，借方登记由“主营业务成本”“销售费用”“营业税金及附加”“管理费用”“财务费用”“其他业务成本”“营业外支出”等账户转出来的期末余额。平时1到11月份时，如果采用“账结法”结账，“本年利润”账户余额可在借方，也可在贷方，借方余额反映本期发生的亏损，贷方余额反映本期实现的净利润额。年终无余额。(如果用“表结法”结账，则不用该账户，直接用“利润表”计算。)账户结构如下。

借方　　本年利润　　贷方

借方	贷方
发生额：① 各项成本费用的结转 ② 结转入“利润分配”账户的盈利	发生额：① 各项收入的结转额 ② 结转入“利润分配”账户的盈利
平	平

“投资收益”账户。该账户属损益类账户，用来核算企业对外投资取得的投资收入或发生的投资损失。贷方登记对外投资取得的收入，借方登记对外投资发生的损失。期末将余额(借方或贷方)分别转入“本年利润”账户的贷方(或借方)，本账户结转后无余额。账户结构如下。

借方　　投资收益　　贷方

借方	贷方
发生额：① 投资收益的结转 ② 投资损失的增加额	发生额：① 投资收益的增加额 ② 投资损失的结转
平	平

“营业外收入”账户。该账户属损益类账户，用来核算发生的与企业生产经营活动没有直接关系的各项收入。贷方登记企业取得的各项营业收入，借方登记期末结转“本年利润”账户金额，结转后本账户无余额。该科目按照收入项目设置明细进行核算。账户结构如下。

借方	营业外收入	贷方
发生额：营业外收入的结转		发生额：营业外收入的增加额
平		平

"营业外支出"账户。该账户属损益类账户，用来核算与企业经营没有直接关系的各项支出，发生的营业外支出记入该账户的借方，期末将余额从贷方转入"本年利润"账户的借方，结转后本账户无余额。该科目按照支出项目设置明细进行核算。账户结构如下。

借方	营业外支出	贷方
发生额：营业外支出的增加额		发生额：营业外支出的结转
平		平

"所得税费用"账户。该账户属损益类账户，用来核算企业按规定计算的所得税。发生的所得税费用记入"所得税费用"账户的借方，期末将本期所得税费用从贷方转入"本年利润"的借方，结转后本账户无余额。账户结构如下。

借方	所得税费用	贷方
发生额：所得税费用的增加额		发生额：所得税费用的结转
平		平

5.5.3 利润形成核算举例

利润形成的核算举例如下。

【例 5-47】 12 月 20 日，企业收到 K 公司的合同违约金 5 000 元存入银行。

这笔经济业务的发生，引起资产和收入两个要素同时增加。它使营业外收入增加 5 000元，同时使银行存款增加了 5 000 元，涉及"营业外收入"和"银行存款"两个账户。营业外收入的增加是收入的增加，应记入"营业外收入"账户的贷方；银行存款的增加是资产的增加，应记入"银行存款"账户的借方。编制会计分录如下：

借：银行存款　　5 000

　　贷：营业外收入——非流动资产处置利得　　5 000

特别提示

如第 3 章分析经济业务基本类型时所述，收入和费用要素的变化都是所有者权益要素的变化。这里为了分析方便，按照公式"资产＝负债＋所有者权益＋收入－费用"进行分析，简明、直接。

【例 5-48】 12 月 21 日，企业用银行存款对外捐款 500 元。

这笔经济业务的发生，引起费用和资产两个要素一增一减。它使营业外支出增加 500 元，同时又使银行存款减少 500 元，涉及"营业外支出"和"银行存款"两个账户。营业外支出的增加是费用的增加，应记入"营业外支出"账户的借方；银行存款的减少是资产的减少，应记入"银行存款"账户的贷方。这项经济业务应作如下会计分录：

借：营业外支出——公益性捐赠支出　　500

　　贷：银行存款　　500

【例 5-49】 12 月 25 日，企业收到对外投资企业汇来的利润分成 15 000 元。

这笔经济业务的发生，引起资产和收入两个要素同时增加。它使投资收益增加 15 000 元，同时使银行存款增加 15 000 元，涉及“投资收益”和“银行存款”两个账户。投资收益的增加是收入的增加，应记入“投资收益”账户的贷方；银行存款的增加是资产的增加，应记入“银行存款”账户的借方。这项经济业务应作会计分录如下：

借：银行存款　　15 000

　　贷：投资收益　　15 000

【例 5-50】 12 月 31 日，将损益类有关收入账户的余额结转至“本年利润”账户。其中：主营业务收入 116 000 元(A 产品 50 000 元，B 产品 60 000 元，修理劳务 6 000 元)，其他业务收入 10 000 元，营业外收入 5 000 元，投资收益 12 000 元。

这笔业务引起收入和所有者权益两个要素一增一减，其中所有者权益类账户“本年利润”增加，损益类账户金额减少。这项业务涉及“本年利润”“主营业务收入”“投资收益”“营业外收入”四个账户，应编制如下会计分录：

借：主营业务收入　　116 000

　　其他业务收入　　10 000

　　营业外收入　　5 000

　　投资收益　　12 000

　　贷：本年利润　　143 000

【例 5-51】 12 月 31 日，将损益类有关费用账户的余额结转至“本年利润”账户，主营业务成本 62 000 元(其中 A 产品 34 000 元，B 产品 28 000 元)，营业税金及附加 6 050 元，其他业务成本 5 000 元，销售费用 3 680 元，管理费用 16 100 元，财务费用 1 670 元，营业外支出 500 元。

这笔业务的发生引起所有者权益和费用两个要素同时减少。所有者权益类账户“本年利润”减少，应记入其借方；损益类账户金额减少，应记入其贷方。这笔业务涉及“本年利润”“主营业务成本”“其他业务成本”“营业税金及附加”“销售费用”“管理费用”“财务费用”和“营业外支出”八个账户，应编制如下会计分录：

借：本年利润　　95 000

　　贷：主营业务成本　　62 000

　　　　其他业务成本　　5 000

　　　　营业税金及附加　　6 050

　　　　销售费用　　3 680

　　　　管理费用　　16 100

　　　　财务费用　　1 670

　　　　营业外支出　　500

【例 5-52】 12 月 31 日，按本月实现的利润总额 36 000 元，所得税税率 25%，计算并结转应交纳的所得税。(投资收益一般是税后分配来的，不用重复计算所得税。)

(1) 计算所得税。业务引起费用和负债两个要素同时增加。它使应交税金增加 9 000 元，同时使所得税增加了 9 000 元，涉及“所得税费用”和“应交税费”两个账户。所得税的增加是费用的增加，应记入“所得税费用”账户的借方；应交税金的增加是负债的增加，应记入“应交税费”账户的贷方。这项经济业务应作如下会计分录：

借：所得税费用　　9 000

　　贷：应交税费——应交所得税　　9 000

（2）同时，结转所得税费用。业务引起费用和所有者权益两个要素同时减少。它使利润减少 9 000 元，同时使所得税费用减少了 9 000 元，涉及“本年利润”和“所得税费用”两个账户。所得税费用的减少是费用的减少，应记入“所得税费用”账户的贷方；利润的减少是所有者权益的减少，应记入“本年利润”账户的借方。这项经济业务应作如下会计分录：

借：本年利润　　9 000

　　贷：所得税费用　　9 000

特别提示

企业应该是纳税后再进行分配，因此，企业对外投资取得的收益一般不再缴纳所得税，但如果对方企业纳税的税率低于本企业，需补缴差率的部分。

5.6　利润分配的核算

5.6.1　利润分配核算的内容

对于企业的利润，需要对投资者进行分配，分红或上缴利润。但为了企业的发展，对于企业的净利润不能全部分光，需要留存一部分用于企业发展，留一部分用于以后年度分配或补亏等。企业分配当年税后利润时的顺序如下。

（1）提取利润的 10％为法定盈余公积。法定公积金累计额为公司注册资本的 50％以上的，可不再提取。

（2）提取任意公积金。企业在从税后利润中提取法定公积金后，经股东会决议，可以按一定比例提取任意公积金。

（3）分配股利或利润。企业在弥补亏损和提取盈余公积后所余利润，可以给投资者分配股利或利润。

特别提示

社会财富的三个层次的分配：

第一层次分配以市场分配、劳动所取得报酬为主，亦即社会资源首先应该通过市场来配置，讲的是效率；

第二层次分配是以国家财收再分配为主，最大限度地抵消社会各个阶层的“累积性不平等”，实施国家的社会福利和社会保障，讲的是公平；

第三层次分配即社会慈善救助，是以道德、爱心为基础的分配机制，也就是社会上比较富裕的有爱心的人，拿出钱财帮助困难的人们，讲的是奉献。

希望我们在别人困难时，尽力、尽量地去帮助别人，参加慈善活动。

5.6.2 利润分配核算的账户设置

为了核算和监督利润的分配，应设置如下账户。

“利润分配”账户。该账户属所有者权益类账户，用来核算企业利润分配和历年分配后的结余数。借方登记提取盈余公积、向投资者分配利润等。贷方登记从“本年利润”账户转入的利润等。期末贷方余额表示尚未分配的利润。该账户分别设置“提取法定盈余公积”“提取任意盈余公积”“应付现金股利或利润”“转作股本的股利”“盈余公积补亏”“未分配利润”等明细账户。账户结构如下。

利 润 分 配

借方	贷方
发生额：“利润分配”各明细账户的转入额	期初余额：应分未分配利润 发生额：“本年利润”账户的转入额
	期末余额：未分配利润

“盈余公积”账户。该账户属所有者权益类账户，用来核算企业提取的盈余公积。贷方登记提取的盈余公积，借方登记盈余公积的支用数额，期末余额在贷方，表示盈余公积的结余数额。该账户分别设置“法定盈余公积”“任意盈余公积”等明细账户。账户结构如下。

盈 余 公 积

借方	贷方
发生额：盈余公积的结转额	期初余额：盈余公积结余额 发生额：盈余公积的增加额
	期末余额：盈余公积结余额

“应付股利”账户。该账户属负债类账户，用来核算监督企业应付给投资者的利润。贷方登记应付股利的增加，借方登记应付股利的实际支付数。期末的贷方余额，表示尚未支付的股利。该账户按照投资者设置明细账户。

应 付 股 利

借方	贷方
发生额：已支付股利	期初余额：应付未付的股利 发生额：应付股利增加额
	期末余额：应付未付的股利

特别提示

马克思说的利润分配是对剩余价值的分配，包括金融机构以贷款方式得到的利息，国家通过国家权力收取的所得税。而企业会计上的利润分配，在分配内容上只指“净利润”；在分配对象上，只指“所有者权益”人的分配。而借入资金的付“息”和为国家管理支付的“所得税”，都作为企业的“费用”处理了。

5.6.3 利润分配核算举例

利润分配核算的举例如下。

【例5-53】 12月31日，结转全年累计实现的净利润250 000元(12月份实现的净利润=48 000元−9 000元=39 000元，全年实现的净利润即为结转前的“本年利润”账户的贷方余额)。

这项经济业务，将“本年利润”账户的全年净利润转入“利润分配”账户，应借记“本年利润”账户，贷记“利润分配”账户。编制会计分录如下：

借：本年利润　　250 000

　　贷：利润分配——未分配利润　　250 000

【例5-54】 12月31日，按全年净利润的10%提取法定盈余公积25 000元，并向投资者分配利润100 000元。

利润分配的账务处理引起所有者权益和负债两个要素的变化，涉及“利润分配”“盈余公积”和“应付股利”账户。应编制会计分录如下：

借：利润分配——提取法定盈余公积　　25 000

　　　　　　——应付现金股利或利润　　100 000

　　贷：盈余公积——法定盈余公积　　25 000

　　　　应付股利——某投资者　　100 000

【例5-55】 12月31日，将“利润分配”账户的“提取盈余公积”“应付股利”等明细账户的余额转入“利润分配——未分配利润”账户。

该项经济业务，涉及“利润分配——提取盈余公积”“利润分配——应付利润”及“利润分配——未分配利润”三个明细账户，编制会计分录如下：

借：利润分配——未分配利润　　125 000

　　贷：利润分配——提取法定盈余公积　　25 000

　　　　　　　　——应付现金股利或利润　　100 000

假定牡丹机械厂本年度期初“利润分配——未分配利润”账户为贷方余额80 000元，那么本年度结转未分配利润后，该账户的贷方余额就为205 000元(80 000元+250 000元−125 000元)，反映为该厂积存的尚未分配的利润余额。

特别提示

利润分配后，留存在企业的利润只有盈余公积和未分配利润，两者之和称为留存收益。因此，留存收益就是会计静态公式“资产=负债+所有者权益”和会计动态公式“收入−费用=利润”两公式的“桥梁”，也即会计扩展公式“资产=负债+所有者权益+利润”中的利润内容，换句话说，留存收益具有资产负债表和利润表的勾稽关系。

上述内容介绍了工业企业的主要业务的核算，要想熟练掌握会计实务的处理，保证会计核算的准确性，除了每笔业务的会计分录按照记账规则，检验会计分录金额的正确性外，更要注意：第一，要明晰地知道业务发生在资金运动(图3.1)中的哪个阶段、过程和环节，才能正确确定业务的内容，才能确认其会计科目；第二，在完整地学习对整个会计对象——资金运动的会计处理后，对于对外业务，要考虑业务的相互性。在编制会计分录后，检验其正确性，必须想一想对方所编制的会计分录能否和己方对上，如企业购料，我方作购料的会计分录，销货方就做销售的会计分录，这两个会计分录的科目是相对的，金额是必须相等的，因为从宏观方面讲，也不会因为会计处理使资金多一分或少一分，这点是必须要清楚的。

本章小结

本章主要介绍了工业企业主要经营过程的主要业务内容，分别对资金筹集、资金周转和资金退出三大部分进行了介绍，重点是介绍了资金周转阶段的供应过程、生产过程、销售过程，以及利润形成和分配的业务处理。

名人名言

市场上只有供应链而没有企业，真正的竞争不是企业与企业之间的竞争，而是供应链与供应链之间的竞争。

——克里斯多夫

如果没有一定的假设，会计实务就不可能顺利进行。

——威廉·安德鲁·佩顿

复式簿记的最简单的表达就是“既有来，就有往”。

——艾哈迈德·里亚希-贝克奥伊

练习与思考

一、业务题

习题 1

1. 目的：练习资金筹集的核算。
2. 资料：某企业发生下列经济业务。

（1）企业注册资金 10 000 000 元，国家占 40%，大华企业占 60%。收到国家投入的货币资金 4 000 000 元存入银行。

（2）收到大华公司投入的机器 10 台，总价值 5 000 000 元。

（3）向银行借入期限为 6 个月的款项 200 000 元，存入银行。

（4）接受大华工厂投入原材料 950 000 元。

（5）计算本月短期借款的应付利息 800 元。

（6）接银行通知，本季度利息共计 3 600 元，以银行存款支付(以前应付利息为 2 400 元)。

（7）接银行通知，3 个月前借入的 800 000 元已到期，予以归还。

（8）向银行借入期限为 2 年的款项 400 000 元存入银行。

（9）以银行存款归还 3 年前借入的 700 000 元的款项。

（10）企业收到大华公司投入机器一台，评估确认价 10 000 元；投入材料一批，按市价确认价值 80 000 元。

3. 要求：

（1）根据上述经济业务编制会计分录，并写出必要的明细。

（2）编制本期发生额试算平衡表。

（3）按照平行登记法登记“实收资本”T 型总账和明细分类账。

习题 2

1. 目的：练习固定资产的核算。

2. 资料：某企业发生以下经济业务。

（1）以银行存款购入全新机器 A 一台，增值税税率为 17%，总款项为 80 000 元，直接交付使用。

（2）股东××公司投入不需要安装的机器 B 一台，协议价 150 000 元。

（3）购入需安装机器 C 一台，买价 50 000 元，增值税税率为 17%，支付运杂费 600 元，保险费 300 元，开出支票，直接交付安装。

（4）开出支票 10 000 元，支付 C 设备安装费。

（5）C 设备安装调试完成，交付使用。

（6）自建厂房甲一幢，总造价 600 000 元，现竣工交付使用。

（7）外包施工方式新建乙厂房，以存款支付第一期工程款 3 000 000 元。

（8）开出支票，支付厂房乙第二期工程款 1 000 000 元。

（9）厂房乙完工，交付使用。

3. 要求：

（1）根据以上资料编制会计分录，并写出必要的明细。

（2）编制本期发生额试算平衡表。

（3）按照平行登记法登记“固定资产”T 型总账和明细分类账。

习题 3

1. 目的：练习材料采购的核算。

2. 资料：某企业发生下列经济业务。

（1）向大洋公司购入 A 材料 10 吨，每吨单价 2 000 元，增值税税率为 17%，款以存款支付。

（2）A 材料已验收入库。

（3）向大洋公司购入 B 材料 20 吨，每吨单价 1 500 元，增值税税率为 17%，货款未付。

（4）以银行存款购入 A 材料 15 吨，每吨 2 000 元，B 材料 25 吨，每吨 1 500 元，增值税税率为 17%。

（5）以现金支付上述 A、B 材料的运杂费 400 元(按重量分配运费)。

（6）上述 A、B 材料全部验收入库。

（7）以银行存款归还前欠大洋公司 B 材料购货款 35 100 元。

3. 要求：
(1) 根据上述经济业务编制会计分录，并写出必要的明细。
(2) 按照平行登记法登记“在途物资”T型总账和明细分类账。

习题 4

1. 目的：练习材料的计划成本核算。
2. 资料：某企业发生下列经济业务。
(1) 期初资料：“原材料”借方金额为1 000 000元，成本差异率为−1%。
(2) 计划成本：甲材料计划成本为10元/千克，乙材料计划成本为20元/千克。
(3) 本期发生业务：
① 企业购入甲材料4 000千克，@11，增值税税率为17%，款未付。
② 以存款支付甲材料运杂费4 000元。
③ 企业购入乙材料5 000千克，@18，增值税税率为17%，款付。
④ 甲材料验收入库，结转计划成本和差异。
⑤ 以存款支付乙材料运杂费5 000元。
⑥ 乙材料验收入库，结转计划成本和差异。
⑦ 企业生产领用甲材料5 000千克，乙材料8 000千克，按计划成本结转。
⑧ 计算本期材料成本差异率，并结转已领用材料的成本差异。
3. 要求：
(1) 编制会计分录，并写出必要的明细。
(2) 按照平行登记法登记“原材料”T型总账和明细分类账。

习题 5

1. 目的：练习生产业务核算。
2. 资料：某企业发生下列经济业务。
(1) 领用材料见表5-3。

表5-3 领料汇总表

项目	A材料		B材料		合计
	数量/吨	金额/元	数量/吨	金额/元	
生产产品耗用					
甲产品(500件)	60	80 000	50	70 000	150 000
乙产品(600件)	40	120 000	70	98 000	218 000
车间一般耗用			2	2 800	2 800
合计	100	200 000	122	170 800	370 800

(2) 以银行存款285 400元打卡发放职工工资。
(3) 开出支票，支付企业职工福利39 956元。

（4）经计算，分配工资如下：甲产品工人工资 75 000 元，乙产品工人工资 99 000 元，车间管理人员工资 11 400 元，企业管理人员工资 100 000 元。

（5）按职工工资比例，分配已付职工福利 39 956 元。

（6）计提车间用固定资产折旧 39 000 元，企业管理部门 21 000 元。

（7）以银行存款支付机器设备的日常修理费用 48 000 元。

（8）开出支票，支付车间人员差旅费 8 000 元。

（9）以银行存款支付水电费 20 000 元，其中车间 4 000 元，企业管理部门 16 000 元。

（10）开出支票，支付车间固定资产租金 2 204 元。

（11）分配制造费用，计入产品生产成本(甲产品工时为 310 小时，乙产品工时为 380 小时)。

（12）月末，甲产品完工 400 件，总成本为 210 000 元；乙产品完工 500 件，总成本为 280 000 元，完工产品验收入库。

3. 要求：

（1）根据上述经济业务编制会计分录。

（2）编制制造费用分配表。

习题 6

1. 目的：练习销售业务的核算。

2. 资料：某企业发生下列经济业务。

（1）销售甲产品 200 件，单价 700 元，增值税税率为 17%，收到款项存入银行。

（2）销售乙产品 400 件，单价 750 元，增值税税率为 17%，款项尚未收到。

（3）销售甲、乙产品各 100 件，单价分别为 700 元和 750 元，增值税税率为 17%，款项收到 70 000 元存入银行，余款尚未收到。

（4）收回大嘉工厂以前所欠货款 40 000 元存入银行。

（5）结转已销产品的生产成本(甲乙产品的单位生产成本分别为 525 元和 560 元)。

（6）计算应交城市维护建设税 7 000 元，教育费附加 3 000 元。

（7）以银行存款支付广告费 10 000 元。

（8）以银行存款支付销售产品的运杂费计 15 000 元。

3. 要求：根据上述经济业务编制会计分录，并写出必要的明细。

习题 7

1. 目的：练习增值税业务的核算。

2. 资料：某企业本月业务如下。

（1）以存款预付上海工厂 A 材料货款 50 000 元。

（2）企业购入 A 材料 10 000 千克，@10，增值税税率为 17%，以存款补付余款。

（3）企业从黄河公司购入不需安装设备，设备价 200 000 元，增值税税率为 17%，代垫运费 5 000 元，以存款支付。

（4）企业销售甲产品 1 000 件，@300，增值税税率为 17%，款收回，存入银行。

(5) 企业对长江公司销售乙产品 500 件，@200，增值税税率为 17%，款未收回。

(6) 按照应交增值税税额的 7%和 3%分别计算应交城建税和教育费附加。

(7) A 材料验收入库，结转成本。

(8) 以存款上交本月应交的增值税、城建税和教育费附加。

3. 要求：编制会计分录，并写出必要的明细资料。

习题 8

1. 目的：练习主要业务账务处理。

2. 资料：

(1) K&J 工厂 20××年 12 月初各账户余额见表 5-4。

表 5-4　总分类账户余额表　　单位：元

账户名称	借方余额	账户名称	贷方余额
库存现金	4 000	累计折旧	85 000
银行存款	210 000	短期借款	114 000
应收账款	10 000	应付账款	34 300
其他应收款	18 000	应付职工薪酬	900
原材料	50 000	其他应付款	8 000
库存商品	30 000	长期借款	70 000
生产成本	10 200	实收资本	9 000 000
固定资产	9 080 000	利润分配	100 000
合　计	9 412 200	合　计	9 412 200

(2) 该厂 12 月份发生下列经济业务：

① 1 日，购入 A 材料 3 000 千克，每千克 4 元，B 材料 2 000 千克，每千克 2 元，增值税税率为 17%，款以银行存款支付。

② 2 日，上述两种材料运杂费 1 000 元(按重量分配)，运费以银行存款支付。

③ 2 日，上述 A、B 两种材料运到本厂验收入库，并按实际采购成本入账。

④ 4 日，生产甲产品，领用 A 材料 1 000 千克，B 材料 1 500 千克。

⑤ 6 日，向上海工厂销售甲产品 200 件，每件售价 1 000 元，增值税税率为 17%，款收回存入银行。

⑥ 9 日，以银行存款支付甲产品销售费 18 872 元。

⑦ 11 日，由银行存款 200 000 元，发放职工工资。

⑧ 31 日，结转本月应付职工工资 200 000 元，其中甲产品生产工人工资 100 000 元，车间管理人员工资 60 000 元，厂部管理人员工资 40 000 元。

⑨ 31 日，计提本月固定资产折旧 30 000 元，其中：生产车间固定资产折旧 20 000 元，行政管理部门固定资产折旧 10 000 元。

⑩ 31 日，以银行存款支付水电费，其中生产产品耗用 20 000 元，车间耗用 5 000 元，管理部门耗用 3 000 元。

⑪ 31 日，归集制造费用，并结转本月产品负担的制造费用。

⑫ 31 日，本月甲产品完工 500 件，结转完工产品成本，计算甲产品单位成本。

⑬ 31 日，结转已售产品销售生产成本。

⑭ 31 日，按照本月应交增值税的销项与进项税额差额的 7%和 3%分别计算城市建设维护税和教育费附加。

⑮ 31 日，将本月主营业务成本、营业税金及附加、销售费用、管理费用等结转本年利润账户。

⑯ 31 日，将产品销售收入结转本年利润账户。

⑰ 31 日，按 25%计算应交所得税，并结转"本年利润"账户。

⑱ 31 日，按 10%的比例计提法定盈余公积。

⑲ 31 日，按净利润的 40%计算应付给投资者的利润。

⑳ 31 日，结转利润分配各明细。

3. 要求：编制会计分录，并编制试算平衡表。

二、案例分析题

增值税——巧妙的营业税

西方的教科书上这样描写增值税：用信用的方法分析，增值税是这样一种税，那些自认为已免税的人实际上被征了税，而另一些自认为缴纳了税款的人往往并没有承担税负。但在零售阶段这个结论又不正确，自认为已免税的零售商却实实在在地缴纳了税款。谁把握了以上观点，就不难理解增值税的含义。

要理解上面的话，还要从增值税的起源说起。由于专业化的分工、国际贸易的发展，造成营业税的重复征收以及征收成本的增加，使营业税征收越来越被人们所指责。在 19 世纪 50 年代马克思就曾指出："后来，城市实行了间接税制度(指营业税——笔者注)；可是，久而久之，由于现代分工，由于大工业生产，由于国内贸易直接依赖于对外贸易和世界市场，间接税制度就同社会消费发生了双重的冲突。在国境上，这种制度体现为保护关税政策，它破坏或阻碍同其他国家进行自由交换。在国内，这种制度就像国库干涉生产一样，破坏各种商品价值的对比关系，损害自由竞争和交换。①"

在第一次世界大战结束时，美国耶鲁大学的教授托马斯·S. 亚当斯(Thomas S. Adams)以及担任政府顾问的商人威尔海姆(Willelm)，还有万·西蒙斯(W. Simons)博士，都曾提出过创立增值税的设想。万·西蒙斯博士说他所建议实行的是一种"巧妙的营业税"。

增值税是运用税款抵扣原则、消除了重叠征税因素的一种间接税形式，其主要特征是：其一，某一阶段商品或劳务的增值税，与该商品或劳务在生产流通过程中所经历的交易次数的多少无关，只与在该阶段商品或劳务价值增值部分的多少正相关，也就是说商品或劳务不管经历过了多少道生产或流通环节，都不会影响本阶段纳税人的税负；其二，增值税税收负担有向前推移的特点，增值税负担向前推移的运动结束，消费者最终承担了全部增值税。因此，增值税是一种典型的"谁消费谁负担，谁消费的多，谁负担的多"的间接税，增值税额包括在商品和服务的销售价格之中，是以隐性税的传统为基础，可以将纳税人的付税之痛减至最小，平息公众的抵制情绪。

举例如下。

有关资料见表 5-5。

---

① 马克思，恩格斯．马克思恩格斯全集(第 8 卷)．北京：人民出版社，1975：543-544.

表 5-5　企业商品周转情况

甲企业		乙企业		丙企业		消费者
买进价	卖出价	买进价	卖出价	买进价	卖出价	买进价
0 元	100 元	100 元	1 000 元	1 000 元	2 000 元	2 000 元

税额的计算见表 5-6：

表 5-6　营业税和增值税对比

单位：元

项目	营业税税基	税率/(%)	税额	增值税税基	税率/(%)	税额
甲企业	100	5	5	100	5	5
乙企业	1 000	5	50	900＝1 000－100	5	45
丙企业	2 000	5	100	1 000＝2 000－1 000	5	50
合计	3 100	5	155	2 000	5	100

如果税率为 5%，消费者负担营业税税额为 155 元，其与该商品或劳务在生产流通过程中所经历的交易次数的多少有关，交易次数越多税越多；而增值税仅为 100 元，其与该商品或劳务在生产流通过程中所经历的交易次数的多少无关。如果甲、乙、丙三个企业合并为一个企业，营业税税额才会和增值税税额相同，均为 100 元。所以，营业税不利于专业化生产。

同时，营业税为价内税，税款是由企业负担的，也即，表 5-5 中卖出价中已含有营业税税额；而增值税为价外税，税款是由消费者负担的，表 5-5 中卖出价中不含有增值税税额，其税额在价外反映，见表 5-7：

表 5-7　企业商品周转情况

甲企业		乙企业		丙企业		消费者
买进价	卖出价	买进价	卖出价	买进价	卖出价	买进价
0 元	100 元	100 元	1 000 元	1 000 元	2 000 元	2 000 元
进项税额	销项税额	进项税额	销项税额	进项税额	销项税额	进项税额
0 元	5 元	5 元	50 元	50 元	100 元	100 元

从表 5-6 中可以看到，甲企业应交税额是销项税额减进项税额为 5 元，乙企业应交税额是销项税额减进项税额为 45 元，丙企业应交税额是销项税额减进项税额为 50 元，增值税如“击鼓传花”一样，最后，消费者购进，负担了全部税额，这就是其“巧妙”所在。

最早实行增值税的是法国，增值税实施之初的征收范围也仅限于生产环节，1954 年才扩大到商业批发行业，1968 年又延伸到商业零售、各种服务业、农业以及自由职业。

问题：

(1) 对比增值税和营业税，说说增值税巧在哪里。

(2) 如何理解价内税和价外税？

第6章

成本计算

教学目标

通过本章的学习，了解成本的含义，成本的作用，费用的划分界限；了解成本计算的基本内容和程序；掌握供应过程中材料采购成本计算、材料发出的计价方法和生产过程中产品成本的计算。

教学要求

知识要点	能力要求	相关知识
成本的含义	(1) 成本的理论含义 (2) 成本的定义	成本的作用；成本核算的要求；成本核算的程序
材料成本计算	材料成本的构成	采购费用；材料成本的核算
材料计价方法	(1) 材料发出单价的确定 (2) 材料发出成本的计算	先进先出法；移动加权平均法；期末加权平均法；个别计价法
产品成本的计算	(1) 成本的含义 (2) 产品成本的核算	产品成本的构成；成本项目；成本计算对象

实际上，可以不过分地说，成本核算程序的形成，有着伟大的功绩，它可以与创造按复式记录原则进行的簿记相媲美。

——A. C. 利特尔顿

基本概念

成本　成本计算对象　成本项目　材料成本　直接材料　直接人工　制造费用　产品成本　期间费用　个别计价法　先进先出法　移动加权平均法　移动加权平均单价　期末加权平均法　期末加权平均单价

导入案例

一滴焊料的故事

约翰·D. 洛克菲勒是美国的“石油大王”，说其家财万贯一点都不为过。一滴焊料实在太不起眼了，但洛克菲勒却看上了。一次，洛克菲勒视察美孚石油公司一个包装出口火油的工厂，发现工人封装每只油罐时都用40滴焊料。他注意良久，伸出两指。你想到了什么？V？不是V。那就是二？你说对了。他对工人说：“能不能减两滴，你有没有试过用38滴焊料？”经过当场试验，用38滴不行，偶有漏油，但用39滴焊料却不会漏油。于是，洛克菲勒当场决定，39滴焊料是美孚石油公司各工厂的统一用料标准。

焊料在产品成本中是变动成本，一滴焊料的成本降低会使总成本有巨大的下降。

点评：　成本效益原则是决策的第一黄金定律。

成本下降就意味着利润增加。在经济生活中，成本效益原则(Cost Benefit Principle)是经济学中一个最基本的理性概念，理性经济人的行为均受此限制。这一原则一向被认为是经济决策的“黄金定律”，且无时不在，无处不有。所谓成本效益原则是某项目的所费同所得进行分析比较，即投入产出之比或之差，是否合乎我们的评价标准的原则。要决策，就要用成本效益原则；要用成本效益原则，就要先算出成本。本章主要介绍成本的含义和作用，成本核算的要求，以及材料成本和产品成本的计算。

6.1　成本的含义和作用

6.1.1　成本的含义

马克思在《资本论》一书中，首次系统阐述了成本的经济学含义：“按照资本主义方式生产的每一件商品的价值(W)，用公式来表示是$W=c+v+m$。如果从这个产品价值中减去剩余价值(m)，那么，在商品中剩下的只是一个在生产要素上耗费掉的资本价值($c+v$)的等价物或补偿价值……只是补偿商品是资本家自身耗费的东西，所以对资本家来说，这就是商品的成本价格”①。在这里，被马克思称为商品的“成本价格”的那部分价值，指的就是商品成本。

社会主义市场经济虽然与资本主义市场经济有着本质的区别，但作为商品货币经济，商品、价值、成本、利润等经济范畴是其共同的客观存在。社会主义企业作为自主经营、

① 马克思．资本论．第3卷．北京：人民出版社，1975：30.

自负盈亏的商品生产者和经营者，其基本的经营目标也是向社会提供商品，满足社会需要，并以所取得的销售收入，抵偿自己在生产经营中所支出的各种劳动耗费，取得盈利。因此，在社会主义市场经济中，产品的价值仍然由如下三个部分组成。

（1）已耗费的生产资料转移的价值(c)。

（2）劳动者为自己劳动所创造的价值(v)。

（3）劳动者为社会劳动所创造的价值(m)。

从理论上讲，前两部分即 $c+v$，是商品价值中的补偿部分，构成了商品的理论成本，是整个社会得以发展的基本条件。

综上所述，成本的经济实质为企业所消耗的物化劳动和活劳动中必要劳动的货币表现。

上述成本称为理论成本，在实际工作中，成本的开支范围是由国家通过有关法规、制度来加以界定的。为了促使企业加强经济核算，减少生产损失，对于劳动者为社会劳动所创造的某些价值，如财产保险费等，以及一些不形成产品价值的损失性支出，如工业企业的废品损失、季节性和修理期间的停工损失等，也计入成本。上述废品损失、停工损失等损失性支出，从实质上看，并不是产品的生产性耗费，也不形成产品价值，按其性质并不属于成本的范围。只是考虑到经济核算的要求，才将其计入成本，使之得到必要的补偿。可见，实际工作中的成本开支范围与理论成本包括的内容是有一定差别的。因此，现实的成本含义就是指为某对象消耗的全部费用。

6.1.2 成本的作用

在经济管理工作中，成本有着重要的作用，主要表现在以下四个方面。

1. 成本是补偿生产耗费的价值尺度

从企业的角度而言，企业的首要目标是生存，成本是企业能够维持生产经营活动在原有规模之上顺利进行的资金补偿的最低尺度。企业生产产品发生的耗费，通过销售产品取得收入来补偿，才能实现生存的目标，进而实现发展壮大的目标；如果企业不能按照成本来补偿生产耗费，企业的经营就会出现亏损，或是出现经营的资金短缺。

企业一定时期的经营成果主要是其销售收入，它是补偿企业的生产耗费，实现盈利的基本来源，企业盈利实际上也就是其销售收入与其成本之间的差额。因此，成本是企业区分生产经营中的耗费与所获得盈利的分水岭，企业销售收入超过其经营成本(此处为全部成本)的差额，就是企业盈利，超过越多，盈利越大。反之，则是企业亏损。从这一意义上而言，成本的高低决定着企业的生死存亡，成本是企业实现盈利的天然界限。

2. 成本是反映经济管理质量的综合性指标

成本归集了生产过程中产品对象发生的各项费用，是一项综合反映企业各方面工作情况的经济指标，企业经营管理中各方面工作的业绩都可以直接或间接地通过成本指标得到反映。例如，产品设计的好坏，生产工艺的合理程度，固定资产的利用水平，原材料消耗的节约与浪费，劳动生产率的高低，产品质量的高低，产品产量的增减以及供、产、销各个环节的工作是否衔接协调等，都可通过相关的成本指标直接或间接地反映出来。

3. 成本是制定产品价格的基本依据

根据马克思主义的劳动价值学说，产品价格是产品价值的货币表现，产品价格应大体上符合其价值，产品在制定价格时都应遵循价值规律的基本要求。一般来讲，根据计算的成本就能通过成本间接、相对地掌握产品的价值。因此，成本就成了制定产品价格的基本依据。

4. 成本是企业决策的重要信息

努力提高在市场上的竞争能力和经济效益是社会主义市场经济条件下对企业的客观要求。而要做到这一点，企业首先必须进行正确的生产经营决策。进行生产经营决策需要考虑的因素很多，成本是其中应考虑的主要因素之一。这是因为在价格等因素一定的前提下，成本的高低直接影响着企业盈亏。因此，较低的成本还可以使企业在市场竞争中处于有利的地位。

同时，成本是综合反映企业工作质量的指标，因而企业可以通过对成本的计划、控制、监督、考核和分析等来促使企业及其企业内部单位加强经济核算，努力改进管理，降低成本，提高经济效益。

6.1.3 企业成本核算的要求

1. 算为管用，算管结合

企业成本核算应当与加强管理相结合，所提供的成本信息应当满足经营管理和决策的需要。企业管理的主要目的就是降低成本费用，提高经济效益。因此，成本核算与管理相结合，就是要根据企业管理的要求组织成本核算，为成本管理提供信息。

2. 正确划分各种费用界限

企业发生的各项支出，有的可以计入产品成本，有的不能计入产品成本，有的可以计入当期的产品成本，有的不能计入当期的产品成本。因此，为了正确地核算生产费用和经营管理费用，正确地计算产品实际成本和企业损益，必须正确划分以下五个方面的费用界限。

1）正确划分生产经营管理费用与非生产经营管理费用的界限

生产经营管理费用指的是企业在日常的经营管理过程中所发生的与各项生产经营活动直接相关的各项支出，包括应计入产品成本的各项支出以及应计入期间费用的支出。企业的经济活动是多方面的，除了生产经营活动以外，还有其他方面的经济活动，因而费用的用途也是多方面的，并非都应计入生产经营管理费用。例如，企业购置和建造固定资产等不是企业日常的生产经营活动，其支出都属于资本性支出，不应计入生产经营管理费用。又如，企业的固定资产盘亏损失、固定资产报废清理损失、由于自然灾害等原因而发生的非常损失等，都不是由于日常的生产经营活动而发生的，也不应计入生产经营管理费用，而应该计入营业外支出。

2）正确划分生产成本与期间费用的界限

企业的生产经营管理费用不仅包括应计入产品生产成本的各项支出，还包括和产品没有直接对应关系的期间费用。工业企业发生的经营管理费用则作为期间费用处理，不计入产品成本，而直接计入当月损益，从当月利润中扣除。因此，为了正确计算产品成本和期间费用，正确计算企业各月份的损益，必须正确地划分产品生产费用和各项期间费用的界限。应当防止混淆产品生产费用与期间费用的界限，借以调节各月产品成本和各月损益的错误做法。

3）正确划分各个月份的费用界限

贯彻权责发生制核算基础，正确地核算各月份费用。本月份支付，但属于以前和以后各月份受益的费用，应在以前和以后各月之间合理分摊计入成本。本月虽未支付，但本月已经受益，应由本月负担的费用，应计入本月的成本。

4）正确划分各种产品的费用界限

对本期的生产费用还应在各种产品之间划分清楚。属于某种产品单独发生，能够直接计入该种产品成本的费用，应直接计入该种产品的成本。属于几种产品共同发生，不能直接计入某种产品成本的，则应采用适当的分配方法，分配计入各种产品成本之中。

5）正确划分完工产品与在产品的费用界限

通过以上四种费用界限的划分，已将应计入产品成本的生产费用全部计入了各种产品的生产成本中。月末，如果某种产品一部分已经完工，另一部分尚未完工，这种产品的各项生产费用，应采用适当的分配方法在完工产品与月末在产品之间进行分配，分别计算完工产品成本和月末在产品成本，以准确计算完工产品成本。

知识图说

费用划分的五个界限，就是费用到产品成本形成的过程，如图6.1所示。

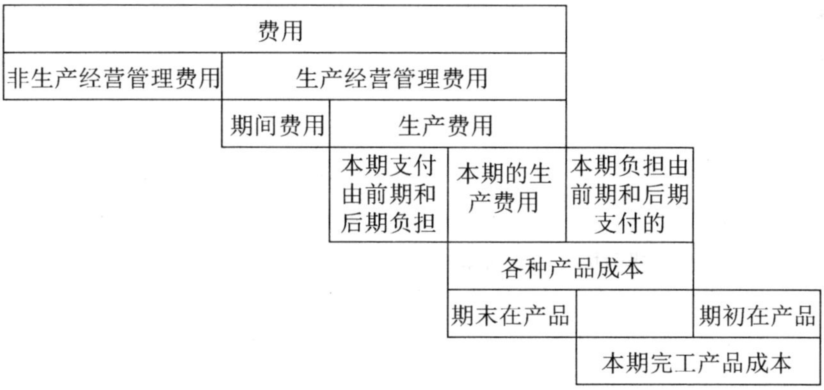

图6.1　五次费用划分界限

3. 正确确定财产物资的计价和价值结转的方法

工业企业的财产物资是生产资料，它包括了固定资产和生产经营过程中所要耗费的各种存货，其价值要随着生产经营过程的耗费，转移到产品成本、费用中去。这些财产物资可以认为是尚未转移为成本、费用的价值储存。因此，财产物资的计价和价值结转的方法也是影响成本费用正确性的重要因素。各种原材料应按实际采购成本计价，其价值的结转，在材料按实际成本进行日常核算时，企业可以根据情况，对发出材料选用个别计价法、先进先出法、加权平均法、移动加权平均法等确定其实际成本；在材料按计划成本进行日常核算时，应当按期结转其成本差异，将计划成本调整为实际成本。这些物资的计价及结转方法在产品成本计算的过程中都十分重要。

4. 做好各项基础工作

要保证成本核算所提供的成本信息的质量，必须加强产品成本核算的各项基础工作。如果基础工作做得不好，就会影响成本计算的准确性。要做好成本核算的各项基础工作，需要会计部门和其他各部门密切配合，共同做好这项工作。为了保证企业生产费用数据的真实、可靠，正确计算产品成本和经营管理费用，必须做好制定和修订各项定额，建立和健全材料的物资计量、收发、领退和盘点制度，建立和健全原始记录工作，做好厂内计划价格的制定和修订等基础工作。

5. 采取适当的方法计算产品成本

产品成本是在生产过程中形成的，产品生产组织和生产工艺特点及管理要求的不同是影响产品成本计算方法选择的重要因素。企业生产的特点按其组织方式，有大量生产、成批生产和单件生产；按工艺过程的特点，有单步骤生产和多步骤生产，其中，多步骤生产又包括连续式生产和装配式生产。企业采用何种成本计算方法，在很大程度上取决于产品生产的特点。计算产品成本是为了管理成本，管理对产品成本有不同的要求，要求不同的产品采用不同的成本计算方法。同一企业可以采用一种成本计算方法，也可以采用多种成本计算方法，即多种成本计算方法同时使用或多种成本计算方法结合使用，但是对于企业来说成本计算方法一经选定，就不应经常变动。

6.1.4 成本计算的程序

1. 确定成本计算对象

成本计算对象是指费用的承担者或者说成本归属的对象。进行成本计算，应首先确定成本计算对象，并按确定的成本计算对象归集各种费用，计算其成本，如工业企业的材料采购成本应以材料的品种作为成本计算对象；产品制造成本应以产品的品种、批别或加工步骤作为成本计算对象；产品销售成本应以销售的各种产品作为成本计算对象。

2. 确定成本计算期

成本计算期是指每间隔多长时间计算一次成本。由于费用和成本是随同经营过程的各个阶段而发生和逐步积累形成的，因此从理论上讲，成本计算应同生产周期相一致，但在确定成本计算时，还必须考虑企业生产技术和生产组织的特点以及分期考核经营成果的要求。例如，在工业企业中，对大量、大批生产的企业，为计算和考核每月的经营成果，规定以“月”为成本计算期，即月末计算各种产品成本，同会计期间一致；对于单件组织生产的企业，其成本计算期同产品的生产周期一致。

3. 确定成本项目

成本项目是指计入产品成本的各种费用按其经济用途进行的分类。

为了便于分析产品成本，找出成本升降的原因，在确定成本计算对象后，就应确定成本的构成内容即成本项目，以满足成本管理的需要。成本项目是按生产费用的经济用途划分的，工业企业的产品成本分为直接材料、直接人工和制造费用等成本项目。

4. 正确归集、分配各种费用

成本计算过程就是按一定成本计算对象归集和分配费用的过程。产品生产成本是对生产费用的具体对象化，所以按成本对象归集和分配各种费用是成本计算的主要内容。要做好成本计算工作，一般应做到如下几点。

(1) 遵守成本开支范围，只能将符合规定的费用计入产品成本，不能归属于产品成本的费用计入期间费用。

(2) 按照权责发生制核算基础，划清费用的受益期限。

(3) 按照费用分配的受益原则，划清费用的受益对象。

(4) 按照费用计入成本的方法，对于能直接归属于某种产品成本计算对象的费用直接计入，不能直接计入、不能直接归属的费用按受益原则及一定的标准分配计入。

在产品生产过程中，能够直接计入成本对象的费用，叫直接费用；不能直接计入成本对象的费用，叫间接费用。间接费用要按一定标准分配计入有关成本计算对象。应当指出的是据以进行分配间接费用的标准是否恰当，对成本计算的正确性影响很大，并且分配标准一经确定，不应经常变更，以保持各期成本计算口径的一致性。

5. 将费用在完工产品和在产品之间进行分配

在计算产品生产成本时，如果某成本计算对象没有在产品，则计入该对象的全部生产费用，即为完工产品的总成本；如果某成本计算对象没有完工产品，则计入该对象的全部生产费用为月末在产品成本。如果某对象既有完工产品又有在产品，月初结存在产品成本加上本期发生的生产耗费，需要在完工产品和月末在产品之间分配，其关系可用下列公式表示：

期初在产品成本＋本期生产费用＝完工产品成本＋月末在产品成本

公式中前两项是已知数。在完工产品和月末在产品之间分配的方法和标准多种多样，但无论采用哪一种方法，都必须取得在产品的数量资料。

6.2 成本的核算

成本核算是指对生产经营过程中所发生的各种费用，按照一定对象和标准进行归集和分配，以计算确定该对象的总成本和单位成本的一种方法。

由于企业的生产经营过程分为三个阶段，这三个阶段都发生一定的耗费，都会取得一定的成果，因此都存在成本计算问题。供应阶段计算材料采购成本，生产阶段计算产品生产成本，销售阶段计算产品销售成本。

6.2.1 材料成本的核算

1. 材料采购成本的内容

材料采购成本的核算，就是将企业在材料采购过程中发生的材料买价和采购费用等按照材料的批量、品种等加以归集，并按采购成本项目计算采购总成本和单位成本。材料采购成本一般是按月计算的，计算时应通过各种材料采购明细分类账户的借方进行归集。

各种材料采购明细分类账户借方发生额按材料采购成本项目开设栏目。材料采购成本项目一般包括以下几项。

（1）买价。企业采购材料时按发票价格所支付的货款，这是材料采购成本中的主要组成部分。

（2）运杂费。企业在采购材料过程中所发生的运输费、装卸费和保险费等。

（3）途中合理损耗。材料在运输过程中发生的定额内损耗。

（4）加工及整理费用。材料在入库前发生的加工、整理及挑选费用。

（5）税金。

（6）其他费用。

在计算材料采购成本时，应分清直接费用和间接费用。各种材料的买价可以从发票上取得，是一项直接费用，应直接计入各种材料的采购成本。材料采购过程中发生的采购成本，能分清成本计算对象的直接计入；不能分清成本计算对象的，必须按一定的分配标准，在有关的几种材料之间进行分配。例如，运输费、装卸费等一般可以按照材料的重量或体积的比例进行分配，其他采购费用一般可以按照材料的买价的比例进行分配。

企业在选用分配间接费用标准时，应遵守三个原则：

（1）相关性。分配标准总量的变化与费用总额的多少有密切的依存关系，受益多的多分配，受益少的少分配，使分配结果合理。

（2）易操作性和可计量性。分配标准的资料必须易于取得，并可进行客观计量，计算简便。

（3）相对稳定性。分配标准不宜经常变动，以利于各期进行分析对比。

2. 材料采购成本的核算

【例 6-1】 K&J 企业购入甲、乙、丙、丁四种材料的各项费用开支见表 6-1。

表 6-1　材料采购原始资料

材料名称	重量/千克	单价/(元/千克)	买价/元	运杂费/元
甲材料	1 500	20	30 000	1 500
乙材料	2 500	40	100 000	1 200
丙材料	500	200	100 000	
丁材料	3 000	30	90 000	
合计	7 500		320 000	2 700

从表6-1中可以看出，甲、乙、丙、丁四种材料的实际材料的买价均为直接费用，可以直接记入各种材料的“在途物资”明细账户借方，计入材料采购成本。甲材料的运杂费也是直接费用，可直接计入甲材料的采购成本。至于乙、丙两种材料共同发生的1 200元运杂费则是间接费用，应在乙、丙材料之间按材料的重量进行分配。

计算如下：

$$采购费用分配率=\frac{采购费用}{材料的总重量}=\frac{1\ 200元}{3\ 000千克}=0.4元/千克$$

$$乙材料应分配的采购费用=2\ 500千克\times 0.4元/千克=1\ 000元$$

$$丙材料应分配的采购费用=500千克\times 0.4元/千克=200元$$

经过分配，乙、丙材料共同负担的运杂费已分别归属到各自的材料采购成本中，应分别记入乙、丙材料的“在途物资”明细账户的借方。编制会计分录如下：

借：在途物资——甲材料——买价　　30 000
　　　　　　——甲材料——运杂费　　1 500
　　　　　　——乙材料——买价　　100 000
　　　　　　——乙材料——运杂费　　1 000
　　　　　　——丙材料——买价　　100 000
　　　　　　——丙材料——运杂费　　200
　　　　　　——丁材料——买价　　90 000
　贷：银行存款等相关科目　　322 700

根据会计分录的资料，设置并登记“在途物资”明细账，见表6-2—表6-5。将各种材料的买价加上应负担的采购费用，就可以求出各种材料的采购成本。

根据各种在途物资明细账的资料，编制材料采购成本计算表，见表6-6。

表6-2　“在途物资”明细账1

材料名称：甲材料　　　　单位：元

20××年		凭证号数	摘　要	借　方			贷方
月	日			买价	运杂费	合计	
1	4	略	购入1 500千克，每千克20元	30 000		30 000	
1	5		支付运杂费		1 500	1 500	
1	10		结转采购成本				31 500
1	31		本期发生额	30 000	1 500	31 500	31 500

表6-3　“在途物资”明细账2

材料名称：乙材料　　　　单位：元

20××年		凭证号数	摘　要	借　方			贷方
月	日			买价	运杂费	合计	
1	8	略	购入2 500千克，每千克40元	100 000		100 000	
1	10		分摊运杂费		1 000	1 000	
1	10		结转采购成本				101 000
1	31		本期发生额	100 000	1 000	101 000	101 000

表 6-4 "在途物资"明细账 3

材料名称：丙材料　　　　单位：元

20××年		凭证号数	摘　要	借　方			贷方
月	日			买价	运杂费	合计	
1	8	略	购入 500 千克，每千克 200 元	100 000		100 000	
1	10		支付运杂费		200	200	
1	10		结转采购成本				100 200
1	31		本期发生额	100 000	200	100 200	100 200

表 6-5 "在途物资"明细账 4

材料名称：丁材料　　　　单位：元

20××年		凭证号数	摘　要	借　方			贷方
月	日			买价	运杂费	合计	
1	10	略	购入 3 000 千克，每千克 30 元	90 000		90 000	
1	31		本期发生额	90 000		90 000	

表 6-6 材料采购成本计算表

单位：元

项目		甲材料(1 500 千克)		乙材料(2 500 千克)		丙材料(500 千克)		丁材料(3 000 千克)	
月	日	总成本	单位成本	总成本	单位成本	总成本	单位成本	总成本	单位成本
1	1	30 000	20	100 000	40	100 000	200		
1	10	1 500	1	1 000	0.40	200	0.40	90 000	30
1	31	31 500	21	101 000	40.40	10 200	200.40	90 000	30

根据材料入库单，编制会计分录如下：

借：原材料——甲材料　　31 500
　　　　　——乙材料　　101 000
　　　　　——丙材料　　100 200
　　　　　——丁材料　　90 000
　贷：在途物资——甲材料　　31 500
　　　　　　　——乙材料　　101 000
　　　　　　　——丙材料　　100 200
　　　　　　　——丁材料　　90 000

3. 材料发出成本的计价

在材料实际成本计价下，如果材料期初库存和购入各批次单价都相同，材料的发出成本按照材料领用量和材料实际单价计价。而如果材料期初存款和购入各批次不相同，材料发出成本的计价方法有个别计价法、先进先出法、移动加权平均法、期末加权平均法。个别计价法就是按照实际发出材料的单价计算发出成本，这种方法一般适用于贵重物品。先进先出法是假设先购进的先发出，举例如下。

【例 6-2】 K&J 企业甲材料期初库存为 1 000 千克，@20；1 月 10 日，入库 1 500 千克，@21；1 月 20 日，生产 A 产品领用 500 千克；1 月 22 日，入库 500 千克，@19；1 月25 日，出库 1 500 千克，其中 A 产品用 500 千克，B 产品用 1 000 千克。计算发出材料成本，材料发出采用先进先出法计价。

（1）1 月 10 日入库 1 500 千克，@21，会计分录如下：

借：原材料——甲材料　　31 500

　　贷：在途物资——甲材料　　31 500

（2）1 月 20 日发出 500 千克，按先进先出法计价，先发出库存的材料，@20，计 10 000元，会计分录如下：

借：生产成本——A 产品　　10 000

　　贷：原材料——甲材料　　10 000

（3）1 月 22 日入库 500 千克，@19，会计分录如下：

借：原材料——甲材料　　9 500

　　贷：在途物资——甲材料　　9 500

（4）1 月 25 日出库 1 500 千克，按照先进先出法，先发出期初库存的 500 千克，单价为 20 元/千克，再发出 1 月 10 日购进的 1 000 千克，单价 21 元/千克，合计共 31 000 元。会计分录如下：

借：生产成本——A 产品　　10 000

　　　　　　——B 产品　　21 000

　　贷：原材料——甲材料　　31 000

按照会计分录登记甲材料明细账，见表 6-7。

表 6-7　“原材料”明细账

材料名称：甲材料

20××年		摘要	收入			发出			结存		
月	日		数量	单价	金额	数量	单价	金额	数量	单价	金额
1	1	期初							1 000	20	20 000
1	10	入库	1 500	21	31 500				1 000/1 500	20/21	51 500
1	20	出库				500	20	10 000	500/1 500	20/21	41 500
1	22	入库	500	19	9 500				500/1 500/500	20/21/19	51 000
1	25	出库				500/1 000	20/21	31 000	500/500	21/19	20 000
1	31	期末	2 000		41 000	2 000		41 000	500/500	21/19	20 000

先进先出法是假设先入库的先发出去，前面的材料发完了再依次发后面的，即材料的

发出成本按照材料领用量分别乘上依次先到的材料单价计算。这种方法简单，容易理解，但是平时计算工作量大，适用于材料收发次数不多的情况。如果物价上涨幅度较大，按照先进先出法计算的利润大，存货成本高。

移动加权平均法是购入一批材料计算一次按照购入材料数量为权重的平均单价，材料发出的成本按照发出量乘上移动加权平均单价计算。移动加权平均单价的公式为

$$移动加权平均单价=\frac{前次累计材料成本+本次购入材料成本}{前次累计材料量+本次购入材料量}$$

【例 6-3】 以例 6-2 资料为例，K&J 企业材料发出采用移动加权平均法。

（1）1 月 10 日入库 1 500 千克，@21，会计分录如下：

借：原材料——甲材料　　31 500

　贷：在途物资——甲材料　　31 500

结合期初库存，计算本次材料购入后移动加权平均单价：

$$移动加权平均单价=\frac{20\ 000+31\ 500}{1\ 000+1\ 500}=20.6(元/千克)$$

（2）1 月 20 日发出 500 千克，按移动加权平均法计价，单价为 20.6 元/千克，计 10 300元，会计分录如下：

借：生产成本——A 产品　　10 300

　贷：原材料——甲材料　　10 300

（3）1 月 22 日入库 500 千克，@19。会计分录如下：

借：原材料——甲材料　　9 500

　贷：在途物资——甲材料　　9 500

结合材料库存，计算本次材料购入后移动加权平均单价：

$$移动加权平均单价=\frac{41\ 200+9\ 500}{2\ 000+500}=20.28(元/千克)$$

（4）1 月 25 日出库 1 500 千克，按照移动加权平均法，单价 20.28 元，计 30 420 元。会计分录如下：

借：生产成本——A 产品　　10 140

　　　　　——B 产品　　20 280

　贷：原材料——甲材料　　30 420

按照会计分录登记甲材料明细账，见表 6-8。

表 6-8 “原材料”明细账

材料名称：甲材料

20××年		摘要	收入			发出			结存		
月	日		数量	单价	金额	数量	单价	金额	数量	单价	金额
1	1	期初							1 000	20	20 000
1	10	入库	1 500	21	31 500				2 500	20.6	51 500
1	20	出库				500	20.6	10 300	2 000	20.6	41 200

续表

20××年		摘要	收入			发出			结存		
月	日		数量	单价	金额	数量	单价	金额	数量	单价	金额
1	22	入库	500	19	9 500				2 500	20.28	50 700
1	25	出库				1 500	20.28	30 420	1 000	20.28	20 280
1	31	期末	2 000		41 000	2 000		40 720	1 000	20.28	20 280

移动加权平均法计算工作量大，也适用于材料收发次数不多的情况。

期末加权平均法指平时材料发出时，不计算材料发出成本，到期末时按照材料数量为权重一次计算出材料的平均单价，材料发出的成本按照发出量乘上期末加权平均单价计算，所以也称期末一次加权平均法。期末加权平均单价的公式为

$$期末加权平均单价=\frac{期初材料成本+本期累计购入材料成本}{期初材料量+本期累计购入材料量}$$

【例 6-4】 沿用例 6-2 资料，K&J 企业材料发出采用期末加权平均法。

(1) 1 月 10 日入库 1 500 千克，@21，会计分录如下：

借：原材料——甲材料　　31 500

　　贷：在途物资——甲材料　　31 500

(2) 1 月 22 日入库 500 千克，@19，会计分录如下：

借：原材料——甲材料　　9 500

　　贷：在途物资——甲材料　　9 500

(3) 计算期末加权平均单价：

$$期末加权平均单价=\frac{20\ 000+41\ 000}{1\ 000+2\ 000}=20.33(元/千克)$$

本期出库 2 000 千克，单价 20.33 元，计 40 660 元。会计分录如下：

借：生产成本——A 产品　　20 330

　　　　　——B 产品　　20 330

　　贷：原材料——甲材料　　40 660

根据会计分录登记甲材料明细账，见表 6-9。

表 6-9 "原材料"明细账

材料名称：甲材料

20××年		摘要	收入			发出			结存		
月	日		数量	单价	金额	数量	单价	金额	数量	单价	金额
1	1	期初							1 000	20	20 000
1	10	入库	1 500	21	31 500				2 500		
1	20	出库				500			2 000		
1	22	入库	500	19	9 500				2 500		

续表

20××年		摘要	收入			发出			结存		
月	日		数量	单价	金额	数量	单价	金额	数量	单价	金额
1	25	出库				1 500			1 000		
1	31	期末	2 000		41 000	2 000	20.33	40 660	1 000	20.33	20 340

注：因为材料单价是约等于20.33元/千克，没有除尽，所以期末库存材料成本不能用期末库存量乘上单价计算，要用倒挤法计算，即期末库存成本＝期初成本＋本期购入材料成本－本期发出材料成本＝20 000＋41 000－40 660＝20 340(元)。

期末加权平均法平时不进行发出材料成本核算，但期末计算工作量大，适用于材料收发频繁但材料种类少的企业。

6.2.2 产品成本的核算

1. 产品成本的构成

产品制造成本的计算就是将生产过程中所发生的直接费用如直接材料、直接人工等直接或采用一定的方法分配计入各产品生产费用，再加上分配计入的制造费用就构成了产品的制造成本。其内容一般包括三项。

(1) 直接材料，是指直接形成产品的材料耗费，如原材料、燃料、动力等。

(2) 直接人工，是指直接从事产品生产人员的工资、福利费、奖金和津贴等人工费用。

(3) 制造费用，是指企业的分厂或车间为组织和管理生产所发生的各项间接费用，如管理人员工资及福利费、折旧费、修理费、办公费、保险费、机器物料消耗等。

2. 费用的分配

费用的核算可以概括为：能直接计入者直接计入，不能直接计入者分配计入。对不能直接计入的要素费用的分配要选用适当的分配方法。适当的分配方法是指分配依据的标准与分配对象有比较密切的联系，因而分配结果较合理，而且分配标准的资料比较容易取得，计算比较简便。费用分配一般包括以下五个步骤。

(1) 确定分配对象。分配对象是费用承担的客体。将费用分配给谁，谁就是分配对象。

(2) 选择分配标准。分配标准是分配对象应分配多少费用的依据。分配标准的选择是决定分配结果是否合理准确的关键步骤，最终会影响成本计算对象的成本，所以企业在确定分配标准时要慎重，要严格遵循间接费用分配的三个原则。实际工作中，费用分配的标准主要有以下三类：① 成果类，也即产出的成果，如产品的重量、体积、产量、产值等；② 消耗类，也即投入的内容，如生产工时、生产工资、机器工时、原材料消耗量或原材料费用等；③ 定额类，如定额消耗量、定额费用等。

（3）计算分配率。计算公式如下：

$$费用分配率=\frac{待分配费用}{各种分配对象的分配标准之和}$$

（4）计算分配额。计算公式如下：

某分配对象的分配额＝分配率×某分配对象的分配标准

例如，对制造费用的分配，合理分配制造费用的关键在于正确选择分配标准。常用的分配标准有生产工人工时、生产工人工资、机器工时、有关消耗定额等。以生产工人工时为例，计算公式如下：

$$制造费用分配率=\frac{制造费用总额}{各产品生产工人工时总数}$$

某产品应负担的制造费用＝该产品的生产工人工时数×制造费用分配率

（5）进行账务处理，即根据以上步骤或编制的费用分配表，编制会计分录，然后记入各种成本、费用相应的总账与明细账。分录如下：

借：成本、费用有关账户　　×××

　　贷：原材料等要素费用账户　　×××

3. 产品成本核算的举例

【例 6-5】 某企业 20××年 1 月份生产了 A、B 两种产品，本月投产，本月均完工。

（1）材料的领用。除领用例 6-2 中甲材料外，本月领用其他材料凭证汇总表见表 6-10。

表 6-10　材料领用汇总表　　单位：元

材料种类	A 产品	B 产品	车间领用	管理部门	金额合计
材料		3 000			3 000
合计		3 000	6 000	2 000	11 000

根据表 6-10 作会计分录如下：

借：生产成本——B 产品　　3 000

　　制造费用　　6 000

　　管理费用　　2 000

　　贷：原材料　　11 000

（2）职工薪酬的分配。根据本月生产情况，编制工资汇总表，见表 6-11。

表 6-11　工资汇总表　　单位：元

项目	A 产品	B 产品	车间领用	管理部门	合计
生产工时	500	1 500			2 000
职工薪酬	4 560	13 680	12 000	30 000	60 240

根据表 6-11，作会计分录如下：

借：生产成本——A 产品　　4 560
　　　　　　——B 产品　　13 680
　　制造费用　　12 000
　　管理费用　　30 000
　　贷：应付职工薪酬　　60 240

（3）制造费用的归集和分配。

假如本月制造部门无其他费用，则本月制造费用为 18 000 元，编制制造费用分配表，见表 6-12。

表 6-12　制造费用分配表

产品种类	生产工时/小时	分配率/(元/工时)	制造费用/元
A 产品	500	9	4 500
B 产品	1 500	9	13 500
合　计	2 000	9	18 000

根据表 6-12 计算制造费用的分配率：

$$分配率=\frac{18\ 000}{500+1\ 500}=9(元/小时)$$

$$A 产品的制造费用=500\times 9=4\ 500(元)$$

$$B 产品的制造费用=1\ 500\times 9=13\ 500(元)$$

根据表 6-12 作会计分录如下：

借：生产成本——A 产品　　4 500
　　　　　　——B 产品　　13 500
　　贷：制造费用　　18 000

根据上述计算资料，登记 A、B 两种产品的“生产成本”明细分类账，计算成本，见表 6-13—表 6-15。

表 6-13　“生产成本”明细分类账

产品名称：A 产品　　　　产量：400 件　单位：元

20××年		凭证号数	摘 要	借　方				贷方	借或贷	余额
月	日			直接材料	直接人工	制造费用	合计			
1	31	略	生产领用材料	20 000					借	20 000
1	31		生产工人工资		4 560		4 560		借	24 560
1	31		分配制造费用			4 500	4 500		借	29 060
1	31		转完工产品成本					29 060	平	0
1	31		本期发生及余额	20 000	4 560	4 500	29 060	29 060	平	0

表 6-14 "生产成本"明细分类账

产品名称：B产品　　产量：600件　单位：元

20××年		凭证号数	摘 要	借 方				贷方	借或贷	余额
月	日			直接材料	直接人工	制造费用	合计			
1	31	略	生产领用材料	24 000			24 000		借	24 000
1	31		生产工人工资		13 680		13 680		借	37 680
1	31		分配制造费用			13 500	13 500		借	51 180
1	31		转完工产品成本					51 180	平	
1	31		本期发生及余额	24 000	13 680	13 500	51 180	51 180	平	0

表 6-15 产品制造成本计算表

20××年1月　　单位：元

成本项目	A产品		B产品	
	总成本	单位成本	总成本	单位成本
直接材料	20 000	50	24 000	40
直接人工	4 560	11.40	13 680	22.80
制造费用	4 500	11.25	13 500	22.50
合 计	29 060	72.65	51 180	85.30

根据产品入库单(产品入库单的传递过程可参见图8.1)，作会计分录如下：

借：库存商品——A产品　　29 060
　　　　　——B产品　　51 180
　贷：生产成本——A产品　　29 060
　　　　　　——B产品　　51 180

知识图说

马克思认为劳动对象、劳动手段和劳动力是生产的三要素。从耗费上看，劳动对象和劳动手段是物化劳动，劳动力是活劳动；从成本形成上看，劳动对象和劳动手段是不变成本(c)，劳动力是可变成本(v)，产品成本即$c+v$。因此，产品成本形成的过程如图6.2所示。

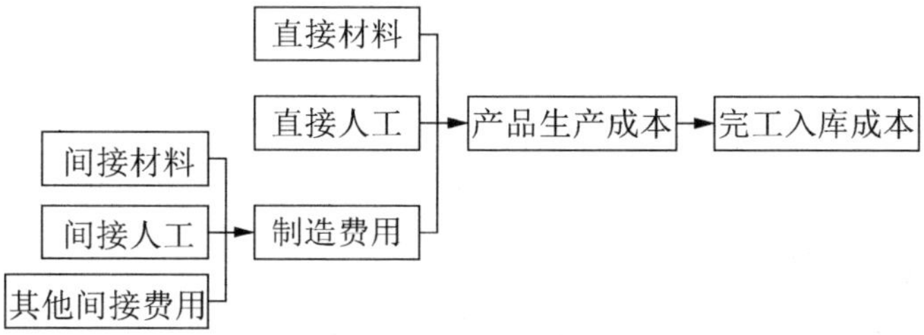

图6.2 产品成本构成

6.2.3 产品销售成本的计算

产品销售成本的计算，应当以已售产品的品种为计算对象。

由于产品销售成本是已售产品的生产成本，产品销售成本的计算，实际上就是已售产品的生产成本的结转。至于在销售过程中发生的各项销售费用，属于期间费用，列入当期损益，不计入产品销售成本。

本章小结

本章主要介绍了成本的含义、成本的作用、成本核算的要求和成本计算的程序，介绍了材料成本的构成和核算，材料发出的计价方法：个别计价法、先进先出法、移动加权平均法和期末加权平均法。介绍了产品成本的构成、费用的分配和产品成本的计算等内容。

名人名言

成本会计就是应用普通会计的原理、原则，系统地记录某一工厂生产和销售产品时所发生的一切费用，并确定各种产品或服务的单位成本和总成本，以供工厂管理当局做出经济的、有效的和有利的产销政策时参考。

——劳伦斯

如果一班学生能在经济学课程中真正理解成本以及成本的所有方面，那么，这门课便算取得了真正的成功。

——J. M. 克拉克

练习与思考

一、问答题

(1) 什么是成本？成本有何作用？

(2) 费用划分有哪几个界限？

(3) 什么是成本计算？为什么要进行成本计算？成本计算的内容和程序有哪些？

(4) 试述材料采购成本及产品生产成本计算的过程。

(5) 什么是成本项目？成本项目有哪些？

二、业务题

习题 1

1. 目的：对比材料计价方法。

2. 资料：某企业 20××年 10 月初乙材料期初库存为 1 000 千克，@38；10 月 10 日入库 2 500 千克，@40.4；10 月 20 日发出 1 500 千克；10 月 25 日入库 2 000 千克，@42；10 月 27 日出库 2 500 千克。分别按照先进先出法、移动加权平均法和期末加权平均法计算材料单价，编制会计分录，并分别登记明细账，格式见表6-16。

表6-16 “原材料”明细账

材料名称：乙材料

20××年		摘要	收入			发出			结存		
月	日		数量	单价	金额	数量	单价	金额	数量	单价	金额
10	1	期初							1 000	38	38 000
10	10	入库	2 500	40.4	101 000						
10	20	出库				1 500					
10	25	入库	2 000	42	84 000						
10	27	出库				2 500					
10	31	期末	4 500		185 000	4 000					

3．要求：

（1）对比先进先出法、移动加权平均法和期末加权平均法三种方法材料发出成本的大小，并排序。

（2）对比三种方法期末库存材料成本的大小，并排序。

（3）销售收入一定，用哪种方法计算的利润大？为什么？

（4）假如材料的入库单价是不断降低的，即如10月10日入库2 500千克，@36；10月25日入库2 000千克，@34。三种方法哪种方法计算的利润大？为什么？

习题2

1．练习产品成本的计算。

2．资料：某企业20××年11月份生产了甲、乙两种产品，甲产品为上月投产1 000件，本月完工，乙产品本月投产500件，未完工。

（1）材料的领用。本月材料领用汇总表见表6-17。

表6-17 材料领用汇总表　　单位：元

材料种类	甲产品	乙产品	车间领用	管理部门	金额合计
材料	100 000	50 000			150 000
合计	100 000	50 000	10 000	5 000	165 000

（2）职工薪酬的分配。本月工资汇总表见表6-18。

表6-18 工资汇总表　　单位：元

项目	甲产品	乙产品	车间人员	管理部门	合计
生产工时	5 000	10 000			15 000
职工薪酬	200 000	180 000	120 000	300 000	800 000

（3）制造费用的归集和分配。本月制造部门发生的费用除材料费和职工薪酬外，还有其他费用70 000元，编制制造费用分配表，见表6-19。

表 6-19 制造费用分配表

产品种类	生产工时/小时	分配率/(元/工时)	制造费用/元
甲产品			
乙产品			
合 计			

登记甲、乙两种产品的生产明细分类账、成本计算表，见表 6-20—表 6-22。

表 6-20 “生产成本”明细分类账

产品名称：甲产品　　　　产量：1 000 件　单位：元

20××年		凭证号数	摘 要	借 方				贷方	借或贷	余额
月	日			直接材料	直接人工	制造费用	合计			
11	1		期初余额	20 000	50 000	30 000	100 000			

表 6-21 “生产成本”明细分类账

产品名称：乙产品　　　　产量：500 件　单位：元

20××年		凭证号数	摘 要	借 方				贷方	借或贷	余额
月	日			直接材料	直接人工	制造费用	合计			

表 6-22 产品制造成本计算表

20××年 10 月　　　　单位：元

成本项目	甲产品	
	总成本	单位成本
直接材料		
直接人工		
制造费用		
合 计		

3. 要求：

（1）编制领用材料和职工薪酬分配的会计分录。

（2）分配制造费用，编制制造费用分配表，编制会计分录。

（3）登记产品明细账，计算甲产品成本，编制甲产品入库的会计分录。

第7章 账户分类

教学目标

通过本章的学习，了解账户分类的意义，账户按照经济内容和按照用途、结构等的分类；了解账户的规律，熟练掌握账户的用法。

教学要求

知识要点	能力要求	相关知识
账户按经济内容的分类	账户的经济内容	资产类账户；负债类账户；所有者权益类账户；共同类账户；成本类账户；损益类账户
账户按用途、结构的分类	(1) 账户的用途 (2) 账户的结构	盘存类；资本类；结算类；集合分配类；跨期摊提类；成本计算类；期间收入类；期间费用类；财务成果类；调整类；暂记类
按账户有无余额	(1) 列入资产负债表的账户 (2) 列入利润表的账户	实账户；虚账户

账户是什么分类类目？只要我们分析常用账户的内容，就可以看到会计的主要内容带有经济性质。

——A. C. 利特尔顿

■ 基本概念

经济内容　账户用途　账户结构　盘存类　资本类　结算类　集合分配类　跨期摊提类
成本计算类　期间收入类　期间费用类　财务成果类　调整类　抵减账户　附加账户　暂记类

■ 导入案例

人以类聚，物以群分

成语“人以类聚，物以群分”指人或事物按其性质分门别类。从成语本身看不出这句成语要说的意思。查其源头，这句成语典出《周易·系辞上》：“人以类聚，物以群分，吉凶生矣。”从这就可以看出这句话的意思了，在有空间、时间的区分后，在有物的分类后，才出现了事物的好坏及其好坏的转换。

“人以类聚”，这一类的人和那一类的人，利益有了冲突，于是吉凶就分出来了。“物以群分”，社会物类有了不同，于是“吉凶生矣”。人的阶层分类，这是社会现象。物以群分的这个“物”，指的是笼统的物，不定的物。物一层一层的分类，一种一种的分类，这是自然现象。“人以类聚，物以群分”，不同类的人就会对不同的物有不同的看法。

那么，如何保证人的“吉生”而“凶不生矣”？办法就是管理，了解不同类人的需求，掌握事物各类的规律，加强管理，进行决策，使不同人的利益相对最大化。所以说只有在“人以类聚，物以群分”之后，才出现了管理，也只有分类，才能进行管理，才能保证持续的“吉生”。

分类是管理的基础，而管理在一定意义上说就是分类。

点评：分类就是管理。

分类是进行管理的基础活动。对事物分类有利于发现和认识事物运动的规律，有针对性地开展人类活动。对账户分类，有利于认识账户的使用规律，并熟练掌握和运用账户。本章主要介绍了账户分类的意义，账户按照经济内容和按用途、结构的分类。

7.1 账户分类的意义

第5章在企业日常的主要经济业务核算中，按照资金运动的顺序，介绍了一些主要账户的核算内容、性质、结构和运用情况。这些对于运用账户进行核算非常重要。但每一个账户只能记录企业经济活动的某一方面，不可能反映企业的全部经济业务，而企业的经济活动作为一个有机整体，必须设置和运用一系列账户。企业所使用的这些账户，虽然在性质、内容、结构方面各不相同，但相互之间有着密切的内在联系，共同组成一个完整的账户体系。所谓账户体系，就是各账户按其自有特征和规律有机地结合在一起，形成一个完整的、系统的账户群体。

按照资金运动顺序“G—W…P…W′—G′(G+ΔG)”和制造业经济业务主要过程介绍账户，有利于了解账户反映监督的内容所处的资金运动过程，但是会计核算的账户较多，一一记忆起来有一些困难。为了更深一步理解账户体系中各账户之间存在的共性、一般规律、账户间的内在联系和区别，以便准确、熟练地运用每一个账户，必须把账户按一定的标准进行分类，归纳合并同类型账户，有利于对同一类账户从理论上认识、了解并加以运用。研究账户分类的根本目的就是更加熟练地运用账户，使账户能全面、系统、完整地反映经济业务。分类可以使描述和分析更为深入，根据账户分类的类属位置，可以揭示其特征。通过账户分类可以在对账户的个性认识基础上，进一步总结其共性，掌握账户设置和运用的一般规律；同时，通过账户分类可以了解每一个账户在账户体系中的地位和作用，加深对账户的共同特性及差异性的认识，了解账户是如何相互结合来反映企业的经济活动的。

账户分类标准必须具有四个性质：首先，必须一贯地保持其分类的特征，即在任何分类中用于区别不同账户的特征必须是相同的。分类的目的不同，则所采用的分类特征也不同。其次，一种好的分类标准应该包含充分的子集，以表示给定的整体。再次，所有子集必须是互不相容的。这样，任何一种账户不可能同时包含在一个以上的子集中。最后，必须注意分类层次的完整性。账户分类有不同的分类标准，每一分类标准可以从不同的角度认识账户，并依分类标准把全部账户划分为各种类别。账户的分类标准主要有按经济内容分类、按用途和结构分类等。

7.2 账户按经济内容分类

7.2.1 账户按经济内容分类的意义

账户的经济内容是指账户所要核算和监督的具体内容，与会计科目所包含的经济内容是相同的。因此，账户按经济内容分类，实质上就是按会计要素分类。设置账户的目的就是全面、连续、系统、完整、具体地核算会计要素的增减变化及结存情况。账户的经济内容同时也表明了账户的本质特征，说明账户要核算什么、监督什么、提供什么样的会计指标。所以，账户按经济内容分类是账户最基本、最主要的分类，也称为基本分类。

如前所述，账户的经济内容即账户所要核算和监督的内容，实质上是指会计要素。会计要素一般包括资产、负债、所有者权益、收入、费用和利润。其中，资产、负债、所有者权益属于静态要素，相应地应设置资产类、负债类、所有者权益类、共同类账户。收入、费用和利润属于动态要素，即收入减去费用等于利润。在费用要素中，有的费用计入生产成本，有的费用计入当期损益，而收入要素全部计入当期损益。因此，根据收入、费用这两个会计要素，可设置两类账户，一类是损益类账户，另一类是成本类账户。利润是收入与费用配比的结果，是所有者权益的净增量，设置所有者权益类账户。所以，账户按经济内容分类可分为六类：资产类账户、负债类账户、所有者权益类账户、共同类账户、成本类账户、损益类账户。

知识回放

回看 3.4 节会计科目按照经济内容的分类。

对账户按经济内容进行分类，可以使我们了解每一个账户所核算和监督的具体内容是什么。当经济业务发生以后，通过对经济业务的分析，在了解了经济业务引起的会计要素的增减变化情况之后，便可恰当地设置和运用账户，准确地提供会计信息。

7.2.2 账户按经济内容的具体分类

1. 资产类账户

资产类账户所核算和监督的内容是企业各项资产的增减变动及其结存情况。

企业的资产按其流动性，即资产的变现能力和周转速度的大小不同，分为流动资产和非流动资产。非流动资产又分长期投资、固定资产、无形资产与其他资产。相应地，资产类账户则可分为反映流动资产的账户、反映长期投资的账户、反映固定资产的账户、反映无形资产的账户及反映其他资产等的账户。

反映流动资产的账户又可进一步分为反映货币性流动资产的账户，如“库存现金”“银行存款”“其他货币资金”等账户；反映存货性流动资产的账户，如“材料采购”“原材料”“材料成本差异”“库存商品”等账户；反映债权性流动资产的账户，如“应收账款”“应收票据”“其他应收款”“预付账款”“坏账准备”等账户；反映证券性流动资产的账户，如“交易性金融资产”账户等。

依此类推，企业为了反映外购股票的增减变动情况，需要设置反映长期投资的账户如“长期股权投资”等账户；同样，反映固定资产的账户有“固定资产”“累计折旧”“固定资产清理”“在建工程”等账户；反映无形资产的账户有“无形资产”等账户；反映其他资产的账户有“长期待摊费用”等账户。

2. 负债类账户

负债类账户所核算和监督的内容是企业各种债务的增减变动及其结存情况。

企业的负债按其偿还期不同，可分为流动负债与长期负债。因此，负债类账户包括反映流动负债的账户和反映长期负债的账户两类。反映流动负债的账户，按照负债形成的原因，又可分为由于生产经营活动形成的负债账户，如“应付账款”“应付票据”“预收账款”“短期借款”“应付职工薪酬”等账户；反映经营成果形成的负债账户，如“应交税费”“应付股利”等账户；反映长期负债的账户，如“长期借款”“长期应付款”“应付债券”等账户。

3. 共同类账户

共同类账户是核算具有资产和负债双重性质的账户，要根据账户的期末余额判断账户性质。该类账户有“衍生工具”“套期工具”等账户。可参见后面债权债务结算账户的介绍。

4. 所有者权益类账户

所有者权益类账户所要核算和监督的内容是所有者权益的增减变化及其结存情况。

所有者权益包括所有者给企业投入的资本及资本本身的增值和从税后利润中提取的盈余公积金以及未分配利润。因此，所有者权益类账户分为三类：一类是反映所有者投入资本及资本增值的账户，如“实收资本”“资本公积”等账户；一类是反映从净利润中提留的盈余公积金的账户，如“盈余公积”等账户；一类是反映未分配利润的账户，如“本年利润”“利润分配”等账户。

5. 成本类账户

成本类账户是核算在生产经营过程中所发生的、应计入产品生产成本费用的增减变动情况。该类账户包括“生产成本”“制造费用”等账户。

6. 损益类账户

损益类账户是核算企业损益情况的账户，具体又包括反映收益的账户，如“主营业务收入”“其他业务收入”“投资收益”“营业外收入”等账户；反映费用、损失的账户，如“主营业务成本”“销售费用”“营业税金及附加”“管理费用”“财务费用”“其他业务成本”“营业外支出”“所得税费用”等账户。

根据以上内容，以制造业企业为例，账户按经济内容的分类如图 7.1 所示。

- 账户按经济内容分类
  - 资产类账户
    - 反映流动资产的账户
      - 货币资金账户——“库存现金”“银行存款”“其他货币资金”账户
      - 债权结算账户——“应收账款”“应收票据”“预付账款”“其他应收款”“坏账准备”账户
      - 存货账户——“材料采购”“原材料”“材料成本差异”“库存商品”账户
    - 反映长期投资的账户——“长期股权投资”“持有至到期投资”账户
    - 反映固定资产的账户——“固定资产”“累计折旧”“在建工程”账户
    - 反映无形资产的账户——“无形资产”账户
    - 反映其他资产的账户——“长期待摊费用”账户
  - 负债类账户
    - 反映流动负债的账户
      - 生产经营性负债账户——“短期借款”“应付账款”“应付票据”“预付账款”“应付职工薪酬”“其他应付款”账户
      - 经营成果性负债账户——“应交税费”“应付股利”账户
    - 反映长期负债的账户——“应付债券”“长期借款”“长期应付款”账户
  - 所有者权益类账户
    - 反映资本金的账户——“实收资本”“资本公积”账户
    - 反映盈余公积的账户——“盈余公积”账户
    - 反映未分配利润的账户——“本年利润”“利润分配”账户
  - 共同类账户——“衍生工具”“套期工具”账户
  - 成本类账户——“生产成本”“制造费用”账户
  - 损益类账户
    - 反映费用的账户——“主营业务成本”“其他业务成本”“营业税金及附加”“销售费用”“管理费用”“财务费用”“营业外支出”账户
    - 反映收益的账户——“主营业务收入”“其他业务收入”“营业外收入”“投资收益”账户

图 7.1　账户按经济内容分类

7.3 账户按用途和结构分类

7.3.1 账户按用途和结构分类的意义

账户按经济内容分类，可以了解每一个账户所核算和监督的具体内容。这对正确区分账户及合理运用账户具有重要意义。

但是不难发现，有些反映相同经济内容的账户在用途和结构上却不尽相同。例如，“固定资产”账户和“累计折旧”账户，都是用来反映固定资产内容的，两个账户借贷记账方向相反；有些账户的用途和结构虽然不完全相同，却有相近的地方，如“应收账款”账户和“应付账款”账户等。这些都促使我们在账户按经济内容分类的基础上，进一步按用途和结构分类，作为对前者的补充。

所谓账户的用途是指设置账户的主要目的，或者说账户提供什么核算指标。例如，设置“材料采购”账户的主要目的是为了计算和确定外购材料的实际采购成本，据以确定成本指标。而设置“原材料”账户的主要目的是核算企业库存材料的收、发、存，据以确定存货的盘存指标。

所谓账户的结构是指在账户中怎样记录经济业务，才能取得各种必要的核算指标，也就是账户的借方登记什么，贷方登记什么，有无余额，余额在哪方并表示什么。例如，“原材料”账户，其借方登记验收入库材料的成本，贷方登记由于领用、销售、盘亏等原因引起的材料成本的减少数，期末余额在借方，表示库存材料的成本。

从上面的概念和例子可以看出，账户按用途分类，可以了解账户所提供的数据或信息及其所起的作用，解决在什么条件下使用该类账户的问题。账户按结构分类，可以明确账户的借方、贷方所登记的具体内容和余额表示的含义，有利于掌握各类账户的使用方法，解决各类账户如何提供信息的问题。因此，以账户的用途和结构为标志对账户分类，在进行经济业务的核算时，不仅能更加详细地了解各种账户的作用，还能够知道它们是如何提供企业经营管理和对外报告所需要的各种经济指标的，有助于掌握账户在提供核算指标方面的规律性。

7.3.2 账户按用途和结构的具体分类

账户按用途和结构分为盘存类、资本类、结算类、集合分配类、跨期摊提类、成本计算类、期间收入类、期间费用类、财务成果类、调整类和暂记类 11 类。现将各类账户的用途、结构和特点简要说明如下。

1. 盘存类账户

盘存是指盘点、存查。盘存类账户是用来核算和监督企业各项实物资产和货币资金增减变动及其结存数额的账户。从会计对象资金运动“G—W…P…W′—G′(G+ΔG)”上看，处于静态的G、W、P、W′和G′是具有物理性质的资产，都是可以盘点的，反映这类资产的账户，都是盘存账户。盘存类账户通过实物数量指标和价值指标进行核算，该类账户包括用于可清点数量的财产物资和货币资金核算的所有账户，例如“原材料”“库存商品”“库存现金”“固定资产”“交易性金融资产”“长期股权投资”“无形资产”“银行存款”等账户。

在盘存类账户中，借方登记各项货币资金和实物资产的增加数，贷方登记各项货币资金和实物资产的减少数，期末余额在借方，表示期末各项货币资金和实物资产的实存数额。盘存类账户的结构如下。

借方　　　　盘存类账户	贷方
期初余额：财产物资、货币资金的期初结存数 发生额：财产物资、货币资金的本期增加额	发生额：财产物资、货币资金的本期减少额
期末余额：财产物资、货币资金的期末结存数	

盘存类账户的特点，从账户的用途和结构上看，可以归纳为：① 核算的对象是实物资产和货币资金，检查其账实是否相符可采用实地盘点或对账的方法。② 该类账户除货币资金账户外，其他账户均可通过明细核算，并可提供货币金额和实物数量指标。③ 该类账户全部为借方余额。如发现有贷方余额，就说明核算和保管上存在问题。

2. 资本类账户

资本类账户是用来核算企业资本金的变动及其结存情况的账户。从会计对象资金运动上看，资本的形成主要有两种方式：一是资金的投入，二是资金运动结果的分配。该类账户的贷方登记投入资本、公积金的增加数额，借方登记资本金及公积金的减少、转出数额，期末余额在贷方，表示企业各项投入资本、公积金的实存数额。资本类账户的结构如下。

借方　　　　资本类账户	贷方
发生额：本期投入资本和公积金的减少数额	期初余额：投入资本和公积金期初结存数 发生额：本期投入资本和公积金的增加数额
	期末余额：期末投入资本和公积金实有数额

属于资本类的账户有“实收资本”“资本公积”“盈余公积”等账户。

资本类账户的特点：总分类账和明细分类账只能提供货币指标。

3. 结算类账户

结算是指货币的收付行为。结算类账户是用来核算和监督企业与其他单位或个人之间的债权债务(应收、应付)结算情况的账户。从会计对象资金运动上看，结算主要发生在“G—W”和“W′—G′”过程。由于所核算和监督的结算业务性质的不同，结算类账户就具有不同的用途和结构。结算类账户按其具体的用途和结构，又可分为债权结算账户、债务结算账户和债权债务结算账户三种。

(1) 债权结算账户也称资产结算账户，是用来核算企业与其他单位或个人之间的债权结算业务的账户。该类账户借方登记各项债权的增加数，贷方登记各项债权的减少数，期末余额在借方，表示尚未收回的结存数。债权结算账户的结构如下。

债权结算账户

借方	贷方
期初余额：期初尚未收回的应收款项的结存数 发生额：本期应收回的债权减少数	发生额：本期应收回的债权增加数
期末余额：期末尚未收回的债权的结存数额	

属于债权结算账户的有“应收账款”“应收票据”“其他应收款”“预付账款”等账户。

（2）债务结算账户又称负债结算账户，是用来核算和监督企业同其他债权单位或个人之间的债务结算业务的账户。该类账户贷方登记债务的增加数，借方登记债务的减少数，期末余额在贷方，表示尚未偿还的债务的实有结存数额。债务结算账户的结构如下。

债务结算账户

借方	贷方
发生额：本期发生的债务的减少数	期初余额：期初尚未偿还的债务结存数 发生额：本期发生的债务的增加数
	期末余额：期末尚未偿还的债务结存数

属于债务结算账户的有“应付账款”“应付职工薪酬”“预收账款”“短期借款”“其他应付款”“应交税费”等账户。

（3）债权债务结算账户又称资产负债结算账户，也称往来结算账户，是用来核算和监督企业与其他单位或个人之间的债权、债务往来结算业务的账户。

在实际经济生活中，某些企业经常与其他单位或个人之间发生结算业务，使得企业有时是债权人，有时又是债务人。为了集中核算和监督企业与这些单位或个人发生的债权债务结算情况，就需要在同一个账户既反映应收又反映应付于其他单位或个人的款项的变动情况及变动结果。这类账户就称为债权债务结算账户，其借方登记债权的增加数和债务的减少数，贷方登记债务的增加数和债权的减少数。期末余额如在借方，表示尚未收回的债权净额；如果余额在贷方，表示尚未偿付的债务净额。该类账户明细账的借方期末余额之和与贷方期末余额之和的差额应与其总分类账户的余额相等。债权债务结算账户的结构如下。

债权债务结算账户

借方	贷方
期初余额：期初尚未收回的债权结存数 发生额：① 本期债权增加数额 ② 本期债务减少数额	期初余额：期初尚未偿还的债务结存数 发生额：① 本期债务增加数额 ② 本期债权减少数额
期末余额：期末债权大于债务的差额	期末余额：期末债务大于债权的差额

当企业不单独设置“预收账款”账户时，可以用“应收账款”账户同时反映销售产品或提供劳务的应收款项和预收款项，这时“应收账款”账户便是债权债务结算账户；当企业不单独设置“预付账款”账户时，可以用“应付账款”账户同时反映购进材料的应付款项和预付款项，“应付账款”账户也是债权债务结算账户；当企业将其他应收款和其他应付款的增减变动和结果都集中在“其他往来”账户中核算时，“其他往来”账户也是一个债权债务结算账户。债权债务结算账户须根据总分类账户所属明细分类账户的余额方向分析判断其账户的性质，这时账户性质属于共同类账户。

知识回放

回看4.2节借贷记账法的起源，借贷资本家以某人开户，将贷出给某人的款项记为某人“借”，表示“人欠”；将吸收某人的存款记为某人“贷”，表示“欠人”。如果某人是先借后还，这时就是债权；如果是先贷后收，就是债务了；如果向某人吸收存款，又向某人放款，那么是债权还是债务呢？只有看余额了，余在借方为资产，余在贷方为负债。这就是共同类账户。

例如，企业不单独设置“预付账款”账户时，这时用“应付账款”账户同时反映购进材料的应付款项和预付款项。举例如下。

【例7-1】 企业购买C&J公司材料，先预付货款500 000元。

借：应付账款——C&J公司　　500 000
　　贷：银行存款　　500 000

这时，“应付账款”账户先有借方发生额，表示的是预付应收的意思。

【例7-2】 C&J公司材料到货，货款1 000 000元，增值税税率为17%，货款未付。

借：材料采购　　1 000 000
　　应交税费——应交增值税(进项税额)　　170 000
　　贷：应付账款——C&J公司　　1 170 000

【例7-3】 扣除预付款500 000元，补付欠款。

借：应付账款——C&J公司　　617 000
　　贷：银行存款　　617 000

对比购货款未付业务的账务处理，可以看出预付款业务其实就是经济业务的顺序发生了变化。

特别提示

这样设置账户时，在编制资产负债表时，必须将“应付账款”账户中表示“预付账款”的款项，也即“应付账款”明细账中有借方余额的，列示在“资产”的一方，不能列在“负债”里，以免使“资产”的信息不实。同理，“应收账款”账户也应如此。

如果企业主要对C&J公司有较多的销售业务，有较少的购货业务，可以不设对C&J公司的“应付账款”账户，直接用“应收账款”账户核算，一定时期后双方清理差额即可。

【例7-4】 企业对C&J公司销售产品，货款5 000 000元，增值税税率为17%，货款未收。

借：主营业务收入　　5 850 000
　　贷：应收账款——C&J公司　　5 000 000
　　　　应交税费——应交增值税(销项税额)　　850 000

【例7-5】 企业从C&J公司购货，货款1 000 000元，增值税税率为17%，货款未付。

借：材料采购　　1 000 000
　　应交税费——应交增值税(进项税额)　　170 000
　　贷：应收账款——C&J公司　　1 170 000

【例 7-6】 企业和 C&J 公司清理欠款差额，收到 C&J 公司账款 4 680 000 元。

借：银行存款 4 680 000

　　贷：应收账款——C&J 公司 4 680 000

结算账户的特点：

（1）只能提供货币指标。

（2）都是按发生结算业务的对应单位或个人开设明细分类账户，以便及时进行结算和核对账目。

4. 集合分配类账户

企业在生产经营过程中会发生一些间接费用，即不能直接计入某个成本计算对象，而是先要集合到某个账户，然后到成本计算期再按照一定的标准分配计入各个成本计算对象。其中的某个账户，就是集合分配类账户。

集合分配类账户是用来核算在生产经营过程中所发生的间接费用的归集与分配情况的。典型的集合分配类账户是"制造费用"账户。该类账户借方登记企业在生产经营过程中所发生的间接费用，贷方登记期末按标准分配计入各成本计算对象的间接费用。该类账户期末一般无余额。集合分配类账户的结构如下。

借方　　　集合分配类账户　　　贷方

发生额：本期间接费用的发生额	发生额：本期间接费用的分配额
平	平

集合分配类账户的特点是具有明显的过渡性质。

5. 跨期摊提类账户

跨期摊提类账户是用来核算和监督应由相连的各个会计期间共同负担的费用，并将这些费用摊配于各个会计期间的账户。在企业的生产经营过程中，常常会发生费用的支付期与其归属期不一致的情况，即有些费用本期已经发生，但不应由本期全部负担，应由本期和以后各期共同负担；有些费用本期尚未支付，但应由本期负担。根据权责发生制核算基础，必须严格划清费用的受益期限，把应由各个会计期间共同负担的费用，合理地分摊到各个受益期，以便正确地计算各期的损益，就需要设置跨期摊提类账户。

"长期待摊费用"账户属于跨期摊提类账户，也属于资产类账户。其结构上，借方用来登记费用的实际支出数；贷方用来登记由各个会计期间负担的费用数。"长期待摊费用"账户的期末余额总是在借方，表示已经支付而尚未摊销的待摊费用数额。

跨期摊提类账户的结构如下。

借方　　　跨期摊提类账户　　　贷方

期初余额：已支付而尚未摊销的待摊费用 发生额：本期待摊费用或预提费用的支付数	期初余额：已预提而尚未支付的预提费用 发生额：本期待摊费用摊销数或预提费用的预提数
期末余额：已支付而尚未摊销的待摊费用	期末余额：已预提而尚未支付的预提费用

跨期摊提类账户的特点：

（1）费用均由相连的若干会计期间共同负担。

（2）该类账户结构为借方登记实际支付数，贷方登记分配数。

（3）具有过渡性质。

6. 成本计算类账户

成本计算类账户是用来核算和监督企业经营过程中某一阶段发生的全部费用，并据此计算该阶段各个成本计算对象成本的账户。这类账户的借方汇集经营过程中某个阶段发生的、应计入成本的全部费用；贷方登记转出已完成某个阶段的成本计算对象的成本。这类账户的期末余额都在借方，表示尚未完成某个阶段的成本计算对象的成本。成本计算类账户的结构如下。

借方　　成本计算类账户　　贷方

借方	贷方
期初余额：尚未完成某个经营阶段成本对象的成本 发生额：归集经营过程中某个阶段所发生的全部费用	发生额：结转已完成的成本对象的成本
期末余额：尚未完成该阶段的成本计算对象的成本	

属于成本计算类账户的有“生产成本”“材料采购”“在建工程”等账户。

成本计算类账户的特点：

（1）应根据各个成本计算对象设置明细分类账户。

（2）既提供货币指标，又提供实物指标或劳动时间指标。

7. 期间收入类账户

期间收入类账户是专门用来归集企业在某一会计期间所发生的各项收入的账户。从会计对象资金运动上看，收入主要处在“W′—G′”过程。这类账户的贷方登记某一会计期间发生的各项收入数额，借方登记会计期末转入“本年利润”账户的数额。因此，期间收入类账户期末无余额。其结构如下。

借方　　期间收入类账户　　贷方

借方	贷方
发生额：期末结转到“本年利润”账户的数额	发生额：归集本期内各项收入的发生额
平	平

属于期间收入类账户的主要有“主营业务收入”“其他业务收入”“营业外收入”等账户。

期间收入类账户的特点：期末无余额，并有明显的过渡性质。

8. 期间费用类账户

期间费用类账户是专门用来归集企业在某个会计期间所发生的各项费用、成本及支出的账户。这类账户的借方登记某一会计期间发生的各项费用、成本及支出数额，贷方登记会计期末转入“本年利润”账户的数额，这类账户期末没有余额。期间费用类账户的结构如下。

借方	期间费用类账户 贷方
发生额：归集本期内各项费用和成本账户的数额	发生额：结转到“本年利润”及支出的发生额
平	平

属于期间费用类账户的主要有“主营业务成本”“销售费用”“营业税金及附加”“其他业务成本”“管理费用”“财务费用”“营业外支出”等账户。

期间费用类账户的特点：期末无余额，且具有明显的过渡性质。

9．财务成果类账户

财务成果类账户是用来核算和监督企业在一定时期内最终成果的账户。这是会计对象资金运动的结果“ΔG”。该账户贷方登记期末转入的本期各项收入和收益额，借方登记期末转入的各项费用、支出数额。两者对比，如果贷方大于借方，表示企业实现的本年累计利润额，从借方转出；如果借方大于贷方，则表示企业本年累计发生的亏损数额，从贷方转出，期末无余额。财务成果类账户的结构如下。

借方	财务成果类账户 贷方
发生额：① 转入的本期发生的各项费用及支出数 ② 转入“利润分配”的盈利	发生额：① 转入的本期发生的各项收入或收益 ② 转入“利润分配”的亏损
平	平

属于财务成果类账户的有“本年利润”账户。

财务成果类账户的特点：反映企业一定时期内最终财务成果的形成，年终结转后无余额。

特别提示

对于财务成果的计算，平时采用“表结法”，即各项收入、成本费用不进行账转，只在利润表中计算，只有年底才用这个账户进行账转。如在平时也用“账转法”时，账户有余额，借方余额表示累计亏损；贷方余额表示累计盈利。

10．调整类账户

调整类账户是为了调整某个账户(被调整账户)的余额，以表示被调整账户的实际余额而设置的账户。在进行会计核算时，由于管理上的需要，除了要求账户反映某项经济活动的原始数据外，还需要按调整后的数字来反映其增减变化，以提供特殊需要的指标。为此，除需设置反映某项目的原始数据的账户外，还需另外设置一些与之相对应的调整账户。例如，设置“固定资产”账户来反映固定资产的原始价值，同时，需开设“累计折旧”账户，用“累计折旧”账户来调整“固定资产”账户，以反映固定资产的净值。记录和反映经济活动原始数据的账户称为被调整账户；对被调整账户进行调整的账户，称为调整账户。

调整类账户按其调整方式不同又可以划分为三类：备抵调整账户、附加调整账户和备抵附加调整账户。

（1）备抵调整账户。备抵调整账户也称抵减账户，它是用来抵减被调整账户的余额，以求得被调整账户的实际余额的账户。其调整方式可用下列公式表示：

被调整账户的余额－抵减账户的余额＝被调整账户的实际余额

由公式可以看出备抵调整账户的余额与其被调整账户余额的方向相反。如果被调整账户余额在借方，则备抵调整账户的余额在贷方；如果被调整账户的余额在贷方，则备抵调整账户的余额在借方。

按照被调整账户的经济性质，抵减调整账户又可分为资产抵减调整账户和权益抵减调整账户两类。

① 资产抵减调整账户。资产抵减调整账户是用来抵减某一资产账户(被调整账户)的余额，以求得该资产账户的实际余额的账户。如“累计折旧”账户就是“固定资产”账户的抵减调整账户。通过“固定资产”账户(被调整账户)的记录，可以取得固定资产的原始价值数字；通过“累计折旧”账户(调整账户)的记录，可以取得固定资产的损耗数额；将“固定资产”账户的借方余额减去“累计折旧”账户的贷方余额，其差额就是固定资产的净值。资产抵减调整账户与被调整资产账户的关系及其抵减方式的公式为

被调整账户的借方余额－备抵调整账户贷方余额＝被调整账户的期末实有额

登记在账户中，表示如下。

借方	被调整资产账户 贷方
余额：某项资产的原始数额	

借方 资产抵减调整账户	贷方
	余额：该项资产的抵减数额

属于资产抵减调整账户的还有“坏账准备”等账户。

② 权益抵减调整账户。权益抵减调整账户是用来抵减某一权益账户(被调整账户)的余额，以求得该权益账户的实际余额的账户。如“利润分配”账户就是“本年利润”账户的抵减调整账户。通过“本年利润”账户(被调整账户)的记录，可以取得本年实现利润数；通过“利润分配”账户(调整账户)的记录，可以取得本年利润的分配数。将“本年利润”账户贷方余额减去“利润分配”账户余额，其差额表示企业尚未分配的利润。这类账户的关系及其抵减方式的公式为

被调整账户的贷方余额－备抵调整账户的借方余额＝被调整账户的实际数额

登记在账户中，表示如下。

借方	被调整权益账户 贷方
	余额：某项权益的原始数额

借方 权益抵减调整账户	贷方
余额：该项资产的抵减数额	

(2) 附加调整账户。附加调整账户是用来增加被调整账户的余额，以求得被调整账户实际余额的账户。其调整方式，用公式可表示如下：

被调整账户的余额＋附加账户的余额＝被调整账户的实际余额

由公式可以看出附加调整账户的余额与被调整账户余额方向相同。如果被调整账户的余额在借方，则附加账户的余额也在借方；如果被调整账户的余额在贷方，则附加账户的余额一定在贷方。

在总账中很少用到附加调整账户，在总账的明细中经常用到附加调整账户。例如，当企业溢价发行债券时，“应付债券——债券溢价”明细账是“应付债券——债券面值”明

细账的附加调整账户。两个贷方余额相加，表示实际发行价格。

（3）备抵附加调整账户。备抵附加调整账户既是用来抵减，又是用来增加被调整账户实际余额的账户。该类账户既具有备抵调整账户的功能，又具有附加调整账户的功能，但两种功能不能同时起作用。在某一时刻哪种功能发挥作用，取决于该账户的余额与被调整账户的余额方向是否一致。当该账户余额与被调整账户的余额方向相同时，它所起的作用是附加账户的作用；当该账户余额与被调整账户的余额方向不相同时，则表现备抵账户的作用。备抵附加类账户的典型账户是“材料成本差异”账户。

知识回放

回看5.2节材料按计划成本核算的内容。

当工业企业在日常核算中采用计划成本进行材料核算时，就要设“材料成本差异”账户来调整“原材料”账户余额。由于“原材料”账户余额总是在借方，当“材料成本差异”账户余额在借方时，起附加调整的作用，两个账户余额之和表示企业期末库存材料的实际金额；如果“材料成本差异”账户余额在贷方，则起备抵调整的作用，两个账户的余额之差表示期末库存材料的实际金额。

备抵附加调整方式用公式表示为

被调整账户的余额±备抵附加账户余额＝被调整账户的实际余额

调整账户有如下特点：

（1）调整账户依赖于被调整账户而存在。

（2）调整账户所反映的经济内容与被调整账户相同，区别在于调整账户所反映的是对经济业务的调整数字。

（3）调整账户对被调整账户备抵、附加的结果，可以提供具有特定含义的经济指标。

11. 暂记类账户

暂记类账户是用来核算和监督企业已经发生的，但要经过一定批准手续进行结转或暂不确定应记账户的某些经济业务的账户。如常用的有“待处理财产损溢”账户，它是用来记录尚未正式确定财产盘盈、盘亏原因，等待处理或核销的财产而设置的账户。该账户借方登记企业财产物资的盘亏、毁损数和经批准转销的企业财产物资的盘盈数；贷方登记企业财产物资的盘盈数和经批准转销的企业财产物资盘亏数及毁损数；借方余额表示尚未处理的各种财产物资的盘亏数、毁损数，贷方余额表示尚未处理的各种财产物资的盘盈数。该类账户的结构如下。

借方　　　　暂记类账户	贷方
发生额：① 本期发生固定资产、原材料等的盘亏数、毁损数 ② 经批准转销的本期固定资产、原材料等的盘盈数	发生额：① 本期发生的固定资产、原材料等的盘盈数 ② 经批准后转销的固定资产、原材料等的盘亏、毁损数
期末余额：期末待处理的固定资产、原材料等的盘亏、毁损数	期末余额：期末待处理的固定资产、原材料等的盘盈数

暂记类账户的特点：具有过渡性，一旦批准后应立即转销。

特别提示

“待处理财产损溢”账户在统一规定的会计科目表中划入“资产类”账户，因为该账户是用于调整资产的账存与实存的账户，原有账存经调整后为实存额，但是该账户的结构同调整类账户不同，且无固定调整账户。因有其特点，所以，单列一类。

综上所述，以工业企业为例，账户按用途和结构的分类如图7.2所示。

账户按用途和结构的分类

- 盘存类账户——“库存现金”“银行存款”“原材料”“库存商品”“固定资产”账户
- 结算类账户
  - 债权结算账户——“应收账款”“应收票据”“预付账款”“其他应收款”账户
  - 债务结算账户——“短期借款”“应付账款”“应付票据”“预收账款”“应付职工薪酬”“其他应付款”账户
  - 债权债务结算账户——“其他往来”账户
- 资本类账户——“实收资本”“资本公积”账户
- 集合分配类账户——“制造费用”账户
- 跨期摊提类账户——“长期待摊费用”账户
- 成本计算类账户——“生产成本”“材料采购”“在建工程”账户
- 期间收入类账户——“主营业务收入”“其他业务收入”“营业外收入”账户
- 期间费用类账户——“主营业务成本”“其他业务成本”“营业税金及附加”“销售费用”“管理费用”“财务费用”“营业外支出”账户
- 财务成果类账户——“本年利润”账户
- 调整类账户
  - 备抵调整账户——“累计折旧”“利润分配”账户
  - 附加调整账户
  - 备抵附加调整账户——“材料成本差异”账户
- 暂记类账户——“待处理财产损溢”账户

图7.2 账户按用途和结构的分类

7.4 账户的其他分类

7.4.1 账户按期末余额分类

账户按照有无余额分为实账户和虚账户。

所谓实账户就是期末有余额的账户，实账户的期末余额代表着企业的资产、负债或所有者权益。实账户按照余额方向，可分为借方余额账户和贷方余额账户。借方余额账户是指账户的借方发生额表示增加，贷方发生额表示减少，期末余额一定在借方的账户。资产类账户一般都是借方余额账户。贷方余额账户是指账户的借方发生额表示减少，贷方发生额表示增加，期末余额一定在贷方的账户。负债类和所有者权益类账户的期末余额一般都在贷方。

所谓虚账户就是期末无余额的账户，虚账户的发生额反映企业的损益情况。期末无余额账户是指期末结账时，将本期汇集的借(贷)方发生额分别从贷(借)方转出，结转后期末没有余额的账户。

研究账户按期末余额分类，目的在于把握账户期末余额代表的内容及期末结转的规律性，以便正确地组织会计核算，并编制相应的会计报表。

7.4.2 账户按列入会计报表分类

账户按照列入会计报表分类，分为资产负债表账户和利润表账户。

资产负债表账户是指账户所提供的资料是编制资产负债表的依据。资产负债表账户包括资产类、负债类和所有者权益类，分别与资产负债表中的这三类项目对应。成本类账户有余额也应列入资产负债表，例如“制造费用”账户期末有余额，应列入资产负债表的存货项目下披露。

利润表账户是指账户所提供的资料是编制利润表的依据。利润表账户包括收益类和费用类，这些账户是根据利润表的项目设置的。

研究账户按列入会计报表的分类，目的在于通过这些账户的具体核算，提供期末编制会计报表所需要的数据。

7.4.3 账户按会计主体分类

账户按照会计主体分类，分为表内账户和表外账户。

表内账户是指用来核算一个会计主体的资产、负债、所有者权益、收入、费用及经营成果的账户，前面列举的账户均为表内账户。

表外账户是指用来核算不属于本会计主体的资产的账户，如经营租入固定资产账户、代管商品物资账户等都是表外账户。

研究账户按会计主体分类，目的在于严格划清会计核算和监督内容的空间界限，为本企业的经营管理者提供更多的资料。

研究账户的分类，是为了从相互联系的账户中探求其相互区别，认识设置和运用账户的规律性。账户分类标准是依据账户具有一些特征确定的，每一个账户都带有若干个特征。因此，每一个账户都可以按不同的标准加以分类。例如，“原材料”账户，从会计要素来看，它属于资产类账户，反映企业在生产经营过程中必不可少的流动资产；从用途和结构看，它属于盘存类账户，反映企业实际的库存材料价值，而且是借方登记材料的增加额，贷方登记材料的减少额，余额在借方；从提供指标的详细程度来看，它属于总分类账户，总括地反映企业材料的增减变动及结存情况；从列入会计报表来看，它属于资产负债表账户，账户的期末余额应作为企业资产的一部分，列入资产负债表；从会计主体来看，它属于表内账户，代表着本企业可以控制或拥有的经济资源；从期末余额来看，它属于借方余额账户，反映库存材料的实际价值。总之，借助于账户的分类，可以揭示账户的特征，有利于加深对账户的认识。

知识回放

回看3.4节会计科目按照隶属关系的分类。

本章小结

本章主要介绍了账户的分类，以了解账户体系中各账户之间的内在联系和区别，以便准确、熟练地运用每一个账户。账户按经济内容分为：资产类账户、负债类账户、共同类账户、所有者权益类账户、成本类账户和损益类账户6类；按用途和结构分为盘存类、资本类、结算类、集合分配类、跨期摊提类、成本计算类、期间收入类、期间费用类、财务成果类、调整类和暂记类11类账户。

名人名言

会计方法，其过程都是先进行分类再予以汇总的。

——A. C. 利特尔顿

复式簿记的主要贡献，正如前面所述，在于设计出使虚账户(收益表账户)和实账户(资产负债表账户)之间保持勾稽关系的账户体系。这种具有勾稽关系的账户体系反过来又促使不同的财务报表构成一个完整关系。

——A. C. 利特尔顿

财务会计是一个人造的、以提供财务信息为主的经济信息系统。任何系统都有它们的功能。不过人造系统与自然系统有所不同。所有的自然系统虽有功能，但没有目标。目标是人们主观意志的规定，而自然系统的运行并不以人们的主观意志为转移。人造系统则不然，任何一个人造系统必然是为了达到人所预期的目标而设计的。财务会计作为人造的经济系统，显然要求它达到预期的目标。

——葛家澍

没有层次的划分，就不能分析也不能管理。

——石川磐

练习与思考

一、选择题

参照“库存现金”行，确认账户按用途和结构分类的类别，选择合适的项目打“√”。

项目	盘存类	结算类	调整类	成本计算类	集合分配类	财务成果类	资本类
库存现金	√						
固定资产							
累计折旧							
应交税费							
制造费用							
生产成本							
利润分配							
应付账款							
本年利润							
实收资本							
盈余公积							

二、填空题

确认“库存现金”“盈余公积”“应付账款”“应收账款”“原材料”“材料采购”“生产成本”“制造费用”“本年利润”“利润分配”“固定资产”“累计折旧”“管理费用”“主营业务收入”“长期待摊费用”“待处理财产损溢”账户的类别，填入合适的项目中。

项目	资产类	负债类	所有者权益类	共同类	成本类	损益类
盘存类						
资本类						
结算类						
集合分配类						
跨期摊提类						
成本计算类						
期间收入类						
期间费用类						
财务成果类						
调整类						
暂记类						

三、业务题

习题 1

1. 目的：结算类账户的练习。
2. 资料：20××年 10 月，企业发生如下经济业务。

(1) 10 月 6 日，企业销售给 A 企业甲产品 1 000 件，每件 100 元，增值税税率为 17%，货款未收到。

(2) 10 月 10 日，甲产品销售款收到，存入银行。

(3) 10月20日，企业预收A企业甲产品销售款100 000元，存入银行。

(4) 10月25日，企业销售甲产品1 000件，每件100元，增值税税率为17%。

(5) 10月25日，企业收到补付的差额，存入银行。

(6) 10月26日，企业购入A企业材料10千克，@10，增值税税率为17%，货款未付。

3. 要求：

(1) 分别设置“应收账款”“预收账款”和“应付账款”账户，编制会计分录，并对比(1)、(2)业务同(3)、(4)业务处理有何区别。

(2) 分别设置“应收账款”和“应付账款”账户，不设置“预收账款”账户，编制会计分录。

(3) 如果企业对A企业经常有销货业务，很少有购货业务，只设置“应收账款”账户，不设置“预收账款”和“应付账款”账户，编制会计分录；并判断本期期末企业对A企业是债权还是债务。

习题2

1. 目的：练习调整账户的用法。

2. 资料：“原材料”账户期初余额为5 000 000元，“材料成本差异”账户为贷方余额20 000元。

20××年10月，企业发生材料采购的业务如下：

(1) 10月10日，企业购入C&J公司甲材料1 000千克，单价1 000元/千克，增值税税率为17%，货款未付。

(2) 10月11日，支付甲材料运费10 000元。

(3) 10月12日，甲材料验收入库，甲材料计划单位成本980元/千克。

(4) 10月15日，企业购入乙材料500千克，单价180元/千克，增值税税率为17%，货款未付。

(5) 10月15日，支付乙材料运费5 000元。

(6) 10月16日，乙材料验收入库，乙材料计划单位成本200元/千克。

(7) 10月20日，企业生产产品领用甲材料2 300千克，计划单位成本980元/千克。

(8) 10月25日，生产产品领用乙材料300千克，计划单位成本200元/千克。

(9) 10月31日，计算材料成本差异率，结转已发材料成本差异。

3. 要求：

(1) 编制会计分录。

(2) 计算成本差异率，调整发出材料计划成本［提示：成本差异率=(期初材料成本差异±本期材料成本差异)÷(期初原材料计划成本+本期购入原材料的计划成本)×100%］。

(3) 填制下表，在“原材料”账户、“材料成本差异”账户和材料实际成本列中填上金额，在调整方式列中打√。

项目	“原材料”账户			“材料成本差异”账户			材料实际成本	调整方式	
	借	贷	余	借	贷	借余/贷余		抵减	附加
期初余额			5 000 000			贷余 20 000			
甲材料入库									
乙材料入库									
甲材料出库									
乙材料出库									
期末余额									

第8章

会计凭证

教学目标

通过本章的学习，了解会计凭证的含义、意义和种类，了解原始凭证的定义、种类，掌握原始凭证的填制方法和审核内容，了解记账凭证定义、种类，掌握记账凭证的填制方法和审核内容。

教学要求

知识要点	能力要求	相关知识
会计凭证	(1) 会计凭证的定义 (2) 会计凭证的意义 (3) 会计凭证的种类	原始凭证；记账凭证
原始凭证	(1) 原始凭证的定义 (2) 原始凭证的种类 (3) 原始凭证的填制和审核	原始凭证的内容；外来凭证的审核；自制凭证的填制；累计凭证的填制
记账凭证	(1) 记账凭证的定义 (2) 记账凭证的种类 (3) 记账凭证的填制和审核	记账凭证的内容；收款凭证的填制；付款凭证的填制；转账凭证的填制；记账凭证的审核

原始凭证是单式会计记录法的伙计，采用单式会计记录方法有了这样一个伙计就足够了。但是，一般讲采用复式记账法只有这个伙计就不行了，它还同时需要另外一个伙计——记账凭证为它服务。

——郭道扬

基本概念

会计凭证　原始凭证　外来凭证　自制凭证　累计凭证　记账凭证　收款凭证　付款凭证　转账凭证

导入案例

凭证——良人不愿封侯印，虎符远发当番阵

"良人不愿封侯印，虎符远发当番阵。"

这是明朝诗人高启《征妇怨》中的诗句。诗中的"虎符"是调兵遣将的凭据，不管你是谁，无"虎符"就无调兵的权利。《史记·魏公子列传》中有魏公子信陵君窃符救赵的故事：秦军在长平之战大破赵军后，乘胜包围邯郸。赵国的平原君多次写信向魏国及其内弟信陵君求救。魏王畏惧秦国，虽命晋鄙领兵十万驻扎于邺，但仅仅是观战，不敢出兵相救。信陵君屡次劝谏魏王，魏王均不听，且怕弟弟信陵君偷兵符私自调兵，将兵符挂在身上。

有侯生乃屏人间语，曰："嬴闻晋鄙之兵符常在王卧内，而如姬最幸，出入王卧内，力能窃之。嬴闻如姬父为人所杀，如姬资之三年，自王以下欲求报其父仇，莫能得。如姬为公子泣，公子使客斩其仇头，敬进如姬。如姬之欲为公子死，无所辞，顾未有路耳。公子诚一开口请如姬，如姬必许诺，则得虎符夺晋鄙军，北救赵而西却秦，此五霸之伐也。"公子从其计，请如姬。如姬果盗晋鄙兵符与公子。

用虎符的方式，早在西周时会计上就已普遍使用，据《周礼天官》云："司会掌邦之六典，八法、八则之贰。"所谓"贰"者，是指一式两份，各掌其一，也即正副本①。到了唐代就用木契了，《旧唐书·职官志·金部郎中》说："乃置木契，与应出物之司相合。"木契为雌雄两式，但可一雌数雄，核对使用。

点评：严格以会计凭证为依据是现代会计的一个特点。

会计凭证是记录资金运动的情况，收集会计信息的载体，是会计工作的起点。严格以会计凭证为依据是现代会计的一个主要特点。本章主要介绍会计凭证的意义、分类，原始凭证的种类、填制和审核，记账凭证的种类、填制和审核。

8.1　会计凭证的意义及分类

8.1.1　会计凭证的概念

会计凭证，简称凭证，是记录经济业务事项，明确经济责任的书面证明，是登记账簿的依据。

任何单位在处理任何经济业务事项时，都必须办理凭证手续，由执行和完成该项业务

① 郭道扬．中国会计史稿(上册)．北京：中国财政经济出版社，1982：87.

事项的有关人员填制或取得会计凭证，以书面形式记录和说明经济业务事项发生的日期，反映经济业务事项的内容、数量、金额等，并在凭证上签名或盖章，以对经济业务事项的合法性和凭证的真实性、正确性负责。会计凭证要经过有关人员的严格审核，审核无误后，才能作为登记账簿的依据。因此，合法地取得、正确地填制和审核会计凭证，是会计核算的基本方法之一，也是会计核算工作的起点，是核算和监督经济活动的基础，在会计核算中有重要的意义。

8.1.2 会计凭证的意义

图 1.2 和图 3.1 可合成图 8.1。

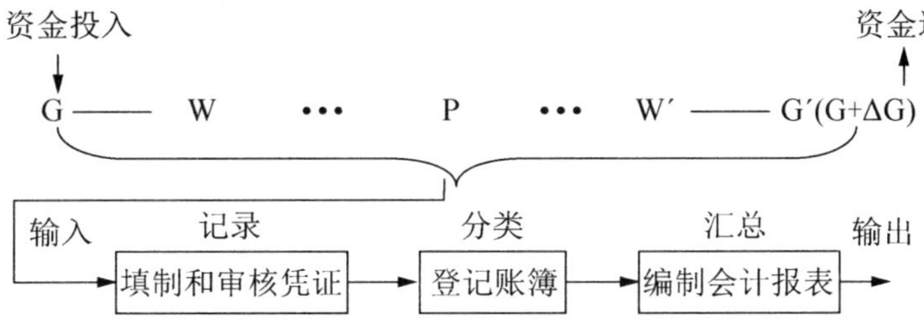

图 8.1 会计核算程序

从图 8.1 中知，“填制与审核凭证→登记账簿→编制会计报表”即会计核算的三个方法，也是会计核算程序的三个基本步骤，会计工作就是记录、分类和报告，而填制与审核凭证是收集和记录会计信息的第一步，是会计信息的输入口。因此，认真填制和严格审核会计凭证，对于完成会计工作任务具有十分重要的意义。

(1) 填制会计凭证，可以及时、准确地提供各项经济业务事项的原始资料，传导会计信息。会计信息在企业管理中一般是通过数据资料，以会计凭证、账簿、报表等反映出来的。随着生产的发展，及时、准确的经济情报在企业管理中的作用愈来愈重要。精确的数据，是企业生产经营活动的客观反映，掌握和利用数据资料，对于正确地判断和决策，保证生产经营活动的最佳运转，取得最优的经济效益有着重要的意义。会计凭证既是取得数据资料的手段，也是传导信息的工具。通过会计凭证传递直接传导经济信息，协调单位内部各部门之间的经济活动，保证生产经营活动的正常进行，促进生产的发展，同时又为会计分析和检查提供了基础资料。

(2) 填制会计凭证，可以加强经济管理上的责任制。会计凭证反映了经济业务事项的内容、单位名称、发生时间以及有关人员的签字盖章等。这样，就可以确定各经办单位及经办人员所负的经济责任，从而加强他们的责任感，也便于单位领导对有关人员进行考查。

(3) 填制和审核会计凭证，可以发挥会计的监督作用，保护单位财产的安全。通过取得或填制会计凭证，可以检查各项财产物资保管人员的工作情况；经过对会计凭证的审核，可以监督各项经济业务事项是否符合国家财经方针、政策、制度、计划的规定，检查有无铺张浪费、贪污盗窃等损害单位财产的行为和违纪现象，以保护单位财产安全和合理使用。

8.1.3 会计凭证的种类

会计凭证种类很多，按照不同的划分标准有不同类型的会计凭证。在会计工作中主要是按照会计凭证的填制程序及用途的不同把会计凭证分为两大类：原始凭证和记账凭证。

8.2 原始凭证

8.2.1 原始凭证的概念

原始凭证是在经济业务事项发生或完成时直接取得或填制的，用来记录和证明经济业务事项发生或完成情况，明确经济责任的书面证明，是进行会计核算的原始资料和重要依据。会计制度要求，在进行一切经济业务事项时，都必须填制或取得原始凭证。

8.2.2 原始凭证的种类

原始凭证按照不同的标准，可分为不同的类型。

1. 按来源分类

原始凭证按照来源不同可分为外来原始凭证和自制原始凭证。

外来原始凭证，是企业与其他单位或个人发生业务关系时，从对方取得的原始凭证。例如对外支付款项时取得的、由收款单位开出的收据，如图 8.2 所示；购买货物时取得的发票，见表 8-1；职工出差取得的火车票、飞机票等。

年　月　日　　　　　　　　№1234567

付款单位________________　收款方式____________________

人民币(大写)____________________　￥______________

收款事由____

第　联

收款单位(盖章)　　审核　　经手　　出纳

图 8.2 收据

表 8-1 发　票

购货单位　　　　年　月　日　　　　№20121234567

货号及品名	规 格	数 量	单 位	单 价	金 额
金 额(大写)					

第二联 报销凭证

收款人：　　　　经办人：　　　　开票单位(未盖章无效)：

自制原始凭证，是由本单位经办业务的部门和人员，在执行或完成某项经济业务事项时所填制的凭证。例如，由仓库保管人员在验收材料时填制的收料单，见表8-2；生产车间领用材料时填制的领料单，见表8-3；以及销货出库单、内部人员借款的借款单和工资发放明细表等。

表8-2 (企业名称)收料单

供应单位________　　　　　　　　　　　　　　　　　　凭证编号________
发票号码________　　　　　年　月　日　　　　　　　　收料仓库________

材料编号	材料规格及编号	计量单位	数量		实际成本				
			应收	实收	单价	发票价格	采购费	损耗及整理费	合计
合　计									

财会部门主管　　记账　　保管部门主管　　收料人　　交料人

表8-3 (企业名称)领料单

凭证编号________　　　　　　　　　　　　　　　　　　领料单位________
用　　途________　　　　　年　月　日　　　　　　　　发料仓库________

材料编号	材料名称及规格	计量单位	数量		单价	金额
			请　领	实　发		

记账　　发料　　领料部门负责人　　领料

2. 按填制手续分类

原始凭证按填制手续不同可以分为一次凭证和累计凭证。

一次凭证，是指反映一项经济业务事项或同时反映若干项同类型经济业务事项的凭证，凭证的填制手续是一次完成的。绝大多数的原始凭证都是一次凭证，如收据、银行结算凭证、收料单、领料单、发票等。一次凭证是一次有效的凭证。

累计凭证，是为了便于加强管理，简化手续，用来连续反映一定时期内若干项不断发生的同类型经济业务事项的原始凭证。这种凭证的填制手续不是一次完成的，而是把经常发生的同类型经济业务事项多次、连续登记在一张凭证上，填制手续须在期末才能完成。这种凭证可以随时计算发生额累计数，便于同定额、计划、预算数进行比较，从而达到控制费用支出，节约开支的目的。例如，工业企业中使用的“限额领料单”就是一种典型的累计凭证，其格式见表8-4。

表 8-4　限额领料单

领料部门________　　　　　　　　　　　　　　　　　　　　凭证编号________

用　　途________　　　　　　　　　　　　　　　　　　　　发料仓库________

材料类别	材料编号	材料名称及规格	计量单位	领用限额	实际领用	单价	金　额	备注

供应部门负责人：　　　　　　　　　　　　　　　生产计划部门负责人：

日期	数　量		领料人签章	发料人签章	退　料			限额结余
	请领	实发			数量	收料人	发料人	

3．按格式分类

原始凭证按格式的不同分为通用凭证和专用凭证。

通用凭证是指在一定范围内具有统一格式和使用方法的凭证。这里的一定范围，可以是全国，也可以是某省、某市、某地区或某系统。如由中国人民银行制作的银行承兑汇票等结算凭证，在全国通用；某一地区统一印制的发票、收据等，在该地区通用。

专用凭证是指一些单位具有特定内容和专门用途的原始凭证。如从外取得的火车票、出租汽车定额发票等，企业内部的领料单、差旅费报销单、工资费用分配表等。

实际工作中，对许多相同经济业务事项、笔数很多的原始凭证或会计核算资料，可按照一定要求加以汇总，填制原始凭证汇总表，也称汇总原始凭证。汇总原始凭证合并了同类型的经济业务事项，既可提供经营管理所需要的总量指标，又简化了记账工作量。例如，发出材料汇总表、工资结算汇总表都属于汇总原始凭证。发出材料汇总表的一般格式见表 8-5。

表 8-5　发出材料汇总表

年　月　日　　　　　　　　　　　　附领料单__张

会计科目	领料部门	原材料	燃料		合　计
生产成本	一车间				
	二车间				
	小　计				
制造费用	一车间				
	二车间				
	小　计				
管理费用	行政部门				
合　　计					

会计主管　　　　　　记账　　　　　　审核　　　　　　制表

以上是按不同的标准对原始凭证进行的分类。它们之间是相互依存密切联系的，如现金收据对出具收据的单位来讲是自制原始凭证，而对接受收据的单位来讲则是外来原始凭证，它既是一次凭证，也是专用凭证。

无论自制的或外来的原始凭证以及汇总原始凭证，一般都是以实际发生的经济业务事项为依据直接填制的。但应注意，有些原始凭证是通过分配计算而编制的，如制造费用分配表就是运用一定的分配标准计算而填制的，是监督费用分配是否合理的重要原始凭证。

4. 按记录形式分类

原始凭证按记录形式的不同，分为纸质凭证和电子凭证。

在电子商务发展迅速的时代，原始凭证除了纸质的凭证外，单位从外部接受的原始凭证，符合规定条件的，可仅以电子形式进行记账和归档保存。

8.2.3 原始凭证的基本内容

经济业务事项的内容是多种多样的，记录经济业务事项的原始凭证所包括的具体内容也各不相同，各有其不同的要求和特点。但每一种原始凭证都必须客观、真实地记录和反映经济业务事项的发生、完成情况，都必须明确有关单位、部门及人员的经济责任。这些共同的要求，决定了每种原始凭证都必须具备以下几方面的基本内容。

(1) 原始凭证的名称，如“河南省地方税务局通用机打发票”。

(2) 填制原始凭证的日期。它应该是经济业务事项发生的日期。

(3) 原始凭证的编号，如发票右上角套印的连续编号。

(4) 接受原始凭证单位的名称，如发票上填写的购货单位名称。

(5) 经济业务事项的基本内容，如发票上写明销售商品的货号、品名、规格、实物数量、计量单位、单价和金额；所记业务品种超过一种时应按品种分别记录其内容，并计算全部品种的合计金额；金额应同时填列阿拉伯数码和汉字大写数字。

(6) 原始凭证应具备的有关签章，如现行发票上由税务局套印的“全国统一发票监制章”；出具凭证的单位加盖的公章或有关专用章；经办人员的签字或姓名章。

(7) 原始凭证的附件，如与业务有关的购货明细表、经济合同等。

上述基本内容，除第7条外，一般不得缺少，否则，就不能成为具有法律效力的书面证明。在实际应用中，原始凭证还可视实际需要增加某些内容，如注明凭证的联次，专用凭证加印本单位名称、地址、开户银行和账户、税务登记号等，加印空白备注栏等。

8.2.4 原始凭证的填制

正确填制原始凭证，是如实反映经济活动的关键。填制原始凭证，就是将所要记录的经济业务事项，按实际执行和完成的情况，按规定的格式进行填制。

1. 原始凭证的填制要求

为了保证原始凭证能够正确、及时、清晰地反映各项经济活动的真实情况，提高会计核算的质量，并真正具备法律效力，原始凭证的填制，必须符合下列要求。

(1) 加强审核。填制原始凭证前必须审核经济业务事项是否符合国家有关方针、政策、法规、制度的要求，经审核无误者，方可填制凭证；对不符合制度等规定的经济业务事项，不得填制凭证并需查明原因，提请有关方面进行相应处理。

(2) 记录真实。经审核确认为合理合法的经济业务事项，在填制凭证时，要使凭证上所记内容同实际情况保持一致，对经济业务事项所涉及的实物的质、量均须检查验收，做到数字计算正确，内容真实可靠，不得弄虚作假而出现客观经济业务事项同凭证记录互相违背的情况。

(3) 内容完整。在经济业务事项所用的原始凭证上，要求严格按照规定的格式和内容逐项填写经济业务事项的完成情况。所有的项目必须填写齐全，不得省略或漏填。未按规定项目填制的凭证为无效凭证。

(4) 手续完备。经办人员和有关部门的负责人都要在凭证上签字或盖章，对凭证的真实性和正确性负完全的责任。从外单位取得的原始凭证，必须有填制单位的公章；从个人取得的原始凭证，必须有填制人签名或盖章。自制原始凭证，必须有部门负责人和经办人员的签名或盖章，对外开出的原始凭证必须加盖本单位的公章。所谓“公章”，应是具有法律效力和规定用途，能够证明单位身份和性质的印鉴，如业务公章、财务专用章、发票专用章、收款专用章或结算专用章。所有图章必须保证印迹清晰。

(5) 书写清楚。凭证上的文字和数码，要使用规定的笔和墨水，保证用字规范，不使用未经国务院颁布的简化字，字迹要工整、清晰，易于辨认；阿拉伯数字要一个一个地填写，不得连写；大写数字一律用“壹贰叁肆伍陆柒捌玖拾佰仟万亿元角分零整”，小写金额之前要写人民币符号“¥”(用非记账本位币计价、结算的凭证，金额前应标明外币符号，如 US＄、HK＄等)，例如小写金额¥1 087.65，大写金额应写成“人民币壹仟零捌拾柒元陆角伍分”，货币名称与金额中间不留空白；所有以元为单位的阿拉伯数字(单价除外)，一律填写到角、分，无角、分的要以“0”补位，大写金额最后为“元”或“角”的应加写“整”(或“正”)字断尾，大小写金额必须保持一致。一式多联凭证要保证复写质量，避免字迹、印迹模糊不清，辨认困难，造成差错。如果填写时发生错误，不得随意涂改、刮擦、挖补、粘扯，应按照规定的方法(划线法)进行更正，在写错的文字或数字上划一条红线，再将正确的文字或数字写在划线部分的上方，并加盖经手人印章(或本单位公章)。但应注意，如金额填写错误，不得更正，应将写错的凭证作废，并加盖“作废”戳记，重新填写。

(6) 连续编号。各种凭证都必须连续编号，以备查考。一些事先印好编号的重要凭证作废时，在作废的凭证上应加盖“作废”戳记，连同存根一起保存，不得随意撕毁。一式几联的原始凭证，必须注明各联的用途，并且只能以一联作为报销凭证；一式几联的发票和收据，必须用双面复写纸(发票和收据本身具备复写功能的除外)套写，并连续编号，作废时应加盖“作废”戳记，连同存根一起保存，不得撕毁。

(7) 填制及时。所有经办业务的有关部门和人员，在经济业务事项实际发生或完成时，必须及时填制或取得原始凭证，并及时将原始凭证送交会计机构，以保证会计核算工作的正常进行。一般来说，填制或取得的原始凭证送交会计机构的时间最迟不应超过一个会计结算期。

2. 注意事项

填制和取得原始凭证时还应注意以下几个问题。

(1) 购买实物的原始凭证，必须有验收证明。实物购入以后，要按照规定办理验收手续，以明确经济责任，保证账实相符。

(2) 发生销货退回及退还货款时，必须填制退货发票，附有退货验收证明和对方单位的收款收据，不得以退货发票代替收据。

(3) 单位人员公出借款的收据，必须附在记账凭证之后。借款收据是此项借款业务的原始凭证，是办理有关会计手续、进行相应会计核算的依据。在收回借款时，应当另开收据或者退还借款收据的副本，不得退还原借款收据。因为借款和收回借款虽有联系，但又有区别，在会计上需要分别进行处理，如果将原借款收据退还借款人，就会损害会计资料的完整性，使其中一项业务的会计处理失去依据。

(4) 经上级有关部门批准的经济业务事项，应当将批准文件作为原始凭证附件。如果批准文件需要单独归档的，应当在凭证上注明批准机关名称、日期和文件字号。

(5) 原始凭证不得外借，其他单位确需借用原始凭证时，经本单位会计机构负责人(会计主管人员)批准，可以复制。向外单位提供的原始凭证复制件，应当在专设的登记簿上登记，并由提供人员和收取人员共同签名或者盖章。

(6) 一张原始凭证所列的支出需要由两个以上的单位共同负担时，应当由保存该原始凭证的单位开具原始凭证分割单给其他应负担的单位。原始凭证分割单必须具备原始凭证的基本内容，包括凭证的名称、填制凭证的日期、填制凭证单位的名称或填制人的姓名、经办人员的签名或盖章、接受凭证单位的名称、经济业务事项的内容、数量、单价、金额和费用的分担情况等。

(7) 对丢失原始凭证的处理。从外单位取得的原始凭证如有遗失，应当取得原开出单位盖有公章的证明，注明原来凭证的号码、金额和内容等，并由经办人员签名后，报经办单位会计机构负责人(会计主管人员)和单位负责人批准后，才能代作原始凭证。如果确实无法取得证明，如火车、轮船、飞机票等凭证，由当事人写出详细情况，由经办单位会计机构负责人(会计主管人员)和单位负责人批准后，代作原始凭证。

(8) 原始凭证记载的内容有错误的，应当由开具单位重开或更正，更正工作必须由原始凭证出具单位负责，并在更正处加盖出具单位印章；重新开具原始凭证也应当由原始凭证开具单位负责。原始凭证金额出现错误，不得更正，只能由原始凭证开具单位重开。因为如果允许随意更改原始凭证上的金额，容易产生舞弊，不利于保证原始凭证的质量。

8.2.5 原始凭证的审核

1. 原始凭证审核的内容

为了正确、真实地反映经济业务事项的发生和完成情况，充分发挥会计的监督作用，对于一切原始凭证，会计机构、会计人员都必须进行审核，然后再以经过审核无误的原始凭证进行账务处理。对原始凭证进行审核，这是会计机构、会计人员的法定职责。原始凭证的审核一般应包括两方面。

（1）合法、合理性审核，即审核经济业务事项是否符合有关政策、法令、制度、合同、预算和计划等的要求，是否符合规定的审核权限和手续，是否符合提高经济效益的要求等。

（2）完整、正确性审核，即审核原始凭证所填写的经济业务事项是否与实际相符；凭证必须具备的基本内容是否填写齐全，数字计算是否正确，大小写金额是否相符，合计金额前是否加写“￥”符号，大写金额是否紧靠“人民币”书写，文字和数字书写是否清晰、有无涂改，签名、盖章是否齐全，凭证联次是否正确等。

2. 原始凭证审核后的处理

原始凭证的审核是一项十分重要、严肃的工作，原始凭证审核后应根据不同的情况进行处理。

（1）对于合法合理、手续完备、内容齐全、数字正确的原始凭证，按规定应及时办理会计手续，据以填制记账凭证，并作为附件粘于记账凭证后面，以备查核。

（2）对于内容合法、合理，但不够完整、正确的原始凭证，按规定应暂缓办理会计手续，退回有关部门和人员，及时补办手续或进行更正。内容不完整的应补填齐全，手续不全的应补办，印章漏盖的应补盖，以保证内容完整；如计算有误或大小写金额不符，均应及时更正错误，以保证凭证的正确性。原始凭证补办手续或进行更正后，应重新对更正后的凭证进行复审，确定无误后再办理会计手续。

（3）对于不合法、不合理的原始凭证，按规定拒绝办理会计手续，责成经办部门或个人自行负担后果。对于违反国家财经政策和制度的开支，会计人员应制止和纠正；制止和纠正无效时，应向本单位领导人提出书面意见，要求处理。

总之，填制或取得原始凭证，并加以严格的审核，可以正确、及时地反映经济业务事项的完成情况，发现问题，堵塞漏洞，保证会计核算资料的质量，防止贪污、舞弊等违法乱纪行为。

8.3 记 账 凭 证

8.3.1 记账凭证的概念

记账凭证是会计人员根据原始凭证填制，记载经济业务事项简要内容，确定会计分录，作为记账依据的会计凭证。

8.3.2 记账凭证的种类

1. 按用途分类

记账凭证按用途分类分为通用记账凭证和专用记账凭证。

通用记账凭证是用来记录所有经济业务事项的凭证。记账凭证不再区分收款、付款及转账凭证，而将所有经济业务事项统一编号，在同一格式的凭证中进行记录。适用于经济业务事项较简单、规模较小、收付款业务较少的单位。通用记账凭证的格式与转账凭证基本相同，格式见表 8-6。

表 8-6 记 账 凭 证

年 月 日　　　　编号________

摘要	总账科目	二级或明细科目	记账	借方金额	贷方金额
人民币合计(大写)					

附件　张

会计主管　　记账　　出纳　　审核　　制单

专用记账凭证是指记录不同的经济业务内容的凭证。专用记账凭证按照所反映的经济内容不同，可分为收款凭证、付款凭证和转账凭证。

收款凭证是指用于记录库存现金及银行存款收入业务的记账凭证，格式见表 8-7。

表 8-7 收 款 凭 证

应借科目________　　年 月 日　　____字第____号

摘要	应贷科目		记账	金　额
	一级科目	明细科目		
人民币合计(大写)				

附件　张

会计主管　　记账　　出纳　　审核　　制单

付款凭证是指用于记录库存现金及银行存款付出业务的记账凭证，格式见表 8-8。

表 8-8 付 款 凭 证

应借科目________　　年 月 日　　____字第____号

摘要	应借科目		记账	金　额
	一级科目	明细科目		
人民币合计(大写)				

附件　张

会计主管　　记账　　出纳　　审核　　制单

转账凭证是指用于记录不涉及库存现金和银行存款收付业务的转账业务的记账凭证，格式见表 8-9。

表 8-9　转 账 凭 证

年　　月　　日　　　　　　　　____字第____号

摘要	总账科目	二级或明细科目	记账	借方金额	贷方金额
人民币合计(大写)					

附件　　张

会计主管　　　记账　　　审核　　　制单

上述凭证中，收款凭证、付款凭证和转账凭证的划分，有利于区别不同经济业务事项进行分类管理，有利于经济业务事项的检查，但工作量较大，适用于规模较大、收付款业务较多的单位。

2. 按填制方法分类

记账凭证按填制的方法不同，可分为单式记账凭证和复式记账凭证两种。

单式记账凭证，是按一项经济业务事项所涉及各个会计科目分别填制的凭证，就是在每张记账凭证上只填列一个账户名称，而对应账户的名称仅作参考，不据以记账。填列借方账户的称为借项记账凭证，格式见表 8-10，填列贷方账户的称为贷项记账凭证，格式见表 8-11。一项经济业务事项涉及几个账户，就分别填制几张凭证，并采用一定的编号方法将它们联系起来。其优点是内容单一，便于记账工作的分工，也便于按科目汇总，并可加速凭证的传递。其缺点是凭证张数多，内容分散，在一张凭证上不能完整地反映一笔经济业务事项的全貌，不便于查账。故需加强凭证的复核、装订和保管工作。

表 8-10　借项记账凭证

对应科目________　　　　年　　月　　日　　　　编号________

摘要	一级科目	二级或明细科目	金额	记账

会计主管　　　记账　　　审核　　　出纳　　　制单

表 8-11　贷项记账凭证

对应科目________　　　　年　　月　　日　　　　编号________

摘要	一级科目	二级或明细科目	金额	记账

会计主管　　　记账　　　审核　　　出纳　　　制单

复式记账凭证，是将一项经济业务事项所涉及的各有关会计科目都集中填制的凭证，也就是在每张记账凭证上填列一笔分录的全部账户名称。它是实际工作中应用最普遍的记账凭证。上述收款凭证、付款凭证和转账凭证，以及通用记账凭证均为复式记账凭证。其优点为能集中、完整地反映一笔经济业务事项的全貌，即经济业务事项所涉及的全部账户及其对应关系在一张凭证中就可以反映出来，减少了凭证的张数，且填写方便，附件集中，便于凭证的分析和审核。其缺点是不便于分工记账，也不便于汇总每一科目的发生额。

8.3.3 记账凭证的基本内容

记账凭证所反映的经济业务事项内容不同，不同单位对会计核算要求的繁简程度不同，使得记账凭证在具体格式上存在一些差异。但所有的记账凭证都必须满足记账的基本要求，均应包括如下基本内容。

(1) 记账凭证名称，如“记账凭证”“收款凭证”“付款凭证”“转账凭证”。

(2) 记账凭证的填制日期。

(3) 记账凭证的类别(字)和编号，如“付(或现付，银付)字第16号”。

(4) 经济业务事项内容摘要，如“用存款支付厂部修理费”。

(5) 经济业务事项所涉及的会计科目(含所属明细科目)、借贷方向和金额，即会计分录。

(6) 过账标记，如“√”符号或登记账簿页码。

(7) 所附原始凭证张数。

(8) 填制凭证人员、稽核人员、记账人员、会计机构负责人、会计主管人员的签名或盖章。此外，收款和付款凭证还应当由出纳人员签名或者盖章。

在实际应用中，记账凭证还可视实际需要增加某些内容，如凭证上加印使用单位的名称，凭证编号附加总号、出纳号等。以自制的原始凭证或者原始凭证汇总表代替记账凭证的，也必须具备记账凭证应有的项目。

8.3.4 记账凭证的填制

1. 记账凭证的填制要求

记账凭证是进行会计处理的直接依据，填制记账凭证除了做到“真实可靠、内容完整、填制及时、书写清楚”外，还必须注意遵守一些基本要求：

(1) 记账凭证可以根据每一张原始凭证填制，也可以根据若干张同类原始凭证汇总填制，或者根据原始凭证汇总表填制，但不得将不同内容和类别的原始凭证汇总填制在一张记账凭证上。

(2)“摘要”栏应简单明了地填写经济业务事项内容的要点，文字说明要简练概括。

(3) 会计科目使用必须正确，必须按会计制度统一规定的会计科目填写，不得任意简化或改动，不能只写科目编号，不写科目名称；同时，应借、应贷科目的对应关系必须清楚。确定会计分录的形式一般情况下是一借一贷、一借多贷和一贷多借。另外，二级和明细科目一定要填列齐全。

（4）金额的登记方向和大小写数字必须正确，符合数字书写规定，角分位不留空白，多余的“金额”栏应划斜线注销。合计金额的第一位数字前要写人民币符号“¥”。

（5）一张记账凭证填写完毕，应按所使用的记账方法，检查其平衡关系。

（6）记账凭证必须连续编号，目的是分清会计事项处理的先后顺序，便于记账凭证与账簿之间的核对。若企业采用不分类的通用记账凭证，应按照经济业务事项的先后顺序编号；若采用收、付款凭证和转账凭证，可采用分类编号法，如银收字第 1 号、现付字第 5 号和转字第 8 号等。如果同一笔经济业务事项需要填制两张或两张以上的记账凭证时，可采用分数编号法，如转字第 $7^{1/2}$、转字第 $7^{2/2}$ 等。

（7）记账凭证应附有原始凭证，并注明张数。除期末转账和更正错误的记账凭证可以没有原始凭证外，其他记账凭证都必须附有原始凭证，以便复核“摘要”栏所说明的经济业务事项内容及所编制的会计分录是否正确，也便于日后查阅原始凭证。所附原始凭证张数的计算，一般以原始凭证的自然张数为准。如果记账凭证中附有原始凭证汇总表，则应该把所附的原始凭证和原始凭证汇总表的张数一起计入附件的张数之内。但报销差旅费等零散票券，可以粘贴在一张纸上，作为一张原始凭证。如果根据同一原始凭证编制两张或两张以上的记账凭证，可以将该原始凭证附在一张主要的记账凭证后面，在其他记账凭证上附原始凭证复制件，或者在未附原始凭证的记账凭证上注明“原始凭证×张，附在第×号凭证之后”，以便复核和查阅。

（8）记账凭证填写完毕，要由有关人员包括制单人员、审核人员、记账人员和会计主管签章，其目的在于明确各人应负的责任。同时，通过多人检查，有利于防止记账过程中出现差错，从而保证会计最终所提供信息的真实、可靠。对收款和付款凭证必须先审核，后办理收、付款业务，出纳人员应当在有关凭证上签章，对已办妥收款或付款的记账凭证和所附的原始凭证，出纳人员要当即加盖“收讫”或“付讫”戳记，以免重(漏)收、重(漏)付。

（9）正确使用改错方法。填制记账凭证时如果发生错误，应当重新填制。已经登记入账的记账凭证在当年内发现错误的，可以用红字更正法进行更正。如果会计科目没有错误，只是金额错误，可以按正确数字同错误数字之间的差额，另编一张调整记账凭证，调增金额用蓝字，调减金额用红字；如果发现以前年度的记账凭证有错误的，应当用蓝字填制一张更正的记账凭证。

（10）实行会计电算化的单位，其机制记账凭证应当符合记账凭证的一般要求。打印出来的机制记账凭证上要加盖制单人员、审核人员、记账人员和会计机构负责人(会计主管人员)印章或者签字，以明确责任。

2. 记账凭证的格式和填制方法

由于单式记账凭证的使用范围较窄，本节以收款凭证、付款凭证和转账凭证为主，介绍记账凭证的填制。

（1）收款凭证的格式和填制方法。收款凭证是用来记录现金和银行存款收入业务的记账凭证，是根据有关的现金和银行存款收入业务的原始凭证填制的。

由于收款凭证是以现金和银行存款收入的原始凭证为依据填制的，因此，凭证借方只有两个科目，为了醒目，通常把它放在凭证的左上角，可以按业务内容分别在借方科目中填入“库存现金”或“银行存款”科目。收款凭证共有五栏，第一栏“摘要”，要求简明扼要地说明经济业务事项的内容；第二栏为“贷方科目”栏，要求根据经济业务事项的内容，填入与借方科目对应的总账科目；第三栏“明细科目”栏，要求填入这笔业务贷方总账科目的明细科目名称；第四栏“记账”栏，登记账簿时应注明记入账簿的页次或划“√”符号表示已经入账，以免发生漏记或重记错误；第五栏“金额”栏，填写与同一行科目对应的发生额，“合计金额”则填写各发生额的合计数，表示借方的记账金额，紧靠“人民币大写”用汉字书写大写金额，同时在小写合计金额前写人民币符号“¥”。收款凭证日期按编制凭证当天日期填写。编号可按银行存款或库存现金分别编号，如“银收字第1号”“现收字第3号”，也可以按收款凭证统一编号，如“收字第1号”。附件张数根据所附原始凭证的张数填列。各有关人员应在收款凭证下边签名盖章，以示负责。填制完经济业务事项后的记账凭证，如有空行，应当在“金额”栏自最后一笔金额数字下的空行处至合计数上的空行处划斜线注销。现举例加以说明。

【例8-1】 20××年1月1日某企业销售A产品一批，专用发票上注明货款5 000元，增值税850元，款已存入银行。根据有关的原始凭证填制收款凭证，见表8-12。

表8-12 收款凭证

应借科目银行存款　　　　20××年1月1日　　　　银收字第 1 号

摘要	应贷科目		记账	金额
	一级科目	二级或明细科目		
销售A产品	主营业务收入	A产品	√	5 000.00
	应交税费	应交增值税(销项税额)	√	850.00
人民币合计(大写)伍仟捌佰伍拾元整				¥5 850.00

附件2张

会计主管：王强　记账：李林　出纳：张信　审核：刘杨　制单：牛顿

收款凭证所有的项目填写齐全以后，才能作为登记银行存款日记账、现金日记账及总账和明细账的依据，也是出纳人员收入款项的依据，出纳人员在收款以后，应加盖“收讫”章。

(2) 付款凭证的格式及填制方法。付款凭证是用来记录企业银行存款和库存现金付出业务的记账凭证，是根据有关的银行存款和库存现金付出业务的原始凭证填制的。付款凭证的格式与收款凭证基本相同，只是付款凭证左上角是贷方科目。现通过实例来说明付款凭证的内容及填制方法。

【例8-2】 20××年1月5日某企业开出转账支票支付厂部修理费2 000元，根据有关的原始凭证来编制付款凭证，见表8-13。

表 8-13 付款凭证

应贷科目银行存款　　　　20××年 1 月 5 日　　　　银付字第11号

摘　要	应借科目		记账	金　额	
	一级科目	明细科目			
付厂部修理费	管理费用	修理费	√	2 000.00	附件1张
人民币合计(大写)贰仟元整				¥2 000.00	

会计主管：王强　　记账：李林　　出纳：张信　　审核：刘杨　　制单：牛顿

应注意的是，在实际经济生活中发生的从银行提取库存现金，或者将库存现金存入银行等导致库存现金和银行存款此增彼减的经济业务事项，对这类业务，目前的惯例是统一按贷方填制付款凭证，以避免重复记账带来的麻烦。即从银行提取库存现金业务，只编制银行存款付款凭证；将库存现金存入银行业务则编制库存现金付款凭证。

付款凭证是登记库存现金日记账、银行存款日记账、总账和明细账的依据，同时也是出纳人员付款的依据。出纳人员在付款之后要加盖“付讫”章，以免重付、漏付款项。

但应注意的是，出纳人员不能依据原始凭证收、付库存现金和银行存款，必须根据会计主管人员或指定人员审核批准的收、付款凭证收、付库存现金和银行存款。因此，根据库存现金和银行存款收付业务的原始凭证单独填列收、付款凭证，可以对库存现金和银行存款收付业务加强监督。

(3) 转账凭证的格式和填制方法。转账凭证，是用来记录企业不涉及现金和银行存款收付业务的其他转账业务所用的记账凭证，是根据现金和银行存款收付以外的其他原始凭证填制的记账凭证。

转账凭证上的“总账科目”和“明细科目”栏，应先填写应借总账科目和明细科目，再填写应贷总账科目和明细科目。借方总账科目应记金额，在同一行的“借方金额”栏中填列。贷方总账科目应记金额，在同一行“贷方金额”栏内填列，“借方金额”栏中的总账科目合计数与“贷方金额”栏的总账科目合计数应平衡相等。当根据转账凭证登记账簿之后，应在“记账”栏内注明账簿页次或打“√”表示该项经济业务事项已登记入账。转账凭证的编号一般按凭证填写的先后顺序编列，如“转字第 1 号”。转账凭证的日期栏、附件栏及签名栏(没有出纳人员签章)与收、付款凭证的填写方法相同。

转账凭证的格式与收、付款凭证的主要区别是：不设主体科目栏，某项经济业务事项涉及的会计科目全部登在会计科目栏内，用借方金额和贷方金额来确定科目的借贷关系。现通过举例说明转账凭证的填制。

【例 8-3】 20××年 1 月 3 日某企业领用甲材料 100 千克，金额为 50 000 元，其中生产 A 产品耗用 46 000 元，企业管理部门维修耗用 4 000 元，根据有关领料单填制转账凭证，见表 8-14。

表 8-14 转账凭证

20××年1月3日　　转字第14号

摘　　要	总账科目	明细科目	记账	借方金额	贷方金额
领用甲材料	生产成本	A产品	√	46 000.00	
100千克	管理费用	修理费	√	4 000.00	
	原材料	甲材料	√		50 000.00
人民币合计(大写)伍万元整				¥50 000.00	¥50 000.00

附件1张

会计主管：王强　　记账：李林　　审核：刘杨　　制单：牛顿

如果一笔经济业务事项同时涉及两种不同类型的记账凭证，如1月11日采购员李瑞出差回来报销差旅费1 900元，退回余款100元(原借2 000元)，在实际会计工作中，这项经济业务不能填写在一张凭证上，而是编成两张记账凭证。把涉及现金收入的业务编制一张收款凭证，把涉及转账业务的部分编制一张转账凭证，这两张凭证可按各自所在序列连续编号，但在凭证中应注明相互间的联系。其格式见表8-15和表8-16。

表 8-15 收款凭证

应借科目库存现金　　20××年1月11日　　现收字第21号

摘　要	应贷科目		记账	金额
	一级科目	明细科目		
李瑞出差退回余款	其他应收款	李瑞	√	100.00
人民币合计(大写)壹佰元整				¥100.00

附件1张，见转字第26号证张

会计主管：王强　　记账：李林　　出纳：张信　　审核：刘杨　　制单：牛顿

表 8-16 转账凭证

20××年1月11日　　转字第26号

摘　　要	总账科目	明细科目	记账	借方金额	贷方金额
李瑞报销	管理费用	差旅费	√	1 900.00	
差旅费	其他应收款	李瑞	√		1 900.00
人民币合计(大写)壹仟玖佰元整				¥1 900.00	¥1 900.00

附件1张

会计主管：王强　　记账：李林　　审核：刘杨　　制单：牛顿

(4) 通用记账凭证的填制。该凭证的填制与转账凭证基本相同，所不同的是，在凭证的编号上，采用按照全部经济业务事项的时间先后顺序编号的方法。对于一笔经济业务事项涉及两张以上记账凭证时，可以使用分数编号法。

8.3.5 记账凭证的审核

正确地填制记账凭证是正确登记会计账簿的前提，特别是收、付款凭证是出纳人员收付款项的依据，因此，为了保证账簿记录的真实性，监督货币资金的收付，除了填制人员应当认真负责，加强自审外，财会部门还应建立相互复核和专人审核的制度。记账凭证审核的内容主要有以下几个方面：

（1）按原始凭证审核的要求，对所附的原始凭证进行复核，充分发挥会计核算的监督作用。

（2）记账凭证所附原始凭证是否齐全，记账凭证的经济内容与所附的原始凭证的内容是否相符，金额是否一致等。对一些需要单独保管的原始凭证和文件，应在记账凭证上注明“附件另订”。

（3）摘要填写是否清楚准确，会计科目的使用是否正确(同一经济业务事项所使用的一级科目和明细科目口径应保持一致)，应借、应贷的金额是否正确，账户的对应关系是否清晰。

（4）记账凭证的项目是否填写齐全，有关人员是否都已签名盖章等。

（5）书写是否清楚。凭证的文字和数字，除复写凭证外，要按规定使用钢笔和蓝或黑色墨水书写。书写要正确、清楚，不能污染、抹擦、刀刮、挖补和粘扯。

审核时如发现记账凭证上有错误，应查明原因，并且按规定的方法及时更正，只有经过审核无误后的记账凭证，才能据以登记账簿。

8.4 会计凭证的传递与保管

8.4.1 会计凭证的传递

1．会计凭证的传递程序

会计凭证的传递，是指从会计凭证的取得或填制时起，经过审核、记账、装订到归档保管时止，在单位内部有关部门和人员之间按规定的传递时间、路线办理业务事项手续和进行处理的过程。

由于各单位内部经济业务事项是多种多样的，每项经济业务事项的经办部门和人员不同，而且办理会计凭证手续所需要的时间也不一样，因此，各单位对于经常发生的，而且必须由有关部门共同办理的主要经济业务事项，应明确规定会计凭证的传递程序和传递时间，这样不仅可以及时反映和监督经济业务事项的完成情况，而且可以促使经办部门和人员及时办理凭证手续，加强经济管理责任制，提高工作效率。现通过产品完工入库的过程说明会计凭证的传递程序，如图 8.3 所示。

图示说明：① 产品入库时，由生产车间填写入库单一式三联交库验收；② 仓库和检验部门验收后填入验收数，B 联返回车间留存，A 联留仓库存查；③ C 联交会计部门；④ 会计部门根据 C 联入库产品数计算完工产品生产成本；⑤ 由会计部门编制转账凭证。

为了正确组织会计凭证传递工作，应注意以下两点。

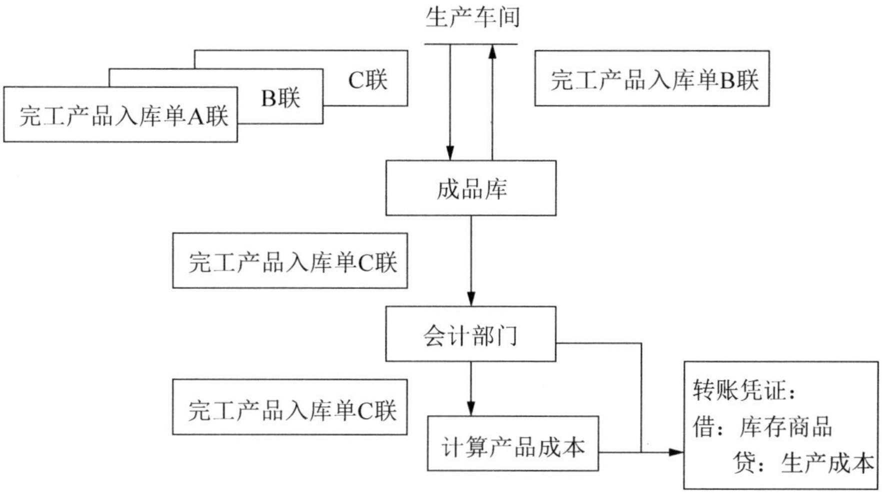

图 8.3 会计凭证传递程序

(1) 应根据各单位经济业务事项的特点，结合内部机构设置及人员分工情况，以及经营管理的要求，合理规范会计凭证的传递工作，并以此规定会计凭证所需的份数，做到既要使经济情报及时传递到各有关部门和人员，以便了解经济业务事项的情况，及时办理手续，又要尽量减少不必要的环节，提高会计核算工作效率。

(2) 恰当确定会计凭证在各个环节停留的时间，要根据各部门办理经济业务事项的必要手续，考虑各部门和有关人员的工作内容和工作量在正常情况下的完成时间，同时结合企业管理的要求等情况，明确规定会计凭证在各个环节停留的时间，不能拖延和积压会计凭证，以保证及时地传导经济信息，更好地为经营管理服务。一切会计凭证的传递和处理，都应当在报告期内完成，不允许跨期，否则，将影响会计核算的准确性和及时性。

2. 会计凭证传递的意义

正确组织会计凭证的传递，对于提高会计核算的及时性，正确地组织经济活动，贯彻经济责任制，加强会计监督有重要的意义。

(1) 明确规定凭证传递的程序和时间，不仅可以及时地核算和监督经济业务事项的完成情况，而且可以促使经办经济业务事项的部门和人员及时、正确地完成经济业务事项和办理凭证手续，从而贯彻经营管理上的责任制。例如，对于完工产品入库的经济事项，应明确需要多长的时间验收入库，由谁负责填制完工产品入库单，一式几联，何时将完工产品入库单送交会计部门；会计部门由谁负责审核完工产品入库单的工作，由谁在何时编制记账凭证、登记账簿，由谁负责整理和保管凭证等。这样，就可以考核经办业务部门人员是否及时、正确地完成各项经济业务事项，是否严格地按照规定的程序办理凭证手续，从而加强经济管理的岗位责任制，发挥会计监督的作用。

(2) 合理的凭证传递程序，有利于使会计凭证沿着最迅速、最合理的轨道传递。因此，必须从满足经营管理和会计核算需要出发，从保证核算的及时性出发，合理确定会计凭证在各个环节上停留的时间。只有这样，才能保证会计凭证传递畅通无阻，层次清楚，责任明确，才能使会计凭证通过最短途径并以最快速度传递，以充分发挥会计凭证及时传导经济信息、加强经营管理、提高会计信息质量的重要作用。

8.4.2 会计凭证的保管

会计凭证的保管是指会计凭证记账后的整理、装订、归档存查工作。会计凭证既是记录经济业务事项，明确经济责任的书面证明文件，又是登记账簿的依据，因此，它是重要的经济档案和历史资料。为了以后便于上级主管部门的考核及监督，以及企业的查阅，必须对会计凭证加以整理和妥善保管，防止丢失，更不得任意销毁。会计凭证整理和保管的要求主要有以下几项。

(1) 确定会计凭证整理的时间(如每天、每旬或每月)。

(2) 各种记账凭证按编号顺序排列，连同所附的原始凭证一起，加上封面、封底装订成册，防止散失。

(3) 在封面上应注明单位名称、年度和月份、记账凭证的种类、起讫日期、起讫号数，以及记账凭证和原始凭证张数、会计主管人员、装订人等。如果所附的原始凭证数量过多或比较重要，可以单独装订保管，但应在记账凭证上加以说明，以便查考。

(4) 会计凭证应加贴封签，防止抽换凭证。

(5) 会计凭证必须由专门人员负责管理。每年装订完成的会计凭证，在年度终了时可暂由单位会计机构保管 1 年，期满后应移交本单位的会计档案部门保管。查阅时要经会计机构负责人同意后，才能取出。

(6) 严格遵守会计凭证的保管期限要求。2015 年 7 月 1 日起执行的《会计档案管理办法》规定，原始凭证、记账凭证保管 15 年。保管期满，按规定手续报经批准后，才能予以销毁。但保管期满而未结清的债权、债务原始凭证和涉及其他未了事项的原始凭证，不得销毁，应当单独抽出立卷，保管到未了事项完结时为止。

本章小结

本章介绍了填制和审核会计凭证的意义。会计凭证分为原始凭证和记账凭证两大类，原始凭证按照来源不同可分为外来原始凭证和自制原始凭证；记账凭证按其所反映的经济内容不同，可分为收款凭证、付款凭证和转账凭证。介绍了原始凭证和记账凭证的填制和审核方法。

名人名言

信息是我们适应外部世界，并且使这种适应为外部世界感到的过程中同外部世界进行交换的内容的名称。

——美国数学家、控制论创始人　诺伯特·维纳

在社会发展某个很早的阶段，产生了这样一种需要：把每天重复着的生产、分配和交换产品的行为用一个共同规则概括起来，设法使每个人服从生产和交换的一定条件。这个规则首先表现为习惯，后来成为法律。

——恩格斯

会计准则就如同构造契约组合的预制件。

——夏恩·桑德

练习与思考

一、单项选择题

(1) 会计凭证按(　　)不同可以分为原始凭证和记账凭证。

A. 形态　　B. 填制程序和用途　　C. 填制内容　　D. 取得来源

(2) 下列属于外来原始凭证的是(　　)。

A. 购物发票　　B. 入库单　　C. 出库单　　D. 领料汇总表

(3) 企业购进原材料 60 000 元，款项未付。该笔经济业务应编制的记账凭证是(　　)。

A. 收款凭证　　B. 付款凭证　　C. 转账凭证　　D. 以上均可

(4) 关于会计凭证的保管，下列说法不正确的是(　　)。

A. 会计凭证应定期装订成册，防止散失

B. 会计主管人员和保管人员应在封面上签章

C. 原始凭证不得外借，其他单位如有特殊原因确实需要使用时，经本单位会计机构负责人、会计主管人员批准，可以复印

D. 经单位领导批准，会计凭证在保管期满前可以销毁

(5) 付款凭证左上角的“贷方科目”可能登记的科目是(　　)。

A. “预付账款”　　B. “银行存款”　　C. “预收账款”　　D. “其他应付款”

二、多项选择题

(1) 在原始凭证上书写阿拉伯数字，正确的是(　　)。

A. 金额数字一律填写到角、分

B. 无角无分的，角位和分位可写“00”或者符号“—”

C. 有角无分的，在分位的部分应当写“0”

D. 有角无分的，分位也可以用符号“—”代替

(2) 以下经济业务中，应填制转账凭证的是(　　)。

A. 职工报销借支差旅费 5 000 元　　B. 以库存现金 2 000 元购买办公用品

C. 销售甲产品收入现金 3 000 元　　D. 购入设备一台，价款 60 000 元未付

(3) 会计人员必须对原始凭证进行严格审核，对外来原始凭证，必须有(　　)。

A. 单位负责人印章　　B. 填制单位公章

C. 填制人员签章　　D. 单位财务主管印章

(4) 会计人员在审核原始凭证时发现有一张外来原始凭证金额出现错误，其正确的更正方法是(　　)。

A. 由经办人员更正、并报单位负责人批准

B. 由出具单位更正、并在更正处加盖公章

C. 由审核人员更正、并报会计机构负责人审批

D. 由出具单位重新开具

(5) 按照记账凭证的审核要求，下列内容中属于记账凭证审核内容的是(　　)。

A. 会计科目使用是否正确

B. 凭证所列事项是否符合有关的计划和预算

C. 凭证的金额与所附原始凭证的余额是否一致

D. 凭证项目是否填写齐全

三、判断题

(1) 所有的记账凭证都必须附有原始凭证，否则，不能作为记账的依据。(　　)

(2) 记账凭证是记录经济发生或完成情况的书面证明，也是登记账簿的凭据。(　　)

(3) 大写金额到元或角为止的，后面要写“整”或“正”，有分的，不写“整”或“正”。(　　)

(4) 除结账和更正错账的记账凭证后面可以不附原始凭证以外，其他记账凭证必须附有原始凭证。(　　)

(5) 保管期满但未结清的债权、债务原始凭证不得销毁，应由档案部门永久保管。(　　)

四、连线题

在正确的两者之间划线连接。

库存商品出库单	
销货发票	
购料发票	自制原始凭证
面的票	外来原始凭证
工资单	
材料入库单	

五、业务题

习题 1

1. 目的：练习编制记账凭证。

2. 资料：黄河公司 20××年 4 月发生如下经济业务。

(1) 2 日收到牡丹公司前欠货款 30 000 元，存入银行。

(2) 8 日王亮借支差旅费 5 000 元，以库存现金支付。

(3) 11 日向光华厂购入 A 材料 80 000 元，增值税税率为 17%，货款未付。

(4) 15 日从银行提现金 96 000 元。

(5) 16 日销售甲产品一批，价款 64 000 元，增值税税率为 17%，存入银行。

(6) 20 日车间生产甲产品领用 A 材料 56 000 元。

(7) 26 日以银行存款支付车间电费 12 480 元，水费 1 960 元。

3. 要求：根据以上业务编制通用记账凭证。

习题 2

1. 目的：练习编制专用记账凭证。

2. 资料：某单位20××年8月份发生下列经济业务。

(1) 8月4日，收到中南公司归还前欠货款20 000元存入银行。

(2) 8月9日，向中北工厂购入甲材料，进价46 800元(含进项税，税率为17%)，货款以存款支付。材料已验收入库。

(3) 8月11日，从银行提取现金52 000元。

(4) 8月16日，销售A产品一批计37 440元(含销项税，税率为17%)，存入银行。

(5) 8月22日，车间生产A产品领用甲材料18 000元。

(6) 8月23日，管理人员王某出差回来，报销差旅费2 230元，交回现金270元。

(7) 8月26日，销售给中西公司B产品一批，计价40 014元(含销项税，税率为17%)，货款未收回。

(8) 8月29日，以银行存款支付电费12 400元，水费4 800元，其中车间电费7 400元，水费2 800元，管理部门电费5 000元，水费2 000元。

3. 要求：根据上列经济业务，确定应编制的专用凭证的种类，选用下列格式，编制收、付、转凭证(表8-17—表8-19)。

表8-17 收款凭证

借方科目： 年 月 日 字 号

摘要	贷方科目		记账	金额
	一级科目	二级或明细科目		
合计				

会计主管 记账 出纳 审核 填制

表8-18 付款凭证

贷方科目： 年 月 日 字 号

摘要	贷方科目		记账	金额
	一级科目	二级或明细科目		
合计				

会计主管 记账 出纳 审核 填制

表 8-19 转 账 凭 证

年 月 日 ____号

摘要	一级科目	二级或明细科目	记账	借方金额	贷方金额
合 计					

会计主管 记账 审核 填制

习题 3

1. 目的：练习编制记账凭证。

2. 资料：黄河公司 20××年 4 月份发生下列部分经济业务。

(1) 1 日，销售甲商品一批，售价 41 418 元(含税 17%)，存入银行。

(2) 5 日，从银行提取现金 20 000 元，准备发放工资。

(3) 10 日，大华公司交来支票一张，计 15 000 元，归还前欠货款，支票送存银行。

(4) 16 日，以库存现金支付本月房租 1 800 元。

(5) 20 日，购入 A 材料，进价 52 650 元(含税 17%)，以存款支付，材料验收入库。

(6) 18 日，以银行存款支付 A 材料采购运费 500 元。

(7) 30 日，以库存现金支出本月应负担的日常修理费 400 元。

(8) 30 日，计算本月应负担的借款利息 1 200 元。

3. 要求：根据上列经济业务，确定应编制的记账凭证种类，编制收、付、转凭证。

六、案例分析题

报 销

二根有家难回，因为十块钱。

二根是村里的新任会计，昨天到城里开会。住宿的时候，服务员说：“要发票二十块，不要发票十块。”村里也不富裕，为了给集体省钱，二根让旅社开了张白条。

回村后，二根找村主任签字报销。村主任把白条扔了出去，说：“你就是省一百万，没有正规发票也休想报一分钱。”

二根的老婆听说后，大闹：“给公家办事，还要自己掏钱，没门儿。你要报不了，就别想回家。”

二根无奈，拿着白条，又往返九十里去城里住宿的旅社换回了发票。

租车费六十元，午饭三十元，住宿费二十元。村主任一一签字报销。

(资料来源：宋炳成. 报销 [J]. 杂文选刊，2011 (5) .)

问题：

(1) 严格以会计凭证为依据是现代会计的三大标志之一(另外一是借贷记账法，二是连续地、系统地、全面地反映经济活动)，在工作中应如何使业务的合法性、合规性与合理性相统一？

(2) 向在国外工作过的老师或亲戚询问，国外是如何管理差旅费的。

(3) 针对上述情况，能否设计一套出差的管理制度，既符合合规性，又符合合理性？

第9章

登记账簿

教学目标

通过本章的学习，了解账簿的意义、种类，掌握账簿的设置和登记方法，并按照登账规则进行登账；掌握对账和结账的方法；了解错账的原因和更账方法的适用范围；掌握错账的更正方法。

教学要求

知识要点	能力要求	相关知识
账簿	(1) 账簿的定义 (2) 账簿的意义 (3) 账簿的种类	账簿按其用途分为序时账、分类账和备查账；账簿按外表形式分为订本账、活页账和卡片账；账簿按账页格式分为三栏式、数量金额式和多栏式
账簿的设置和登记	(1) 设置原则 (2) 登账规则	日记账的登记方法；总账和明细账的登记方法；结账方法；对账方法；更正方法的适用范围；更正方法

我们必须时刻记住，会计系统无非是一个进行统计分类的模式，初始分类和再分类数据的真实性完全取决于账户类目定义和记账规则的合理性。因此，账户类目定义和记账规则的每一次明显改进，都有可能提高会计信息的真实性。

——A. C. 利特尔顿

基本概念

账簿　序时账　分类账　总账　明细账　三栏式　多栏式　数量金额式　订本账　活页账　卡片账　对账　账证相符　账账相符　账实相符　账表相符　结账　划线更正法　红字更正法　补充登记法　会计档案

导入案例

账簿——信息的家

会计信息平时“住”在哪里？这个地方就是会计信息的“家”，会计上把它叫账簿。账，就是对货币、财物类别的记载；簿就是册子。

为什么要把会计信息分成类，给它找个家呢？这好比一个国家，为了管理全国之民众，先分成省(自治区、直辖市)，再分成市(地)、区(县)、乡镇，最后到户。一个人不管平时多忙，天南地北地奔波，总有一个落脚之地，总有一个家。不信看看你的身份证，不管你走到哪里，就算是天涯海角，只要有你的身份证号总能找着你的家，知道你的信息，找到你。

一个企业也是这样，会计凭证上反映的资金繁杂，如何理顺，加以管理呢？首先，把资金运动按要素分成资产、负债、所有者权益、收入、费用、利润；其次，对会计要素进行再分类，如将资产分成流动资产、长期投资、固定资产、无形资产、其他资产，将负债分成流动负债、长期负债等；最后，分类确定到会计科目，在簿籍中进行登记，就算是到“家”了。什么时候需要，找什么会计信息，到账簿——会计信息的“家”里取来即可。譬如，对流动资产中的货币资金再分设为“库存现金”“银行存款”等账户，需要了解库存现金和银行存款的多少，只要去看看“库存现金”和“银行存款”账户就知道了。

点评：账簿——信息的载体。

账簿是对会计信息整理分类的载体，是会计核算的方法之一，在会计循环中，具有承上启下的作用。账簿有完整的体系，能够分类、完整、全面、系统地反映企业的资金运动。本章主要介绍账簿的意义、种类，总分类账和明细账的设置和登记，日记账的设置和登记，账簿的登账规则，以及错账的更正方法。

9.1 账簿的意义和种类

9.1.1 账簿的意义

账簿是由有一定格式、相互联系的账页所组成，用来序时、分类地记录和核算各项经济业务的会计簿籍。前面讲过，在会计核算工作中，对每一项经济业务都必须取得和填制会计凭证，以核算和监督每笔经济业务的发生或完成情况。但是，由于会计凭证数量繁多，又很分散，而且每张会计凭证所记载的只是个别的经济业务，只能零散地核算个别经济业务内容，不能连续、系统、全面地核算和监督一个单位在一定时期内某类和全部经济业务的变化情况。为了把各种会计凭证所核算的经济业务序时、分类地进行登记，形成系统的信息资料，就必须设置和登记账簿。

从图 8.1 中的会计核算的基本程序“填制与审核凭证→登记账簿→编制会计报表”上看，登记账簿具有“上承”会计凭证，“下启”会计报表的意义，具体为：

(1) 可以把一个单位在一定时期内发生的经济业务连续、系统地加以整理和登记，累积成有用的会计信息。通过设置和登记账簿，对各项经济业务进行序时、分类的记录，既可提供总括的核算资料，又可提供明细的核算资料，把分散的核算资料系统化，全面、连续、系统地反映各项资产、负债和所有者权益的增减变化，以及收入、费用的形成，利润的分配情况，为经济管理提供会计信息。

(2) 账簿记录是编制会计报表的主要依据。根据账簿所提供的核算资料，按期进行结账，核对无误后作为编制会计报表的主要依据。会计报表数字是否真实，编制报表是否及时，报表内容是否完整，说明是否详细，都同账簿的登记有密切的关系。

(3) 有利于对会计主体的经济活动进行分析、考核、检查。利用账簿提供的系统核算资料开展会计分析和会计检查，把记账和用账结合起来，考核经营成果，改善经营管理。

9.1.2 账簿的种类

由于各个单位经济业务量的大小和经营管理要求不同，所设置账簿的种类也是多种多样的。

1. 按用途分类

账簿按其用途可以分为序时账、分类账和备查账。

(1) 序时账也称日记账，是按照经济业务发生或完成的时间先后顺序，逐笔进行登记的账簿。按照经济业务类型，可以分为记录全部经济业务和记录某一类经济业务的日记账。现在，一般企业只对现金和银行存款收付业务设置现金日记账和银行存款日记账，以加强货币资金的管理。设置和登记日记账，可以核算和监督全部经济业务的发生或完成情况，也可以核算和监督某一类经济业务的发生或完成情况，还可以检查各项经济业务在账簿中的记录是否正确和完整。

(2) 分类账是对全部经济业务按照总分类账户和明细分类账户进行分类登记的账簿。所以，分类账又分为总分类账和明细分类账。总分类账是按照总分类账户即总账科目开设进行分类登记的账簿；明细分类账是按照明细分类账户即二级或三级明细科目开设进行分类登记的账簿。设置和登记分类账，可以分别核算和监督各项资产、负债、所有者权益的增减变化情况，费用成本的开支和升降情况，以及收入的取得、利润的实现与分配的情况，并且分类账的记录又是编制会计报表的主要依据。

在经济业务比较简单、总分类账户不多的情况下，为了简化记账工作，也可以把序时记录和分类记录结合在一本账簿中进行登记，这种账簿称为联合账簿，如日记总账。

(3) 备查账是对某些在日记账和分类账中未能登记的事项或记载不全的经济业务进行补充登记的账簿。例如，不属于本企业所有的经营性租入固定资产可用“租入固定资产登记簿”，不属于本企业所有的受托加工物资可用“受托加工物资登记簿”等。设置和登记备查账，可以对某些经济业务的内容进行必要补充，为加强经济管理提供所需要的参考资料。备查账并非每个单位都应设置，要根据实际需要确定是否设置。

2. 按外表形式分类

账簿按外表形式可以分为订本账、活页账、卡片账。

（1）订本账是在使用之前就把若干账页固定装订成册的账簿。订本账的优点是可以避免账页散失，防止抽换账页的行为。其缺点是同一账簿在同一时间内只能由一人登记，不能分工，也不能使用计算机记账；账页固定，不能根据需要增减账页，因此必须预先估计每一个账户记账需要的页数，预留空白账页。如果账页不够，就会影响账户的登记；如果账页预留过多，又会造成浪费。在现行会计制度中规定，带有统驭性和比较重要的总分类账、现金日记账和银行存款日记账都必须采用订本账。

（2）活页账是由分散的账页组成的账簿。卡片账也是由分散的卡片组成的，但与活页账的不同点是，一张卡片上常常只完整地反映同项经济事项。它们的共同特点是便于分工记账，可以使用机器记账，并能根据记账的实际需要随时增减空白的账卡。但应用活页账和卡片账也有缺点，账页或账卡容易散失和被任意抽换。为此，空白的账页或账卡应当在使用前编号，装在账夹或卡片箱内，并且要由主管人员在账页或账卡上盖章。活页账和卡片账应当在更换新账后装订成册或封扎保管。

3. 按账页格式分类

账簿按账页格式可以分为三栏式、数量金额式和多栏式账簿。

（1）三栏式账簿在账页上只设有“借方”“贷方”和“余额”三个金额栏。这种格式适用于那些只需要进行金额核算而不需要进行数量核算的经济业务内容，其格式见表 9-1。总分类账和反映债权、债务结算的明细分类账采用三栏式格式，库存现金日记账和银行存款日记账通常也采用三栏式。

表 9-1　三栏式账簿

账户名称：　　　　　　　　账 簿 名 称　　　　　　　　第　　页

年		凭证		摘要	借方	贷方	借或贷	余额
月	日	字	号					

（2）数量金额式账簿在账页上分别设有反映收入、发出和结余的“数量”栏和“金额”栏。这种格式适用于既要进行金额核算，又要进行实物数核算的各种财产物资的经济业务内容，其格式见表 9-2。“原材料”“库存商品”等账户的明细分类核算采用数量金额式账簿。

表 9-2 数量金额式账簿

账簿名称

编号 名称 规格 计量单位

储备定额 最高储备额 最低储备额

年		凭证		摘要	收入			发出			结存		
月	日	字	号		数量	单价	金额	数量	单价	金额	数量	单价	金额

(3) 多栏式账簿是根据经济业务的特点和经营管理需要，在一张账页上将全部经济业务的内容进行反映，或对某类经济业务的内容进行详细反映的账簿。前者如多栏式的总分类账，后者如多栏式库存现金、银行存款收入日记账，多栏式库存现金、银行存款支出日记账和反映有关费用、成本和收入、成果等业务内容的明细分类账。格式见表 9-3—表 9-6。

表 9-3 日记总账(多栏式)

年		凭证		摘要	会计科目 1		会计科目 2		会计科目 3		…		…	
月	日	字	号		借	贷	借	贷	借	贷	借	贷	借	贷

表 9-4 库存现金收入日记总账(多栏式)

年		凭证号数	摘要	贷方科目					收入合计	支出合计	余额
月	日			1	2	3	4				

表 9-5 库存现金支出日记总账(多栏式)

年		凭证号数	摘要	借方科目						支出合计
月	日			科目 1	科目 2	科目 3	科目 4	…	合计	

表 9-6 账簿名称(多栏式)

账户名称：　　　　　　　　　　　　　　　　　　　　　　　　　　第　　页

年		凭证		摘要	借方科目					贷方	余额
月	日	字	号		科目 1	科目 2	科目 3	…	合计		

9.2 账簿的设置和登记

9.2.1 账簿设置的原则

每个单位都应根据本单位经济业务的特点和经营管理上的需要，按照下列原则设置一定种类和数量的账簿。

（1）账簿的设置要适应本单位的规模和特点，满足管理需要。设置账簿时，应当从实际出发，考虑各单位不同的特点。

（2）账簿的设置要能保证全面、系统地核算和监督经济活动的情况，为经营管理提供系统、分类的核算资料，并能为编制会计报表直接提供所需要的指标。

（3）账簿的设置要在满足实际需要的前提下，考虑人力和物力的节约，力求避免复重设账。

（4）账簿的格式设计要科学，要按照所记录的经济业务的内容和需要提供的核算指标进行设计，要力求简单实用，避免繁琐复杂。

9.2.2 账簿应具备的基本内容

各种账簿所记录的经济业务不同，账簿格式可以多种多样，但各种账簿主要应具有下列基本内容。

（1）封面，写明账簿名称和记账单位名称。

（2）扉页，填列账簿启用的日期和截止日期、页数、册次，经办账簿人员一览表和签章，会计主管人员签章，移交记录，账户目录。

（3）账页，是账簿中用来具体记录经济业务的部分，其格式因反映经济业务内容的不同而有所不同，但其基本内容如下。

① 账户的名称，包括会计科目、二级或三级明细科目。

② 登账日期栏。

③“凭证种类和号数”栏。

④“摘要”栏，记录经济业务内容的简要说明。

⑤“金额”栏，记录经济业务的增减变动。

⑥ 总页次和分户页次。

9.2.3 账簿的设置和登记方法

1. 库存现金和银行存款日记账的设置和登记方法

设置和登记现金日记账和银行存款日记账，可以序时反映库存现金和银行存款每笔收付业务的发生情况，并可随时结出余额与库存现金或银行对账单核对，有利于对货币资金的保管、使用，有利于对现金管理制度的执行情况进行严格的日常监督。为了防止账页散失和随意调换，以及便于查阅，库存现金日记账和银行存款日记账必须采用订本式，并为每一张账页顺序编号。

库存现金日记账是由出纳人员根据审核后的现金收、付款凭证编号顺序逐笔登记的；同时，根据账款分管原则，由会计人员根据收、付款凭证，汇总登记总分类账。对于从银行提取现金的业务，一般只填制银行存款付款凭证，不填制库存现金收款凭证；库存现金的收入数，应根据银行存款付款凭证登记。库存现金日记账必须日清月结，即每日收付款项逐笔登记完毕后，应分别计算库存现金收入和支出的合计数及账面的结余额，并将库存现金日记账的账面余额与库存现金实存数相核对，借以检查每日库存现金收入、支出和结余情况。库存现金日记账可以采用三栏式，也可以采用多栏式，其格式和登记方法，分别见表9-7和表9-8。

表9-7 库存现金日记账（三栏式） 第 页

20××年		凭证		摘要	对方科目	收入	支出	结余
月	日	字	号					
4	1	略		月初余额				200
4	4			提现	银行存款	150		350
4	5			支付材料运费	材料采购		100	250
4	7			购办公用品	管理费用		70	180
				⋮				
4	30			本期发生额及余额		5 830	5 700	330

表9-8 库存现金日记账（多栏式） 第 页

20××年		凭证		摘要	贷方科目			收入合计	借方科目			支出合计	结余
月	日	字	号		银行存款				材料采购	管理费用			
4	1	略		月初余额									200
4	4			提现	150			150					350
4	5			支付材料运费					100			100	250
4	7			购买办公用品						70		70	180
				⋮									
4	30			本期发生额及其余额	1 000			5 830	200	170		5 700	330

银行存款日记账，应按存款种类、币种分别设置。银行存款日记账也是由出纳人员根据审核后的各有关银行存款收、付款凭证编号顺序逐笔登记的。对于现金存入银行的业务，一般只填制现金付款凭证，不填制银行存款收款凭证。银行存款的收入数，应根据现金付款凭证登记。每月结出账面的结余额，以便于检查监督各项收支款项发生情况，并便于定期同银行送来的对账单逐笔核对。其三栏式格式和登记方法见表 9-9。

表 9-9　银行存款日记账

20××年		凭证		摘要	结算凭证		对方科目	收入	支出	结余
月	日	字	号		种类	号数				
4	1	略		月初余额	略					40 000
4	4			提现			库存现金		150	39 850
4	10			支付材料			材料采购		19 850	20 000
4	15			销售产品			主营业务收入	30 000		50 000
⋮										
4	30			本期发生额及其余额				600 000	37 000	63 000

如果收、付款凭证数量较多，需要通过现金日记账和银行存款日记账汇总登记总分类账时，应采用上面讲的多栏式现金日记账和多栏式银行存款日记账，也可以按收款业务和付款业务分别设置多栏式现金或银行存款收入日记账和多栏式现金或银行存款支出日记账。收入日记账是“收入”栏按贷方科目设专栏，支出日记账是“支出”栏按借方科目设专栏。这些多栏式日记账应每日根据有关的收、付款凭证逐笔进行登记，把金额记入按对方科目设置的专栏内。其格式见表 9-4 和表 9-5。

2. 分类账的设置和登记方法

分类账分为总分类账和明细分类账，下面分别介绍总分类账和明细分类账的设置和登记方法。

(1) 总分类账的设置和登记。总分类账简称总账，是对各项经济业务按照总分类账户进行分类登记的账簿。由于总分类账能够全面、总括地反映会计主体的经济活动情况，并为编制会计报表提供资料，因此，任何单位都应当设置总分类账。在总分类账中，应按照会计科目的编码顺序分设账户，并为每个账户预留若干账页。

总分类账根据什么登记，取决于所采用的账务处理程序。它可以根据记账凭证逐笔登记，也可以根据记账凭证汇总表定期汇总登记，或者根据科目汇总表和多栏式现金、银行存款日记账于月终时汇总登记(见第 11 章)。每月应将当月已完成的经济业务全部登记入账，并于月终结出总账各账户的本期发生额和期末余额，作为编制会计报表的主要依据。总分类账的格式也因采用的记账方法和账务处理程序不同而异，可以采用按照每账户开设的“借方”“贷方”和“余额”三栏式账页，其格式和登记方法见表 9-10；也可以采用按照全部账户开设的多栏式账页，见表 9-3，这种格式的总账，叫作日记总账。

表 9-10 总分类账

账户名称：固定资产 第 页

20××年		凭证		摘要	借方	贷方	借或贷	结 余
月	日	字	号					
4	1	略		月初余额			借	200 000
4	4			购入一台设备	50 000		借	250 000
⋮								
4	30			本期发生额及余额	100 000	40 000	借	260 000

(2) 明细分类账的设置和登记。明细分类账简称明细账，是对各项经济业务按照各个明细分类账户进行分类登记的账簿。明细分类账所提供的有关经济活动的详细资料，也是编制会计报表的依据。根据经营管理的需要，各个单位应为各种材料物资、应收应付款项、费用、成本和收入、成果等有关总账科目设置各种明细分类账，进行明细分类核算。明细分类账的登记方法，应根据各个单位业务量的大小和经营管理上的需要，以及所记录的经济业务内容而定，可以根据原始凭证、汇总原始凭证或记账凭证逐笔登记，也可以根据这些凭证逐月或定期汇总登记。

明细分类账一般采用活页式账簿。明细分类账的格式有三栏式、数量金额式和多栏式三种。应按照各种明细分类账记录的经济内容和经营管理的实际需要，来确定采用哪一种格式。对于应收、应付款项的结算业务，只要登记金额，可采用“借方”“贷方”和“余额”三栏式明细分类账，其格式见表 9-1。对于存货的收发业务，不仅要登记数量，而且要登记单价和金额，就要采用数量金额式明细分类账，其格式见表 9-2。对于材料采购、费用支出等业务，要分别对费用、成本项目进行登记，就须采用多栏式明细分类账，其格式见表 9-6。

3. 备查账的设置和登记方法

如前所述，备查账是对某些在日记账和分类账等主要账簿中未能记载或记载不全的事项进行补充登记的账簿。这种账簿属于备查性质的辅助登记，没有固定的格式，可根据实际需要设计。登记方法一般采用单式记账法，只反映业务增加或减少单方面的内容。如“受托加工材料备查簿”，收到受托加工材料时，只登记借方：受托加工材料；加工完成交付后，再登记贷方：受托加工材料。

9.3 对账和结账

9.3.1 对账

对账就是定期地将各种账簿的记录核对清楚，做到账证相符、账账相符、账实相符和账表相符。为了如实地核算和监督经济活动情况，保证账簿记录和编制会计报表的真实可靠，必须建立定期的对账制度。对账的主要内容如下。

（1）账证相符，是指各种账簿的记录应该同记账凭证核对相符。保证账证相符，也是会计核算的基本要求。

（2）账账相符，是指各种账簿之间的有关数字应该核对相符，包括：

① 总账同总账相符。总分类账中各账户的期末借方余额合计数应同期末贷方余额合计数核对相符。

② 总账同所属明细账相符。总分类账各账户期末余额与现金、银行存款日记账和各明细分类账的期末余额核对相符。

③ 会计部门明细账同财产物资的保管、使用部门明细账相符。会计部门各种财产、物资明细分类账期末余额，应该与财产物资保管和使用部门的有关财产物资明细分类账期末余额按月或定期核对相符。

（3）账实相符，是指各种财产物资的账面余额与实存额之间的核对相符。包括：

① 银行存款日记账账面余额应该定期同开户银行送来的对账单核对相符，每月至少核对一次。

② 现金日记账账面余额应该同现金实际库存逐日核对相符，不准以白条抵充现金或挪用现金。

③ 本单位同其他单位往来款项核对相符，各种应收、应付款项和内部往来等明细分类账各账户的余额应该定期同债权、债务单位或个人核对相符。

④ 有关财产物资明细分类账的账面结存数额应该定期同它们的实存数额核对相符。

（4）账表相符，是会计账簿记录与会计报表有关内容核对相符。

知识图说

对账内容如图 9.1 所示①。

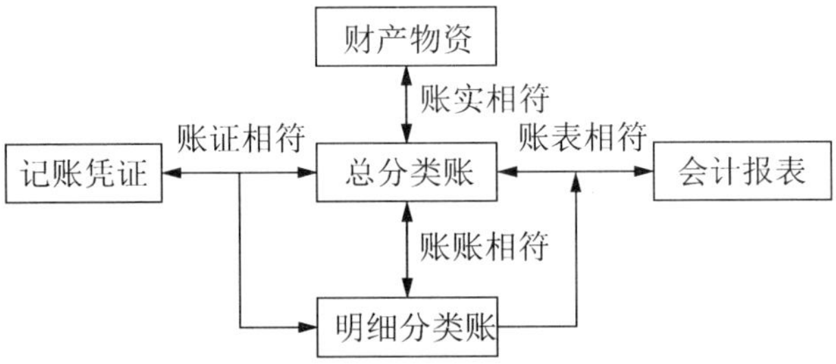

图 9.1　对账

9.3.2　结账

结账就是在把一定时期内所发生的经济业务全部登记入账的基础上，将各种账簿记录

① 编者认为“账表相符”在时间上是说不通的，应在编会计报表之前对账，以保证会计信息的可靠性，但有学者认为“账表相符”是指账同以前期报表的核对。

结算清楚。为了总结某一时期内如月份、季度和年度的经济活动情况，了解各项财务、成本计划指标的完成情况，以便根据账簿记录编制会计报表，必须定期进行结账。但是，不能为了赶编会计报表提前结账，也不能先编会计报表而后结账。在结账之前，要预先做好以下几项工作。

(1) 应先查明在本期内所发生的经济业务是否已经全部填制会计凭证，并已记入有关的账簿。对于所有已经发生的债权、债务，已经生产完成的产成品的成本，在财产清查时所发现的财产物资的盘盈、盘亏等，都应当在结账前全部登记入账。不能提前结账，也不得将本期发生的业务延至下期登账。

(2) 根据权责发生制基础，将所有已经发生的收益、费用登记入账，对于需要在不同会计期中分摊的费用，要进行分摊处理。

(3) 对于各种成本、损益类账户的余额，应在有关账户之间进行结转。例如，将“制造费用”账户的借方归集额转入“生产成本”账户的借方；当产品完工入库后，将“生产成本”账户中产品的实际成本结转到“库存商品”账户的借方；本期实现的各项收入应负担的费用，编制记账凭证，分别从各收入账户与费用账户中转入“本年利润”账户的贷方和借方，以便计算确定本期财务成果。

(4) 编制试算平衡表，检查记账是否正确。在对账后、结账前要编制试算平衡表，以检查本期记账的可靠性、正确性。

上述结账准备工作进行完毕，就可以进行结账了。结账工作通常是按月进行的，根据结账时期的不同，结账分为月结、季结和年结。在实际工作中，手工记账一般采用划线结账的方法进行结账。

(1) 月结。每月终了，在现金、银行存款日记账以及总分类账和明细分类账各种账户本月末最后一笔记录下面划一通栏红线，在红线下结算出本月发生额和月末余额；如无余额，在余额栏内写上“0”符号或在“借或贷”栏内写上“平”，并在“摘要”栏内注明“本月合计”或“本月发生额及余额”字样，然后在下面再划一条通栏红线，以便与下月份发生额划分开。对于本月份未发生经济业务的账户，可以不进行月结。

(2) 季结。季度终了时，先在季末月份(3、6、9、12 月)“本月发生额及余额”下面划一条通栏红线，在红线下结算出本季 3 个月的发生额及季末余额，并在“摘要”栏内注明“第×季度发生额及余额”字样，然后在下面再划一条通栏红线。如果该季度每个月份发生业务不多或管理上不需要，也可不进行季结。

(3) 年结。年度终了，应在第四季度季结或 12 月份月结下面划一条通栏红线，在红线下结算填列全年 4 个季度季结或 12 个月月结的合计数，并在“摘要”栏内注明“本年发生额及余额”字样，然后在下面再划两条通栏红线，表示本年度记账全部结束，称为“封账”。

另外，还可以采用逐月结算自年初起至本月止累计发生额的办法，在每月合计以后，再加计各月累计，12 月末的“本年累计”就是全年累计发生额，以便提供编制有关会计报表所需的数据资料。

年度终了，要把各账户的余额结转到下一年度，并在“摘要”栏注明“结转下年”字样；在下一会计年度新建有关会计账簿的第一行“余额”栏内填写上年结转的余额，并在

“摘要”栏注明“上年结转”字样。

特别提示

对于收入类和费用类账户各月的结账，有两种做法：一是表结法，即1—11月月末，只将本月发生额进行合计，不作往“本年利润”账户中的结转分录，只需利润表以显示收入即可，这样收入类和费用类科目每月有累计发生额，其发生额到年终再作结转分录。二是账结法，即每月都作结转的会计分录，收入、费用直接反映在“本年利润”账户中。第9章中记账凭证账务处理程序应用举例里就是采用的账结法，12月初，“本年利润”账户中有余额。

上述第一种方法是现在常采用的方法，但对初学者带来的困难就在，收入类和费用类如不进行账结，其月末的累计发生额总认为是余额；第二种方法以前用得较多，对初学者正确认识收入类和费用类账户有帮助。

9.4 登账规则和错账更正方法

9.4.1 登账规则

记账是会计工作的一项重要内容，为了保证记账工作的质量，会计人员在记账时，必须严格遵守《会计基础工作规范》(财政部1996年6月颁布)中关于登记会计账簿的规定，其主要内容包括以下几个方面。

(1) 启用会计账簿，应在账簿封面上写明单位名称和账簿名称。在账簿扉页“启用表”上，详细载明启用日期、账簿页数，记账人员和会计机构负责人、会计主管人员姓名，并加盖名章和单位公章。记账人员或会计主管人员调动工作时，应注明交换日期、接办人员和监交人员姓名，并由交接双方人员签名或盖章。

(2) 为了使账簿记录保持清晰、永久，便于长期查考，防止涂改，手工记账登记账簿要用蓝黑或碳素墨水书写，不得使用圆珠笔或铅笔书写，红色墨水仅限于账簿中结账划线、更正和冲账使用。

(3) 启用订本式账簿，应按账簿所规定的账页顺序进行登记，不得跳页、缺号。使用活页账、卡片账，应按账户顺序编号，并定期装订成册，装订后再按实际使用的账页顺序编定页数，另加目录，记明每个账户的名称和页次。各种账簿按页次顺序连续登记，不准跳行、隔页。如果发生跳行、隔页，应将空行、空页对角划线注销，或注明“此行空白”或“此页空白”字样，并由记账人员签名或盖章。

为了保持记账的连续性和衔接性，每一账页登记完毕结转下页时，应结出本页合计数及余额，写在本页最后一行，将余额写在下页第一行有关栏内，并在“摘要”栏内注明“过次页”和“承前页”字样；也可以不结本页合计数，只将余额写在下页第一行有关栏内，并在“摘要”栏注明“承前页”字样。

(4) 账簿中书写的文字和数字，一般占格子的1/2。

(5) 记账可采用的代用符号：

① 账户余额结平可用“平”或“0”表示。

② 号码顺序可用＃表示，如第101号，写作“＃101”。

③ 单价可用@表示。

④ 已记账和核对无误可用√表示。

（6）账簿记录发生错误，不准涂改、挖补、刮擦或用药水消除字迹，必须用规定的更正方法更正。

知识链接

@——单价的符号

@，是我们经常见的符号，你知道它表示什么吗？大部分人的回答是电子邮件地址的分隔符号。但你知道在会计上它表示什么吗？在会计上，@表示单价，系 at each unit price 的中 a 和 e 的合写，例如，企业购买甲材料 1 000 千克，@10，其中的“@10”表示单价为 10 元/千克。

@的起源可以追溯到中世纪的欧洲。在意大利，葡萄酒是按罐出售的。“酒罐子”在意大利语中是 anfora，而@就是 anfora 的替代符号。这是 1536 年在一份佛罗伦萨商人的信件中发现的，信中提到他发往西班牙的三船货，其中凡是涉及葡萄酒容积的地方，都是用@表示。

后来在当时仅有的掌握知识的阶层——僧侣们用手刻字出版书时，对于 at 这个单词，虽然写起来很短，但使用频率却很高，为了减轻手写带来的疲劳，僧侣们想到了作为葡萄酒计量单位的@，就用这个符号代替 at。而且，一直到了 1885 年有了机械打字机时，键盘上也有@这个符号。

在会计上，@表示单位价格，读作“at”，不要读作“花 a”或是“圈 a”。

9.4.2 错账的更正方法

对于错账的更正，要分析错账的原因，才能选择适当的方法进行更正。从原始凭证到记账凭证，再到登记账簿的会计核算过程分析，错账的原因无非是记账凭证无错，但在登账时登错账了，或者是没有发现记账凭证已经错了，按照错的凭证登记错误，具体见表 9-11。

表 9-11 错账的原因

序	记账凭证			登记账簿
1	凭证无错	科目对、金额对		登错
2	凭证错	科目错、金额对		错登
		科目对、金额错	金额多记	错登
			金额少记	错登

因此，在查出错账后，分析了错账的原因，根据错误的具体情况，相应采用下列方法予以更正。

1. 划线更正法

在结账以前，如果记账凭证无错误，仅是发现账簿记录中文字或数字的记账错误，或数字计算错误，应用划线更正法进行更正。方法是先在错误的文字或数字上划一条红横线，加以注销，并使原来的字迹仍可辨认，然后在红线上面空白处记入正确文字或数字，并由更正人员盖章以示负责。

例如，记账员在登记账簿时，将记账凭证上的63 330元误记为93 330元。更正时，应将93 330整个数字用红线划去，在红线上面空白处写上63 330，并加盖私章，而不得只更正个别数字。

2. 红字更正法

红字更正法一般适用于以下两种情况。

(1) 记账或结账后，如果发现记账凭证中的应借、应贷会计科目有错误或记错了借贷方向，应采用红字更正法。方法是先填制一张内容与原填制错误的记账凭证完全相同的红字金额的记账凭证，并据以用红字金额记入有关账簿，冲销原来的错误记录，然后再填制一张正确的记账凭证，并据以记入有关的账簿。此法也称为红字冲销法。

【例9-1】 以现金支付车间人员差旅费5 000元，在填制记账凭证时，误填为借记“管理费用”账户，并已登记入账。

借：管理费用　　5 000
　　贷：库存现金　　5 000

发现错误更正时，应先填制一张内容与原来错误记账凭证一样的红字金额的记账凭证，用红字登记入账。

借：管理费用　　[5 000]
　　贷：库存现金　　[5 000]

（金额加方框，表示框内是红字）

同时，再填制一张正确的记账凭证，并登记入账。

借：制造费用　　5 000
　　贷：库存现金　　5 000

对这种错账情况，也有人直接将记错的会计科目转记正确的会计科目并登记入账。如例9-1，发现错误后，可更正为

借：制造费用　　5 000
　　贷：管理费用　　5 000

这种更正方法是不规范的，虽然在账簿记录中数字金额不错，但在账簿记录中反映不出正确的发生额和账户对应关系。

(2) 结账以后，如果发现原填制记账凭证中应借、应贷科目虽然没有错误，但所写的金额大于应填的金额，应采用红字更正法进行更正。

更正方法是将多记的金额部分再填制一张内容与原来错误记账凭证一样的红字金额的记账凭证，并据以用红字登记入账，在“摘要”栏内写明“冲销某月某日第×号凭证多记金额”，也称为红字冲正法。

【例9-2】 领用材料制造产品，计3 600元，在填制记账凭证时，把金额误填为6 300元，并已登记入账：

借：生产成本　　6 300
　　贷：原材料　　6 300

发现错误更正时，将多记的 2 700 元用红字金额填制一张内容与原来错误记账凭证一样的记账凭证，并登记入账，就可将多记的金额加以冲销：

借：生产成本　　　　　　　　　　　　　　　　　　　　[2 700]

　　贷：原材料　　　　　　　　　　　　　　　　　　　　[2 700]

3. 补充登记法

在结账以后，如果发现记账凭证中应借、应贷科目虽然设有错误，但所写的金额小于应填的金额，可以用补充登记法进行更正。

更正方法是将少记的金额再填制一张内容与原来错误记账凭证一样的记账凭证，并登记入账，就可将少记的金额补充记入。

【例 9-3】 购入材料，计 100 000 元，款已付，在填制记账凭证时把金额误写为10 000 元，并已登记入账：

借：材料采购　　　　　　　　　　　　　　　　　　　　10 000

　　贷：银行存款　　　　　　　　　　　　　　　　　　　　10 000

结账后发现错误更正时，将少记的 90 000 元填制一张内容与原来错误记账凭证一样的记账凭证，并登记入账，用以增加原少记金额：

借：材料采购　　　　　　　　　　　　　　　　　　　　90 000

　　贷：银行存款　　　　　　　　　　　　　　　　　　　　90 000

用红字更正法和补充登记法更正错误时，更正的记账凭证也要按顺序编号，并注明被更正的记账凭证的日期和编号，以便查考。

三种更账方法的对比见表 9-12。

表 9-12　更账方法对比

序	更账方法	更账的处理方法和步骤	适用范围		
			记账凭证	账簿	结账
1	划线更正法	在错字、错数中间划红线，并加盖私章	科目对、金额对	登错	结账前
2	红字更正法（红字冲销法）	① 按原错凭证再填一张，金额用红字，登账冲销； ② 做正确凭证，并登账	科目错	错登	结账前和后
3	红字更正法（红字冲正法）	将多记金额部分用红字再填一张凭证，登账冲正	科目对、金额多记	错登	结账后
4	补充登记法	将少记金额填一张凭证，登账补记	科目对、金额少记	错登	结账后

9.5 账簿的归档保管

9.5.1 账簿的归档

账簿同会计凭证、财务会计报告一样，都是重要的会计档案。会计档案是指记录和反映经济业务事项的重要历史资料和证据，除会计凭证、账簿和财务会计报告外，还有其他会计资料等会计核算的专业材料。所谓会计资料是指在会计核算过程中形成和提供的资料，包括会计凭证、会计账簿、财务会计报告和其他会计核算载体中记录、提供的信息。会计资料与通常所讲的会计信息既有联系，又有区别。会计信息通常仅指财务会计报告中披露的有关内容，会计资料比会计信息的内容更广泛，既包括以会计资料为载体所记录的内容，也包括会计资料载体的自身，如会计资料的种类、格式、记录要求等。

会计档案对于总结经济工作，指导生产经营管理，查验经济财务问题，研究经济发展的方针、战略都有重要作用。会计档案是国家档案的重要组成部分，必须按照国家颁布的《会计档案管理办法》妥善保管，不得丢失和任意销毁。总账、日记账和大部分明细账都要每年更换一次，但变动较少的一部分明细账，如固定资产明细账(卡)，可以不必每年更换新账。各种账簿在年终结账时，各个账户的年终余额都要直接记入新年度启用的有关新账中去，新旧账有关账户之间的转记金额，无须编制记账凭证。换新账后，必须将旧账编号，活页账和卡片账还必须装订成册或加以封扎，并由专人负责妥善保存，防止毁损。各种账簿保管期满以后，必须按照规定手续报经批准，才能销毁。

9.5.2 账簿的保管

为了加强会计档案的科学管理，统一会计档案工作制度，更好地为发展社会主义市场经济事业服务，必须加强会计档案管理工作。会计档案包括纸质和电子档案。各单位必须加强对会计档案管理工作的领导，建立和健全会计档案的立卷、归档、保管、调阅和销毁等管理制度，切实把会计档案管好。会计档案是国家档案的重要组成部分，也是各单位的重要档案之一。会计档案工作由各级财政机关和各级档案业务管理机关共同负责进行业务指导、监督与检查。

各单位每年形成的会计档案，都应由财务会计部门按照归档的要求，负责整理立卷或装订成册。当年会计档案在会计年度终了后，可暂由本单位财务会计部门保管一年。期满之后，原则上应由财务会计部门编造清册移交本单位的档案部门保管。财务会计部门和经办人必须按期将应当归档的会计档案，全部移交档案部门，不得自行封包保存。档案部门必须按期点收，不得推诿拒绝。

档案部门接收保管的会计档案，原则上应当保持原卷的封装，个别需要拆封重新整理的，应当会同原财务会计部门和经办人共同拆封整理，以分清责任。档案部门对于违反会计档案管理制度的，有权进行检查纠正；情节严重的，应当报告本单位领导或财政、审计机关严肃处理。

各单位对会计档案必须进行科学管理，做到妥善保管，存放有序，查找方便。同时，严格执行安全和保密制度，不得随意堆放，严防毁损、散失和泄密。

9.5.3 会计档案的保管期限

会计档案的保管期限，根据其特点，分为永久、定期两类。定期保管期限分为5年、10年、15年、25年4种，而企业会计档案的定期保管期限只有5年和15年两种。各种会计档案的保管期限，从会计年度终了后的第一天算起。

会计凭证类的保管期限：原始凭证、记账凭证是15年。

会计账簿类的保管期限：日记账、明细账、总账和其他辅助账簿都是15年；固定资产卡片在固定资产报废清理后保存5年。

财务报告类的保管期限：月、季、半年度财务会计报告是5年；年度财务会计报告要永久保管。

其他会计资料：银行存款余额调节表、对账单、税务申报表是5年；会计档案移交清册、会计档案保管清册、会计档案销毁清册和会计档案销毁鉴定意见书都是永久。具体见表9-13。

表9-13 企业会计档案保管期限

类别	定期		永久
	5年	15年	
原始凭证、记账凭证		√	
日记账、明细账、总账		√	
固定资产明细账(卡片)(固定资产报废清理后)	√		
其他辅助账簿		√	
月度、季度、半年度财务会计报告	√		
年度财务会计报告			√
银行存款余额调节表、银行对账单、税务申报表	√		
会计档案移交清册、会计档案保管清册			√
会计档案销毁清册、会计档案销毁鉴定意见书			√

9.5.4 会计档案的销毁

会计档案保管期满，需要销毁时，由本单位档案部门提出销毁意见，会同财务会计部门共同鉴定，严格审查，编造会计档案销毁清册。机关、团体和事业单位报本单位领导批准后销毁；国有企业经企业领导审查，报经上级主管单位批准后销毁。对于其中未了结的债权债务的原始凭证，应单独抽出，另行立卷，由档案部门保管到结清债权债务时为止。建设单位在建设期间的会计档案，不得销毁。

各单位按规定销毁会计档案时，应由档案部门和财务会计部门共同派员监销。各级主管部门销毁会计档案时，还应有同级财政部门、审计部门派员参加监销。各级财政部门销毁会计档案时，由同级审计机关派人员参加监销。

监销人在销毁会计档案以前，应当认真进行清点核对，销毁后，在销毁清册上签名盖章，并将监销情况报告本单位领导。

本章小结

本章介绍了登记账簿的意义，账簿的分类，登记总账、明细账、日记账等的方法，登记账簿的原则，结账的方法，对账的内容，错账更正的划线更正法、红字更正法和补充登记法，以及会计档案的管理方法等。以上内容主要是针对手工记账的要求介绍的。

名人名言

会计规则、程序和方法应该是公允的、不偏不倚和公正的。它们不应该为某个特定利益服务。

——D. R. 斯科特

账目的建立需要使用一套会计成规；这些成规是会计人员公认的规则来决定物品的价值，以及应该包括什么而不包括什么。会计学和语言同样有一个中心特点：为了使它有用，就应该有清楚而一致的理解。

——保罗·A. 萨缪尔森

练习与思考

一、单项选择题

(1) 某会计人员根据记账凭证登记入账时，误将600元填写为6 000元，而记账凭证无误，应用(　　)予以更正。

A. 红字更正法　B. 补充登记法　C. 划线更正法　D. 平行登记法

(2) (　　)是对某些在日记账和分类账等主要账簿中未能记载的会计事项或记载不全的经济业务进行补充登记的账簿。

A. 序时账　B. 定本账　C. 备查账　D. 三栏账

(3) 期末根据账簿记录计算出每个账户的本期发生额和期末余额，并将期末余额结转下期或下年新账，在会计上称为(　　)。

A. 结账　B. 对账　C. 调账　D. 查账

(4) 会计账簿中现金日记账和银行存款日记账的保管期限为(　　)。

A. 10年　B. 15年　C. 20年

D. 25年　E. 永久保存

(5) 将账簿划分为序时账、分类账、备查账的依据是(　　)。

A. 账簿的外表形式　B. 账簿的用途　C. 账簿的登记方式　D. 账簿的登记内容

二、多项选择题

参照“‘库存现金’总账”行，在下表合适的项目中选择打√。

项目	账簿按用途			账簿按外表形式			账簿按账页格式		
	序时账	分类账	备查账	订本账	活页账	卡片账	三栏式	数量金额式	多栏式
“库存现金”总账	√			√			√		
“固定资产”明细账									
“原材料”总账									
“原材料”明细账									
“制造费用”总账									
“制造费用”明细账									
“应收账款”总账									
“管理费用”明细账									

三、判断题

（1）原材料科目的明细账适用多栏式的明细账。（　）

（2）所有会计账簿的保管年限均为 15 年。（　）

（3）账页是账户的载体，账簿则是若干账页的集合。（　）

（4）卡片账的优点是能够避免账页散失，防止随意抽换账页。（　）

（5）企业在编制会计报表前，一般应该进行账证核对、账账核对、账实核对，并进行期末账项调整，以保证会计信息的有用性。（　）

（6）主营业务收入科目的明细账适用数量金额式的明细账。（　）

（7）明细分类账只能根据记账凭证登记。（　）

（8）活页账的优点是能够避免账页散失，防止随意抽换账页。（　）

（9）对账就是核对账目，一般包括账证核对、账账核对、账实核对和账表核对四个方面。（　）

（10）新会计年度开始时，所有会计账簿均需更换。（　）

四、连线题

在合适的项目之间连线。

	订本式
	序时账
账簿按其用途分类	备查账
	多栏式
账簿按外表形式分类	活页账
	卡片账
账簿按账页格式分类	三栏式
	数量金额式
	分类账

五、讨论题

（1）结合《会计基础工作规范》的有关规定，谈谈登账需要注意的问题。

（2）结合《会计档案管理办法》的相关内容，谈谈账簿的管理。

六、改错题

下列业务已登记入账。

（1）车间计提折旧 20 000 元。

借：制造费用　　20 000

　　贷：固定资产　　20 000

（2）生产产品领用材料 10 000 元。

借：生产成本　　10 000

　　贷：材料采购　　10 000

（3）以库存现金发放工资 50 000 元。

借：库存现金　　50 000

　　贷：应付职工薪酬　　50 000

（4）销售产品 100 000 元，款项收回存入银行。

借：主营业务收入　　100 000

　　贷：银行存款　　100 000

（5）企业管理部门领用维修用材料 1 000 元。

借：制造费用　　1 000

　　贷：原材料　　1 000

要求：

（1）将上述业务登记到“T”型账上。

（2）判断上述分录正误。如错误，选择正确的更正方法进行更正，并登记入账。

七、材料分析题

张小丫的账簿

张小丫上大学以后，小丫妈妈每月给她的卡上打 800 元，并要求她每月汇报花了多少钱，以便掌握小丫的活动情况。每月，小丫把花了多少钱，还余多少钱，都及时向妈妈报告。而自从学了“基础会计学”课程以后，小丫开始以账簿的形式记录自己的花费了，给妈妈还是报送花费的总额，同时为了掌握和控制自己的消费，自己还记录了费用的具体支出情况。这个月小丫一共花了 650 元，其中饭钱是 400 元，手机话费 50 元，购考会计证的书 60 元，牙膏、洗衣粉等日用品 100 元，公交费 10 元，同学生日礼品 30 元。

问题：

（1）小丫向妈妈汇报的生活费是总的还是明细的？

（2）表 9-14 和表 9-15 两种账簿格式，哪种适合小丫向妈妈报账？哪种适合小丫自己记账？为什么？这两种账簿分别属于什么格式？

（3）假设小丫都是在月末记录的，把这个月小丫的生活费情况记录下来。

（4）登记你自己这个月的花费情况。

表9-14 生活费用 单位：元

20××年		字号	摘　要	借方	贷方	借或贷	余额
月	日						

表9-15 生活费用 单位：元

20××年		字号	摘要	借　方								贷方	借或贷	余额
月	日										合计			

巧查错账

做会计的都知道这样一句话："记账容易，查错账难。"所以，掌握一些查错账的方法和技巧是必要的。下面介绍几种常用的会计错账查找方法。

1. 除二法

除二法主要适用于记账反向错误，这是一种最常见而简便的查错账方法，具体包括：借贷方记反和红蓝字记反。因方向记反导致的错账，其规律就是错账差数一定是偶数，故只要将差数用2除得的商就是错账数，除二法查错方法也因此而得名(要注意的是，如错误差数是奇数，那就没有记账反向的可能，就不适用除二法)。

例如，月末在编制试算平衡表时，发现借贷方合计数相差98元，这个差数是偶数，它就存在"反向"的可能，那么我们可以用98÷2=49(元)，然后去查找49元这笔账是否记账反向就是了。

2. 除九法

除九法适用于在记账中发生的前后两个数字颠倒和数字写大写小等情形。这类错账的共同特点是错账差数一定是9的倍数，差数每个数字之和也是9的倍数，因此，这类情况均可应用"除九法"。

(1) 两数前后颠倒，除共同特点外，这种错账差数用9除得的商是错数前后两数之差。例如，差数是9，9÷9=1，那么错数前后两邻数之差是1，如10、21、32、43、54、65、76、87、98。即可能是10、21、32、43、54、65、76、87、89记成01、12、23、34、45、56、67、78、98了，这样的错账差数都是9，在这几个数中找即可。具体见表9-16。

表9-16　错账差数、相邻两数及差值关系表

错账差数	邻数差值	相邻两数								
9	1	10	21	32	43	54	65	76	87	98
−9	−1	01	12	23	34	45	56	67	78	89
18	2	20	31	42	53	64	75	86	97	
−18	−2	02	13	24	35	46	57	68	79	
27	3	30	41	52	63	74	85	96		
−27	−3	03	14	25	36	47	58	69		
36	4	40	51	62	73	84	95			
−36	−4	04	15	26	37	48	59			
45	5	50	61	72	83	94				
−45	−5	05	16	27	38	49				
54	6	60	71	82	93					
−54	−6	06	17	28	39					
63	7	70	81	92						
−63	−7	07	18	29						
72	8	80	91							
−72	−8	08	19							
81	9	90								
−81	−9	09								

如将81误记18，则差数是63，以63÷9=7，那么错数前后两数之差肯定是7，这样只要查70、81、92及其07、18、29就是了。无须在与此无关的数字中去查找。

如将2 840误记2 480，则差数是360，以360÷9=40，那么就需在相应的百位和十位考虑，即错数百位和十位前后两数之差肯定是4，这样只要查百位十位的40、51、62、73、84、95及其04、15、26、37、48、59就是了。无须在与此无关的数字中去查找。可以此类推。

当然，三个数字前后颠倒也有规律，就是全是99的倍数，这里就不在举例分析了。

(2) 数字移位，或称错位，俗称大小数，除它的差数和差数每个数字之和是9的倍数外，它也有其固定的特点，就是数字移位的错误，只要将差数用9除得的商就是错账数。

如将5 000错记为500或50 000，它的差数为4 500和45 000，它们的差数和每个数字之和都是9的倍数，4+5+0+0=9，4+5+0+0+0=9，将差数分别用九除得的商则是500和5 000，只要查找这数字就查到记账移位的错误了。

如将5 690错记为56 900，它的差数为51 210，它们的差数和每个数字之和都是9的倍数，5+1+2+1+0=9，将差数分别用9除得的商则是5 690，只要查找这数字就查到记账移位的错误了。

问题：

(1) 期末余额的借方和贷方不平，借方比贷方大46 800元。先用什么方法查找？如何查找？

(2) 如果上述方法没能查找着问题，但发现一项目的借方余额为52 000元。再用什么方法查找？如何查找？

第10章

财产清查

教学目标

通过本章的学习，了解财产清查的含义、作用和种类；掌握实物财产的清查方法、盘盈盘亏的账务处理，以及银行存款的清查和银行余额调节表的编制。

教学要求

知识要点	能力要求	相关知识
财产清查	(1) 财产清查的意义和作用 (2) 财产清查的种类、范围和方法 (3) 财产清查的结果处理	财产清查的原因；财产盘存制度；财产清查的具体方法；银行存款余额调节表的编制

商品是一种二重的东西，即使用价值和交换价值。

——马克思

基本概念

财产清查 全面清查 局部清查 定期清查 不定期清查 实地盘存法 永续盘存法 实地盘点法 抽查盘点法 技术推算盘点法 盘存单 账存实存对比表 未达账项 银行存款余额调节表 询证核对

导入案例

数 存 款

有一则名为“数存款”的小幽默，说的是一个老太太取出自己在储蓄所里的所有存款，一刻钟后又重新存入。营业员不解地问她这是干什么？老太太生气地说：“我数数我的存款，盘盘点不许呀?”

财产清查中，银行存款的清查方法虽然也是实地盘点法，但同库存现金的实地盘点法不同，是同银行对账单的核对，只要看看银行存款单或查询一下银行卡存款余额就可以了，不需要取出来盘点。故事中老太太把存款取出，查完后再存上，按照库存现金的方式清查银行存款，让人忍俊不禁。

点评： 财产清查是保证会计信息真实可靠的方法。

财产清查是会计核算的方法之一，是检查会计核算价值信息同财产实物是否相符，以保证会计信息的真实可靠。本章主要介绍财产清查的含义、作用和种类，重点介绍了实物财产的清查，清查结果盘盈、盘亏的账务处理，以及银行存款的清查和银行余额调节表的编制。

10.1 财产清查的含义和作用

10.1.1 财产清查的含义

财产清查，也称“盘点”，是根据会计账簿记录，对企业所拥有的各项财产物资进行盘点和核对，确定各项财产物资、货币资金和往来款的实存数，查明账存数与实存数是否相符的一种专门方法。这种方法对于加强会计核算、改善经营管理具有重要意义。

正确合理地组织财产清查，不仅是经济管理对会计工作的基本要求，也是会计核算工作本身的需要。它对于保证会计资料的真实性，加强财产物资的管理，维护国家的财经纪律，都具有十分重要的作用。尽管从理论上来说，由于对本单位的每一笔经济业务都要进行严格审核，各种财产物资的账面数额和实际结存数额应该是一致的，但是在实际工作中，由于各种各样的原因，财产物资的账面记录数与实际结存数常常会出现差异。

一般来说，造成账实不符有以下两类原因。

(1) 客观原因。

① 财产物资在运输、保管过程中的自然损耗造成的账实不符，如汽油的挥发。

② 财产物资在收发过程中，由于计量、检验不准确而发生的账实不符。

③ 结算过程中，由于银行与企业在记账时间上的不一致，导致企业银行存款的账面金额与银行账面上的金额不一样而产生账实不符。

④ 由于自然灾害造成财产损毁也会导致账实不符。

（2）主观原因。

① 由于规章制度不健全、管理不善造成的财产物资损坏、变质、霉烂会产生账实不符。

② 由于进出管理财产物资手续不严，可能发生错收、错付等情况而产生账实不符。

③ 在登记账簿时，发生漏记、重记、错记或计算上的错误而导致的账实不符。

④ 由于贪污、盗窃、营私舞弊造成财产物资的损失而产生账实不符。

造成账实不符的情况很多，仅仅通过账证核对、账账核对难以发现，因此，必须通过财产清查进行账实核对，才能查明原因。除自然因素无法避免外，其他情况都应查清责任，采取有效措施，以加强财产物资的管理。

知识图说

会计是价值管理，会计反映的价值信息可靠不可靠呢？只有同实物等核对相符，才说明信息是真实、可靠的。财产清查的内容如图 10.1 所示。

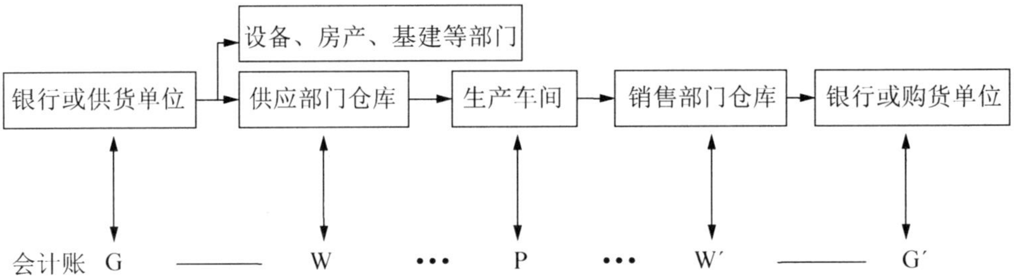

图 10.1　财产价值反映与实物流转

10.1.2　财产清查的作用

财产清查对于正确组织会计核算和加强经营管理具有重要意义。正确运用财产清查，可以充分发挥会计对经济活动的监督作用。具体来说，财产清查的作用主要有以下几个方面。

（1）保证账实相符和会计信息的真实可靠。通过财产清查，可以确定各项财产的实存数，查明实存数与账存数之间的差异以及发生差异的原因和责任，便于及时调整账面记录，使账存数与实存数一致，从而保证会计核算资料的真实可靠。

（2）保护财产的安全和完整。通过财产清查，可以查明各项财产有无被挪用、贪污、盗窃的情况，如有可及时进行调查和处理；可以查明各项财产有无因管理不善而造成霉烂变质、损失浪费等情况，如有可及时采取措施加强管理，从而保护各项财产的安全完整。

（3）挖掘财产潜力，加速资金周转。通过财产清查，可以查明企业内部对各项财产物资的储备和利用情况，如发现储备不足应及时进行补充，以保证正常的生产和经营的需要；如发现积压应及时变卖处理，加速资金周转，提高企业经营效益。

（4）维护财经纪律。通过财产清查，可以查明会计主体对国家财经纪律的遵守、执行情况，促使会计主体自觉遵守财经纪律和有关财务制度。

（5）为编制报表做好准备工作。结算前对财产进行清查，可以使账实一致，从而保证会计信息的质量，为编制会计报表做好准备。

10.2 财产清查的种类、内容和方法

10.2.1 财产清查的种类

1. 按照清查范围的分类

财产清查按照清查的范围分为全面清查和局部清查。

（1）全面清查。就是对企业所有的财产物资、货币资金、往来款等进行的全面实地盘点和核对。全面清查的内容多、范围广，需要投入的人力多，花费的时间长，一般只有在下述几种情况下，才须进行全面清查：

① 企业在年终决算之前，要进行一次全面清查。

② 企业改组、撤销、合并或改变隶属关系时，为了明确经济责任，要进行全面清查。

③ 企业在清产核资时，为了摸清家底，准确地核定资金，也要进行全面清查。

（2）局部清查。就是平时根据管理上的需要，只对企业的一部分财产进行盘点和核对。局部清查，应根据管理的需要来决定清查的对象和清查的时间。一般情况下，对于现金，应由出纳员每日清点核对；对于银行存款和银行借款，每月都要同银行核对；对于各种贵重物资，如黄金、白银、钻石等，每天都应盘点清查一次；对于流动性较强的存货，如材料、在产品、库存商品等，年内应轮流进行盘点或重点抽查；对于各种债权、债务，每年至少要同对方核对一至二次。

2. 按照清查时间的分类

财产清查按照清查的时间分为定期清查和不定期清查。

（1）定期清查。就是按照预先规定的时间对财产物资、货币资金和往来款项所进行的清查。这种清查，一般是在年末、季末、月末结账前进行。通过定期清查，可以在编制会计报表前发现账实不符的情况，并调整有关账簿的记录，做到账实相符，从而保证会计报表资料的真实性。定期清查，可以是全面清查，也可以是局部清查，一般年末进行全面清查，季末、月末进行局部清查。

（2）不定期清查。又称为临时清查，就是事先并不规定清查时间，而是根据实际需要所进行的临时性清查。不定期清查主要是在以下几种情况下进行：

① 更换财产、库存现金保管人员时，要对有关人员保管的财产、库存现金进行清查，以分清经济责任。

② 发生自然灾害和意外损失，如企业遭受水灾、台风等自然灾害时，要对受损财产进行清查，以查明损失情况。

③ 上级主管、财政和审计等部门，对本单位进行会计检查时，应按检查的要求和范围对财产进行清查，以验证会计资料的可靠性。

④ 进行临时性清产核资时，要对本单位的财产进行清查，以摸清家底。

⑤ 企业在关、停、并、转及改变隶属关系等情况下进行的财产清查也属于不定期清查。

不定期清查，可以是全面清查，也可以是局部清查，应根据实际需要来确定清查的对象和范围。

10.2.2 财产清查的范围与内容

财产清查是指对各种财产物资的实地盘点和各项应收款项的查核，它的范围不仅包括各种实物的清点，而且也包括各种债权及结算款项的查询核对，不仅包括存放在本单位内部的财产物资，而且也包括属于本单位所有，但并不存放在本单位的财产物资。同时，对其他单位存放在本单位的财产物资，也应进行清查。

财产清查一般包括以下内容：

(1) 库存现金、银行存款、其他货币资金、应收票据及金融资产。

(2) 原材料、在产品、库存商品、在途材料、发出商品、委托其他单位加工或保管的物资，以及委托代销或移库下放的商品。

(3) 在库或在用的低值易耗品、包装物和其他物资。

(4) 各种应收、预付、暂付等结算往来款项和缴拨款项。

(5) 企业自有的固定资产(包括房屋、建筑物、机器设备、动力运输设备和工具等)。

(6) 企业的专利权、商标权等无形资产。

特别提示

财产清查是对企业各项财产物资的清查，而企业的债务不属于财产清查的范围，但债务是财产的来源，在财产清查时，也应检查应付、预收款项的情况，以免造成多付、重付等问题。

10.2.3 财产清查的方法

1. 财产清查的一般程序

财产清查是一项复杂、细致的工作，涉及面广，特别是全面清查，既涉及企业的各个部门，又涉及外部有关单位。因此，应按照一定的程序，有组织、有领导、有步骤地进行。

财产清查一般包括财产清查准备、财产清查实施、财产清查结束三个阶段，现分述如下。

第一阶段，财产清查准备阶段。在进行财产清查之前，必须认真做好各方面的准备工作。财产清查前的准备工作主要包括以下三个方面：

(1) 组织准备。无论是内部清查还是外部清查，都应根据清查目的和清查范围的大小，抽调有关专业人员组成清查小组，制定清查实施方案，明确各自的分工，使清查工作有条不紊地进行。清查小组的主要任务是：

① 根据上级和有关部门的要求，研究制订财产清查的详细计划。例如，确定财产清查的对象和范围，安排清查工作的进度，确定清查工作的方式方法，配备清查人员，确定清查的具体要求等。

② 在清查过程中，做好具体组织、检查和督促工作，及时发现和处理清查中出现的问题。

③ 在清查结束后，及时进行总结，将清查的结果和处理意见上报领导和有关部门审批。

（2）业务准备。为了做好财产清查工作，各业务部门，特别是财产物资管理部门和会计部门，应积极配合，认真做好各方面的准备工作。例如：

① 会计部门和会计人员必须在清查前将有关经济业务尚未入账的凭证全部登记入账，并做好账证核对和账账核对，保证账面记录的准确、完整，为财产清查提供正确、可靠的依据。

② 财产物资保管部门和保管人员应将所有准备清查的财产物资分类整理，排列清楚，挂上标签，标明编号、名称、品种、规格和结存数量，以方便盘点核对。

③ 清查人员还应准备好有关报表，如盘点表、实存账存对比表等。

（3）物资准备。所谓物资准备是指财产清查前要准备好各种必要的度量衡器具，并仔细进行检查，以保证计量准确。

第二阶段，财产清查的实施阶段。财产清查的实施，通常是由负责清查的小组人员到各现场进行实物盘点。通过盘点，核实财产物资和往来账项的账簿记录与实际数额是否相符。对财产物资和往来账款的清查，可视实际情况，采用不同的方法。

第三阶段，财产清查的结束阶段。在盘点财产及核对账目等工作初步结束后，会计部门就应对财产盘点清查所取得的资料，如盘点表、对账单和查证得到的有关资料进行整理分析，编制出各类财产物资的账存实存对比表，以备进行账务处理。同时，要根据清查中发现的问题，从更深层次找原因，并针对不同性质的问题提出不同的处理意见，书面报告上级和有关部门审批处理。

知识链接

20世纪70年代，全国三八红旗手、大庆油田仓库保管员齐莉莉练就出“活账本”的硬功夫，闭着眼睛收发物资，成为全国物资仓储行业学习的楷模，其经验就是物资摆放的“五五摆放”——五个一捆、五个一包、五个一串、五方一堆；“四号定位”——定仓库号、定货架号、定层次号、定位置号；“四对口”——账目、料签、实物、资金四对口，做到有料有账，账物相符。随着计算机的普及应用，现代物资仓储管理可以随时查找出物资的位置，但遵守“五五摆放”“四号定位”“四对口”等工作标准仍然是一个好方法。

2. 财产盘存制度与清查方法

1）财产物资的盘存制度

企业财产物资的清查应视企业财产盘存制度的不同而采取不同的措施。所谓财产盘存制度，是指确定财产物资账面结存数额的有关制度，通常有永续盘存制与实地盘存制两种。

（1）永续盘存制。又称账面盘存制，是一种对各项财产物资的增加和减少，及时地根据原始凭证在有关账簿中进行连续登记，并随时在账面上结出结存数的盘存制度。

采用这种制度，要把各项财产物资分别按品种、规格开设明细分类账。在明细分类账中，平时要登记收入、发出、结存数量，有时还要同时登记金额。由于这种制度是“物(实物)账(记账)分设，管物不管账”，可以随时了解财产物资的收、发、存的情况，手续严密，能够及时发现账实不符的情况，及时查找原因和分析情况，因此为多数企业所采用。

值得注意的是，永续盘存制尽管在账面上比较完整和系统地记载了财产物资的收入、发出和结存情况，但这只是账面数。为了保证企业财产的真实性，真正做到账实一致，还应当定期或不定期地对财产物资进行盘点，并对账实不符的原因进行分析。

知识链接

永续盘存制原理如图 10.2 所示。

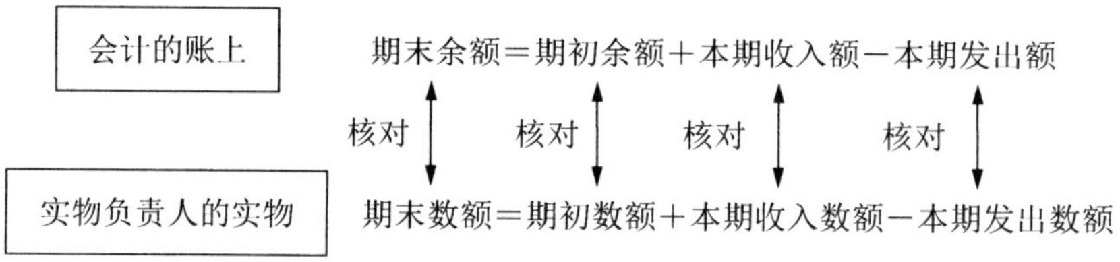

图 10.2　永续盘存制

（2）实地盘存制。是指平时对于各项财产物资，只登记增加数，而对其减少数即发出或耗用数则不登记，到期末时，通过对财产物资的实地盘点，来确定财产物资的结余数量，然后计算(倒挤)当期减少数，并据以登记有关账簿的一种制度。

计算公式为

账户的期末结存数＝实地盘存数额

本期减少数＝期初结存数＋本期增加数－期末结存数

采用实地盘存制，虽然平时在账面上不用核算各项财产物资的减少数和结存数，能够简化某些手续和记账工作，但如果期末盘存数额不实，或者在经营过程中财产物资有丢失、损坏、霉变等非正常因素存在，就会使会计资料失去真实性，所以一般不宜采用。但是有的企业的某些财产由于情况特殊，又不得不采用这种盘存制度，如工业企业的某些大堆材料、零星材料或者商业企业经营的鲜活商品等，就不得不采用实地盘存制。在这种情况下，就必须加强对财产物资的管理和监督，以便及时发现、解决问题。

知识链接

实地盘存制原理如图 10.3 所示。

2)财产清查的方法

由于企业所拥有的各项财产物资、货币资金和往来款项的特点不同，在财产清查时，应采取不同的方法。

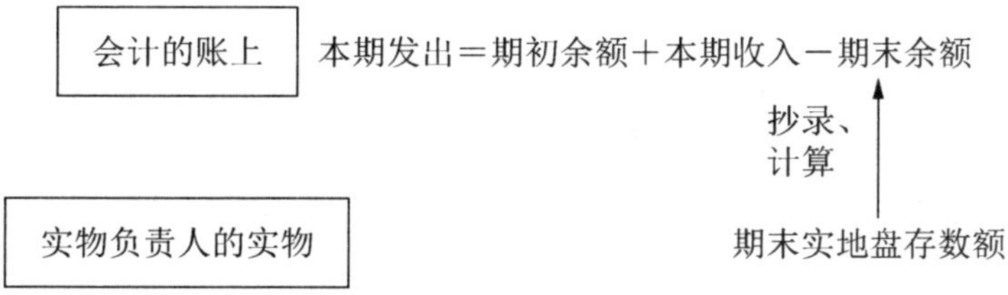

图 10.3 实地盘存制

(1) 实物财产的清查。实物财产主要包括固定资产、原材料、在产品、库存商品等。对于实物财产的清查都要到实地去清查，由于各种物资实物形态、体积重量、堆放方式不同，因此，实地清查时，需要采取不同的清查方法。实物财产的清查方法主要有以下三种。

① 实地盘点法。是指通过逐一清查或用计量器具来确定财产实物实有数量的一种方法。这种方法适用范围广泛，是财产清查中最常用、最普遍的方法。

② 抽查盘点法。是对包装完整、规格统一的大宗材料、库存商品等实物，按一定比例抽取样本，进行实地盘点，并据以确定该项财产物资实有数量的一种方法。

③ 技术推算盘点法。是指对那些大量成堆、价值较低、难以逐一清点的财产物资，通过量方、计尺等技术方法，来测算其实存数量的一种盘点方法。例如，露天堆放的煤就可用这种方法进行清查。

对于实物质量的检验，可根据不同的实物，采用不同的方法，如物理检验方法、化学检验方法等。

无论采用什么方法对各种实物进行清查，都应按计划、有步骤地进行，以免重复或遗漏。一般来说在盘点时，实物保管人员必须在场，并亲自参加盘点工作。对于盘点结果，应如实地登记在盘存单上，并由盘点人员和实物保管人员签章，以明确经济责任。盘点中既要认真清点实物数量，又要检查实物质量，如发现变质、缺损、霉变等情况，应在盘存单的“备注”栏中注明。盘存单是记录实物盘点结果的原始凭证，其一般格式见表 10-1。

表 10-1 盘 存 单

单位名称： 盘存时间： 盘存地点：

编号	名称	计量单位	数量	单价	金额	备注

盘点人签章： 保管人签章：

对于委托外单位加工的材料物资、出租的固定资产、包装物，一般按账面结存数与对方单位进行核对，如果发现不符，也要查明原因，并按合同规定进行适当处理。对各种代管物资或受托加工的物资，也要在财产清查时，查明其实有的数额与备查簿登记的数量是否相符。

全部财产物资清查完毕，应将各项财产物资的盘存表交送财会部门。财会人员应根据盘存表和有关账簿记录编制账存实存对比表，确定账实相符情况及各财产物资盘盈、盘亏数量、金额。账存实存对比表是用以调整账簿记录的重要原始凭证，也是分析产生差异原因、明确经济责任的依据。它主要反映盘存盘亏情况，因此又被称为盘盈盘亏报告表。其格式见表 10-2。

表 10-2　账存实存对比表

单位名称：　　　　　　　　　　　　年　　月　　日　　　　　　　　　　　财产类别：

编号	名称	单价	实存		账存		对比结果				备注
							盘盈		盘亏		
			数量	金额	数量	金额	数量	金额	数量	金额	

主管人员：　　　　　　　　　　　　　　　复核：　　　　　　　　　　　制表：

在实际工作中，为了简化编表工作，通常只编列实存与账存不符的财产物资，不编列账存与实存相符的财产物资。

（2）货币资金的清查。主要是对库存现金和银行存款进行的清查。

① 库存现金的清查。一般采用突击实地盘点的方法。通过盘点，一方面要确定库存现金的实有数是否与库存现金日记账的账面余额相一致；另一方面，还要注意检查企业是否遵循现金管理制度的规定，有无超过库存限额，以收据、借条抵充现金等情况。盘点一般由主管会计或财会负责人与出纳员本人共同清点，清点完毕，要填写库存现金盘存单，其格式见表 10-3。

表 10-3　库存现金盘存单

单位名称：　　　　　　　　　　　　年　　月　　日

票面金额	壹佰元	伍拾元	贰拾元	拾元	伍元	贰元	壹元	伍角	贰角	壹角	伍分	贰分	壹分
把（百张）													
卡（廿张）													
尾款数							合计						

会计主管：　　　　　　　　　　　　　　出纳：

现金清查完毕，要及时填写库存现金盘点报告表（格式见表 10-4）。对现金长款或短款原因，要认真调查，提出处理意见。

表 10-4　库存现金盘点报告表

单位名称：　　　　　　　　　　　　　年　　月　　日

实存数额	账面金额	对比结果		备 注
		长款	短款	

盘点人：　　　　　　　　　　　　　　　出纳：

② 银行存款的清查。与实物、现金的清查方法不同，它是采用与银行核对账目的方法进行的，即将本单位的银行存款日记账与银行送来的对账单逐笔核对。在同银行核对账目之前，应将企业银行存款业务全部登记入账，并详细检查本单位银行存款日记账的正确性和完整性。在核对过程中，尽管双方记账都无差错，也经常会出现银行对账单的存款余额与本单位银行存款日记账上的存款余额不一致的情况。造成这种情况的原因是双方之间发生的未达账项。

知识图说

在会计结算业务中，由于银行收付单据的传递，既有先从本企业开始传递的(图 10.4)，也有交易对方通过开户银行先进行的(图 10.5)。由于结算单据传递有先有后，就会出现一方比另一方先拿到单据的情况。

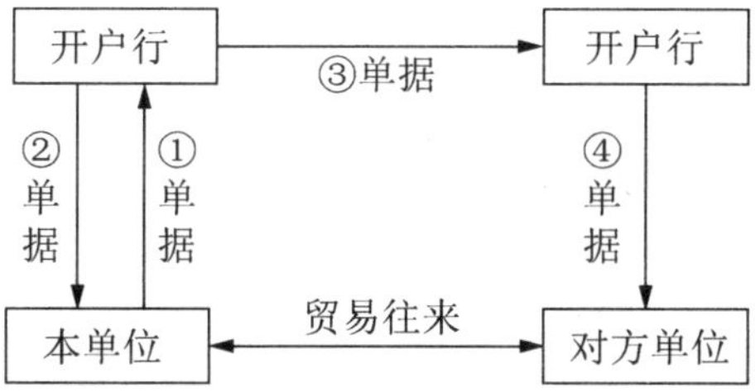

图 10.4　单据从本企业传递到开户行

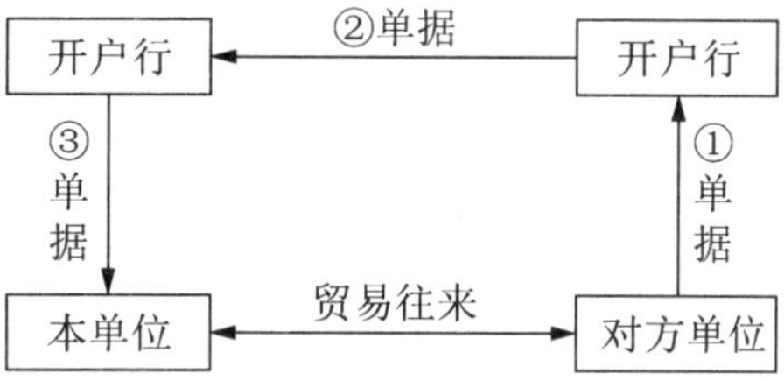

图 10.5　单据从银行传递到企业

所谓未达账项，是指由于双方记账时间不一致而发生的一方已入账，另一方尚未入账的事项。企业与银行之间的未达账项，大致有以下四种情况：

A. 企业送存银行的款项，企业已记账，作为银行存款的增加，但银行尚未入账。

B. 企业开出支票从银行存款中付出款项，企业已经记账，作为银行存款的减少，但银行尚未付款、记账。

C. 银行代企业收进的款项，银行已记账，作为企业存款的增加，但企业尚未接到银行收款通知，所以尚未入账。

D. 银行代企业支付的款项，银行已记账，作为企业存款的减少，但企业尚未接到银行付款通知，所以尚未入账。

上述任何一种情况的发生，都会使企业和银行的账簿记录出现未达账项而使双方的账面余额不相一致。A、D 两种情况，会使企业账面存款的余额大于银行对账单所列的实际存款余额；而 B、C 两种情况，又会使企业账面存款的余额小于银行对账单的实际存款余额。因此，在核对双方账目时，必须注意有无未达账项，如果发现有未达账项，就应编制银行存款余额调节表，将银行已记、企业未记的未达账项调整企业银行存款日记账余额，将企业已记、银行未记的未达账项调整银行对账单余额，以便检验双方的账面余额是否一致。其公式为

企业银行存款账面余额＋银行已收，企业未收－银行已付，企业未付＝银行对账单余额＋企业已收，银行未收－企业已付，银行未付

下面举例说明银行存款余额调节表的编制方法。

【例 10-1】 某企业20××年9月的银行存款日记账见表10-5，本月底银行送来的银行对账单见表10-6。

表 10-5　银行存款日记账

20××年		摘要	结算凭证		对方科目	借方	贷方	结余
月	日		种类	号数				
9	1	期初余额						780 000
9	3	销售产品	支票	00454√	主营业务收入	340 000		1 120 000
9	5	收到货款	支票	00527	应收账款	80 000		1 200 000
9	10	支付货款	支票	00121√	材料采购		520 000	680 000
9	16	销售产品	支票	00639√	主营业务收入	120 000		800 000
9	20	提取现金	支票	00122	库存现金		3 000	797 000
9	29	支付购料款	支票	00123√	应付账款		32 000	765 000
9	30	销售产品	支票	00999	主营业务收入	8 000		773 000
9	30	本月发生额及余额	—	—	—	548 000	555 000	773 000

特别提示

银行对账单是银行记账的结果，也即会计主体是银行，企业的银行存款对于企业会计主体是资产，但对于银行就是负债了。因此，银行对账单上的“借”“贷”刚好和企业银行存款日记账上的相反。

表 10-6　银行对账单

20××年		摘要	结算凭证		借方	贷方	结余
月	日		种类	号码			
9	1	结余	支票				780 000
9	3	存入	支票	00454√		340 000	1 120 000
9	11	支取	支票	00121√	520 000		600 000
9	17	存入	支票	00639√		120 000	720 000
9	26	支取	支票	00123√	32 000		688 000
9	27	存入	支票	00889		40 000	728 000
9	30	支取	支票	00989	25 000		703 000
9	30	本期发生额及余额			577 000	500 000	703 000

知识回放

回看4.2节借贷记账法的起源，借贷资本家以某人开户，将贷出给某人的款项记为某人“借”，表示“人欠”；将吸收某人的存款记为某人“贷”，表示“欠人”。

经过银行存款日记账和银行对账单逐笔核对打“√”，发现双方有下列未达账项，结算单据号分别为00527、00122、00999、00889、00989，归属类别为：

00527、00999为企业已收、银行未收，款项为88 000元。

00122为企业已付、银行未付，款项为3 000元。

00889为银行已收、企业未收，款项为40 000元。

00989为银行已付、企业未付，款项为25 000元。

根据企业的银行存款日记账的期末余额和银行送来的银行对账单上的期末余额，以及发现的未达账项，编制银行存款余额调节表，其格式见表10-7。

表10-7 银行存款余额调节表

20××年9月30日　　单位：元

项目	金额	项目	金额
企业银行存款账面余额 加：银行已收，企业未收 减：银行已付，企业未付	773 000 40 000 25 000	银行对账单余额 加：企业已收，银行未收 减：企业已付，银行未付	703 000 88 000 3 000
调节后的余额	788 000	调节后的余额	788 000

如果调节后的双方余额相等(如例10-1)，则可以说明企业与银行的账簿记录都准确无误；若不相等，则说明企业与银行两者中至少有一方记账有错误，应进一步核对，查实原因予以更正。

银行存款的双方账面余额经调节相符后，对未达账项一般不作账务处理。但对长期悬置的未达账项，应查明原因，并与银行联系，及时处理。对于企业内部长期未清账的转账业务，应作为清查的重点进行清查，及时进行清账处理。

特别提示

银行存款的清查方法，也适用于各种银行借款的清查，但在清查银行借款时，还应检查借款是否按规定的用途使用，是否按期归还，对长期未清账的银行借款，应作为清查的重点进行清查。

知识图说

银行存款余额调节表的形成如图10.6所示。

特别提示

银行对账单上面，借贷方是按金融部门为会计主体记的账，方向刚好同企业银行存款日记账上相反，对账时要特别注意。所以在银行存款余额调节表中银行对账单余额也必须列在贷方。

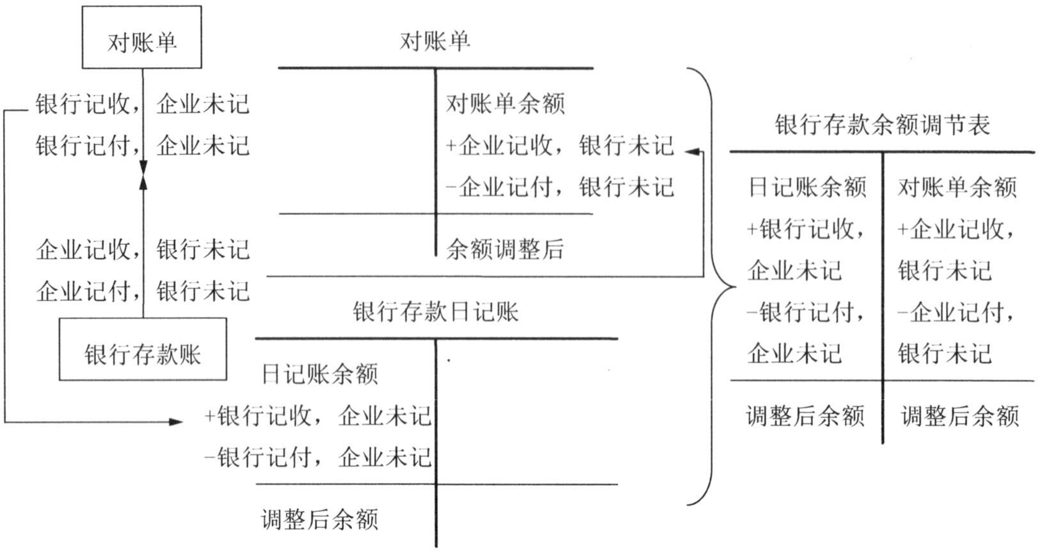

图 10.6　银行存款余额调节表的形成

(3) 往来款项的清查。往来款项的清查是指对本单位与其他单位发生的各种债权、债务等结算业务的清查。往来款项包括应收账款、应付账款、应收票据、应付票据、其他应收款、其他应付款、预收账款、预付账款等。

对各种往来款项的清查，也是采用与对方单位核对账目的方法。清查时，应在检查本单位各项结算往来款项账目正确性和完整性的基础上，根据有关明细分类账的记录，对于债权应按户编制对账单，送交对方单位进行核对。对账单一般一式两联，其中一联作为回单。如果对方单位核对相符，应在回单上盖章后退回；如果有部分数据核对不符，则应在回单上注明不符的情况或另编表退回，作为进一步清查的依据。对于债务，重点是防止付款后记账不及时或有错，造成重付、多付等问题。在核对过程中如果发现未达账项，双方都应采用调节账面余额的办法，来核对往来款项是否相符。在结算往来款项的清查过程中，应注意查明有无双方发生争议的款项、没有收回希望的款项以及无法支付的款项，以便及时采取措施进行处理，避免或减少坏账损失。

(4) 无形资产的清查。无形资产的清查是指本单位各项无形资产的清查。无形资产包括专利权、非专利权、商标权、著作权、土地使用权等。由于无形资产的特殊性，无形资产的清查方法主要是核对批准文件、使用协议和产品配方档案等，重点是了解无形资产的使用效益、剩余使用年限、保密情况，以及市场上有无盗用和仿造情况等。

10.3　财产清查结果处理

10.3.1　财产清查的账务处理程序

财产清查后，应对财产清查中所取得的资料，如实地盘存的各项盘存单和询证取得的对账回单等，进行整理分析，编制实存账存对比表以备进行账务处理。同时，要对清查中发现的各种问题，以国家的有关政策、法令、制度和规定为依据，严肃、认真地加以处理。具体地说，主要应做好以下几方面的工作。

（1）要认真查明账实不符的性质和原因，并提出处理意见。对于财产清查中所发现的各项财产账实之间的差异，如盘盈、盘亏、毁损等，都要认真地进行调查，并分析产生差异的原因和性质，明确经济责任，提出处理意见，并按规定的程序呈报有关领导审批处理。

（2）积极处理多余积压的财产物资，催收长期欠款，盘活企业资金。财产清查，不仅要进行账实核对，而且要通过清查，揭露经济管理中存在的问题。对于在财产清查中发现的闲置不用或超储积压的材料、商品，以及应收账款中有长期拖欠不清的欠款等情况，应提请有关领导和部门注意，认真加以解决。必要时，可以组织力量并指派专人负责催收账款，盘活单位资金。

（3）认真总结经验教训，提出改进工作的措施，建立和健全财产管理制度。针对财产清查中暴露出来的有关管理制度不健全、不严密或者有章不循等问题，要认真总结经验、查找原因，提出改进工作、健全制度、加强财产物资管理的建议，促使单位进一步管好各项财产物资，使财产清查发挥更大的作用。

（4）根据有关制度和审批手续，及时调整账项，做到账实相符。为了使账实相符，对于财产清查的结果，应当及时在账簿中反映。财产清查中所发现的盘盈、盘亏的原因是复杂的，必须按规定的程序上报，经审批后，才能进行处理。实际工作中，对财产清查结果的账务处理通常分两步进行：

第一步，根据有关实存账存对比表等原始凭证，编制记账凭证，并据以登记有关账簿，使账面数与实存数保持一致。为此，就需要在总分类账上开设一个“待处理财产损溢”账户。该账户属于资产类账户，用于核算和监督企业在财产清查中或在日常经营业务活动中出现的各种物资的盘盈、盘亏和损失。账户下设“待处理固定资产损溢”和“待处理流动资产损溢”两个明细分类账户。其账户结构如下。

借方　　　　　　　待处理财产损溢	贷方
发生额：① 发生的待处理财产盘亏和损毁数 ② 结转已批准处理的财产盘盈数	发生额：① 发生的待处理财产盘盈数 ② 结转已批准处理的财产盘亏和损毁数
余额：尚待批准处理的财产盘亏和损毁数大于尚待批准处理的财产盘盈数的差额	余额：尚待批准处理的财产盘盈数大于尚待批准处理的财产盘亏和损毁数的差额

第二步，对于各种待处理财产物资的溢缺或损失，按照审批权限报经上级有关领导批准处理以后，财会部门根据审批意见和发生差异的原因，编制记账凭证，并据以登记有关账簿，完成财产清查的账务处理工作。

10.3.2 财产清查账务处理举例

1. 财产物资盘盈的账务处理

【例10-2】 K&J公司在财产清查中，发现账外机器一台，重置价值为40 000元，估计折旧为25 000元。

在报经批准之前，应根据实存账存对比表所确定的固定资产盘盈数，做成会计分录，并据以登记入账，以调整原有的账面数字。其会计分录如下：

借：固定资产　　40 000
　　贷：累计折旧　　25 000
　　　　待处理财产损溢——待处理固定资产损溢　　15 000

【例 10-3】 例 10-2 中账外机器经批准，直接作为“以前年度损益调整”处理。

“以前年度损益调整”账户核算企业本年度发生的调整以前年度损益的事项，以及本年度发现的重要前期差错更正涉及调整以前年度损益的事项。其账户结构如下。

借方　　以前年度损益调整	贷方
发生额：① 调整减少以前年度利润或增加以前年度亏损 ② 以前年度损益调整增加的所得税费用 ③ 结转“利润分配”账户	发生额：① 调整增加以前年度利润或减少以前年度亏损 ② 以前年度损益调整减少的所得税费用 ③ 结转“利润分配”账户
平	平

根据批准的处理意见，应作如下会计分录，并据以登记入账：

借：待处理财产损溢——待处理固定资产损溢　　15 000
　　贷：以前年度损益调整　　15 000

结转为留存收益时：

借：以前年度损益调整　　15 000
　　贷：盈余公积——法定盈余公积　　1 500
　　　　利润分配——未分配利润　　13 500

【例 10-4】 财产清查发现甲材料盘盈 200 千克，单价 30 元，计 6 000 元。

在报经批准前，应作如下会计分录：

借：原材料　　6 000
　　贷：待处理财产损溢——待处理流动资产损溢　　6 000

【例 10-5】 上述材料经有关领导批复，作冲减管理费用处理。

根据批复意见，应作如下分录，并据以登记入账：

借：待处理财产损溢——待处理流动资产损溢　　6 000
　　贷：管理费用　　6 000

库存现金的长短款，也应通过“待处理财产损溢”账户核算，按管理权限经审批后，如为现金短款，属于应由责任人赔偿或保险公司赔偿的部分，计入其他应收款；属于无法查明原因的，计入管理费用。如为现金长款，属于应付给有关人员或单位的，计入其他应付款；属于无法查明原因的，计入营业外支出。

2. 财产物资盘亏和损毁的账务处理

【例 10-6】 财产清查中发现盘亏设备一台，设备账面原价 50 000 元，已提折旧为 30 000元。

在报经批准前，作如下分录，并据以登记入账：

借：待处理财产损溢——待处理固定资产损溢　　20 000
　　累计折旧　　30 000
　　贷：固定资产　　50 000

【例 10-7】 经批准，将设备盘亏净值转作营业外支出。

根据批准的处理意见，应作如下会计分录：

借：营业外支出——盘亏损失　　20 000
　　贷：待处理财产损溢——待处理固定资产损溢　　20 000

【例 10-8】 财产清查时盘亏乙材料 200 千克，单价 20 元，增值税 680 元，共计 4 680元。

在报经批准前，应根据实存账存对比表所确定的库存材料盘亏数，作如下会计分录，并据以登记入账：

借：待处理财产损溢——待处理流动资产损溢　　4 680
　　贷：原材料　　4 000
　　　　应交税费——应缴增值税(进项税额转出)　　680

特别提示

盘亏的原材料没有用于生产，其对应的进项税额不能抵扣，必须做进项税额转出。

对于存货盘亏、损毁等情况，应查明原因，分清责任。如属定额内的自然损耗，应列作管理费用；如因管理不善造成损失，应责成有关过失人赔偿；如因自然灾害造成损失，应列作营业外支出。

【例 10-9】 经查明，乙材料盘亏中，属于自然挥发 30 千克，管理不善丢失 100 千克，还有 70 千克属于火灾损失。

有关领导批准如下：自然损耗列作管理费用；丢失部分，责成保管员赔偿，火灾损失部分，列作营业外支出。

根据批准处理意见，作如下会计分录，并据以登记入账：

借：管理费用　　702
　　其他应收款——保管员　　2 340
　　营业外支出——盘亏损失　　1 638
　　贷：待处理财产损溢——待处理流动资产损溢　　4 680

3. 往来款的账务处理

(1) 应收账款的账务处理。应收账款清查的账务处理不通过“待处理财产损溢”账户。对于应收账款发生坏账损失的核算有直接转销法和备抵法。

① 直接转销法。所谓直接转销法是日常核算时对应收款项不估计坏账损失，只是在坏账实际发生时，直接将不能收回的应收账款记入当期损益中。

【例 10-10】 K&J 公司应收大河公司账款 10 000 元，因大河公司破产无法收回。

直接转销法会计分录：

借：资产减值损失　　10 000

　　贷：应收账款——大河公司　　10 000

② 备抵法。应收账款的备抵法是指根据应收账款余额，按照估计的坏账率来预计坏账损失。预计的方法主要有应收账款余额百分比法和账龄分析法。其核算需设置“坏账准备”和“资产减值损失”账户。

“坏账准备”账户是“应收账款”账户的调整账户，属于资产类性质，用于核算企业应收款项的坏账准备，贷方反映计提额，借方反映转销和冲减额，期末余额在贷方。其账户结构如下。

借方　　坏 账 准 备	贷方
	期初余额：应收账款坏账准备
发生额：① 坏账转销额 ② 计提冲减额	发生额：① 本期计提额 ② 转销额的转回额
	期末余额：应收账款的坏账准备

特别提示

坏账准备只在期末和年末计提，计提后账户的期末余额必须在贷方，而在其他月份，如果发生的坏账大于已计提的坏账准备，该账户会出现借方余额。

“资产减值损失”账户是损益类账户，用于核算企业计提各项资产减值准备所形成的损失，借方反映计提的减值损失，贷方反映结转额以及已计提资产减值的价值恢复值，期末无余额。其账户结构如下。

借方　　资产减值损失	贷方
发生额：计提的减值额	发生额：① 结转入“本年利润”账户的金额 ② 已计提资产减值的价值恢复值
平	平

下面介绍应收账款百分比法计提坏账准备的方法。应收账款百分比法就是根据应收账款的期末余额乘上估计的坏账率来计算坏账准备的方法。其公式为

$$\text{本期期末坏账准备账户余额}=\text{应收账款期末余额}\times\text{坏账率}$$

$$\text{本期应计提的坏账准备金额}=\begin{matrix}\text{本期期末坏账}\\\text{准备账户余额}\end{matrix}-(\text{或}+)\begin{matrix}\text{坏账准备账户原}\\\text{有贷(或借)金额}\end{matrix}$$

【例 10-11】 K&J 公司从上期期末首次计提坏账准备，应收账款余额为 500 000 元，坏账率为 10%。按应收账款百分比法计提坏账准备。

借：资产减值损失——计提的坏账准备　　50 000

　　贷：坏账准备　　50 000

【例 10-12】 20××年 5 月 30 日，K&J 公司应收大河公司账款 10 000 元，因大河公司破产无法收回。

借：坏账准备　　10 000

　　贷：应收账款——大河公司　　10 000

【例 10-13】 20××年 6 月 30 日，K&J 公司应收账款余额为 1 000 000 元，坏账率为 10%。

本期期末坏账准备账户余额＝应收账款期末余额×坏账率

＝1 000 000×10%＝100 000(元)

坏账准备账户原余额(贷方)＝50 000－10 000＝40 000(元)

本期应计提的坏账准备金额＝100 000－40 000＝60 000(元)

借：资产减值损失——计提的坏账准备　　60 000

　　贷：坏账准备　　60 000

【例 10-14】 20××年 12 月 31 日，K&J 公司应收账款余额为 800 000 元，坏账率为 10%。

本期期末坏账准备账户余额＝应收账款期末余额×坏账率

＝800 000×10%＝80 000(元)

坏账准备账户原余额(贷方)＝100 000(元)

本期应计提的坏账准备金额＝80 000－100 000＝－20 000(元)

借：坏账准备　　20 000

　　贷：资产减值损失——计提的坏账准备　　20 000

知识图说

坏账准备的计算方法主要有应收账款期末余额百分比法及其改进法——账龄分析法。

应收账款期末余额百分比法公式如下：

本期期末坏账准备账户余额＝应收账款期末余额×坏账率

本期应计提的坏账准备额＝应收账款期末余额×坏账率－(或＋)坏账准备账户原有贷(或借)金额

账龄分析法的公式如下：

本期期末坏账准备账户余额＝Σ（各账龄段的应收账款期末余额×各账龄段的坏账率）

则

本期计提坏账准备金额＝Σ(各账龄段的应收账款期末余额×各账龄段的坏账率)－(或＋)坏账准备账户原有贷(或借)金额

上述计算公式在账户上的关系如图 10.7 所示。

图 10.7 账户关系

为了方便作图和理解分析，假设应收账款每期期末余额不变，这时其同时间轴线相同，坏账率有变化，各期应计提坏账准备为每相隔期末值的差额，如图 10.8 所示。

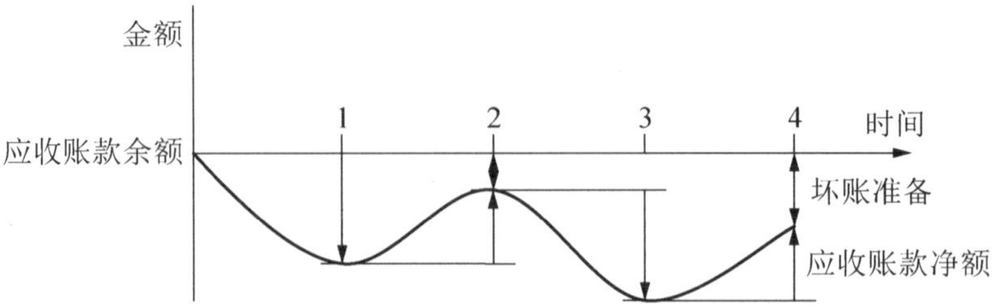

图 10.8　坏账准备计算示意

图 10.8 中应收账款净额(账面价值)等于应收账款余额减坏账准备。

需要注意的是，应收账款的净额最高和应收账款余额相等，即坏账率为 0，所以图中不会出现高于横轴的波动。

图 10.8 中，第一期期末预计的坏账为“↓”箭头部分，在资产负债表日，应收款项发生减值的，按应计提的坏账准备金额，借记“资产减值损失”账户，贷记“坏账准备”账户。第二期期末预计的坏账小于第一期，“↕”双箭头为本期期末坏账准备的账面余额，“↑”箭头部分要弥补一部分上期坏账准备，为应计提的金额小于“坏账准备”账户余额的差额，作相反的会计分录，借记“坏账准备”账户，贷记“资产减值损失”账户；第三期期末预计的坏账变多了，本期应计提的坏账准备大于其账面余额的，应按“↓”差额计提，借记“资产减值损失”账户，贷记“坏账准备”账户；第四期期末又回升了，应计提的金额小于“坏账准备”账户余额的差额——“↑”箭头部分，作相反的会计分录，借记“坏账准备”账户，贷记“资产减值损失”账户。“坏账准备”账户期末贷方余额，反映企业已计提但尚未转销的坏账准备。

（资料来源：杨尚军．会计上资产价值变动的图形教学 [J]．会计之友，2012 (11) 上）

(2) 应付账款的账务处理。对于应付账款，如确实无法支付，记入“营业外收入”账户。

【例 10-15】 K&J 公司应付洛河公司账款 10 000 元，因洛河公司已注销，无法支付。

借：应付账款——洛河公司　　　　10 000
　　贷：营业外收入　　　　　　　　　10 000

本章小结

本章主要介绍了财产清查的含义和作用；账实不符的原因；财产清查的种类；财产的盘存制度；实物财产清查的基本方法；未达账项的原因和种类，银行存款余额调节表的编制；财产清查结果的账务处理。

名人名言

如果物没有用，那么其中包含的劳动也就没有用，不能算作劳动，因此不形成价值。

——马克思

看它的过去，就可以知道它的现在；看它的过去和现在，就可以知道它的将来。

——毛泽东

会计记录的真正内涵：过去+现在+未来。

——安德鲁·巴尔

练习与思考

一、单项选择题

(1) 出纳员每日业务终了对库存现金进行清点属于(　　)。

A. 局部清查和不定期清查　　B. 全面清查和定期清查

C. 局部清查和定期清查　　D. 全面清查和不定期清查

(2) 技术推算盘点法通常用于(　　)的盘点。

A. 固定资产　　B. 流动资产

C. 现金　　D. 大量成堆，难以逐一清点的材料

(3) 财产清查是通过实地盘点、函证核对，查明(　　)是否相符的一种方法。

A. 账证　　B. 账账　　C. 账存数与实存数　　D. 账表

(4) 若某企业期末银行日记余额80 000元，银行送来的对账单为82 425元；经对未达账项调节后余额为83 925元，则企业在银行的实有存款是(　　)元。

A. 82 425　　B. 80 000　　C. 83 925　　D. 24 250

(5) 对应收账款进行清查时，应采用的方法是(　　)。

A. 与记账凭证核对　B. 函证法　　C. 实地盘点法　　D. 技术推算法

(6) 采用实地盘存制，平时对财产物资的记录(　　)。

A. 只登记收入数，不登记发出数　　B. 只登记发出数，不登记收入数

C. 先登记收入数，后登记发出数　　D. 先登记发出数，后登记收入数

(7) 一般来说，在企业撤销、合并和改变隶属关系时，应对财产进行(　　)。

A. 全面清查　　B. 局部清查　　C. 实地盘点　　D. 定期清查

(8) 库存现金盘点时发现短缺，则应借记的会计科目是(　　)。

A. 库存现金　　B. 其他应付款　　C. 待处理财产损溢　D. 其他应收款

(9) 出纳人员发生变动时，应对其保管的库存现金进行清查，这种财产清查属于(　　)。

A. 全面清查和定期清查　　B. 局部清查和不定期清查

C. 全面清查和不定期清查　　D. 局部清查和定期清查

(10) 某企业出现现金短缺，经查是由出纳保管不善造成的，则经批准后应记入(　　)账户。

A. “管理费用”　　B. “其他应收款”　　C. “其他应付款”　　D. “营业外支出”

二、多项选择题

(1) 财产物资的盘盈是指(　　)。

A. 账存数大于实存数　　B. 实存数大于账存数

C. 由于记账差错多记的金额　　D. 由于记账差错少记的金额

(2) 采用实地盘点进行清查的是(　　)。

A. 固定资产　　B. 产成品　　C. 银行存款　　D. 往来款项

(3) 造成账实不符的原因主要有(　　)。

A. 财产物资的自然损耗、收发计量错误　B. 会计账簿漏记、重记、错记

C. 财产物资的毁损、被盗　D. 未达账项

(4) 在银行存款对账中，未达账项包括(　　)。

A. 银行已收款入账，企业未收款入账　B. 企业未付款入账，银行已付款入账

C. 企业未付款入账，银行也未付款入账　D. 银行已收款入账，企业也收款入账

(5) 实地盘点法一般适用于(　　)的清查。

A. 各项实物财产物资　B. 库存现金　C. 银行存款　D. 应收账款

三、判断题

(1) 会计部门要在财产清查之前将所有的经济业务登记入账并结出余额，做到账账相符、账证相符，为财产清查提供可靠的依据。(　　)

(2) 实地盘存制是平时根据会计凭证在账簿中登记各种财产的增加和减少数，期末时再通过盘点实物来确定各种财产的数量，并据以确定账实是否相符的一种盘存制度。(　　)

(3) 未达账项是指在企业和银行之间，由于凭证的传递时间不同，而导致了记账时间不一致，即一方已接到有关结算凭证已经登记入账，而另一方由于尚未接到有关结算凭证尚未入账的款项。(　　)

(4) 经过银行存款余额调节表调节后的存款余额是企业可动用的银行存款实有数。(　　)

(5) 财产清查就是对各项实物资产进行定期盘点和核对。(　　)

(6) 银行存款余额调节表编制完成后，可以作为调整企业银行存款余额的原始凭证。(　　)

(7) 库存现金的清查包括出纳每日的清点核对和清查小组定期和不定期的清查。(　　)

(8) 在进行库存现金和存货清查时，出纳人员和实物保管人员不得在场。(　　)

(9) 非正常原因造成的存货盘亏损失经批准后应该计入营业外支出。(　　)

四、连线题

在正确的两者之间划线。

应收账款	
原材料——燃油	实地盘点法
固定资产	询证核对法
银行存款	技术推算盘点法
原材料——沙石	抽查盘点法
预付账款	
库存商品——衬衣	

五、问答题

(1) 什么是财产清查？财产清查有哪些种类？在实际工作中应如何应用？

（2）财产清查前应当做哪些工作？

（3）对财产清查结果的处理应当做好哪几个方面的工作？

（4）什么是未达账项？未达账项包括哪几种情况？

（5）财产物资的盘盈盘亏应如何进行账务处理？

（6）对财产清查中发现的无法收回的应收账款和无法偿付的应付款项应如何处理？它们在处理上与财产物资盘亏的处理有何不同？

（7）什么是永续盘存制？什么是实地盘存制？

（8）根据商业零售企业的特点，分析为什么实地盘存制存在着缺点，商业零售企业还要采用实地盘存制呢？

六、业务题

习题 1

1. 目的：练习银行存款余额调节表的编制。

2. 资料：K&J 公司 8 月 31 日银行存款的账面余额为 2 800 000 元，银行送来的对账单中银行存款余额为 2 750 000 元，经过核对，发现有以下几笔未达账项：

（1）8 月 29 日，银行已付企业电费 5 000 元，银行已入账，企业尚未收到付款通知。

（2）8 月 29 日，企业委托银行收款 125 000 元，银行已入账，收款通知尚未送达本企业。

（3）8 月 30 日，企业收到外单位转账支票一张，计 176 000 元，企业已入账，银行尚未入账。

（4）8 月 30 日，企业开出现金支票一张，计 6 000 元，企业已经入账，银行尚未入账。

3. 要求：各项业务是否属于未达账项？属于哪类未达账项？编制银行存款余额调节表。

习题 2

1. 目的：练习财产清查的会计账务处理方法。

2. 资料：某公司财产清查时，发现如下问题：

（1）A 材料缺少 100 千克，单价为 105 元。

（2）上述材料短缺，经查是因仓库材料保管人员工作疏忽导致。

（3）B 材料短缺 35 千克，单价为 80 元。

（4）上述材料短缺，经查短缺原因是火灾损失。

（5）包装车间发现账外包装机一部，现值为 30 000 元，估计折旧额为 18 000 元。

（6）盘盈设备批复处理。

3. 要求：根据上述清查结果，编制有关会计分录。

习题 3

1. 目的：练习往来款财产清查的会计账务处理方法。

2. 资料：某公司财产清查时发现如下问题：

(1) 计提坏账准备 20 000 元。

(2) 大鑫公司应收账款 10 000 元，因大鑫公司破产已无法收回。

(3) 三环公司应收账款 13 000 元，因时间久远已达 8 年，三环公司已发生变更，货款无从要，经批准冲销坏账准备。

(4) 又 3 年后，三环公司重组的公司六环将原欠货款 13 000 元归还。

(5) 企业应付洛阳牡丹公司货款 5 000 元，因牡丹公司破产，已无法归还。

3. 要求：根据上述清查结果，编制有关会计分录。

七、案例分析题

银行存款的清查

某公司 20××年 12 月末银行存款资料见表 10-8，银行送来的对账单见表 10-9。

表 10-8 银行存款日记账 单位：元

20××年		凭证字号	对方科目	摘 要	支票		借方	贷方	余额
月	日				种	号			
12	1			上月结余					221 000
12	1	银付 1	材料采购	采购材料付款	略	0321		17 380	203 620
12	5	银付 2	管理费用	支付办公用品款		0322		1 157	202 463
12	7	银付 3	应付账款	支付沈阳工厂款		0323		1 500	200 963
12	8	银收 1	短期借款	借入短期借款		0406	1 000 000		1 200 963
12	9	银付 4	销售费用	付销售费用		0327		17 000	1 183 963
12	11	银付 5	库存现金	提现备发工资		0328		200 000	983 963
12	13	银收 2	主营业务收入	售甲产品收到款		0501	351 000		1 334 963
12	16	银收 3	应收账款	收上海工厂货款		0203	237 000		1 571 963
12	30	银付 6	生产成本	支付水电费		0109		2 000	1 569 963
			制造费用					500	1 569 463
			管理费用					30	1 569 433
12	30	银付 7	短期借款	偿还短期借款		0329		1 225 000	344 433
12	31			本月发生及余额			1 588 000	1 464 567	344 433

表 10-9 银行对账单

20××年		摘要	结算凭证		借方	贷方	结余
月	日		种类	号码			
12	1	结余					221 000
12	3	支取	略	0321	17 380		203 620
12	8	存入		0406		1 000 000	1 203 620
12	8	支取		0323	1 500		1 202 120
12	9	支取		0322	1 157		1 200 963
12	10	存入		0501		351 000	1 551 963
12	12	支取		0328	200 000		1 351 963
12	16	支取		0110	17 163		1 334 800
12	16	存入		0203		237 000	1 571 800
12	29	存入		0510		50 000	1 621 800
12	30	支取		0109	2 800		1 619 000
12	30	支取		0329	1 225 000		394 000
12	30	存入		0535		50 000	444 000
12	31	本期发生额及余额			1 465 000	1 688 000	444 000

问题：

(1) 对企业银行存款进行清查核对打“√”。

(2) 有无未达账项？属于哪类未达账项？

(3) 编制银行存款余额调节表。

(4) 银行存款余额调节表是否平？不平请核对是否有记错账的项目。

(5) 如果错误是记账凭证填制错误，请更改错账后，调整银行存款余额调节表。

(6) 上述调整方式是将一方尚未记的业务进行补记，称为补记式余额调节表。现请按照“企业银行存款账面余额－企业已收，银行未收＋企业已付，银行未付＝银行对账单余额－银行已收，企业未收＋银行已付，企业未付”的公式编制余额调节表，这种方法称为扣除式余额调节表，并对比两种方法编制的调节表的优、缺点。

第11章

账务处理程序

教学目标

通过本章的学习，了解账务处理程序的含义、意义和种类，掌握各种账务处理程序的特点，熟练掌握记账凭证账务处理程序，掌握科目汇总表账务处理程序，了解汇总记账凭证、多栏式日记账和日记总账账务处理程序。

教学要求

知识要点	能力要求	相关知识
账务处理程序	(1) 账务处理程序的定义 (2) 账务处理程序的意义 (3) 账务处理程序的种类	记账凭证账务处理程序；汇总记账凭证账务处理程序；科目汇总表账务处理程序；多栏式日记账账务处理程序
记账凭证账务处理程序	(1) 记账凭证账务处理程序的定义 (2) 记账凭证账务处理程序的特点 (3) 记账凭证账务处理程序的账簿组织	记账凭证账务处理程序的程序图；优、缺点；适用范围
汇总记账凭证账务处理程序	(1) 汇总记账凭证账务处理程序的定义 (2) 汇总记账凭证账务处理程序的特点 (3) 汇总记账凭证账务处理程序的账簿组织	汇总记账凭证账务处理程序的程序图；优、缺点；适用范围
科目汇总表账务处理程序	(1) 科目汇总表账务处理程序的定义 (2) 科目汇总表账务处理程序的特点 (3) 科目汇总表账务处理程序的账簿组织	科目汇总表账务处理程序的程序图；优、缺点；适用范围

会计是一门有史、有论、有独特的方法与技术且包罗众多分支学科的知识体系。

——葛家澍

基本概念

账务处理程序　账簿组织　记账程序　记账凭证账务处理程序　汇总记账凭证　科目汇总表　日记总账

导入案例

无账会计

20 世纪 50 年代末，一些企业脑袋一热，搞起了“无账会计”，不再一套一套很详细地设置“序时账”“总账”“分类账”，而是什么事儿就记在一个本本上，其他的就不要了。实际就是一本序时账，一笔笔来记流水账就完了。这忽视了会计的科学性，就靠这一本“糊涂账”，成本核算、盈亏计算等怎么算得清？只能是拍脑袋的“书记利润、厂长成本”。到期末编制报表时，问题就更多了。一本流水账，既没总分类账，又没明细账，账簿组织不完整，没法按照“填制和审核凭证—登记账簿—编制会计报表”的记账程序一步步地完成会计工作，更谈不上保证会计信息的质量了。

所以，只有按照账务处理程序，按部就班，才能保证会计信息的质量。

点评：程序保证可靠。

账务处理程序是账簿组织和记账程序的有机结合，是一个完整的体系，严格按照账务处理程序是保证会计信息质量的工作基础。本章主要介绍账务处理程序的意义、种类、各种账务处理程序的区别等，重点介绍记账凭证账务处理程序和科目汇总表账务处理程序。

11.1 账务处理程序的意义和种类

11.1.1 账务处理程序的概念

在 1.3 节中，介绍了会计核算的基本步骤；在第 8 章中，介绍了会计凭证按照用途分为原始凭证和记账凭证，记账凭证按照核算货币资金的内容，又分为收款凭证、付款凭证和转账凭证；在第 9 章中，介绍了账簿按照用途分为日记账、分类账和备查账，其中日记账包括库存现金日记账和银行存款日记账；分类账按照核算内容的详细程度又分为总分类账和明细分类账。具体如图 11.1 所示(备查账记录的内容特殊，也不是必须设置的，可不反映)。

为了连续、全面、系统地核算和监督企业的经济活动，为经济管理提供系统的会计信息，合理、科学地组织会计核算工作，除了要及时、正确地填制会计凭证、登记账簿和编制会计报表以外，还必须根据企业的具体情况，确定相应的账务处理程序，使会计凭证的填制、账簿的登记、会计报表的编制能够有机地结合起来，做到互相配合、互相衔接，形成一个严密的信息系统。

账务处理程序也称会计核算形式，它是指账簿组织、记账程序和记账方法有机结合的

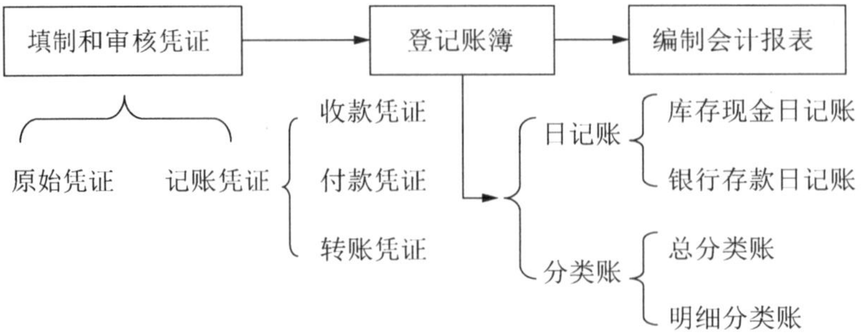

图 11.1　会计核算基本步骤及其内容分类

形式和步骤。账簿组织是指凭证和账簿的种类、格式及凭证与账簿、账簿与账簿之间的关系；记账程序和方法是填制会计凭证，根据凭证登记各种账簿，根据账簿记录编制会计报表的整个过程所经过的步骤和使用的方法。账务处理程序是做好会计工作的一个重要前提。

11.1.2　账务处理程序的意义

账务处理程序是否合理、科学，将会对整个会计核算工作带来多方面的影响。诸如凭证、账簿、报表的作用是否能够充分发挥；会计信息的提供是否能够满足经济管理的需要；会计工作的效率是否能够不断提高；现代化的先进核算工具是否能够便利使用；会计人员之间的分工是否能够合理、明确等，都会受到账务处理程序的制约。因此，合理、科学地确定账务处理程序，是会计部门和会计主管人员的一项重要工作，其意义如下。

（1）有利于规范会计工作，提高会计核算工作质量。采用适当的账务处理程序，科学地组织记账工作，可使企业的日常会计核算工作按规定的程序有条不紊地进行，且有利于会计合理分工，加强岗位责任制以明确责任，健全企业的内部控制制度，最大限度地预防和杜绝各种错弊现象的发生，从而使会计核算能正确地反映情况，及时提供信息，大大提高会计信息的真实性、清晰性和完整性，更好地完成会计所承担的任务。

（2）有利于提高会计工作效率，节约核算费用。账务处理程序合理地解决了从记账的准备工作到编制会计报表过程中会计工作的技术组织问题。因为一个科学的账务处理程序可以在保证对企业经济活动及其结果客观、真实、准确、及时地进行核算和监督的前提下，尽可能地简化会计核算手续，避免多余环节，减少重复劳动，从而提高会计工作效率，节约核算费用开支。

（3）有利于加强对企业单位经济活动的监督与财产物资的管理，提高会计管理的水平。恰当地设计或选用科学合理的账务处理程序，对提高会计工作效率，保证会计工作质量，改善企业经营管理必然会带来积极的影响。一方面，由于能够正确及时地进行信息反馈和内部会计控制，可以加强对单位经济活动及其结果的核算和监督，进行计划、控制、预测和决策；另一方面，有利于合理分工协作，会计人员能够有更多的时间和精力深入实际调查情况，切实地加强会计工作，从而提高会计管理的水平。

11.1.3　账务处理程序的要求

一般来说，设计和选择账务处理程序应当符合以下各项基本要求。

（1）要与本单位经济活动的性质、经济管理的特点、规模的大小及业务繁简等相适应。

（2）要能够正确、及时和完整地提供会计资料，以满足经济管理的需要，同时也要能够为国家和有关部门提供必要的会计资料。

（3）要在保证会计资料正确、真实和完整的前提下，力求简化核算手续，节约人力和物力，提高核算工作的效率，并为逐步采用现代化的核算工具创造条件。

（4）要有利于建立会计工作岗位责任制，有利于会计人员的分工和协作。

11.1.4　账务处理程序的种类

在实际工作中，手工记账的常用的账务处理程序有以下四种。

（1）记账凭证账务处理程序。

（2）汇总记账凭证账务处理程序。

（3）科目汇总表账务处理程序。

（4）多栏式日记账账务处理程序。

在会计电算化、信息化时代，只用记账凭证账务处理程序。

11.2　记账凭证账务处理程序

11.2.1　记账凭证账务处理程序的特点

记账凭证账务处理程序的主要特点是直接根据记账凭证逐笔登记总分类账。记账凭证账务处理程序是最基本的账务处理程序，其他各种会计核算程序都是在此基础上，根据经营管理的要求发展而成的。

11.2.2　记账凭证账务处理程序的账簿组织

记账凭证账务处理程序是最基本的一种账务处理程序，在一定意义上，其他账务处理程序，都是这种账务处理程序的延伸和发展。在记账凭证账务处理程序下，记账凭证一般采用收款凭证、付款凭证和转账凭证三种格式，也可采用一种通用的格式。对于账簿而言，可设置现金日记账、银行存款日记账、总分类账和明细账。日记账和总分类账一般采用三栏式，明细分类账可根据不同情况分别采用三栏式、数量金额式或多栏式等。

11.2.3　记账凭证账务处理程序的核算步骤

填制和审核凭证、登记账簿、编制会计报表既是会计核算方法，又是会计核算的基本程序。在会计核算程序——填制和审核凭证、登记账簿、编制会计报表三大步的基础上，记账凭证账务处理程序可分为六小步。

（1）根据各种原始凭证和原始凭证汇总表填制收款凭证、付款凭证和转账凭证。

（2）根据收款凭证和付款凭证登记现金日记账和银行存款日记账。

（3）根据原始凭证、原始凭证汇总表和记账凭证登记各种明细分类账。

（4）根据各种记账凭证逐笔登记总分类账。

（5）月末，将库存现金日记账、银行存款日记账和明细分类账分别与总分类账相核对。

（6）根据总分类账和明细分类账的资料编制会计报表。

记账凭证账务处理程序的记账程序如图 11.2 所示。

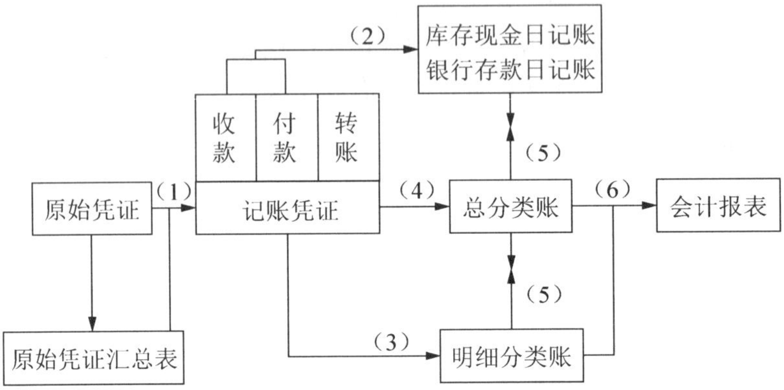

图 11.2　记账凭证账务处理程序的记账程序

11.2.4　记账凭证账务处理程序的优缺点及适用范围

记账凭证账务处理程序的优点是简单明了，易于掌握。但是，由于总分类账直接根据记账凭证逐笔登记，登记总分类账的工作量较大。因此这种账务处理程序一般只适用于规模小、业务量少的单位。

11.2.5　记账凭证账务处理程序应用举例

现以 K&J 工业企业为例，介绍记账凭证账务处理程序的具体操作。

1. 资料

（1）K&J 企业 20××年 12 月初总分类账户、部分明细分类账余额见表 11-1。

表 11-1　总分类账户余额表

20××年 11 月 30 日　　　　单位：元

账户名称	借方金额	账户名称	贷方金额
库存现金	400	累计折旧	8 500
银行存款	221 000	短期借款	225 000
应收账款	1 000	应付账款	8 200
其他应收款	1 800	应交税费	900
原材料	5 000	其他应付款	800
库存商品	3 000	长期借款	70 000

续表

账户名称	借方金额	账户名称	贷方金额
生产成本	69 400	实收资本	9 000 000
固定资产	9 086 300	本年利润	74 500
合　计	9 387 900	合　计	9 387 900

(2) 该厂 12 月份发生下列经济业务(特别说明：为简化运费不计增值税)：

① 1 日，购入 A 材料 2 000 千克，每千克 4 元，B 材料 3 000 千克，每千克 2 元，增值税税率为 17%，供方代垫运杂费 1 000 元，货款及运费以银行存款支付。

② 2 日，上述 A、B 两种材料运到本厂验收入库，并按实际采购成本入账。

③ 4 日，企业生产甲产品，领用 A 材料 1 000 千克，每千克 4.2 元，B 材料 1 500 千克，每千克 2.2 元。

④ 5 日，行政管理部门购办公用品 1 157 元，款项用银行存款支付。

⑤ 6 日，向上海工厂销售甲产品 2 000 件，单位售价 100 元，增值税税率为 17%，货款尚未收到。

⑥ 7 日，以银行存款支付前欠沈阳工厂货款 1 500 元。

⑦ 8 日，向银行借入短期借款 1 000 000 元，存入银行存款户。

⑧ 9 日，以银行存款支付甲产品广告费用 17 000 元。

⑨ 11 日，由银行提取库存现金 200 000 元，备发职工工资。

⑩ 12 日，以库存现金 200 000 元支付本月职工工资。

⑪ 13 日，销售甲产品 3 000 件，单位售价 100 元，增值税税率为 17%，款收回存入银行。

⑫ 15 日，向天津工厂购入 A 材料 1 000 千克，每千克 4 元，B 材料 1 500 千克，每千克 2 元，增值税税率为 17%，供方代垫运杂费 500 元，货款及运费尚未支付。

⑬ 16 日，收到上海工厂前欠货款 20 000 元，存入银行。

⑭ 17 日，向天津工厂购入 A、B 材料运到本厂，验收入库，按其实际采购成本入账。

⑮ 20 日，仓库发出 A 材料 1 000 千克，每千克 4.2 元，B 材料 2 000 千克，每千克 2.2 元，投入甲产品生产。

⑯ 21 日，生产车间设备日常修理领用 A 材料 500 千克，每千克 4.2 元。

⑰ 31 日，分配本月应付职工工资 200 000 元，其中甲产品生产工人工资 100 000 元，车间管理人员工资 60 000 元，厂部管理人员工资 40 000 元。

⑱ 31 日，提取本月固定资产折旧费 3 000 元，其中：生产车间固定资产折旧费 2 000 元，行政管理部门固定资产折旧费 1 000 元。

⑲ 31 日，以银行存款支付本月水电费，其中：生产产品耗用 2 000 元，车间耗用 500 元，管理部门耗用 300 元。

⑳ 31 日，结转制造费用。

㉑ 31 日，本月甲产品全部完工共 5 000 件，结转完工产品成本(提示：生产成本有期初余额)。

㉒ 31 日，结转已售 5 000 件甲产品销售成本(单位成本 50 元)。

㉓ 31 日，按照应交增值税税额的 7%和 3%，分别计算出本月应交城市维护建设税 5 910元和教育费附加 2 533 元。

㉔ 31 日，将主营业务成本、营业税金及附加、销售费用、管理费用等，结转至“本年利润”账户。

㉕ 31 日，将主营业务收入结转至“本年利润”账户。

㉖ 31 日，按 25%计提应交所得税，并结转所得税费用。

㉗ 31 日，按净利润的 10%提取盈余公积金(按照本年累计利润计算)。

㉘ 31 日，企业决定向投资者分配净利润的 40%(按照本年累计利润计算)。

㉙ 31 日，结转本年利润。

㉚ 31 日，结转利润分配各明细。

㉛ 31 日，归还短期借款 1 225 000 元。

㉜ 31 日，结转未交增值税。

2. 根据记账凭证，并参考有关原始凭证登记账簿

(1) 根据原始凭证(略)编制记账凭证，见表 11-2。

表 11-2　会计分录(代记账凭证)　单位：元

20××年		凭证	摘要	总账科目	明细科目	借方金额	贷方金额
月	日						
12	1	银付 1	购入材料	在途物资	A 材料	8 400	
					B 材料	6 600	
				应交税费	应交增值税(进项税额)	2 380	
				银行存款			17 380
12	2	转 1	材料验收入库	原材料	A 材料	8 400	
					B 材料	6 600	
				在途物资	A 材料		8 400
					B 材料		6 600
12	4	转 2	领料	生产成本	甲产品	7 500	
				原材料	A 材料		4 200
					B 材料		3 300
12	5	银付 2	购办公用品	管理费用	办公费	1 157	
				银行存款			1 157
12	6	转 3	销售	应收账款	上海工厂	237 000	
				主营业务收入	甲产品		200 000
				应交税费	应交增值税(销项税额)		37 000

续表

20××年		凭证	摘要	总账科目	明细科目	借方金额	贷方金额
月	日						
12	7	银付 3	支付欠款	应付账款	沈阳工厂	1 500	
				银行存款			1 500
12	8	银收 1	借入短期借款	银行存款		1 000 000	
				短期借款			1 000 000
12	9	银付 4	支付销售费用	销售费用	广告费	17 000	
				银行存款			17 000
12	11	银付 5	提现备发工资	库存现金		200 000	
				银行存款			200 000
12	12	现付 1	发放工资	应付职工薪酬	工资	200 000	
				库存现金			200 000
12	13	银收 2	销售	银行存款		351 000	
				主营业务收入	甲产品		300 000
				应交税费	应交增值税(销项税额)		51 000
12	15	转 4	购进材料	在途物资	A 材料	4 200	
					B 材料	3 300	
				应交税费	应交增值税(进项税额)	1 190	
				应付账款	天津工厂		8 690
12	16	银收 3	收回欠款	银行存款		237 000	
				应收账款	上海工厂		237 000
12	17	转 5	材料验收入库	原材料	A 材料	4 200	
					B 材料	3 300	
				在途物资	A 材料		4 200
					B 材料		3 300
12	20	转 6	领料	生产成本	甲产品	8 600	
				原材料	A 材料		4 200
					B 材料		4 400
12	21	转 7	日常修理	管理费用	物料消耗	2 100	
				原材料	A 材料		2 100
12	31	转 8	结算本月工资	生产成本	甲产品	100 000	
				制造费用	职工薪酬	60 000	
				管理费用	职工薪酬	40 000	
				应付职工薪酬	工资		200 000

续表

20××年		凭证	摘要	总账科目	明细科目	借方金额	贷方金额
月	日						
12	31	转 9	提取折旧	制造费用 管理费用 累计折旧费	折旧费 折旧费	3 000 1 000	 4 000
12	31	银付 6	付水电费	生产成本 制造费用 管理费用 银行存款	甲产品 水电费 水电费	2 000 500 300	 2 800
12	31	转 10	分配制造费用	生产成本 制造费用	甲产品	62 500	 62 500
12	31	转 11	产品完工入库	库存商品 生产成本	甲产品 甲产品	250 000	 250 000
12	31	转 12	结转销售成本	主营业务成本 库存商品	甲产品 甲产品	250 000	 250 000
12	31	转 13	计算城建税及教育费附加	营业税金及附加 应交税费	 应交城市维护建设税 教育费附加	8 443	 5 910 2 533
12	31	转 14	结转销售成本、费用、税金及附加	本年利润 主营业务成本 营业税金及附加 销售费用 管理费用		320 000	 250 000 8 443 17 000 44 557
12	31	转 15	结转收入	主营业务收入 本年利润		500 000	 500 000
12	31	转 16	计算应交所得税费	所得税费用 应交税费	 应交所得税	45 000	 45 000
12	31	转 17	结转所得税	本年利润 所得税费用		45 000	 45 000
12	31	转 18	计提盈余公积	利润分配 盈余公积	提取法定盈余公积 法定盈余公积	20 950	 20 950
12	31	转 19	计算应付利润	利润分配 应付股利	应付利润	83 800	 83 800

续表

20××年 月	日	凭证	摘要	总账科目	明细科目	借方金额	贷方金额
12	31	转 20	结转本年利润	本年利润 利润分配	 未分配利润	209 500	 209 500
12	31	转 21	结转利润分配	利润分配 利润分配	未分配利润 提取法定盈余公积 应付利润	104 750	 20 950 83 800
12	31	银付 7	偿还短期借款	短期借款 银行存款		1 225 000	 1 225 000
12	31	转 22	结转未交增值税	应交税费 应交税费	应交增值税 未交增值税	84 430	 84 430

（2）根据收、付款凭证登记现金日记账和银行存款日记账，见表 11-3 和表 11-4。

表 11-3　现金日记账　　单位：元

20××年 月	日	凭证字号	摘要	对方科目	借方	贷方	借或贷	余额
12	1		上月结余				借	400
12	11	银付 5	提取备发工资	银行存款	200 000		借	200 400
12	12	现付 1	发放职工工资	应付职工薪酬		200 000	借	400
12	31		本月发生额及余额		200 000	200 000	借	400

表 11-4　银行存款日记账　　单位：元

20××年 月	日	凭证字号	摘要	对方科目	借方	贷方	借或贷	余额
12	1		上月结余				借	221 000
12	1	银付 1	采购材料付款	在途物资		17 380	借	203 620
12	5	银付 2	支付办公用品款	管理费用		1 157	借	202 463
12	7	银付 3	支付沈阳工厂款	应付账款		1 500	借	200 963
12	8	银收 1	借入短期借款	短期借款	1 000 000		借	1 200 963
12	9	银付 4	支付产品销售费用	销售费用		17 000	借	1 183 963
12	11	银付 5	提现备发工资	库存现金		200 000	借	983 963
12	13	银收 2	出售甲产品收到货款	主营业务收入	351 000		借	1 334 963

续表

20××年		凭证字号	摘要	对方科目	借方	贷方	借或贷	余额
月	日							
12	16	银收 3	收上海工厂应收货款	应收账款	237 000		借	1 571 963
12	31	银付 6	支付水电费	生产成本		2 000	借	1 569 963
				制造费用		500	借	1 569 463
				管理费用		300	借	1 569 163
12	31	银付 7	偿还短期借款	短期借款		1 225 000	借	344 163
12	31		本月发生额及余额		1 588 000	1 464 837	借	344 163

(3) 根据记账凭证和有关凭证逐笔登记明细分类账，见表 11-5—表 11-15。

表 11-5 “在途物资”明细账

材料名称：A 材料　　　　计量单位：千克

材料规格：　　　　单位：元

20××年		凭证字号	摘要	借方			20××年		凭证字号	摘要	贷方		
月	日			买价	运费	合计	月	日			数量	@	金额
12	1	银付 1	购料	8 000	400	8 400	12	2	转 1	入库	2 000	4.2	8 400
12	15	转 4	购料	4 000	200	4 200	12	17	转 5	入库	1 000	4.2	4 200
12	31		合计	12000	600	12 600				合计	3 000	4.2	12 600

表 11-6 “在途物资”明细账

材料名称：B 材料　　　　计量单位：千克

材料规格：　　　　单位：元

20××年		凭证字号	摘要	借方			20××年		凭证字号	摘要	贷方		
月	日			买价	运费	合计	月	日			数量	@	金额
12	1	银付 1	购料	6 000	600	6 600	12	2	转 1	入库	3 000	2.2	6 600
12	15	转 4	购料	3 000	300	3 300	12	17	转 5	入库	1 500	2.2	3 300
12	31		合计	9 000	900	9 900				合计	4 500	2.2	9 900

表 11-7 “材料”明细账

材料编号：　　　　计量单位：千克

材料类别：　　　　最高储量：

材料名称及规格：A 材料　　　　最低储量：

20××年		凭证字号	摘要	收入			发出			结存		
月	日			数量	@	金额	数量	@	金额	数量	@	金额
12	1		期初余额							800	4.2	3 360
12	2	转 1	购入	2 000	4.2	8 400				2 800	4.2	11760

续表

20××年		凭证字号	摘要	收入			发出			结存		
月	日			数量	@	金额	数量	@	金额	数量	@	金额
12	4	转 2	领用				1 000	4.2	4 200	1 800	4.2	7 560
12	15	转 5	购入	1 000	4.2	4 200				2 800	4.2	11 760
12	20	转 6	领用				1 000	4.2	4 200	1 800	4. 2	7 560
12	21	转 7	领用				500	4.2	2 100	1 300	4.2	5 460
12	31		本月发生额及余额	3 000	4.2	12 600	2 500	4.2	10 500	1 300	4.2	5 460

表 11-8 “材料”明细账

材料编号： 计量单位：千克

材料类别： 最高储量：

材料名称及规格：B 材料 最低储量：

20××年		凭证字号	摘要	收入			发出			结存		
月	日			数量	@	金额	数量	@	金额	数量	@	金额
12	1		期初余额							745.46	2.2	1 640
12	2	转 1	购入	3 000	2.2	6 600				3 745.46	2.2	8 240
12	4	转 2	领用				1 500	2.2	3 300	2 245.46	2.2	4 940
12	15	转 5	购入	1 500	2.2	3 300				3 745.46	2.2	8 240
12	20	转 6	领用				2 000	2.2	4 400	1 745.46	2.2	3 840
12	31		本月发生额及余额	4 500	2.2	9 900	3 500	2.2	7 700	1 745.46	2.2	3 840

表 11-9 “应付账款”明细账

明细科目：沈阳工厂 单位：元

20××年		凭证字号	摘要	借方	贷方	借或贷	余额
月	日						
12	1		期初余额			贷	1 500
12	7	银付 3	支付购料款	1 500		贷	0
12	31		本月发生额及余额	1 500		平	0

表 11-10 “应付账款”明细账

明细科目：天津工厂　　　　单位：元

20××年		凭证字号	摘要	借方	贷方	借或贷	余额
月	日						
12	15	转 4	购料款未付		8 690	贷	8 690
12	31		本月发生额及余额		8 690	贷	8 690

表 11-11 “应付账款”明细账

明细科目：东莞工厂　　　　单位：元

20××年		凭证字号	摘要	借方	贷方	借或贷	余额
月	日						
12	1		期初余额			贷	6 700

表 11-12 “制造费用”明细账

车间：　　　　单位：元

20××年		凭证字号	摘要	借方				贷方	借或贷	余额
月	日			职工薪酬	折旧	水电费	合计			
12	31	转 8	分配工资	60 000			60 000			
12	31	转 9	计提折旧		2 000		2 000			
12	31	银付 6	支付水电费			500	500			
12	31	转 10	分配结转制造费用					62 500		
12	31		本月发生额及余额	60 000	2 000	500	62 500	62 500	平	0

表 11-13 “管理费用”明细账　　　　单位：元

20××年		凭证字号	摘要	借方						贷方
月	日			薪酬	折旧	水电费	办公费	修理费	合计	
12	21	银付 2	购办公用品				1 157		1 157	
12	21	转 7	设备修理费					2 100	3 257	
12	31	转 8	分配工资	40 000					43 257	
12	31	转 9	计提折旧		1 000				44 257	
12	31	银付 6	支付水电费			300			44 557	
12	31	转 14	结转							44 557
12	31		本月发生额	40 000	1 000	300	1 157	2 100	44 557	0

表 11-14　成本计算单

产品：甲产品　　　　产量：5 000 件

20××年 月	日	凭证字号	摘　要	直接材料	直接人工	制造费用	合计
12	1		期初余额	50 000	10 000	9 400	69 400
12	4	转 2	领料	7 500			7 500
12	20	转 6	领料	8 600			8 600
12	31	转 8	分配工资		100 000		100 000
12	31	银付 6	支付水电费	2 000			2 000
12	31	转 10	结转制造费用			62 500	62 500
12	31	转 11	完工总成本	68 100	110 000	71 900	250 000
12	31		单位成本	13.62	22	14.38	50

表 11-15　“应交税费——应交增值税”明细账　　单位：元

20××年		凭证字号	摘　要	借方				贷方			借或贷	余额
月	日			进项税额	已交税额	未交转出	合计	销项税额	…	合计		
12	1	银付 1	进项税额	2 380			2 380				借	2 380
12	6	转 3	销项税额					37 000		37 000	贷	34 620
12	13	银收 2	销项税额					51 000		51 000	贷	85 620
12	15	转 4	进项税额	1 190			1 190				贷	84 430
12	31	转 22	未交转出			84 430	84 430				平	0
12	31		发生额	3 570		84 430	88 000	88 000		88 000	平	0

（4）根据收款凭证、付款凭证、转账凭证逐笔登记总分类账，见表 11-16—表 11-43。

表 11-16　总 分 类 账

会计科目：库存现金　　　　单位：元

20××年 月	日	凭证字号	摘　要	借方	贷方	借或贷	余额
12	1		月初余额			借	400
12	11	银付 5	提取现金	200 000		借	200 400
12	12	现付 1	发放职工工资		200 000	借	400
12	31		本月发生额及余额	200 000	200 000	借	400

表 11-17　总 分 类 账

会计科目：银行存款　　　　　　　　　　　　　　　　　　单位：元

20××年		凭证字号	摘　要	借方	贷方	借或贷	余额
月	日						
12	1		月初余额			借	221 000
12	1	银付 1	采购材料付款		17 380	借	203 620
12	5	银付 2	支付办公用品款		1 157	借	202 463
12	7	银付 3	支付沈阳工厂款		1 500	借	200 963
12	8	银收 1	借入短期借款	1 000 000		借	1 200 963
12	9	银付 4	支付产品销售费用		17 000	借	1 183 963
12	11	银付 5	提现备发工资		200 000	借	983 963
12	13	银收 2	出售甲产品收到货款	351 000		借	1 334 963
12	16	银收 3	收上海工厂应收货款	237 000		借	1 571 963
12	31	银付 6	支付水电费		2 800	借	1 569 163
12	31	银付 7	还借款		1 225 000	借	344 163
12	31		本月发生额及余额	1 588 000	1 464 837	借	344 163

表 11-18　总 分 类 账

会计科目：应收账款　　　　　　　　　　　　　　　　　　单位：元

20××年		凭证字号	摘　要	借方	贷方	借或贷	余额
月	日						
12	1		期初余额			借	1 000
12	6	转 3	销售款未收	237 000		借	238 000
12	16	银收 3	收回上海欠款		237 000	借	1 000
12	31		本月发生额及余额	237 000	237 000	借	1 000

表 11-19　总 分 类 账

会计科目：其他应收款　　　　　　　　　　　　　　　　　　单位：元

20××年		凭证字号	摘　要	借方	贷方	借或贷	余额
月	日						
11	30		期末余额			借	1 800

特别提示

为了教学方便，在登记账户时都写上“期初余额”，但在实际工作中，只有1月份的账页上才会有

“期初余额”的字样，其他月份的期初余额就是上月的“期末余额”，不用每月初再抄写。

表 11-20　总分类账

会计科目：在途物资　　　　　　　　　　　　　　　　　　　　单位：元

20××年		凭证字号	摘　要	借方	贷方	借或贷	余额
月	日						
12	1	银付 1	购入材料	15 000		借	15 000
12	2	转 1	材料验收入库		15 000	平	0
12	15	转 4	购进材料	7 500		借	7 500
12	17	转 5	材料验收入库		7 500	平	0
12	31		本月发生额及余额	22 500	22 500	平	0

表 11-21　总分类账

会计科目：原材料　　　　　　　　　　　　　　　　　　　　单位：元

20××年		凭证字号	摘　要	借方	贷方	借或贷	余额
月	日						
12	1		期初余额			借	5 000
12	2	转 1	材料验收入库	15 000		借	20 000
12	4	转 2	生产领料		7 500	借	12 500
12	15	转 5	材料验收入库	7 500		借	20 000
12	20	转 6	生产领料		8 600	借	11 400
12	21	转 7	维修领料		2 100	借	9 300
12	31		本月发生额及余额	22 500	18 200	借	9 300

表 11-22　总分类账

会计科目：库存商品　　　　　　　　　　　　　　　　　　　　单位：元

20××年		凭证字号	摘　要	借方	贷方	借或贷	余额
月	日						
12	1		期初余额			借	3 000
12	31	转 11	结转完工产品	250 000		借	253 000
12	31	转 12	结转销售成本		250 000	借	3 000
12	31		本月发生额及余额	250 000	250 000	借	3 000

表 11-23 总 分 类 账

会计科目：生产成本　　　　　　　　　　　　　　　　　　　　　　单位：元

20××年		凭证字号	摘　要	借方	贷方	借或贷	余额
月	日						
12	1		期初余额			借	610 400
12	4	转 2	生产领料	7500		借	76 900
12	20	转 6	生产领料	8 600		借	85 500
12	31	转 8	分配职工工资	100 000		借	185 500
12	31	银付 6	支付水电费	2 000		借	187 500
12	31	转 10	结转制造费用	62 500		借	250 000
12	31	转 11	结转完工产品成本		250 000	平	0
12	31		本月发生额及余额	180 600	250 000	平	0

表 11-24 总 分 类 账

会计科目：制造费用　　　　　　　　　　　　　　　　　　　　　　单位：元

20××年		凭证字号	摘　要	借方	贷方	借或贷	余额
月	日						
12	31	转 8	分配车间人员工资	60 000		借	60 000
12	31	转 9	计提折旧	2 000		借	62 000
12	31	银付 6	支付水电费	500		借	62 500
12	31	转 10	分配制造费用		62 500	平	0
12	31		本月发生额及余额	62 500	62 500	平	0

表 11-25 总 分 类 账

会计科目：固定资产　　　　　　　　　　　　　　　　　　　　　　单位：元

20××年		凭证字号	摘　要	借方	贷方	借或贷	余额
月	日						
11	30		期末余额			借	9 086 300

表 11-26 总 分 类 账

会计科目：累计折旧　　　　　　　　　　　　　　　　　　　　　　单位：元

20××年		凭证字号	摘　要	借方	贷方	借或贷	余额
月	日						
12	1		期初余额			贷	8 500
12	31	转 9	计提折旧		3 000	贷	11 500
12	31		本月发生额及余额		3 000	贷	11 500

表 11-27 总分类账

会计科目：短期借款 单位：元

20××年		凭证字号	摘 要	借方	贷方	借或贷	余额
月	日						
12	1		期初余额			贷	225 000
12	8	银收 1	借入短期借款		1 000 000	贷	1 225 000
12	31	银付 7	偿还短期借款	1 225 000		平	0
12	31		本月发生额及余额	1 225 000	1 225 000	平	0

表 11-28 总分类账

会计科目：应付账款 单位：元

20××年		凭证字号	摘 要	借方	贷方	借或贷	余额
月	日						
12	1		期初余额			贷	8 200
12	7	银付 3	支付沈阳工厂货款	1 500		贷	6 700
12	15	转 4	向天津工厂购料款未付		8 690	贷	15 390
12	31		本月发生额及余额	1 500	8 690	贷	15 390

表 11-29 总分类账

会计科目：应付职工薪酬 单位：元

20××年		凭证字号	摘 要	借方	贷方	借或贷	余额
月	日						
12	12	现付 1	发放职工工资	200 000		借	20 000
12	31	转 8	分配本月职工工资		200 000	平	0
12	31		本月发生额及余额	200 000	200 000	平	0

表 11-30 总分类账

会计科目：应交税费 单位：元

20××年		凭证字号	摘 要	借方	贷方	借或贷	余额
月	日						
12	1		期初余额			贷	900
12	1	银付 1	应交增值税(进项)	2 380		借	1 480
12	6	转 3	应交增值税(销项)		37 000	贷	35 520
12	13	银收 2	应交增值税(销项)		51 000	贷	86 520

续表

20××年		凭证字号	摘　要	借方	贷方	借或贷	余额
月	日						
12	15	转 4	应交增值税(进项)	1 190		贷	85 330
12	31	转 13	城建税及教育费附加		8 443	贷	93 773
12	31	转 16	计算应交所得税		45 000	贷	138 773
12	31	转 22	增值税明细结转	84 430	84 430	贷	138 773
12	31		本月发生额及余额	88 000	225 873	贷	138 773

表 11-31　总 分 类 账

会计科目：应付股利　　　　单位：元

20××年		凭证字号	摘　要	借方	贷方	借或贷	余额
月	日						
12	31	转 19	计算应付利润		83 800	贷	83 800
12	31		本月发生额及余额		83 800	贷	83 800

表 11-32　总 分 类 账

会计科目：其他应付款　　　　单位：元

20××年		凭证字号	摘　要	借方	贷方	借或贷	余额
月	日						
11	30		期末余额			贷	800

表 11-33　总 分 类 账

会计科目：长期借款　　　　单位：元

20××年		凭证字号	摘　要	借方	贷方	借或贷	余额
月	日						
11	30		期末余额			贷	70 000

表 11-34　总 分 类 账

会计科目：主营业务收入　　　　单位：元

20××年		凭证字号	摘　要	借方	贷方	借或贷	余额
月	日						
12	6	转 3	销售款未收		237 000	贷	237 000
12	13	银收 2	销售款已收		351 000	贷	500 000

续表

20××年		凭证字号	摘　要	借方	贷方	借或贷	余额
月	日						
12	31	转 15	结转产品销售收入	500 000		平	0
12	31		本月发生额	500 000	500 000	平	0

表 11-35　总 分 类 账

会计科目：主营业务成本　　　　单位：元

20××年		凭证字号	摘　要	借方	贷方	借或贷	余额
月	日						
12	31	转 12	结转本月销售产品生产成本	250 000		借	250 000
12	31	转 14	将销售产品成本转入本年利润		250 000	平	0
12	31		本月发生额	250 000	250 000	平	0

表 11-36　总 分 类 账

会计科目：营业税金及附加　　　　单位：元

20××年		凭证字号	摘　要	借方	贷方	借或贷	余额
月	日						
12	31	转 13	提取城建税及教育费附加	8 443		借	8 443
12	31	转 14	结转税金及附加		8 443	平	0
12	31		本月发生额	8 443	8 443	平	0

表 11-37　总 分 类 账

会计科目：销售费用　　　　单位：元

20××年		凭证字号	摘　要	借方	贷方	借或贷	余额
月	日						
12	9	银付 4	支付产品销售费用	17 000		借	17 000
12	31	转 14	结转产品销售费用		17 000	平	0
12	31		本月发生额	17 000	17 000	平	0

表 11-38 总 分 类 账

会计科目：管理费用 单位：元

20××年		凭证字号	摘　要	借方	贷方	借或贷	余额
月	日						
12	5	银付 2	支付办公用品费	1 157		借	1 157
12	21	转 7	设备修理费	2 100		借	3 257
12	31	转 8	分配管理人员工资	40 000		借	43 257
12	31	转 9	计提折旧	1 000		借	44 257
12	31	银付 6	支付水电费	300		借	44 557
12	31	转 14	结转管理费用		43 657	平	0
12	31		本月发生额	44 557	44 557	平	0

表 11-39 总 分 类 账

会计科目：所得税费用 单位：元

20××年		凭证字号	摘　要	借方	贷方	借或贷	余额
月	日						
12	31	转 16	计算所得税	45 000		借	45 000
12	31	转 17	结转所得税		45 000	平	0
12	31		本月发生额	45 000	45 000	平	0

表 11-40 总 分 类 账

会计科目：实收资本 单位：元

20××年		凭证字号	摘　要	借方	贷方	借或贷	余额
月	日						
11	30		期初余额			贷	9 000 000

表 11-41 总 分 类 账

会计科目：本年利润 单位：元

20××年		凭证字号	摘　要	借方	贷方	借或贷	余额
月	日						
12	16		期初余额			贷	74 500
12	31	转 14	结转成本、费用	320 000		借	245 500
12	31	转 15	结转各项收入		500 000	贷	254 500
12	31	转 17	结转所得税	45 000		贷	209 500
12	31	转 20	结转本年利润	209 500		平	0
12	31		本月发生额及余额	574 500	500 000	平	0

表 11-42　总分类账

会计科目：利润分配　　单位：元

20××年		凭证字号	摘　要	借方	贷方	借或贷	余额
月	日						
12	31	转 18	计提盈余公积	20 950		借	20 950
12	31	转 19	计算应付利润	83 800		借	104 750
12	31	转 20	结转本年利润		209 500	贷	104 750
12	31	转 21	结转各明细	104 750	104 750	贷	104 750
12	31		本月发生额及余额	209 500	314 250	贷	104 750

表 11-43　总分类账

会计科目：盈余公积　　单位：元

20××年		凭证字号	摘　要	借方	贷方	借或贷	余额
月	日						
12	31	转 18	计提盈余公积		20 950	贷	20 950
12	31		本月发生额及余额		20 950	贷	20 950

(5) 编制试算平衡表，为了简化，在此仅根据总分类账的记录编制试算平衡表，见表 11-44。

表 11-44　试算平衡表

20××年 12 月 31 日　　单位：元

会计科目	期初余额		本期发生额		期末余额	
	借 方	贷 方	借 方	贷 方	借 方	贷 方
库存现金	400		200 000	200 000	400	
银行存款	221 000		1 588 000	1 464 837	344 163	
应收账款	1 000		237 000	237 000	1 000	
其他应收款	1 800				1 800	
在途物资			22 500	22 500		
原材料	5 000		22 500	18 200	9 300	
库存商品	3 000		250 000	250 000	3 000	
生产成本	69 400		180 600	250 000		
制造费用			62 500	62 500		
固定资产	9 086 300				9 086 300	
累计折旧		8 500		3 000		11 500
短期借款		225 000	1 225 000	1 000 000		

续表

会计科目	期初余额		本期发生额		期末余额	
	借方	贷方	借方	贷方	借方	贷方
应付账款		8 200	1 500	8 690		15 390
应付职工薪酬			200 000	200 000		
应交税费		900	88 000	225 873		138 773
应付股利				83 800		83 800
其他应付款		800				800
长期借款		70 000				70 000
实收资本		9 000 000				9 000 000
盈余公积				20 950		20 950
本年利润		74 500	574 500	500 000		
利润分配			209 500	314 250		104 750
主营业务收入			500 000	500 000		
主营业务成本			250 000	250 000		
营业税金及附加			8 443	8 443		
销售费用			17 000	17 000		
管理费用			44 557	44 557		
所得税费用			45 000	45 000		
合计	9 387 900	9 387 900	5 733 300	5 733 300	9 445 963	9 445 963

这些工作做完了，下一步就要编制会计报表了。

11.3 其他账务处理程序

在手工记账的情况下，为了节约记账时间、平衡记账的人力，根据单位的具体情况，可以采用不同的依据登记总分类账，一般有下面几种账务处理程序。

11.3.1 汇总记账凭证账务处理程序

1. 汇总记账凭证账务处理程序的特点

汇总记账凭证账务处理程序是从记账凭证账务处理程序发展、演变而来的。汇总记账凭证账务处理程序，是指把记账凭证按收款凭证、付款凭证和转账凭证分别归类汇总编制成汇总记账凭证，然后以汇总记账凭证登记总分类账的一种账务处理程序。它的主要特点是：定期根据收款凭证、付款凭证和转账凭证分别汇总编制汇总收款凭证、汇总付款凭证和汇总转账凭证，然后，再根据各种汇总记账凭证登记总分类账。

2. 汇总记账凭证账务处理程序的账簿组织

汇总记账凭证账务处理程序是在记账凭证账务处理程序基础上的进一步发展，在汇总记账凭证账务处理程序下，仍需设置收款凭证、付款凭证和转账凭证，同时为了便于汇总，还应设置汇总收款凭证、汇总付款凭证、汇总转账凭证，并要求在这三种汇总凭证中反映科目的对应关系。账簿的设置，与前述的记账凭证账务处理程序相类似，不同的是，由于在这种账务处理程序下的汇总记账凭证反映了科目的对应关系户，因而总分类账应采用有“对应科目”专栏的三栏式账页。

3. 汇总记账凭证的编制

采用汇总记账凭证账务处理程序，应该定期(一般是 5 天或 10 天)根据收款、付款、转账凭证分别填入汇总记账凭证，每种汇总记账凭证可以全月编制一张。定期汇总后，于月末结出合计数，据以登记总分类账。也可以一月编制几张，定期汇总编制后，即行登记总分类账。

汇总收款凭证应按“库存现金”和“银行存款”账户的借方设置，并按相同的贷方账户(对应账户)定期归类汇总，据以分别登记“库存现金”和“银行存款”账户的借方，以及各个对应账户的贷方。汇总付款凭证应按“库存现金”和“银行存款”账户的贷方分别设置，并按相同的借方账户定期归类汇总，据以分别登记“库存现金”和“银行存款”账户的贷方，以及各个对应账户的借方。汇总转账凭证，按每一账户的贷方分别设置，并按对应的借方账户定期归类汇总，分别登记应贷账户的贷方以及各个应借账户的借方。为了汇总方便，在编制转账凭证时，一般要编制“一借一贷”或“一贷多借”的凭证。如果月份内对应关系相同的转账凭证不多，也可不填制汇总转账凭证，而直接根据转账凭证逐笔登记总账。

4. 汇总记账凭证账务处理程序的核算步骤

在会计核算程序——填制和审核凭证、登记账簿、编制会计报表三大步的基础上，汇总记账凭证账务处理程序具体为七小步。

(1) 根据各种原始凭证和原始凭证汇总表填制收款凭证、付款凭证和转账凭证。

(2) 根据收款凭证和付款凭证登记现金日记账和银行存款日记账。

(3) 根据原始凭证、原始凭证汇总表和记账凭证登记各种明细分类账。

(4) 根据各种记账凭证分别编制各种汇总记账凭证。

(5) 根据汇总记账凭证登记总分类账。

(6) 月末，现金、银行存款日记账和明细分类账分别与总分类账相核对。

(7) 根据总分类账和明细分类账的资料编制会计报表。

汇总记账凭证账务处理程序的记账程序如图 11.3 所示。

5. 汇总记账凭证账务处理程序的优、缺点和适用范围

采用汇总记账凭证账务处理程序，把若干张记账凭证的数据汇总起来，分次记入总分

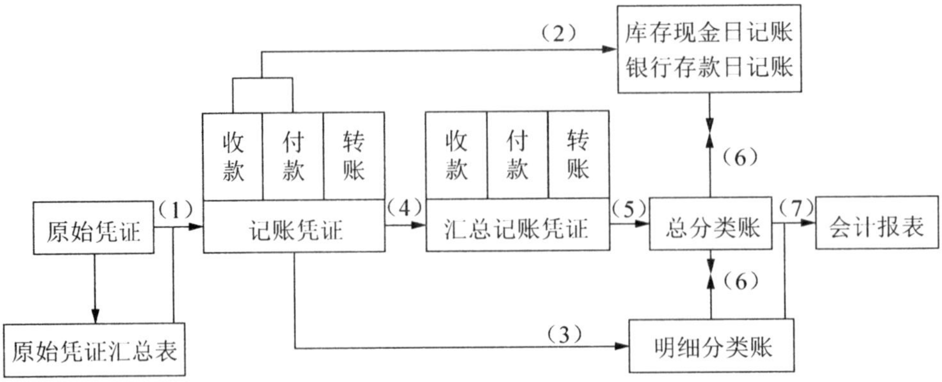

图 11.3 汇总记账凭证账务处理程序的记账程序

类账，可以简化总分类账的登记工作。收款凭证以借方账户为主，按照对应的贷方账户进行汇总；付款凭证和转账凭证以贷方账户为主，按照对应的借方账户进行汇总，从而使记账凭证的整理归类工作较为简便，记账数字便于核对，但增加了一道填制汇总记账凭证的工作，相对比较烦琐。因此，这种账务处理程序一般适用于生产经营规模较大、业务较多的大中型企业。

11.3.2 科目汇总表账务处理程序

1. 科目汇总表账务处理程序的特点

科目汇总表账务处理程序，又称记账凭证汇总表账务处理程序。它是一种根据记账凭证定期编制科目汇总表，并据以登记总分类账的账务处理程序。其主要特点是：先定期将所有的记账凭证进行汇总编制科目汇总表，然后根据科目汇总表登记总分类账。

科目汇总表是根据一定时期内的全部记账凭证按总账科目进行汇总，据以计算出每一总账本期借方发生额和贷方发生额，作为登记总分类账依据的凭证。科目汇总表的编制方法有两种：一种是全部汇总，即将一定时期内的全部收、付、转记账凭证汇总在一张科目汇总表上，据以登记总分类账；另一种是分类汇总，即将一定时期的收、付、转记账凭证分别汇总，编制成三张科目汇总表，据以登记总分类账。汇总的时间应根据业务量大小确定，一般可以 5 天、10 天或 15 天汇总一次。

2. 科目汇总表账务处理程序的核算步骤

在会计核算程序——填制和审核凭证、登记账簿、编制会计报表三大步的基础上，科目汇总表账务处理程序可分为七个小步骤。

(1) 根据各种原始凭证和原始凭证汇总表填制收款凭证、付款凭证和转账凭证。

(2) 根据收款凭证和付款凭证登记现金日记账和银行存款日记账。

(3) 根据原始凭证、原始凭证汇总表和记账凭证登记各种明细分类账。

(4) 根据各种记账凭证汇总编制科目汇总表。

(5) 根据科目汇总表登记总分类账。

(6) 月末，现金、银行存款日记账和明细分类账分别与总分类账相核对。

(7) 根据总分类账和明细分类账的资料编制会计报表。

科目汇总表账务处理程序的记账程序如图 11.4 所示。

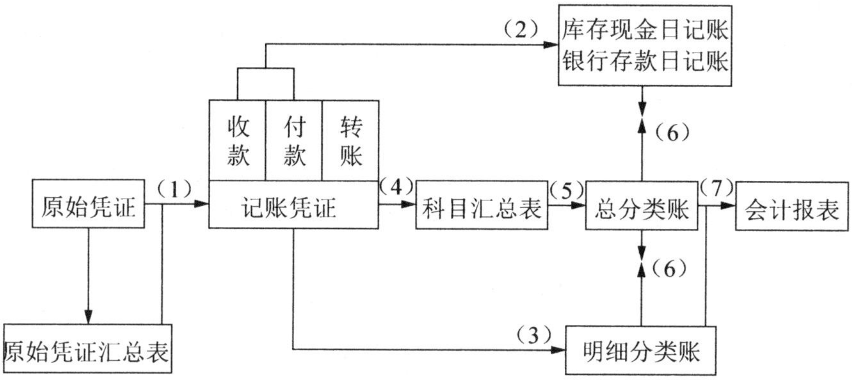

图 11.4　科目汇总表账务处理程序的记账程序

3. 科目汇总表账务处理程序的优、缺点及适用范围

科目汇总表账务处理程序的优点是：能够大大减轻登记总账的工作量，简化总账的记账工作；同时，利用科目汇总表借方和贷方发生额可以进行试算平衡，能够及时发现并纠正记账过程中的差错，保证会计记录的质量。其缺点是：科目汇总表只反映了借方、贷方本期发生额，用于登记总账和试算平衡，而未能反映出各科目相互之间的对应关系，因而不利于经济活动的检查和分析工作。所以它一般适合于业务量多而单一的中小型企业。

11.3.3　多栏式日记账账务处理程序

1. 多栏式日记账账务处理程序的特点

多栏式日记账账务处理程序是一种根据多栏式现金日记账、多栏式银行存款日记账及转账凭证科目汇总表登记总分类账的账务处理程序。其主要特点是：要设置多栏式现金日记账、多栏式银行存款日记账(或转账凭证科目汇总表)，分别汇总现金、银行存款的收付款业务和转账业务，月末，根据多栏式日记账一次登记总分类账。

2. 多栏式日记账账务处理程序核算要求及账簿组织

多栏式日记账账务处理程序也是在记账凭证账务处理程序基础上发展而来的。在多栏式日记账账务处理程序下，凭证方面，如有必要应增加转账凭证科目汇总表，按月汇总编制，一次过入总账，以减少登记总账的工作量。其他设置同记账凭证账务处理程序相类似。对于账簿方面，应将现金日记账和银行存款日记账的“收入”栏和“支出”栏按对应账户分别设置若干专栏，由原来的三栏式改为多栏式现金日记账和多栏式银行存款日记账，将一切现金、银行存款的收付业务记入多栏式日记账后月末汇总，并据以登记总分类账；对于总分类账可采用多栏式或汇总式，明细分类账格式可根据需要而设置。

3. 多栏式日记账账务处理程序的核算步骤

在会计核算程序——填制和审核凭证、登记账簿、编制会计报表三大步的基础上，多栏式日记账账务处理程序具体分为六个步骤。

(1) 根据原始凭证或原始凭证汇总表，填制收款凭证、付款凭证和转账凭证。

(2) 根据收款凭证和付款凭证及所附原始凭证，逐笔顺序登记多栏式现金、银行存款日记账。

(3) 根据各种记账凭证和原始凭证及原始凭证汇总表，逐笔登记各种明细分类账。

(4) 月终根据多栏式现金、银行存款日记账登记总分类账，同时，根据转账凭证或转账凭证汇总表，逐笔登记总分类账。

(5) 按对账要求，定期将总分类账与明细分类账相核对。

(6) 根据总分类账和明细分类账的资料编制会计报表。

多栏式日记账账务处理程序的记账程序如图 11.5 所示。

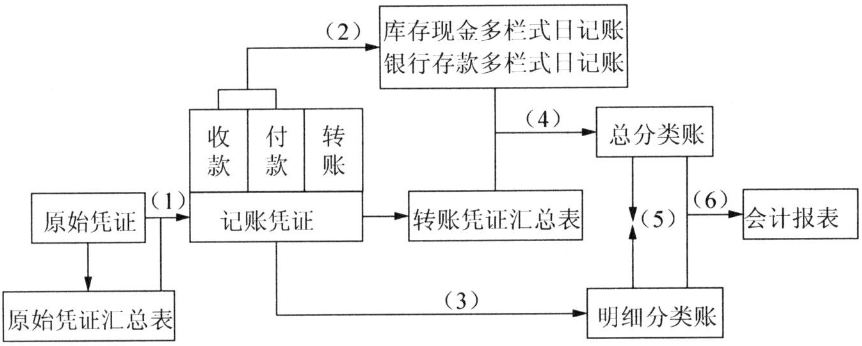

图 11.5 多栏式日记账账务处理程序的记账程序

4. 多栏式日记账账务处理程序的优、缺点和适用范围

多栏式日记账账务处理程序的主要优点是：因为各种收付款业务是通过多栏式日记账汇总后才登记总账的，所以减少了登记总账的工作量；同时现金、银行存款日记账中列示若干对应栏目，清楚地反映了货币资金的来龙去脉，便于加强货币资金的监督与管理。但多栏式日记账的登记比三栏式日记账的登记工作量大，在业务较多的企业，日记账的专栏势必较多，致使账页过长，不便于记账。所以这种账务处理程序适用于规模不是很大、收付款业务又较多的企业，转账业务较多的企业不宜采用这种账务处理程序。

本章小结

本章介绍了账务处理程序的意义和种类，介绍了账务处理程序的四种方法：记账凭证账务处理程序、汇总记账凭证账务处理程序、科目汇总表账务处理程序、多栏式日记账账务处理程序。虽然现在账务处理程序是在财务软件中由计算机操作完成，但其基本理论和基本内容必须要掌握。

名人名言

天下未乱计先乱，天下欲治计乃治。

——会计学家　杨时展

经常思考今日的损益，要养成没算出今日损益就不睡觉的习惯。当日就要结算清楚是否真正赚钱。今日的利润，今日就要确实握住。

——松下幸之助

在复式簿记出现以前，世界上不存在所谓“资本”的概念。或者说，倘若没有复式簿记，就没有“资本”的出现。

——日本会计学家　黑泽清

练习与思考

一、填空题

请根据账务处理程序的特征，在下图中填上适当的内容。

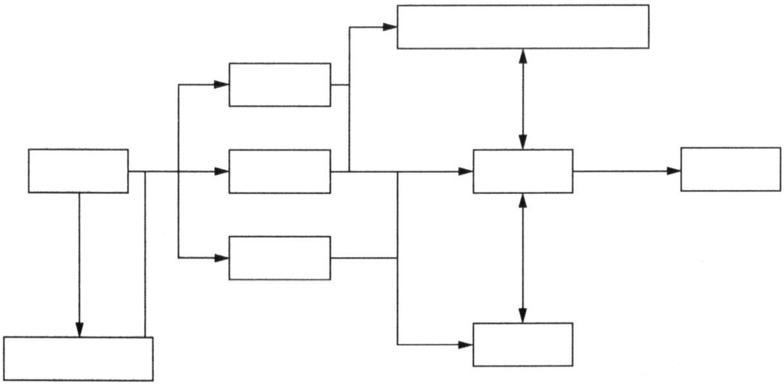

二、讨论题

(1) 在大型企业手工记账时，更适合采用记账凭证账务处理程序和汇总记账凭证账务处理程序中的哪种？为什么？

(2) 在小微企业手工记账时，更适合采用记账凭证账务处理程序和科目汇总表账务处理程序中的哪种？为什么？

三、业务题

1. 目的：练习记账凭证账务处理程序。

2. 资料：

(1) K&J 工厂 20××年 12 月初各账户余额见表 11-45。

表 11-45　总分类账户余额表　　单位：元

账户名称	金　额	账户名称	金　额
银行存款	21 000	累计折旧	8 500
库存现金	5 400	短期借款	25 000
原材料	9 200	长期借款	70 000
应收账款	1 000	应付账款	8 200
其他应收款	1 800	应交税费	900
固定资产	9 075 000	其他应付款	800
利润分配	6 300	本年利润	6 300
		实收资本	9 000 000
合　计	9 119 700	合　计	9 119 700

明细资料：原材料为 A 材料 1 000 千克，单价 4.02 元，B 材料 1 000 千克，单价 2.02 元，C 材料 1 000 千克，单价 3.16 元；应收账款为上海工厂 1 000 元；应付账款为沈阳工厂 8 200 元；应交税费——应交教育费附加 900 元。

（2）该厂 12 月份发生下列经济业务：

① 1 日，购入 A 材料 2 000 千克，每千克 4 元，B 材料 3 000 千克，每千克 2 元，增值税税率为 17%，两种材料运杂费 100 元，货款及运费以银行存款支付。

② 2 日，上述 A、B 两种材料运到本厂验收入库，并按实际采购成本入账。

③ 4 日，生产甲产品领用 A 材料 1 000 千克，每千克 4.02 元，B 材料 1 500 千克，每千克 2.02 元。

④ 5 日，以库存现金 3 000 元支付行政管理部门办公用品费。

⑤ 6 日，向上海工厂销售甲产品 200 件，每件售价 200 元，增值税税率为 17%，货款尚未收回。

⑥ 7 日，以银行存款支付前欠沈阳工厂货款 1 500 元。

⑦ 8 日，向银行借入短期借款 5 000 000 元，存入银行存款户。

⑧ 9 日，以银行存款支付甲产品销售费用 20 000 元。

⑨ 11 日，由银行提取库存现金 20 000 元，备发放职工工资。

⑩ 12 日，以现金 20 000 元支付本月职工工资。

⑪ 13 日，销售甲产品 100 件，每件 200 元，增值税税率为 17%，款已收到，存入银行。

⑫ 15 日，向天津工厂购入 A 材料 1 000 千克，每千克 4 元，B 材料 1 500 千克，每千克 2 元，增值税税率为 17%，两种材料的运杂费 50 元，货款及运费尚未支付。

⑬ 16 日，收到上海工厂还来前欠货款 20 000 元存入银行。

⑭ 17 日，购入的 A、B 材料运到本厂，验收入库按其实际采购成本入账。

⑮ 20 日，仓库发出 A 材料 1 000 千克，每千克 4.02 元；B 材料 2 000 千克，每千克 2.02 元，用于甲产品生产。

⑯ 21 日，车间装修用 A 材料 500 千克，每千克 4.02 元。

⑰ 31 日，结转本月应付职工工资 20 000 元，其中甲产品生产工人工资 10 000 元，车间管理人员工资 6 000 元，厂部管理人员工资 4 000 元。

⑱ 31 日，计提本月固定资产折旧费 3 000 元，其中：生产车间固定资产折旧 2 000 元，行政管理部门固定资产折旧 1 000 元。

⑲ 31 日，以银行存款支付水电费，其中：生产产品耗用 2 000 元，车间耗用 500 元，管理部门耗用 300 元。

⑳ 31 日，结转本月产品负担的制造费用。

㉑ 31 日，本月甲产品完工 500 件，结转完工产品成本，计算总成本和单位成本。

㉒ 31 日，结转已售产品的销售成本。

㉓ 31 日，按应交增值税税额的 7%和 3%，分别计算本月应交城建税及教育费附加。

㉔ 31 日，将营业收入等收入结转本年利润账户。

㉕ 31 日，将主营业务成本、营业税金及附加、销售费用、管理费用等费用，结转“本年利润”账户。

㉖ 31 日，按 25%计算应交所得税。

㉗ 31 日，结转所得税费用。

㉘ 31 日，按 10%提取盈余公积。

3. 要求：

(1) 根据资料 (1) 开设三栏式总账，登记期初余额。

(2) 根据资料 (2) 中的业务，填制收款凭证、付款凭证、转账凭证。

(3) 根据收、付、转凭证和原始凭证，登记“原材料”“应收账款”“应付账款”“生产成本”和“应交税费——应交增值税”账户的明细账。

(4) 根据记账凭证逐笔登记三栏式总账，并进行月末结账。

(5) 根据总账资料编制 12 月份试算平衡表。

第12章

财务报告

教学目标

通过本章的学习，了解财务报告的作用、分类；了解资产负债表、利润表和现金流量表的含义、作用和结构；掌握资产负债表、利润表和所有者权益变动表的编制；基本掌握现金流量表的编制方法。

教学要求

知识要点	能力要求	相关知识
财务报告	(1) 财务报告的作用 (2) 财务报告的分类 (3) 财务报告的编制要求	资产负债表；利润表；现金流量表；所有者权益变动表
资产负债表	(1) 资产负债表的定义 (2) 资产负债表的作用	资产负债表的结构；资产负债表的编制方法
利润表	(1) 利润表的定义 (2) 利润表的作用	利润表的结构；利润表的编制
现金流量表	(1) 现金流量表的定义 (2) 现金流量表的作用	现金流量表的结构；现金流量表的编制方法
所有者权益变动表	(1) 所有者权益变动表的定义 (2) 所有者权益变动表的作用	所有者权益变动表的结构；所有者权益变动表的编制

帮助某人借助于数据了解某个企业。为了实现帮助管理当局和其他人士了解企业这一首要目标，会计必须对数据加以如实分类，正确地浓缩并充分地报告。

——A. C. 利特尔顿

基本概念

财务报告 会计报表 合并报表 动态报表 静态报表 资产负债表 利润表 利润总额 净利润 现金流量表 现金等价物 经营活动 投资活动 筹资活动 直接法 间接法 所有者权益表

导入案例

财务会计报表——企业的地图

有一个故事说：在茫茫戈壁滩，一个人走呀走，走到最后，又回到了起点。

为什么呢？因为没有地图。外出旅游，没有地图，不行！行军打仗，没有地图，不行！船出海，没有地图，行吗？不行！真正的“驴友”、军事家、航海家，都是地图迷。决策前，一定把地图研究透彻。古人说：“不识天文不为相，不懂地理不为将。”

经营企业也要懂得企业的“地图”——财务报表(Financial Statement)。企业如果没有财务报表，经营一年是盈是亏都不知道，何谈发展壮大？管理企业不了解、不懂财务报表，犹如行军没有地图、出海没有海图，结果必是迷路挨打、触礁沉船。

所以，美国会计学家戴维·所罗门斯(David Solomons)形象地比喻说：“会计就是制作财务地图……我们可以通过一幅地图来描述发生的事实并以此来判断，人们就可以按自己的意愿做出反应。”

点评： 报表是综合的信息。

财务报告是一个系统的信息体系，财务报告是企业资金运动的过程和结果，管理活动要依据过去的情况，进行分析，以考核成绩，预测未来，进行理性决策。本章主要介绍财务报告的作用、种类，以及资产负债表、利润表、现金流量表的编制方法。

12.1 财务报告的作用和种类

12.1.1 财务报告的作用

财务报告又称财务会计报告，是指企业对外提供的反映企业某一特定时期的财务状况和某一会计期间的经营成果、现金流量等会计信息的文件。财务报告是会计核算最后的环节和方法，也是会计核算工作最终的“产品”，是为社会提供的公共产品。

知识回放

回看本书1.2节，阅读第1章的点评，是否理解“目标既是起点，又是终点”这句话？

从图1.2中看，编制财务报告是会计核算的最后一个步骤，也是学习的最后一个会计核算方法。从图 8.1 中看，结合第 8 章和第 9 章的学习，在日常的会计核算中，会计通过编制凭证、登记账簿，把已经发生的各项经济业务分门别类、序时地进行记录、计算、分类和汇总，并在账簿中反映企业经济业绩和提供会计信息。但是账簿提供的这些核算资料是分散在一个个具体账户上的，不能总括地反映会计期间全部经济活动和财务收支的全貌，也不便于管理者使用这些会计信息。为了更好地发挥会计的职能作用，为管理者提供完整的会计信息资料，必须对日常的核算资料进行进一步整理、分类和汇总，编制成各类相应的财务报告。

财务报告是反映企业经济活动的“晴雨表”，编制财务报告的主要目的是向投资者、债权人、经营者和政府有关部门等会计信息使用者提供有用的会计信息，以反映受托责任，进行经济决策。其作用主要如下。

(1) 财务报告提供的信息反映受托人完成工作的好坏。投资者委托受托人经营管理，需要通过对企业财务报告提供的资料进行分析，了解受托人完成工作的情况，考核受托人的工作业绩。

(2) 财务报告提供的信息是企业加强和改善经营管理的重要依据。企业的经营管理者通过财务报告提供的资料，可以全面、系统、总括地了解企业在一定时期内的生产经营活动情况、财务状况和经营成果。同时，根据财务报告提供的资料，结合其他有关资料，检查、分析经济活动，评价企业经营业绩、财务状况的好坏及偿债和盈利能力的高低，从而能够及时地发现经营活动中存在的问题，结合投资意向，迅速做出理性决策，采取有效的措施，及时改善企业生产经营管理，促进企业不断发展，取得更大的经济效益。

(3) 财务报告提供的信息是政府经济管理部门进行宏观调控和管理的依据。政府经济管理部门根据企业报送的财务报告提供的信息，可以及时掌握各企业单位贯彻执行国家法规和财经纪律的情况、经营情况和管理情况，便于发现先进和落后，及时找出差距，总结和推广经验，保护企业间的竞争。例如，政府财政和审计部门可以利用企业报送的财务报告，监督检查企业是否合理节约使用资金，监督检查企业的财务管理情况；银行部门可以利用财务报告提供的资料，监督银行信贷资金的使用，促使企业提高资金使用效果；税务部门通过阅读企业的财务报告，监督检查税收的执行和完成情况。政府宏观经济管理部门还可以通过对企业财务报告提供的资料进行汇总分析，考核分析国民经济总体运行情况，从中发现国民经济运行中存在的问题，据以进行综合平衡，为国民经济进行宏观调控和管理提供依据。

(4) 财务报告提供的信息是投资者和债权人进行投资、信贷决策的依据。投资者、潜在的投资者和债权人为了进行投资等方面的理性决策，需要通过对企业财务报告提供的资料进行分析，了解和掌握企业生产经营情况和财务状况。例如，通过分析企业的偿债能力和盈利能力，可以对企业的财务状况做出准确的判断，以此作为投资、信贷、融资等理性决策的依据。

(5) 财务报告提供的信息是企业和国家制订经营计划和经营方针的依据。财务报告实际上是某一个会计期间的终点，又是连接下一个会计期间的起点，因而财务会计报告主要反映过去会计事项对财务的影响。但企业和国家也可以根据既定的发展策略，利用财务报告提供信息，为制订下期或未来的经营计划和经营方针提供依据，促使企业和国家的经营计划和方针更为合理、科学。

财务报告主要是向财务会计报告的使用者提供有关会计信息资料，具有公共产品的特征。为保证财务报告的信息质量，必须严格按照会计信息质量的八项要求提供信息，这是发挥财务报告作用的关键。

知识回放

回看本书2.3节会计信息质量的八个要求。

12.1.2 财务报告的种类

按照《企业会计准则》的规定，企业的财务报告包括会计报表及其附注和其他应当在财务报告中披露的相关信息和资料。为了掌握和使用财务报告，可以根据需要，按照不同的标准对会计报表进行分类。

1. 按照会计报表反映的内容分类

会计报表按照反映的内容，分为动态会计报表和静态会计报表。动态会计报表是反映企业一定时期内资金耗费和资金收回情况，即资金处于运动状态下的报表。例如，利润表就属于动态报表，是反映企业一定时期内经营成果的报表。静态会计报表是总括反映资产、负债和所有者权益的报表，是主要反映资金处于相对静止状态下的报表。资产负债表就属于静态报表，是反映企业一定时点上资产总额和权益总额的报表，从企业资产总量上反映其财务状况，从而反映企业资产的变现能力和偿债能力。

2. 按照会计报表的编报时间分类

会计报表按照编报的时间，分为月报、季报和年报。会计报表按编制时间分类同我国会计分期是同步的。会计分期分为会计年度、季度和月份。按月编制的报表为月报，要求反映及时，简明扼要；按季度编制的报表为季报，其提供会计信息的详细程度介于月报和年报之间；按会计年度编制的报表为年报，也叫年终决算，要求反映全面完整。

3. 按照会计报表编报的单位分类

会计报表按照编报的单位，分为单位报表和汇总报表。单位报表也叫基层报表，是每个独立核算的会计主体在自身会计核算的基础上，对账簿记录进行加工而编制的财务报告，以反映会计主体本身的财务状况、经营成果和现金流量；汇总报表是指由企业主管部门或上级机关根据所属单位报送的财务报告，连同本单位的财务报告汇总编制的综合性的财务报告。

4. 按照会计报表的编报主体分类

会计报表按照编报主体的不同，分为个别会计报表和合并会计报表。个别会计报表各项目数字所反映的内容，仅包括企业本身的会计数字，单独反映一个独立核算会计主体的会计信息；合并会计报表是由母公司编制的，包括控股子公司财务报告的有关数字，综合反映企业集团整体经营成果、财务状况和现金流量。

5. 按照会计报表的报送对象分类

会计报表按照报送的对象，分为内部报表和外部报表。内部报表是指为适应企业内部经营管理的需要而编制的不对外公开的会计报表，因而不要求统一规定的格式和统一的指标体系，主要是为企业内部经营管理部门服务，例如成本费用表。外部报表是指企业向外界提供的，为政府管理部门、其他企业和个人服务的会计报表，例如资产负债表、利润表、现金流量表、所有者权益变动表及各种附表和附注说明。本章主要介绍外部会计报表。

12.2 资产负债表

12.2.1 资产负债表的作用

资产负债表是指反映企业在某一特定日期的财务状况的会计报表。它反映企业某一时间点的财务状况，即表明某一特定日期企业所拥有或控制的经济资源和所承担的现有债务及所有者对净资产的要求权，属于月份静态报表，又称财务状况表。

资产负债表是按照会计等式的要求，把某一特定日期的财务状况要素，依照一定的分类标准和顺序编制而成的。它能提供资产、负债和所有者权益的全貌。通过编制资产负债表，可以为有关报表的使用者提供以下信息。

（1）通过资产负债表可以提供企业某一日期资产的总额，表明企业拥有或控制的经济资源的分布状况和结构，以了解企业的资源实力。

（2）通过资产负债表可以反映企业某一日期的负债总额及结构，表明企业未来需用多少资产或劳务偿还债务，以便了解企业的财务风险。

（3）通过资产负债表可以反映所有者权益总额及结构，表明投资者在企业资产中所占有的份额，以了解企业的资本实力。

（4）资产负债表还能提供进行财务分析的基本资料，通过资产负债表可以计算偿债能力、营运能力、资本增值能力和货币支付能力等指标，以评价企业财务状况的优劣。

（5）通过前后各期资产负债表的比较分析，可以了解企业财务状况变化的趋势，以判断企业未来的发展趋势和潜在的风险。

可见，资产负债表对政府宏观管理部门、投资者、债权人、经营者来说都是一张很重要的报表，所提供的信息是进行投资决策、信贷决策、经营决策及客观经济调控等不可缺少的重要依据。

12.2.2 资产负债表的结构和内容

资产负债表的结构主要有报告式和账户式两种。

报告式资产负债表，是将资产负债表的项目自上而下排列，把资产项目列在报表的上端，把负债和所有者权益项目依次列在报表的下端，求上下端的平衡，即

资产
＝负债
＋所有者权益

或

资产
－负债
＝所有者权益

其基本格式见表 12-1。

表 12-1　资产负债表

项　　目	期末余额	年初余额
一、资产		
流动资产：		
……		
资产总计	9 434 463	9 379 400
二、负债		
……		
负债合计	308 763	304 900
三、所有者权益		
……		
所有者权益合计	9 125 700	9 074 500
负债和所有者权益总计	9 434 463	9 379 400

账户式资产负债表，是把资产项目排列在报表的左方，将负债和所有者权益项目排列在报表的右方，从而使资产负债表左右两方平衡相等，即

资产＝负债＋所有者权益

我国《企业会计准则第 30 号——财务报表列报》应用指南规定，企业的资产负债表一般采用账户式。一般企业资产负债表的格式见表 12-2（以 11.2.5 的资料为背景编制）。

表 12-2　资产负债表　　　　会企 01 表

编制单位：K&J 企业　　　　20××年 12 月 31 日　　　　单位：元

资　　产	期末余额	年初余额	负债和所有者权益（或股东权益）	期末余额	年初余额
流动资产：			流动负债：		
货币资金	344 563	221 400	短期借款		225 000
交易性金融资产			交易性金融负债		
应收票据			应付票据		
应收账款	1 000	1 000	应付账款	15 390	8 200

续表

资　产	期末余额	年初余额	负债和所有者权益（或股东权益）	期末余额	年初余额
预付账款			预收账款		
应收利息			应付职工薪酬		
应收股利			应交税费	138 773	900
其他应收款	1 800	1 800	应付利息		
存货	12 300	77 400	应付股利	83 800	
一年内到期的非流动资产			其他应付款	800	800
其他流动资产			一年内到期的非流动负债		
流动资产合计	359 663	301 600	其他流动负债		
非流动资产：			流动负债合计	238 763	234 900
可供出售金融资产			非流动负债：		
持有至到期投资			长期借款	70 000	70 000
长期应收款			应付债券		
长期股权投资			长期应付款		
投资性房地产			专项应付款		
固定资产	9 074 800	9 077 800	预计负债		
在建工程			递延所得税负债		
工程物资			其他非流动负债		
固定资产清理			非流动负债合计	70 000	70 000
生产性生物资产			负债合计	308 763	304 900
油气资产			所有者权益(或股东权益)：		
无形资产			实收资本（或股本）	9 000 000	9 000 000
开发支出			资本公积		
商誉			减：库存股		
长期待摊费用			盈余公积	20 950	
递延所得税资产			未分配利润	104 750	74 500
其他非流动资产					
非流动资产合计	9 074 800	9 077 800	所有者权益（或股东权益）合计	9 125 700	9 074 500
资产总计	9 434 463	9 379 400	负债和所有者权益（或股东权益）总计	9 434 463	9 379 400

在资产负债表中，分为左、右两方，左方为资产方，右方为负债及所有者权益(或股东权益)方。资产的各项目均按流动性排列，所谓流动性是指资产变成现实购买力而不受损失的能力，也称变现性排列。资产方分为流动资产和非流动资产两大类；负债的各项目均按流动性，也即偿债期先后排列，负债方分为流动负债、非流动负债两大类；所有者权益(或股东权益)的各项目均按永久性排列，所有者权益(或股东权益)分为实收资本(或股本)、资本公积、盈余公积、未分配利润。这种分类，能提供企业财务状况的重要资料。资产负债表项目的排列顺序见表12-3。

表12-3 资产负债表项目排列顺序

一、资产排列顺序	二、负债排列顺序
强 变现性 ↓ 弱	短 偿债期 ↓ 长
	三、所有者权益排列顺序
	强 永久性 ↓ 弱

一张完整的资产负债表，包括表首、表体部分。表首列示企业名称、报表名称、编表日期和计量单位；表体列示企业财务状况的全部数据；附注及附列资料是根据重要性原则，对表体中某些重要指标需要注明的资料在附注中列示，必要时可用文字说明。

12.2.3 资产负债表的编制方法

1. 资产负债表的填列方法

资产负债表的各项目金额，都列有“年初数”和“期末数”两栏。“年初数”栏应根据上年年末资产负债表“期末数”栏所列数字填列。如果年度资产负债表规定每个项目的名称和内容同上年度不一致，应按本年度的规定调整上年期末数据，将调整的数据填入本年各月资产负债表的“期初数”栏内。“期末数”栏应根据编表日(月末、季末、年末)有关总分类账户和有关明细账户的期末余额直接填列或分析计算填列。概括起来，资产负债表填列方法有两大类：直接填列法和分析计算填列法。所谓直接填列法就是根据有关账户的余额直接填列。分析计算填列法是会计报表上的项目需要几个账户的余额加减以后填列，可以分为总账与总账余额相加填列；总账与总账余额相减填列；总账与明细账余额相加填列；总账与明细账余额相减填列；明细账与明细账余额相加填列；明细账与明细账余额相减填列。

2. 资产项目的内容和期末数填列方法

(1)“货币资金”项目。反映企业库存现金、银行结算户存款、外埠存款、银行汇票存款、银行本票存款、在途资金和信用证存款等货币资金的合计数。本项目应根据“库存现金”“银行存款”“其他货币资金”账户的期末余额合计数额计算填列。

（2）“交易性金融资产”项目。反映企业为交易购入的随时能变现、持有时间不超过一年的股票投资、债券投资、基金投资等交易性金融资产的公允价值。本项目应根据“交易性金融资产”“衍生工具”等账户的期末余额计算填列。

（3）“应收票据”项目。反映企业收到的尚未到期并且未向银行贴现的应收票据，包括商业承兑汇票和银行承兑汇票。本项目应根据“应收票据”账户的期末余额填列。已向银行贴现的应收票据不包括在本项目内。其中已贴现的商业承兑汇票应在报表附注中另行反映。

（4）“应收账款”项目。反映企业因销售产品和提供劳务而应向购买单位收取的各项款项。本项目应根据“应收账款”账户所属各明细账户的期末借方额合计，减“坏账准备”账户有关应收账款计提的坏账准备的期末余额后填列。如果“预收账款”账户所属明细账户中有借方余额，也应当列入本项目。

（5）“预付账款”项目。反映企业预付给供应单位的款项。本项目应根据“预付账款”账户的期末借方余额填列。如果“应付账款”账户所属明细账户中有借方余额，也应并入本项目。

（6）“应收股利”项目和“应收利息”项目。分别根据“应收股利”和“应收利息”账户的期末余额填列。

（7）“其他应收款”项目。反映企业对其他单位和个人的应收和暂付的款项。本项目应根据“其他应收款”账户的期末借方余额，减“坏账准备”账户有关其他应收账款计提的坏账准备的期末余额后填列。如果“其他应付款”账户所属明细账户中有借方余额，也应并入本项目。

（8）“存货”项目。反映企业期末结存在库、在途和在加工中的各项存货的实际成本，包括原材料、在途材料、周转材料、自制半成品、在产品、半产品、分期收款发出商品等。本项目应根据“材料采购”“在途材料”“原材料”“周转材料”“材料成本差异”“委托加工材料”“库存商品”“发出商品”“生产成本”等账户的期末合计数，减“存货跌价准备”账户的期末余额后填列。

（9）“一年内到期的非流动资产”项目。反映“持有至到期投资”账户中有将在一年内可收回的长期债券的投资数额。填表时应将这部分数额列为“流动资产”，从“持有至到期投资”账户转出。

（10）“其他流动资产”项目。反映企业除以上项目外的资产。

（11）“可供出售金融资产”项目。反映企业持有的可供出售金融资产的公允价值，包括可供出售的股本投资、债券投资等金融资产。本项目应根据“可供出售金融资产”账户的期末余额填列。如单独设置“可供出售金融资产减值准备”账户的企业，应按减“可供出售金融资产减值准备”账户的期末余额后的数额填列。

（12）“持有至到期投资”项目。反映企业不准备在一年内变现债权的投资。本项目应根据“持有至到期投资”账户的期末余额扣除一年内到期的长期债权投资和减“持有至到期投资减值准备”账户的期末余额后的数额填列。

（13）“长期应收款”项目。反映企业的长期应收账款，包括融资租赁产生的应收款项、采用递延方式具有融资性质的销售商品和提供劳务等产生的应收款项等。本项目应根据“长期应收款”账户期末余额，减“坏账准备”账户有关长期应收款计提的坏账准备的期末余额，减“未实现融资收益”账户的期末余额后的数额填列。

(14)“长期股权投资”项目。反映企业不准备在一年内变现股权的投资。本项目应根据“长期股权投资”账户的期末余额，减“长期股权投资减值准备”账户的期末余额后的数额填列。

(15)“投资性房地产”项目。反映企业投资房地产的净额。本项目应根据“投资性房地产”账户的期末余额，减“累计折旧”“固定资产减值准备”账户有关投资性房地产的累计折旧、固定资产减值准备的期末余额后的数额填列。如单独设置“投资性房地产累计折旧”账户和“投资性房地产减值准备”账户的企业，应按减“投资性房地产累计折旧”账户和“投资性房地产减值准备”账户的期末余额后的数额填列。

(16)“固定资产”项目。反映企业的各种固定资产的净额。其中，固定资产净值=固定资产原值-累计折旧；固定资产净额=固定资产净值-固定资产减值准备。

融资租入的固定资产在产权尚未确定之前，其原价及已提折旧也包括在内。融资租入固定资产原价还应在补充资料内另行反映。本项目应根据“固定资产”账户期末余额，减“累计折旧”“固定资产减值准备”账户有关固定资产的累计折旧、固定资产减值准备的期末余额后的数额填列。

(17)“在建工程”项目。反映企业期末各项未完工程的实际支出和尚未使用的工程物资的实际成本，包括交付安装的设备价值、未完建筑安装工程的价值、已经建筑安装完毕但尚未交付使用的建筑安装工程成本及尚未使用的工程物资实际成本等。本项目应根据“在建工程”账户的期末余额，减“累计折旧”“固定资产减值准备”账户有关在建工程的固定资产减值准备的期末余额后的数额填列。如单独设置“在建工程减值准备”账户的企业，应按减“在建工程减值准备”账户的期末余额后的数额填列。

(18)“工程物资”项目。反映企业为在建工程准备的各种物资的成本，包括工程用材料、尚未安装的设备以及为生产准备的工器具等。本项目应根据“工程物资”账户的期末余额，减“固定资产减值准备”账户有关工程物资的固定资产减值准备的期末余额后的数额填列。如单独设置“工程物资减值准备”账户的企业，应按减“工程物资减值准备”账户的期末余额后的数额填列。

(19)“固定资产清理”项目。反映企业因毁损、报废等原因转入清理但尚未清理完毕的固定资产的净值，以及固定资产清理过程中所发生的清理费用和变价收入等各项金额的差额。本项目应根据“固定资产清理”账户的余额填列。如为贷方余额，应以“-”号填列。

(20)“生产性生物资产”项目和“油气资产”项目。分别根据“生产性生物资产”和“油气资产”账户的期末余额填列。

(21)“无形资产”项目。反映企业各项无形资产的原价扣除摊销的净额。本项目应根据“无形资产”账户的期末余额，减“累计折耗”和“无形资产减值准备”账户有关无形资产减值准备的期末余额后的数额填列。

(22)“开发支出”项目。反映企业研究和开发无形资产过程中发生的各项支出。本项目应根据“研发支出”账户的期末余额填列。

（23）“商誉”项目。反映企业合并中形成的商誉价值。本项目应根据“商誉”账户的期末余额，减“无形资产减值准备”账户有关商誉减值准备的期末余额后的数额填列。如单独设置“商誉减值准备”账户的企业，应按减“商誉减值准备”账户的期末余额后的数额填列。

（24）“长期待摊费用”项目。反映企业租入固定资产改良工程、大修理支出以及摊销期在一年以上的其他递延费用。本项目应根据“长期待摊费用”账户的期末余额减一年摊销数额后的余额填列。

（25）“递延所得税资产”项目。反映企业确认的可抵扣暂时性差异产生的递延所得税资产。本项目应根据“递延所得税资产”账户的期末余额填列。

（26）“其他非流动资产”项目。除以上资产以外的其他非流动资产，应根据有关账户的期末余额填列。

3. 负债项目期末数填列方法

（1）“短期借款”项目。反映企业借入尚未归还的一年期以下的借款。本项目应根据“短期借款”账户的期末余额填列。

（2）“交易性金融负债”项目。反映企业承担的交易性金融负债的公允价值。本项目应根据“交易性金融负债”“衍生工具”等账户的期末余额计算填列。

（3）“应付票据”项目。反映企业为了抵付货款等而开出、承兑的尚未到期付款的应付票据，包括银行承兑汇票和商业承兑汇票。本项目应根据“应付票据”账户的期末余额填列。

（4）“应付账款”项目。反映企业购买材料或接受劳务供应而应付给供应单位的款项。本项目应根据“应付账款”账户所属各有关明细账户的期末贷方余额合计填列。如果“预付账款”账户所属明细账中有的是贷方余额，也应当列入本项目。

（5）“预收账款”项目。反映企业预收购买单位的货款。本项目应根据“预收账款”账户的期末贷方余额填列。如果“应收账款”账户所属明细账有的是贷方余额，也应当列入本项目。

（6）“应付职工薪酬”项目。反映企业应付未付的职工薪酬。本项目应根据“应付职工薪酬”账户期末贷方余额填列。“应付职工薪酬”账户期末如为借方余额，则应以“—”号填列。

（7）“应交税费”项目。反映企业应交未交的各种税费(多交数以“—”号填列)。本项目应根据“应交税费”账户的期末贷方余额填列，如为借方余额，则多交额以“—”填列。

（8）“应付利息”项目。反映企业期末应付的利息。本项目根据“应付利息”账户期末贷方余额填列，如为借方余额则为多付数额，应以“—”号填列。

（9）“应付股利”项目。反映企业期末应付给各投资者的股利。本项目根据“应付股利”账户期末贷方余额填列，如为借方余额则为多付数额，应以“—”号填列。

（10）“其他应付款”项目。反映企业应付和暂收其他单位和个人的款项，如应付保险费、存入保证金等。本项目应根据“其他应付款”账户的期末贷方余额填列，如果“其他应收款”账户所属明细账中有贷方余额，也应并入本项目。

(11)“一年内到期的非流动负债”项目。反映长期负债各项目中有需在未来一年内偿还的负债。对这部分负债在填表时应转作流动负债列示，在长期负债各项目中应减去这部分数额。

(12)“其他流动负债”项目。反映除以上流动负债以外的其他流动负债，应根据有关账户的期末余额填列。

(13)“长期借款”项目。反映企业借入尚未归还的一年期以上的借款的本息。本项目应根据“长期借款”账户的期末余额填列。

(14)“应付债券”项目。反映企业发行的尚未偿还的各种长期债券的本息。本项目应根据“应付债券”账户的期末余额填列。

(15)“长期应付款”项目。反映采用分期付款方式购入固定资产，采用融资租赁方式租入固定资产的应付未付款项。本项目应根据“长期应付款”账户的期末余额，减“未确认融资费用”账户的期末余额填列。

(16)“专项应付款”项目。反映企业取得政府作为企业所有者投入的具有专项或特定用途的款项。本项目应根据“专项应付款”账户的期末贷方余额填列。

(17)“预计负债”项目。反映企业确认的对外提供担保、未决诉讼、产品质量保证、重组义务、亏损合同等预计负债。本项目应根据“预计负债”账户的期末贷方余额填列。

(18)“递延所得税负债”项目。反映企业确认的可抵扣暂时性差异产生的递延所得税负债。本项目应根据“递延所得税负债”账户的期末贷方余额填列。

(19)“其他非流动负债”项目。反映除以上长期负债项目以外的其他长期负债，本项目应根据有关账户的贷方余额合并填入。如为借方余额，应以“－”号填列。

4. 所有者权益项目期末数填列方法

(1)“实收资本”项目。反映企业实际收到的资本总额。本项目应根据“实收资本”账户的期末贷方余额填列。

(2)“资本公积”项目。反映资本公积的积累额，按“资本公积”账户的期末余额填列。

(3)“盈余公积”项目。反映盈余公积的积累额，按“盈余公积”账户的期末贷方余额填列。

(4)“库存股”项目。反映企业收购、转让或注销的本公司股份金额，按该账户的期末贷方余额填列。

(5)“未分配利润”项目。反映企业尚未分配的利润。本项目应根据“本年利润”和“利润分配”两个账户余额计算填列。上述两个账户相减后如为借方余额，表示期末尚未弥补的亏损，应在本项目以“－”号列示。

12.3 利 润 表

12.3.1 利润表的作用

利润表又称收益表或损益表，是反映企业一定期间经营成果的会计报表，属于月份动态报表。利润表将一定时期的营业收入和营业成本费用进行配比，计算出企业一定时期的税后净利润，为报表的使用者提供如下会计信息。

（1）反映企业一定时期内的经营成果。通过利润表提供的收入、成本和费用，能反映出企业在一定时期内的生产经营成果，便于报表使用者了解企业的获利能力和投资效果。

（2）分析企业未来的盈利趋势。通过利润表提供的不同时期的比较数字，可以分析企业今后的盈利趋势。

（3）是进行利润分配的主要依据。企业实现的税后净利润，要按照规定顺序进行分配，利润表提供的利润或亏损是进行利润分配或亏损弥补的主要依据。

由上可见，利润表是财务报告中的又一张主要报表。

12.3.2 利润表的结构和内容

利润表是根据“收入－费用＝利润”的会计等式设计，通过一定的格式来反映企业经营成果的。因不同的报表使用者对利润表的信息要求有所不同，所以利润表中具体项目的排列也不完全一样。目前比较普遍的利润表的格式主要有单步式和多步式两种。

单步式利润表是把本期所有的收入加在一起，所有的费用加在一起，两者相抵，一次计算出当期损益。其基本格式见表 12-4。

表 12-4 利润表

项 目	行次	本月数	本年累计数
一、收入	1		
1. 主营业务收入	2	500 000	
……			
收入合计	10	500 000	
二、成本费用	11		
1. 营业成本	12	250 000	
2. 营业税金及附加	13	8 443	
3. 销售费用	14	17 000	
4. 管理费用	15	44 557	
5. 所得税费用	16	45 000	
……			
成本费用合计	20	365 000	
三、净利润(净亏损以“－”号填列)	21	135 000	

多步式利润表是将收入和费用各项分别加以归类，列示一些中间性指标，分步反映损益的形成过程。由于多步式利润表注重收入和费用支出配比的层次性，便于对企业生产经营情况进行分析，有利于不同企业之间进行比较，更重要的是利用多步式利润表可以预测企业今后的盈利能力。

我国《企业会计准则第30号——财务报表列报》应用指南中规定，利润表采用多步式。一般企业利润表的具体格式见表12-5(以11.2.5的资料为背景编制。实际工作中在12月末，"本月数"应改为"上年数"，填入上年累计利润数，不单独反映12月的利润)。

表12-5 利润表 会企02表

编制单位：K&J企业 20××年12月 单位：元

项目	行次	本月数	本年累计数
一、营业收入	1	500 000	
减：营业成本	2	250 000	
营业税金及附加	3	8 443	
销售费用	4	17 000	
管理费用	5	44 557	
财务费用	6		
资产减值损失	7		
加：公允价值变动收益(损失以"一"号填列)	8		
投资收益(损失以"一"号填列)	9		
其中：对联营企业和合营企业的投资收益	10		
二、营业利润(亏损以"一"号填列)	11	180 000	
加：营业外收入	12		
减：营业外支出	13		
三、利润总额(亏损总额以"一"号填列)	14	180 000	
减：所得税费用	15	45 000	
四、净利润(净亏损以"一"号填列)	16	135 000	

利润表包括三部分内容：一是营业利润，主要指企业经营活动所获得的营业收入，减营业成本、营业税金及附加、销售费用、管理费用、财务费用、资产减值损失，加投资收益、公允价值变动收益后的利润；二是利润总额，即营业利润加减营业外收支后的利润；三是净利润，即所得税后的利润。

特别提示

各项收入、收益和成本、费用、损失、支出，按照报告式显示就是利润表，见表12-5；而按照账户式结转就是"本年利润"账户。

12.3.3 利润表的编制方法

1. 利润表各栏次的填列方法

利润表主要是根据损益类有关账户的发生额分析计算填列的。利润表各栏次的填列方法如下。

报表中的“本月数”栏反映各项目的本月实际发生数，在编制年报时，按上年全年累计实际发生数填列，并把“本月数”栏改为“上年数”栏。如果上年度利润表的项目名称和内容与本年度利润表不一致，应对上年度报表项目的名称和数字按本年度的规定进行调整，填入报表的“上年数”栏。

报表中的“本年累计数”栏反映各项目自年初起至本月末止的累计实际发生额。

2. 利润表各项目的填列方法

(1)“营业收入”项目。反映企业销售产品的销售收入和提供劳务等业务取得的收入总额。本项目应根据“主营业务收入”和“其他业务收入”账户发生额分析填列。

(2)“营业成本”项目。反映企业销售产品和提供劳务等业务的实际成本。本项目应根据“主营业务成本”和“其他业务成本”账户发生额分析填列。

(3)“营业税金及附加”项目。反映企业销售产品和提供劳务等业务应负担的消费税、城建税、营业税、资源税和教育费附加。本项目应根据“营业税金及附加”账户的发生额分析填列。

(4)“销售费用”项目。反映企业在销售产品和提供劳务等主要经营过程中所发生的各项销售费用。本项目根据“销售费用”账户发生额分析填列。

(5)“管理费用”项目。反映企业发生的管理费用。本项目根据“管理费用”账户发生额分析填列。

(6)“财务费用”项目。反映企业发生的财务费用。本项目根据“财务费用”账户的发生额分析填列。

(7)“资产减值损失”项目。反映企业计提各项资产减值准备所形成的损失。本项目根据“资产减值损失”账户发生额填列。

(8)“公允价值变动收益”项目。反映企业交易性金融资产和负债，以及以公允价值模式计量业务等公允价值变动形成的应计入当期损益的利得和损失。本项目根据“公允价值变动收益”账户发生额分析填列。如为损失，应以“—”号填列。

(9)“投资收益”项目。反映企业以各种方式对外投资所取得的收益。本项目根据“投资收益”账户发生额分析填列。如为投资损失，应以“—”号填列。

(10)“营业外收入”项目。反映企业经营业务以外的收入。本项目根据“营业外收入”账户发生额分析填列。

(11)“营业外支出”项目。反映企业经营业务以外的支出。本项目根据“营业外支出”账户发生额分析填列。

(12)“利润总额”项目。反映企业实现的利润。如为亏损，以“—”号填列。

(13)“所得税”项目。反映企业从当年损益中扣除的所得税额。本项目根据“所得税”账户的发生额分析填列。

(14)“净利润”项目。反映企业交纳所得税后的净利润，如为净亏损，以“—”号填列。

12.4 现金流量表

12.4.1 现金流量表的基本原理

现金流量表是以现金概念为基础编制的财务状况变动表，是以现金和现金等价物流入和流出反映企业在一定会计期间内的经营活动、投资活动和筹资活动的动态情况的会计报表。现金是指企业库存现金、银行存款和其他货币资金。所谓现金等价物是指企业持有的期限短、流动性强、易于转换为已知金额现金、价值变动风险很小的资产，如交易性金融资产。除此之外的资产，可称为非现金及现金等价物资产，简称非现资产。现金流量表属于年度动态报表。其基本原理如下。

资产负债表的公式是“资产＝负债＋所有者权益”，这张表看重的是平衡；利润表的公式是“收入－费用＝利润”，这张表看重的是按权责发生制核算基础计算的利润形成。资产负债表和利润表的勾稽关系公式是“资产＝负债＋所有者权益＋利润”，即利润表中的净利润要等于资产负债表中所有者权益中除投资形成所有者权益外的增量值。而现金流量表的公式是

现金及现金等价物＋非现资产＝负债＋所有者权益＋利润

这张表看重的是现金及现金等价物的形成的增量，即以现金为基础的结果，也就是按照收付实现制核算的结果。而不考虑权责发生制下的非现业务，也称应计项目，即将现金流量转化为净利润时的会计调整。可知有关系式：

净利润＝经营性现金流量＋应计项目

所以说现金流量表是利润表和资产负债表的又一座桥梁。举例如下。

【例 12-1】 假如本期只有计提折旧是非付现业务，也即权责发生制核算基础处理的业务，企业资产负债表和利润表分别见表 12-6 和表 12-7。

表 12-6 资产负债表 单位：元

资产	期末	期初	负债和所有者权益	期末	期初
现金及现金等价物	200	100	负债	300	200
非现资产	800	500	所有者权益	500	300
减：累计折旧	200	100			
合计	800	500	合计	800	500

表 12-7 利 润 表 单位：元

项目	本期合计
一、收入	1 000
减：费用	800
二、利润	200

利润表中利润 200 元，是权责发生制核算基础计算得出的，从表 12-6 和表 12-7 中可以看出，本期费用中有折旧 100 元是非付现的应计项目。

知识回放

回看 2.2 节会计的核算基础中收付实现制与权责发生制的区别。

在相当长一段时间内，权责发生制核算的利润是和收付实现制核算的利润相等的。基于这个等式在特定的一个会计期中，把权责发生制处理的业务中非付现的业务(应计项目)刨除，就是收付实现制的现金流量了。一般是从利润开始调整，把非现收入和非现费用逐一刨除，再到资产负债表中各项目的调整。以表 12-7 和表 12-6 进行核算基础转换，对比见表 12-8。

表 12-8 权责发生制基础转换为收付实现制基础的对比

序号	报表内容	权责发生制基础	收付实现制基础
1	利润表收入项	借：现金流量 1 000 贷：收入 1 000	借：现金流量 1 000 贷：收入 1 000
2	利润表费用项(权责发生制还需要看资产负债表的累计折旧项的期末减期初)	借：费用 700 贷：现金流量 700	借：费用 800 贷：现金流量 800
3	利润表利润项和资产负债表所有者权益项的期末减期初	借：利润 200 贷：所有者权益 200	借：利润 200 贷：所有者权益 200
4	资产负债表非现资产期末减期初	借：非现资产 300 贷：现金流量 300	借：非现资产 300 贷：现金流量 300
5	资产负债表累计折旧项期末减期初	借：费用 100 贷：累计折旧 100	借：现金流量 100 贷：累计折旧 100
6	资产负债表负债项期末减期初	借：现金流量 100 贷：负债 100	借：现金流量 100 贷：负债 100

第 3 项业务反映的是利润表和资产负债表的勾稽关系。这里面除了权责发生制栏下的第 2 项业务是权责发生制的业务外，其他的业务在权责发生制基础和收付实现制基础下是一样的，都是收现或付现业务。因此，把权责发生制处理的业务(应计项目)刨除就是收付实现制了。表 12-8 中“收付实现制基础”栏下第 5 项业务，就是权责发生制和收付实现制转换的关键分录。在资产负债表中累计折旧增加从期初的 100 元，增加到 200 元了，可知收付实现制下第 2 项业务中的费用并非全部都是付现的费用，本例中有 100 元折旧就是非付现的费用(应计项目)，将其调整出去，这样权责发生制就把非付现费用中的计提折旧业务，借记费用，贷记累计折旧，给刨除了，揭下了权责发生制核算基础下利润的面纱。这就是现金流量表的原理，通过“以表编表”方式填制，见表 12-9。

表 12-9 现金流量表

单位：元

项目	金额
一、现金流量	
销售商品收到的现金	1 000
债务增加收到的现金(负债减少为流出)	100
现金流入小计	1 100
购买商品支付的现金(资产减少为“—”)	300
支付的各项费用形成的流出(减非付现费用)	700
现金流出小计	1 000
二、现金及现金等价物净增加量	100
加：期初现金及现金等价物余额	100
三、期末现金及现金等价物余额	200

12.4.2 现金流量表的作用

(1) 现金流量表能说明企业一定时期内现金流入和流出的数量及原因。现金流量表把现金流量分为经营活动、投资活动和筹资活动所产生的现金流量三个部分，并按照现金流入和流出项目分别列示。因此，通过现金流量表能反映企业现金流入和流出的数量及原因，即现金是从哪里来又到哪里去，其变化数额是多少。

(2) 现金流量表能说明企业的偿债能力和支付能力。资产负债表和利润表也能反映企业的偿债和支付能力，但在一定时期内企业获得的利润并不一定代表企业真正的偿债和支付能力。资产负债表和利润表反映的财务状况和经营成果是按权责发生制核算基础确认的，在某些情况下，企业虽然经营成果很好，仍然可能发生财务困难，不能偿还到期债务；有的企业虽然经营成果并不乐观，但却有足够的偿付能力。现金流量表完全以收付实现制为基础来确认现金流量，克服了采用权责发生制所产生的获利能力和支付能力不一致的问题。因此，通过现金流量表能够了解企业现金流入的构成，分析企业偿债和支付股利或利润等的能力。

知识回放

回看第 5 章的阅读材料，了解权责发生制的缺陷。

(3) 现金流量表能够分析企业未来获取现金的能力。现金流量表反映企业一定时期内现金流入和流出的全貌。现金流量表中经营活动产生的现金流量，代表企业运用经济资源创造现金流量的能力；投资活动产生的现金流量，代表企业使用资金产生现金流量的能力；筹资活动产生的现金流量，反映企业融资获得现金流量的能力。通过现金流量表提供的这些信息资料，可以分析预测企业未来的现金流量。

(4) 现金流量表是沟通资产负债表和利润表的桥梁。资产负债表反映一定日期静态的财务状况，不能反映财务状况变动的原因，也不能说明资产、权益给企业带来和支付了多少现金；利润表也只能反映利润的构成和金额，不能反映经营活动、投资和筹资活动给企业创造多少现金流量。而现金流量表能提供一定时期现金流入和流出的动态财务信息，说明企业经营活动、投资和筹资活动获取多少现金，这些现金又是如何使用的，说明财务状况变动的原因，对资产负债表和利润表起到补充说明的作用，是连接资产负债表和利润表的桥梁。

（5）现金流量表能提供不涉及现金收支的投资和筹资活动的信息资料。现金流量表除了反映与现金有关的投资和筹资活动外，还通过附注方式提供不涉及现金的投资和筹资活动的信息资料，使报表的使用者能全面了解企业的投资和筹资活动。

12.4.3 现金流量表的编制

1．现金流量的分类

现金流量是某一期间内企业现金流入和流出的数量。现金流入量与现金流出量的差量为现金净流量。影响现金流量的因素有经营活动、投资活动和筹资活动，因此，现金流量表按照企业经营业务发生的性质将现金流量分为以下三类。

（1）经营活动产生的现金流量。经营活动是指企业在正常业务范围内进行的交易和事项。包括销售商品或提供劳务、经营性租赁、购买货物、接受劳务、制造产品、广告宣传、交纳税款等。经营活动产生的现金流量是企业通过使用所拥有的资产自身创造的现金流量，主要是与企业净利润有关的现金流量。通过现金流量表中反映的经营活动产生的现金流量，可以说明企业经营活动对现金净流量的影响程度。

（2）投资活动产生的现金流量。投资活动是指除交易性金融资产以外的投资，以及用于购置和处置固定资产、无形资产的行为，包括取得或收回权益性证券的投资，购买和收回债券投资，购建和处置固定资产、无形资产和其他长期资产等行为。投资活动产生的现金流量中不包括作为现金等价物的投资，因其属于现金内部各项转换，不会影响现金净流量的增减变动。通过现金流量表中反映的投资活动产生的现金流量，可以分析企业通过投资获取现金的能力，以及对现金净流量的影响程度。

（3）筹资活动产生的现金流量。筹资活动是指企业进行的与筹集资金有关的行为，包括吸收的权益性资本、发行债券、借入资金、支付股利、偿还债务等。通过现金流量表中筹资活动产生的现金流量，可以分析企业筹资能力以及对企业现金净流量的影响程度。

2．现金流量表的编制要求

（1）现金流量表应当提供企业经营活动、投资活动和筹资活动对现金流量的影响，也就是要分别反映经营活动产生的现金流量、投资活动产生的现金流量和筹资活动产生的现金流量的总额及它们相抵后的净流量。

（2）现金流量表一般应按现金流量总额反映。一定时期的现金流量通常可按现金流量总额或净额表示，但按现金流量总额反映比按现金流量净额反映所提供的信息更为全面、更为相关有效。所以，一般情况下，现金流量应按其总额反映。

(3) 合理划分经营活动、投资活动和筹资活动。编制现金流量表首先应按经济业务发生的性质将经济业务划分为经营活动、投资活动和筹资活动，但有些业务或事项则不易划分，如利息收入和股利收入、利息支出和股利支出是作为经营活动，还是作为投资或筹资活动有不同的看法。在我国，把利息收入和股利收入划为投资活动，把利息支出和股利支出划分为筹资活动。又如，处理固定资产净收益或净损失计入损益，但不属于经营活动，而属于投资活动。对于某些特殊项目，应根据特定情况和性质划分，并应一贯地遵循这一划分标准。例如，实际交纳的所得税，一般作为经营活动的现金流量；固定资产损失的保险索赔作为投资活动，流动资产损失保险索赔作为经营活动，分不清的作为经营活动；捐赠现金收支均作为经营活动。

(4) 无论采用直接法还是采用间接法反映经营活动现金流量，均应提供与净利润有关的经营活动产生的现金流量的过程。一般情况下，采用直接法在表内反映；采用间接法在表外反映。

(5) 外币现金流量应当折算为人民币反映。在我国，企业外币现金流量以及境外子公司的现金流量，以现金流量发生日的汇率或加权平均汇率折算。汇率变动对现金的影响作为调节项目，在现金流量表中单独列示。

(6) 不涉及现金的投资和筹资活动，应在现金流量表下的附注中反映。

12.4.4 现金流量表的格式及编制方法

1. 现金流量表的格式

我国《企业会计准则第31号——现金流量表》应用指南中规定的一般企业现金流量表的基本格式，见表12-10（以11.2.5的资料为背景编制）。

表12-10 现金流量表 会企03表

编制单位：K&J企业 20××年度 单位：元

项 目	本期金额	上期金额
一、经营活动产生的现金流量		
销售商品、提供劳务收到的现金	588 000	
收到的税费返还		
收到其他与经营活动有关的现金		
经营活动现金流入小计	588 000	
购买商品、接受劳务支付的现金	220 880	
支付给职工以及为职工支付的现金		
支付的各项税费		
支付其他与经营活动有关的现金	18 957	
经营活动现金流出小计	239 837	
经营活动产生的现金流量净额	348 163	

续表

项　目	本期金额	上期金额
二、投资活动产生的现金流量		
收回投资所收到的现金		
取得投资收益所收到的现金		
处置固定资产、无形资产和其他长期资产收回的现金净额		
处置子公司及其他营业单位收到的现金净额		
收到其他与投资活动有关的现金		
投资活动现金流入小计		
购建固定资产、无形资产和其他长期资产支付的现金		
投资支付的现金		
取得子公司及其他营业单位支付的现金净额		
支付其他与投资活动有关的现金		
投资活动现金流出小计		
投资活动产生的现金流量净额		
三、筹资活动产生的现金流量		
吸收投资收到的现金		
取得借款收到的现金	1 000 000	
收到其他与筹资活动有关的现金		
筹资活动现金流入小计	1 000 000	
偿还债务所支付的现金	1 225 000	
分配股利、利润或偿付利息所支付的现金		
支付其他与筹资活动有关的现金		
筹资活动现金流出小计	1 225 000	
筹资活动产生的现金流量净额	−225 000	
四、汇率变动对现金的影响		
五、现金及现金等价物净增加额	123 163	
加：期初现金及现金等价物余额	221 400	
六、期末现金及现金等价物余额	344 563	
1. 将净利润调节为经营活动现金流量：		
净利润	135 000	
加：资产减值准备		
固定资产折旧	3 000	

补充资料	本期金额	上期金额
无形资产摊销		
长期待摊费用摊销		
处置固定资产、无形资产和其他长期资产损失(收益以“—”号填列)		
固定资产报废损失(收益以“—”号填列)		
公允价值变动损失(收益以“—”号填列)		
财务费用(收益以“—”号填列)		
投资损失(收益以“—”号填列)		
递延所得税资产减少(增加以“—”号填列)		
递延所得税负债增加(减少以“—”号填列)		
存货的减少(增加以“—”号填列)	65 100	
经营性应收项目的减少(增加以“—”号填列)		
经营性应付项目的增加(减少以“—”号填列)	145 063	
其他		
经营活动产生的现金流量净额	348 163	
2. 不涉及现金收支的投资和筹资活动：		
债务转为资本		
一年内到期的可转换公司债券		
融资租入固定资产		
3. 现金及现金等价物净增加情况：		
现金的期末余额	344 563	
减：现金的期初余额	221 400	
加：现金等价物的期末余额		
减：现金等价物的期初余额		
现金及现金等价物净增加额	123 163	

2. 现金流量表的编制方法

现金流量表中的现金流量是按收付实现制确认的，而会计账面上反映的盈亏是按照权责发生制确认的，这就是说本期利润表中反映的盈亏并不等于经营活动的现金流量。账面收入中既包含了引起现金流入的收入，也包括了未引起现金流入的收入；账面成本费用中既包含了引起现金流出的成本费用，也包含了未引起现金流出的成本费用。因此，要获得经营流动的现金流量，就必须将按权责发生制确认的净收益调整转换为按收付实现制确认的现金流量，这种转换的方式可采用间接法和直接法两种。

间接法是以利润表的净利润为起点，通过调整非现金费用、债权债务和存货以及增值税等相关项目后，计算得出经营活动产生的现金流量。

知识图说

现金流量表间接法的原理，可用本量利图直观地表现出来，具体如图 12.1 所示。

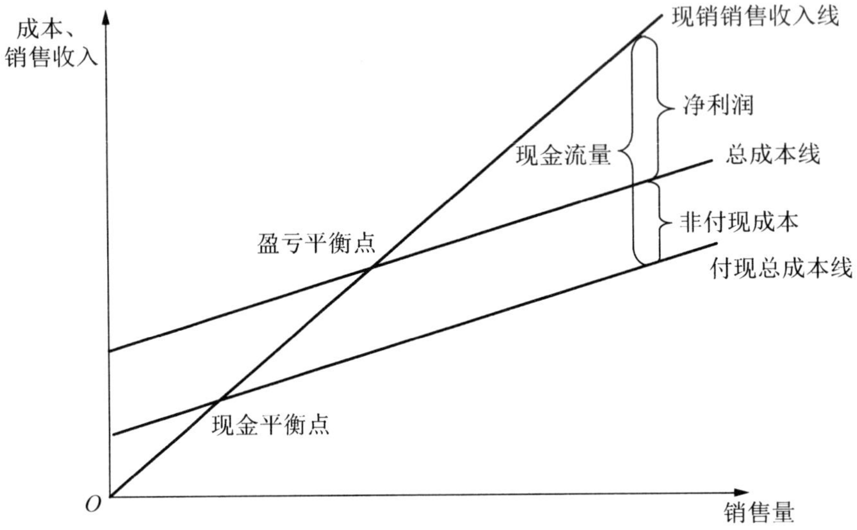

图 12.1　简化现金式本量利图

从图中可知：

总成本＝付现总成本＋非付现成本

因此有

净利润＝现销销售收入－总成本
＝现销销售收入－(付现总成本＋非付现成本)
＝现金流量－非付现成本

所以有

现金流量＝净利润＋非付现成本

这就是现金流量表间接法的基本原理。

直接法是以业务收入为起点，调整与经营活动有关的现金流入和流出，计算得出经营活动产生的现金流量。采用直接法提供的信息有助于评价企业未来的现金流量，而间接法无此优点。

在具体编制现金流量表时，可以采用 T 型账户法、工作底稿法和分析填列法，具体编制方法在以后的“中级财务会计”课程中进行学习。现仅就直接法现金流量的列报方法说明如下。

(1) 本表反映企业一定会计期间内有关现金和现金等价物的流入和流出信息。本表所指的现金，是指企业库存现金以及可以随时用于支付的存款，包括现金、可以随时用于支付的银行存款和其他货币资金。

本表所指的现金等价物，是指企业持有的期限短、流动性强、易于转换为已知金额现金、价值变动风险很小的交易性金融资产(除特别注明外，以下所指的现金均含现金等价物)。企业应根据具体情况，确定现金等价物的范围，并且一贯性地保持其划分标准，如改变划分标准，应视为会计政策的变更。企业确定现金等价物的原则及其变更，应在会计报表中披露。

(2) 现金流量表应按照经营活动产生的现金流量、投资活动产生的现金流量和筹资活动产生的现金流量分别反映。本表所指的现金流量，是指现金的流入和流出。现金流量表一般应按现金流入和流出总额反映。但代客户收取或支付的现金以及周转快、金额大、期限短的项目的现金收入和现金支出，也可用净额反映。

企业应采用直接法报告企业经营活动的现金流量。采用直接法报告企业经营活动的现金流量时，企业有关现金流量的信息可从会计记录中直接获得，也可以在利润表营业收入、营业成本等数据的基础上，通过调整存货和经营性应收应付项目的变动，以及固定资产折旧、无形资产摊销等项目后获得。

3. 现金流量表各项目的内容及填列方法

1) 经营活动产生的现金流量

(1) “销售商品、提供劳务收到的现金”项目。反映企业销售商品、提供劳务实际收到的现金(含销售收入和应向购买者收取的增值税额)，包括本期销售商品、提供劳务收到的现金，以及前期销售和前期提供劳务本期收到的现金和本期预收的账款，减去本期退回本期销售的商品和前期销售本期退回的商品支付的现金。企业销售材料和代购代销业务收到的现金，也在本项目反映。本项目可以根据“库存现金”“银行存款”“应收账款”“应收票据”“预收账款”“主营业务收入”“其他业务收入”等账户的记录分析填列。

(2) “收到的税费返还”项目。反映企业收到返还的各种税费，如企业收到的增值税、消费税、营业税、所得税、教育费附加的返还等。本项目可以根据“库存现金”“银行存款”“营业税金及附加”“其他应收款”等账户的记录分析填列。

(3) “收到的其他与经营活动有关的现金”项目。反映企业除了上述各项目外，收到的其他与经营活动有关的现金流入，如罚款收入、流动资产损失中由个人赔偿的现金收入等。其他现金流入如价值较大的，应单列项目反映。本项目可以根据“库存现金”“营业外收入”等账户的记录分析填列。

(4) “购买商品、接受劳务支付的现金”项目。反映企业购买材料、商品、接受劳务实际支付的现金，包括本期购入材料、商品、接受劳务支付的现金(包括增值税进项税额)，以及本期支付前期购入商品、接受劳务的未付款项和本期预付款项。本期发生的购货退回收到的现金应从本项目中减去。本项目可以根据“库存现金”“银行存款”“应付账款”“应付票据”“主营业务成本”等账户的记录分析填列。

(5) “支付给职工以及为职工支付的现金”项目。反映企业实际支付给职工以及为职工支付的现金，包括本期实际支付给职工的工资、奖金、各种津贴和补贴等，以及为职工支付的其他费用。不包括支付的离退休人员的各项费用和支付给在建工程人员的工资等。企业支付给离退休人员的各项费用，包括支付的统筹退休金以及未参加统筹的退休人员的费用，在“支付的其他与经济活动有关的现金”项目中反映；支付的在建工程人员的工资，在“购建固定资产、无形资产和其他长期资产所支付的现金”项目中反映。本项目可以根据“应付职工薪酬”“库存现金”“银行存款”等账户的记录分析填列。

企业为职工支付的养老、失业等社会保险基金、补充养老保险、住房公积金，支付给职工的住房困难补助，以及企业支付给职工或为职工支付的其他福利费用等，应按职工的工作性质和服务对象，分别在本项目和“购建固定资产、无形资产和其他长期资产所支付的现金”项目中反映。

(6)“支付的各项税费”项目。反映企业按规定支付的各种税费，包括本期发生并支付的税费，以及本期支付以前各期发生的税费和预交的税金，如支付的教育费附加、矿产资源补偿费、印花税、房产税、土地增值税、车船税、预交的营业税等，不包括计入固定资产价值、实际支付的耕地占用税等，也不包括本期退回的增值税、所得税。本期退回的增值税、所得税在“收到的税费返还”项目中反映。本项目可以根据“应交税费”“库存现金”“银行存款”等账户的记录分析列表。

(7)“支付其他与经济活动有关的现金”项目。反映企业除上述各项目外，支付的其他与经营活动有关的现金流出，如罚款支出、差旅费支付、业务招待费现金支出及支付的保险费等，其他现金流出如价值较大的，应单列项目反映。本项目可以根据有关账户的记录分析填列。

2) 投资活动产生的现金流量

(1)“收回投资收到的现金”项目。反映企业的出售、转让或到期收回除现金等价物以外的短期投资、长期股权投资而收到的现金，以及收回长期债权投资本金而收到的现金，不包括长期债券投资收回的利息，以及收回的非现金资产。本项目可以根据“长期股权投资”“库存现金”“银行存款”等账户的记录分析填列。

(2)“取得投资收益收到的现金”项目。反映企业因股权性投资和债券性投资而取得的现金股利、利息，以及从子公司、联营企业和合营企业分回利润收到的现金，不包括股票股利。本项目可以根据“库存现金”“银行存款”“投资收益”等账户的记录分析填列。

(3)“处置固定资产、无形资产和其他长期资产收回的现金净额”项目。反映企业处置固定资产、无形资产和其他长期资产所取得的现金，减去为处置这些资产而支付的有关费用后的净额。由于自然灾害所造成的固定资产等长期资产损失而收到的保险赔偿收入，也在本项目反映。本项目可以根据“固定资产清理”“库存现金”“银行存款”等账户的记录分析填列。

(4)“收到其他与投资活动有关的现金”项目。反映企业除了上述各项以外，收到的其他与投资活动有关的现金流入。其他现金流入如价值较大的，应单列项目反映。本项目可以根据有关账户的记录分析填列。

(5)“购建固定资产、无形资产和其他长期资产支付的现金”项目。反映企业购买、建造固定资产，取得无形资产和其他长期资产所支付的现金，不包括为购建固定资产而发生的借款利息资本化的部分，以及融资租入固定资产支付的租赁费。借款利息和融资租入固定资产支付的租赁费，在筹资活动产生的现金流量中反映。本项目可以根据“固定资产”“在建工程”“无形资产”“库存现金”“银行贷款”等账户的记录分析填列。

(6)“投资支付的现金”项目。反映企业进行权益性投资和债券性投资支付的现金，包括企业取得的除现金等价物以外的短期股票投资、短期债券投资、长期股权投资、长期债券投资支付的现金，以及支付的佣金、手续费等附加费用。本项目可以根据“长期股权投资”“库存现金”“银行存款”等账户的记录分析填列。

企业购买股票和债券时，实际支付的价款中包含的已宣告但尚未领取的现金股利，或已到付息期但尚未领取的债券的利息，应在投资活动的“支付的其他与投资活动有关的现金”项目中反映；收回购买股票和债券时支付的已宣告但尚未领取的现金股利，或已到付息期但尚未领取的债券的利息，在投资活动的“收到的与投资活动有关的现金”项目中反映。

(7)“支付的其他与投资活动有关的现金”项目。反映企业除了上述各项以外，支付的其他与投资活动有关的现金流出。其他现金流出如价值较大的，应单列项目反映。本项目可以根据有关账户的记录填列。

3）筹资活动产生的现金流量

(1)“吸收投资收到的现金”项目。反映企业收到的投资者投入的现金，包括以发行股票、债券等方式筹集的资金实际收到的款项净额(发行收入减去支付的佣金等发行费用后的净额)。以发行股票、债券等方式筹集资金而由企业直接支付的审计、咨询等费用，在“支付的其他与筹资活动有关的现金”项目中反映，不从本项目内减去。本项目可以根据“实收资本(或股本)”“库存现金”“银行存款”等账户的记录分析填列。

(2)“取得借款收到的现金”项目。反映企业筹借各种短期、长期借款所收到的现金。本项目可以根据“短期借款”“长期借款”“现金”“银行存款”等账户的记录分析填列。

(3)“收到的其他与筹资活动有关的现金”项目。反映企业除了上述各项目外，收到的其他与筹资活动有关的现金流入，如接受现金捐赠等。其他现金流入如价值较大的，应单列项目反映。本项目可以根据有关账户的记录填列。

(4)“偿还债务所支付的现金”项目。反映企业以现金偿还债务的本金，包括偿还金融企业的借款本金、偿还债务本金等。企业偿还的借款利息、债务利息，在“分配股利、利润或偿付利息所支付的现金”项目中反映，不包括在本项目内。本项目可以根据“短期借款”“长期借款”“库存现金”“银行存款”等账户的记录分析填列。

(5)“分配股利、利润或偿付利息所支付的现金”项目。反映企业实际支出的现金股利和支付给其他投资单位的利润以及支付的借款利息、债券利息等。本项目可以根据“应付股利”“财务费用”“长期借款”“库存现金”“银行存款”等账户的记录分析填列。

(6)“支付其他与筹资活动有关的现金”项目。反映企业除了上述各项外，支付的其他与筹资活动有关的现金流出，例如捐赠现金支出、融资租入固定资产支付的租赁费等。其他现金流出如价值较大的，应单列项目反映。本项目可以根据有关账户的记录填列。

(7)“汇率变动对现金的影响”项目。反映企业外币现金涉及境外子公司的现金流量折算为人民币时，所采用的现金流量发生日的汇率或平均汇率折算的人民币金额与“现金及现金等价物净增加额”中外币现金净增加额按期末汇率折算的人民币金额之间的差额。

4. 补充资料项目的内容及填列方法

1)“将利润调节为经营活动的现金流量”各项目的填列方法

（1）“计提的资产减值准备”项目。反映企业计提的各项资产的减值准备。本项目可以根据“管理费用”“投资收益”“营业外支出”等账户的记录分析填列。

（2）“固定资产折旧”项目。反映企业本期累计提取的折旧。本项目可以根据“累计折旧”账户的贷方发生额分析填列。

（3）“无形资产摊销”和“长期待摊费用摊销”两个项目。分别反映企业本期累计摊入成本费用的无形资产的价值及长期待摊费用。这两个项目可以根据“无形资产”“长期待摊费用”账户的贷方发生额分析填列。

（4）“处置固定资产、无形资产和其他长期资产的损失(减：收益)”项目。反映企业本期由于处置固定资产、无形资产和其他长期资产而发生的净损失。本项目可以根据“营业外收入”“营业外支出”“其他业务收入”“其他业务支出”账户所属有关明细账户的记录分析填列；如为净收益，以“—”号填列。

（5）“固定资产报废损失”项目。反映企业本期固定资产盘亏(减盘亏)后的净损失。本项目可以根据“营业外支出”“营业外收入”账户所属有关明细账户中固定资产盘亏损失减去固定资产盘盈收益后的差额填列。

（6）“公允价值变动损失”项目。反映企业本期公允价值变动损失的减少。本项目可以根据利润表“公允价值变动损失”项目本期借方发生额分析填列；如为收益，以“—”号填列。

（7）“财务费用”项目。反映企业本期发生的应属于投资活动或筹资活动的财务费用。本项目可以根据“财务费用”账户的本期借方发生额分析填列；如为收益，以“—”号填列。

（8）“投资损失(减：收益)”项目。反映企业本期投资所发生的损失减去收益后的净损失。本项目可以根据利润表“投资收益”项目的数字填列；如为投资收益，以“—”号填列。

（9）“递延所得税资产减少”项目。反映企业本期递延所得税资产的减少。本项目可以根据资产负债表“递延所得税资产”项目的期初、期末余额的差额填列。“递延所得税资产”项目的期末数小于期初数的差额，以正数填列；“递延所得税资产”项目的期末数大于期初数的差额，以“—”号填列。

（10）“递延所得税负债增加”项目。反映企业本期递延所得税负债增加。本项目可以根据资产负债表“递延所得税负债”项目的期初、期末余额的差额填列。“递延所得税负债”的期末数大于期初数的差额，以正数填列；“递延所得税负债”的期末数小于期初数的差额，以“—”号填列。

（11）“存货的减少”项目。反映企业本期存货的减少(减：增加)。本项目可以根据资产负债表“存货”项目的期初、期末余额的差额填列；期末数大于期初数的差额，以“—”号填列。

（12）“经营性应收项目的减少(减：增加)”项目。反映企业本期经营性应收项目(包括应付账款、应付票据和其他应收款中与经营活动有关的部分及应收的增值税销项税额等)的减少(减：增加)。

（13）“经营性应付项目的增加(减：减少)”项目。反映企业本期经营性应付项目(包括应付账款、应付票据、应付职工薪酬、应交税费和其他应付款中与经营活动有关的部分以及应付的增值税进项税额等)的增加(减：减少)。

补充材料中的“现金及现金等价物净增加额”与现金流量表中的“五、现金及现金等价物净增加额”的金额量相等。

2)“不涉及现金收支的投资和筹资活动”各项目的填列方法

(1)“债务转为资本”项目，反映企业本期转为资本的债务金额。

(2)“一年内到期的可转换公司债券”项目，反映企业一年内到期的可转换公司债券的本息。

(3)“融资租入固定资产”项目，反映企业本期融资租入固定资产记入“长期应付款”账户的金额。

12.5 所有者权益变动表

12.5.1 所有者权益变动表的内容

所有者权益变动表是反映企业在一定期间所有者权益变动情况的财务报告。通过所有者权益变动表，可以说明企业所有者权益变动的情况，可以了解所有者权益的形成情况，了解所有者权益的构成及年末所有者权益的数额。

目前，所有者权益变动表主要由投资者投入资本、利润分配、所有者权益内部结转等部分组成。所有者权益变动表的基本格式见表12-11(以11.2.5的资料为背景编制)。

表12-11 所有者权益变动表　　会企04表

编制单位：K&J企业　　20××年度　　单位：元

项　目	本年金额						上年金额
	实收资本	资本公积	减：库存股	盈余公积	未分配利润	所有者权益合计	(同左略)
一、上年年末余额	9 000 000						
加：会计政策变更							
前期差错更正							
二、本年年初余额	9 000 000					9 000 000	
三、本年增减变动金额(减少填“－”)							
(一)净利润					209 500	209 500	
(二)直接计入所有者权益的利得和损失							
1. 可供出售金融资产公允价值变动净额							
2. 权益法下被投资单位其他所有者权益变动影响							

续表

项目	本年金额						上年金额
	实收资本	资本公积	减：库存股	盈余公积	未分配利润	所有者权益合计	(同左略)
3. 与计入所有者权益项目相关的所得税影响							
4. 其他							
(三)所有者投入和减少资本							
1. 所有者投入资本							
2. 股份支付计入所有者权益的金额							
3. 其他							
(四)利润分配				20 950	−104 750		
1. 提取盈余公积				20 950	−20 950	0	
2. 对所有者(或股东)的分配					−83 800	−83 800	
3. 其他							
(五)所有者权益内部结转							
1. 资本公积转增资本(或股本)							
2. 盈余公积转增资本(或股本)							
3. 盈余公积弥补亏损							
4. 其他							
四、本年年末余额	9 000 000			20 950	104 750	9 125 700	

12.5.2 所有者权益变动表的编制方法

所有者权益变动表基本上是按“实收资本”账户的有关明细账户编制的。其填列方法如下：

(1) 报表中的“本年金额”栏。根据当年“实收资本”和“利润分配”账户及其所属明细账户的记录分析填列。

(2) 报表中的“上年金额”栏。根据上年所有者权益变动表填列。如果上年度所有者权益变动表与本年度所有者权益变动表的项目名称和内容不一致，应对上年度报表项目的名称和数字按本年度的规定进行调整，填入报表的“上年金额”栏内。

（3）“净利润”项目。反映企业全年实现的税后净利润。如为亏损，以“－”号填列。本项目的数字应与利润表上“净利润”项目的“本年累计数”栏数字一致。

（4）“直接计入所有者权益的利得和损失”项目。反映企业本年发生的直接计入所有者权益的利得和损失，如为损失，以“－”号填列。

（5）“所有者投入和减少资本”项目。反映企业本年发生的所有者投入和减少的资本，如为损失，以“－”号填列。

（6）“利润分配”项目。按本年利润分配的有关明细金额填列。

（7）“所有者权益内部结转”项目。反映企业资本公积、盈余公积等转增资本情况和盈余公积弥补亏损情况。

12.6 报表附注

12.6.1 附注的作用

附注是财务报表不可或缺的组成部分。报表使用者了解企业的财务状况、经营成果和现金流量，应当全面阅读附注，附注相对于报表而言，同样具有重要性。

附注应当按照一定的结构进行系统合理的排列和分类，有顺序地披露信息。

12.6.2 附注的内容

企业应当按照会计准则要求在附注中至少披露下列内容，但是，非重要项目和企业不具有的项目除外。

1. 企业的基本情况

（1）企业注册地、组织形式和总部地址。

（2）企业的业务性质和主要经营活动。

（3）母公司以及集团最终母公司的名称。

（4）财务报告的批准报出者和财务报告批准报出日。按照有关法律、行政法规等规定，企业所有者或其他方面有权对报出的财务报告进行修改的，应当披露这一情况。

2. 财务报表的编制基础

说明企业的持续经营情况。

3. 遵循企业会计准则的声明

企业应当明确说明编制的财务报表符合企业会计准则体系的要求，真实、完整地反映了企业的财务状况、经营成果和现金流量。

4. 重要会计政策和会计估计

企业应当披露重要的会计政策和会计估计，不重要的会计政策和会计估计可以不披露。在披露重要会计政策和会计估计时，应当披露重要会计政策的确定依据和财务报表项目的计量基础，以及会计估计中所采用的关键假设和不确定因素。

企业至少应当披露的重要会计政策包括存货、长期股权投资、投资性房地产、固定资产、生物资产、无形资产、非货币性资产交换、资产减值、职工薪酬、企业年金基金、股份支付、债务重组、或有事项、收入、建造合同、政府补助、借款费用、所得税、外币折算、企业合并、租赁、金融工具确认和计量、金融资产转移、套期保值、石油天然气开采、合并财务报表、每股收益、分部报告、金融工具列报等。

5. 会计政策和会计估计变更以及差错更正的说明

企业应当按照《企业会计准则第 28 号——会计政策、会计估计变更和差错更正》及其应用指南的规定进行披露。

6. 重要报表项目的说明

企业应当尽可能以列表形式披露重要报表项目的构成或当期增减变动情况。

对重要报表项目的明细说明，应当按照资产负债表、利润表、现金流量表、所有者权益变动表的顺序以及报表项目列示的顺序进行披露，采用文字和数字描述相结合进行披露，并与报表项目相互参照。

1）交易性金融资产

交易性金融资产(不含衍生金融资产)的披露格式见表 12-12。

表 12-12　交易性金融资产披露格式

项目	期末公允价值	年初公允价值
1. 交易性债券投资		
2. 交易性权益工具投资		
3. 指定为以公允价值计量且其变动计入当期损益的金融资产		
4. 衍生金融资产		
5. 其他		
合计		

2)应收账款

（1）应收账款按账龄结构披露的格式见表 12-13。

表 12-13　应收账款按账龄结构披露的格式

账龄结构	期末账面价值	年初账面价值
1 年以内(含 1 年)		
1 年至 2 年(含 2 年)		
2 年至 3 年(含 3 年)		
3 年以上		
合计		

（2）应收账款按客户类别披露的格式见表 12-14。

表 12-14 应收账款按客户类别披露的格式

客户类别	期末账面价值	年初账面价值
客户1		
……		
其他客户		
合计		

资产负债表、利润表、现金流量表和所有者权益变动表的重要项目都要根据项目的具体情况分别进行列表附注。

7. 或有事项的说明

（1）预计负债的种类、形成原因以及经济利益流出不确定性的说明。

（2）与预计负债有关的预期补偿金额和本期已确认的预期补偿金额。

（3）或有负债的种类、形成原因及经济利益流出不确定性的说明。

（4）或有负债预计产生的财务影响，以及获得补偿的可能性；无法预计的，应当说明原因。

（5）或有资产很可能会给企业带来经济利益的，其形成的原因、预计产生的财务影响等。

（6）在涉及未决诉讼、未决仲裁的情况下，披露全部或部分信息预期对企业造成重大不利影响的，披露该未决诉讼、未决仲裁的性质以及没有披露这些信息的事实和原因。

8. 资产负债表日后事项的说明

每项重要的资产负债表日后非调整事项的性质、内容，及其对财务状况和经营成果的影响。无法做出估计的，应当说明原因。

9. 关联方关系及其交易的说明

（1）母公司和子公司的名称。母公司不是该企业最终控制方的，说明最终控制方名称。母公司和最终控制方均不对外提供财务报表的，说明母公司之上与其最相近的对外提供财务报表的母公司名称。

（2）母公司和子公司的业务性质、注册地、注册资本(或实收资本、股本)及其当期发生的变化。

（3）母公司对该企业或者该企业对子公司的持股比例和表决权比例。

（4）企业与关联方发生关联方交易的，该关联方关系的性质、交易类型及交易要素。交易要素至少应当包括如下几项。

① 交易的金额。

② 未结算项目的金额、条款和条件，以及有关提供或取得担保的信息。

③ 未结算应收项目的坏账准备金额。

④ 定价政策。

(5) 企业应当分别关联方以及交易类型披露关联方交易。

本章小结

本章介绍了财务报告的作用、种类和编制要求，主要介绍了资产负债表和利润表的含义、作用、结构和编制方法；现金流量表的含义，现金等价物的含义和内容，现金流量表的作用、基本结构和编制方法；所有者权益变动表的含义、作用、结构和编制方法。

名人名言

财务报表中所应揭示信息不仅要满足阅读者的专门需要，而且还要有一定标准。通常认为，揭示要符合三项标准，即适当、公正和充分。

——埃尔登·S. 亨德里克森

作为商业语言，会计与其他语言在许多方面是共通的。一家企业的各种商业活动用会计语言在会计报表中报告出来，就像新闻事件用英语在英文报纸中报道出来一样。

——伊尻雄士

如果让我在拥有利润信息和现金流量信息之间做一个比较选择，那么今天我就选现金流量。

——美国前证券管理委员会主席　罗德·威廉斯

为了有效地生活就必须掌握充分的信息。

——美国数学家、控制论创始人　诺伯特·维纳

信息既不是物质，也不是能量。信息就是信息。

——美国数学家、控制论创始人　诺伯特·维纳

“了解自己的数字”是工商企业的一条基本准则。

——比尔·盖茨

股本和债务与其说是融资工具，不如说就是控制和治理结构。

——Willamson

练习与思考

一、填空题

将合适的内容填入下图的空格内。

二、多项选择题

在下表合适的项目中选择打“√”。

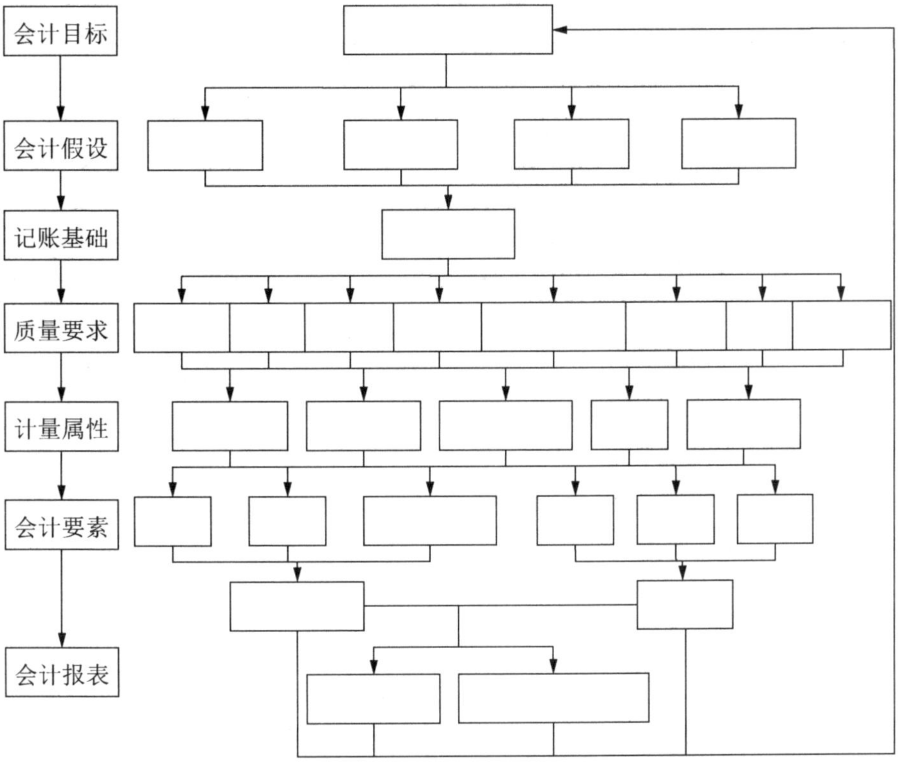

项　目	静态	动态	月报	年报	对内	对外
资产负债表						
利润表						
现金流量表						
所有者权益变动表						

三、业务题

习题 1

1. 目的：练习编制报表。
2. 资料：第 11 章业务题登记的账簿及试算平衡表。
3. 要求：编制资产负债表、利润表、现金流量表和所有者权益变动表(假设业务全年，即假设 12 月初为年初)。

习题 2

1. 目的：练习权责发生制与收付实现制的业务转换。
2. 资料：假如本期有计提折旧、应收款项和应付款项是非付现业务，也即权责发生制核算基础处理的业务，企业资产负债表和利润表见表 12-15 和表 12-16。

表 12-15 资产负债表 单位：元

资　产	期末	期初	负债和所有者权益	期末	期初
现金及现金等价物	300	100	应付款项	600	100
应收款项	500	200	其他负债	300	200
其他非现资产	800	400	所有者权益	500	300
减：累计折旧	200	100			
合计	1 400	600	合计	1 400	600

表 12-16 利　润　表 单位：元

项　目	本期合计
一、收入	2 000
减：费用	1 800
二、利润	200

3. 要求：

（1）以表 12-15 和表 12-16 进行核算基础转换，并填制下表 12-17（行不够可自行下加）。

表 12-17 权责发生制基础转换为收付实现制基础的对比

序号	报表内容	权责发生制基础	收付实现制基础
1	利润表收入项（权责发生制还需要看资产负债表的应收款项的期末减期初）		
2	利润表费用项（权责发生制还需要看资产负债表的累计折旧项的期末减期初）		
3	利润表利润项和资产负债表所有者权益项的期末减期初		
4	资产负债表应收款项期末减期初，收入中权责发生制业务		
5	资产负债表非现资产期末减期初（权责发生制还需看应付款项的期末减期初）		
6	资产负债表累计折旧项期末减期初，费用中权责发生制业务		
7	资产负债表应付款项期末减期初		
8	资产负债表其他负债项期末减期初		

（2）通过“以表编表”的方式，填制表 12-18（可根据业务自行增加项目内容，并下加行）。

表 12-18 现金流量表

项 目	金 额
一、现金流量	
销售商品收到的现金	
债务增加收到的现金(负债减少为流出)	
现金流入小计	
购买商品支付的现金(资产减少为"—")	
支付的各项费用形成的流出(减非付现费用)	
现金流出小计	
二、现金及现金等价物净增加量	
加：期初现金及现金等价物余额	
三、期末现金及现金等价物余额	

习题 3

1. 目的：练习编制家庭资产负债表。

2. 资料：张小丫已经学习会计快一个学期了，为了帮助妈妈更好地投资理财，小丫用自己学习的知识，根据妈妈说的情况，把20××年自己家的财务状况编制了一张家庭资产负债表，见表12-19。

表 12-19 资产负债表

户主：　　20××年12月31日　　单位：万元

资 产	金额	负债和所有者权益	金额
流动资产：		流动负债：	
货币资金(现金及银行储蓄)	19.55	应付利息(信用贷款利息)	1.95
交易性金融资产(股、基、债)	25.30	应付信用卡还款	1.05
应收款(亲戚、朋友借款)	15.15	应付款(借亲戚、朋友款)	
流动资产合计	60.00	流动负债合计	3.00
非流动资产：		非流动负债：	
长期股权投资(合开公司)	10.00	长期借款(房贷)	68.00
到期可出售金融资产(国库券)		长期应付款(双方父母养老+家庭保险支出)	12.00
投资性房地产	50.00	非流动负债合计	80.00
固定资产(自住房，家用车)	100.00	负债合计	83.00
其他资产		所有者权益：	
		实收资本(婚前投入)	27.00
		盈余公积(婚后累计净收入)	100.00
		本年净收入	10.00
非流动资产合计	160.00	所有者权益合计	137.00
资产总计	220.00	负债和所有者权益合计	220.00

3. 要求：

（1）询问父母后，填制一张自己家庭的资产负债表（根据需要可增加重要性项目，并加行）。

（2）阐述资产负债表的作用。

四、材料分析题

现金流量表的编制解析——兼论权责发生制和收付实现制异同

现金流量表的编制较复杂，在学习上是一个难点，学起来很难理解，在实际编制现金流量表时，也可能只是“依葫芦画瓢，画完就忘”，没有真正了解现金流量表的原理，所以就无法掌握现金流量表的编制方法。

那么，如何理解现金流量表的编制原理，掌握其编制方法呢？把理解现金流量表的理论放在第一位，并且用图形进行学习理解，用理论指导实践，学起来就快，掌握得也牢固，使现金流量表的编制问题迎刃而解。

具体做法是：

1. 掌握权责发生制和收付实现制

企业在持续不断地生产经营过程中，不断取得收入，也不断发生支出。会计核算以会计分期假设为前提，在确定了会计期间后，因为收入和费用的收支期间和归属期间并不完全一致，就要选择会计核算基础。所谓收入和费用的收支期间，是指实际收到和支付现款的会计期间；所谓收入和费用的归属期间，则是指应获得收入和应负担费用的会计期间。所谓会计核算基础，也称记账基础，是指确认收入和费用的标准，分为权责发生制和收付实现制两种。

权责发生制要求企业会计核算应当以业务的权责发生为基础。凡是当期已经实现的收入或发生的费用，即权力和责任已发生，不论款项是否收到或支付，都应当确认为当期的收入或费用；凡是不属于当期的收入或费用，即使款项已在当期收到或支付，也不应当确认为当期的收入或费用。

而收付实现制则相反，是以款项的实际收付作为标准，确定本期收入和费用的一种记账基础。在收付实现制下，凡是当期收到或支付的款项，确认为当期收入或费用。因此，权责发生制和收付实现制是在对会计事项采用不同的标准进行核算的基础，如图 12.3 所示。

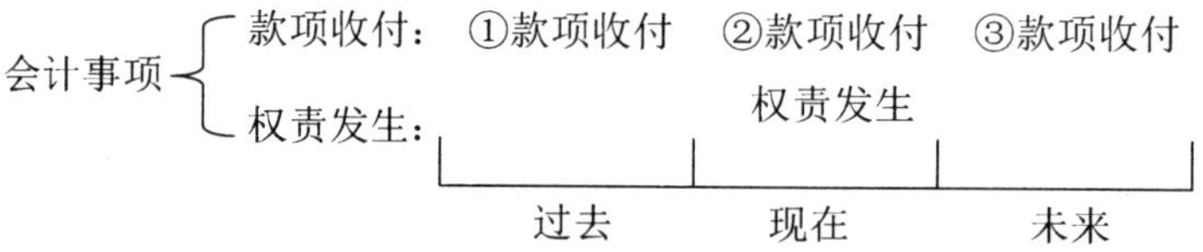

图 12.3　业务发生与款项收付情况

两种核算基础的会计事项是同一个，根据款项收付时间同业务发生的时间关系看，情况可以分三种：一是款项先收付，业务后发生；二是同时发生；三是业务先发生，款项后收付。由于两种看问题的角度不一样，采用的入账标准不一样，但在一个相当长的时间内，即一个会计事项的权责发生和款项收付都完成了，两种基础下核算的收入或费用是必然相等的，有下列等式：

$$\sum(\text{相当长时间内权责发生制计算的利润})=\sum(\text{相当长时间内收付实现制计算的利润})$$

由此可知，权责发生制和收付实现制并不是完全对立的，而是在持续的时间上由于会计分期造成的，它们是必然联系的，是可以相互转换的。收付实现制与权责发生制的相互转换如图 12.4 所示。

收付实现制下的现金流量		
减：本期收到或支付的现金，归属于前期或后期的收入或费用	本期收到或支付现金，归属于本期的收入或费用	加：前期或后期收到或支付现金，归属于本期的收入或费用
	=权责发生制下的利润	

图 12.4 收付实现制与权责发生制的相互转换

2. 掌握责权发生制记账基础下利润的形成

现金流量与利润的相互转换如图 12.5 所示。

收付实现制下的现金流量		
减：资产负债表中，本期收到或支付的现金，归属于前期或后期的收入或费用。(表现：形成资产增加或负债减少)	本期收到或支付现金，归属于本期的收入或费用	加：资产负债表中，前期或后期收到或支付现金，归属于本期的收入或费用。(表现：形成资产减少或负债增加)
	=权责发生制下的利润	

图 12.5 现金流量与利润的相互转换

3. 掌握利润表与现金流量表的转换

本章前文中提到现金流量表是利润表和资产负债表的又一座桥梁。当然，也可以说资产负债表是利润表和现金流量表的桥梁，是互为转换关系的，如图 12.6 所示。

权责发生制下的利润		
减：资产负债表中，前期或后期收到或支付现金，归属于本期的收入或费用(表现：形成资产增加或负债减少)	本期收到或支付现金，归属于本期的收入或费用	加：资产负债表中，本期收到或支付的现金，归属于前期或后期的收入或费用(表现：形成资产减少或负债增加)
	=收付实现制下的现金流量	

图 12.6 利润与现金流量的相互转换

具体业务在三张表中的产生情况如下：

(1) 企业购入原材料 20 000 元，货款以银行存款支付。会计分录为

借：原材料　　20 000

　　贷：银行存款　　20 000

(2) 企业购入原材料 10 000 元，款未付。会计分录为

借：原材料　　10 000

　　贷：应付账款　　10 000

(3) 企业销售产品，货款 50 000 元，款收回。会计分录为

借：银行存款　　50 000

　　贷：主营业务收入　　50 000

(4) 企业销售产品，货款 100 000 元，款未收回。会计分录为

借：应收账款　　100 000

贷：主营业务收入　　　　100 000

(5) 计提本期制造部门折旧 10 000 元。会计分录为

借：制造费用　　　　10 000

贷：累计折旧　　　　10 000

上述业务披露的报表及利润与现金流量的转换如图 12.7 所示。

从图 12.7 中可知，现金净流量可以直接分别计算现金流入、现金流出，并填制现金流量表，这种方法叫“直接法”，即图 12.7 的下面的现金流量表方框显示的。所谓直接法，即从利润表业务收入开始到资产负债表，按照利润形成的直接过程，把权责发生制调整转换成按收付实现制计算出本期的现金流入量、现金流出量，编制现金流量表的方法；而按照净利润±资产负债表调整项目的方法称为“间接法”，即图 12.7 中从利润表方框开始到下面的现金流量表方框。所谓间接法就是从利润表的净利润开始到资产负债表，按照公式“现金流量＝净利润＋应计项目”的调整过程编制的现金流量表。因为直接法较易理解，下面仅介绍间接法的编制方法。

利润表

净利润：(3)＋(4)－(5)＝50 000＋100 000－10 000＝140 000

减：披露在资产负债表中的项目

(1)＋(2)＋(4)＝20 000＋10 000＋100 000＝130 000

加：披露在资产负债表中的项目

(2)＋(5)＝10 000＋10 000＝20 000

＝现金流量表

现金流入：(3) 50 000

现金流出：(1) 20 000

现金净流量：(3)－(1)＝50 000－20 000＝30 000

图 12.7　业务披露的报表及利润表与现金流量表的相互转换

4. 现金流量表编制举例

如某企业资产负债表和利润表，见前文中提到的表 12-2、表 12-5。

现金流量表的间接编制法，即现金流量表的补充资料部分，根据表 12-2 和表 12-5 分析，得：

固定资产折旧＝9 077 800－9 074 800＝3 000；存货减少 77 400－12 300＝65 100；经营性应付款项增加＝15 390－8 200＋138 773－900＋800－800＝145 063(流动负债中“83 800－225 000＝－141 200”为筹资性应付款项增加，我国现金流量表补充资料部分不用列示披露)。现金的期初、期末余额按照货币资金等项目填写，见表 12-10 补充资料部分。

表 12-10 补充资料部分中的一些项目还需要进行分析填列，如财务费用，其属于筹资性现金流出，但要在经营性现金流量的计算时加上，再如投资损失、固定资产报废损失等项目也都需要分析，不再一一赘述。

通过掌握收付实现制和权责发生制的区别，能掌握利润和现金流量的相互转换，进一步掌握利润表、资产负债表、现金流量表的关系，掌握利润表与现金流量表的相互转换，也就真正掌握了现金流量表的编制原理和编制方法。

问题：

(1) 简述权责发生制与收付实现制之间的联系和区别。

(2) 简述权责发生制下的利润和收付实现制下的现金流量的区别。

(3) 运用上述方法对业务题习题 1 的现金流量表的补充资料部分进行分析，并编制报表。

参考文献

[1] 吴水澎．会计理论[M]．北京：机械工业出版社，2007.

[2] 胡玉明．管理会计研究[M]．北京：机械工业出版社，2008.

[3] 财政部注册会计师考试委员会办公室．会计[M]．北京：中国财政经济出版社，2012.

[4] 中华人民共和国财政部．企业会计制度2006[M]．北京：经济科学出版社，2006.

[5] 中华人民共和国财政部．企业会计准则——应用指南[M]．北京：中国财政经济出版社，2006.

[6] 中华人民共和国财政部会计司《会计基础工作规范培训教材》编写组．会计基础工作规范培训教材[M]．北京：经济科学出版社，1998.

[7] 郭道扬．中国会计史稿(上册)[M]．北京：中国财政经济出版社，1982.

[8] 郭道扬．中国会计史稿(下册)[M]．北京：中国财政经济出版社，1988.

[9] 文硕．西方会计史(上)——会计发展的第五次浪潮[M]．北京：中国商业出版社，1987.

[10]《中华人民共和国会计法讲话》编写组．中华人民共和国会计法讲话[M]．北京：经济科学出版社，1999.

[11] 庄恩岳．中外会计准则比较[M]．北京：中国审计出版社，2000.

[12] 李孝林，等．会计基本理论比较[M]．上海：立信会计出版社，2002.

[13] 刘明辉．走向21世纪的现代会计(上、中、下)[M]．大连：东北财经大学出版社，1996.

[14] 毛伯林，赵德武．中国会计管理模式研究[M]．成都：西南财经大学出版社，1990.

[15] 陈长寿，杨仕鹏．会计人员职业道德与自律机制[M]．北京：民主与建设出版社，2002.

[16] 中国人民银行会计司．支付结算制度汇编[M]．北京：新华出版社，1997.

[17] 中国会计学会．中国会计研究文献摘编(1979—1999)会计基础理论卷[M]．大连：东北财经大学出版社，2002.

[18] 汤云为，钱逢胜．会计理论[M]．上海：上海财经大学出版社，1997.

[19] [美] 西德尼·戴维森．现代会计手册(第1、2、3分册)[M]．徐政旦，等译．北京：中国财政经济出版社，1985.

[20] [美] 埃尔登·S. 亨德里克森．会计理论[M]．王澹如，陈今池，译．上海：立信会计出版社，1987.

[21] [美] 艾哈迈德·里亚西-贝克奥伊．会计理论[M]．钱逢胜，等译．上海：上海财经大学出版社，2004.

[22] 程明娥，王一平．初级会计学[M]．上海：立信会计出版社，2008.

[23] 杨纪琬，等．会计原理[M]．4版．北京：中国财政经济出版社，1998.

[24] 陈国辉．会计理论研究[M]．大连：东北财经大学出版社，2001.

[25] 荀红星，徐天才．基础会计学[M]．郑州：河南人民出版社，1994.

[26] 财政部会计司．单位负责人会计法必读[M]．北京：中国财政经济出版社，2000.

[27] 陈国辉，迟旭升．基础会计[M]．2版．大连：东北财经大学出版社，2009.

[28] 杨尚军．基础会计学[M]．北京：机械工业出版社，2007.

[29] 杨尚军．会计物语[M]．成都：西南交通大学出版社，2008.

[30] 杨尚军．成本会计学[M]．北京：北京大学出版社，2011.

[31] 杨尚军．会计混搭[M]．成都：西南交通大学出版社，2014.

北京大学出版社本科财经管理类实用规划教材(已出版)

财务会计类

序号	书　名	标准书号	主　编	定价	序号	书　名	标准书号	主　编	定价
1	基础会计	7-301-24366-4	孟　铁	35.00	23	中级财务会计习题集	7-301-25756-2	吴海燕	39.00
2	基础会计(第2版)	7-301-17478-4	李秀莲	38.00	24	高级财务会计	7-81117-545-5	程明娥	46.00
3	基础会计实验与习题	7-301-22387-1	左　旭	30.00	25	高级财务会计	7-5655-0061-9	王奇杰	44.00
4	基础会计学	7-301-19403-4	窦亚芹	33.00	26	企业财务会计模拟实习教程	7-5655-0404-4	董晓平	25.00
5	基础会计学学习指导与习题集	7-301-16309-2	裴　玉	28.00	27	成本会计学	7-301-19400-3	杨尚军	38.00
6	基础会计	7-301-23109-8	田凤彩	39.00	28	成本会计学	7-5655-0482-2	张红漫	30.00
7	基础会计学	7-301-16308-5	晋晓琴	39.00	29	成本会计学	7-301-20473-3	刘建中	38.00
8	信息化会计实务	7-301-24730-3	杜天宇	35.00	30	税法与税务会计实用教程(第2版)	7-301-21422-0	张巧良	45.00
9	会计学原理习题与实验(第2版)	7-301-19449-2	王保忠	30.00	31	初级财务管理	7-301-20019-3	胡淑姣	42.00
10	会计学原理(第3版)	7-301-26239-9	刘爱香	35.00	32	财务会计学	7-301-23190-6	李柏生	39.00
11	会计学原理	7-301-24872-0	郭松克	38.00	33	财务管理学实用教程(第2版)	7-301-21060-4	骆永菊	42.00
12	会计学原理与实务(第2版)	7-301-18653-4	周慧滨	33.00	34	财务管理理论与实务(第2版)	7-301-20407-8	张思强	42.00
13	初级财务会计模拟实训教程	7-301-23864-6	王明珠	25.00	35	财务管理理论与实务	7-301-20042-1	成　兵	40.00
14	初级会计学习题集	7-301-25671-8	张兴东	28.00	36	财务管理学	7-301-21887-7	陈　玮	44.00
15	会计规范专题(第2版)	7-301-23797-7	谢万健	42.00	37	公司财务管理	7-301-21423-7	胡振兴	48.00
16	会计综合实训模拟教程	7-301-20730-7	章洁倩	33.00	38	财务分析学	7-301-20275-3	张献英	30.00
17	预算会计	7-301-22203-4	王筱萍	32.00	39	审计学	7-301-20906-6	赵晓波	38.00
18	会计电算化	7-301-23565-2	童　伟	49.00	40	审计理论与实务	7-81117-955-2	宋传联	36.00
19	政府与非营利组织会计	7-301-21504-3	张　丹	40.00	41	现代审计学	7-301-25365-6	杨　茁	39.00
20	管理会计	7-81117-943-9	齐殿伟	27.00	42	财务会计	7-301-26285-6	李巧巧	38.00
21	管理会计	7-301-21057-4	形芳珍	36.00	43	财务管理	7-301-26267-2	刘　辉	45.00
22	中级财务会计	7-301-23772-4	吴海燕	49.00	44	初级会计学	7-301-26690-8	杨尚军	45.00

管理类

序号	书　名	标准书号	主　编	定价	序号	书　名	标准书号	主　编	定价
1	管理学	7-301-17452-4	王慧娟	42.00	14	统计学	7-301-24750-1	李付梅	39.00
2	管理学	7-301-21167-0	陈文汉	35.00	15	统计学	7-301-25180-5	邓正林	42.00
3	管理学	7-301-23023-7	申文青	40.00	16	统计学(第2版)	7-301-23854-7	阮红伟	35.00
4	管理学原理	7-301-22980-4	陈　阳	48.00	17	应用统计学(第2版)	7-301-19295-5	王淑芬	48.00
5	管理学原理	7-5655-0078-7	尹少华	42.00	18	统计学实验教程	7-301-22450-2	裘雨明	24.00
6	管理学原理	7-301-21178-6	雷金荣	39.00	19	管理运筹学(第2版)	7-301-19351-8	关文忠	39.00
7	管理学原理与实务(第2版)	7-301-18536-0	陈嘉莉	42.00	20	现场管理	7-301-21528-9	陈国华	38.00
8	管理学实用教程	7-301-21059-8	高爱霞	42.00	21	企业经营ERP沙盘应用教程	7-301-20728-4	董红杰	32.00
9	现代企业管理理论与应用(第2版)	7-301-21603-3	邸彦彪	38.00	22	项目管理	7-301-21448-0	程　敏	39.00
10	新编现代企业管理	7-301-21121-2	姚丽娜	48.00	23	项目管理	7-301-24823-2	康　乐	39.00
11	统计学原理(第2版)	7-301-25114-0	刘晓利	36.00	24	公司治理学	7-301-22568-4	蔡　锐	35.00
12	统计学原理	7-301-21061-4	韩　宇	38.00	25	企业经营ERP沙盘模拟教程(第2版)	7-301-26163-7	董红杰	45.00
13	统计学原理与实务	7-5655-0505-8	徐静霞	40.00					

市场营销类

序号	书　名	标准书号	主　编	定价	序号	书　名	标准书号	主　编	定价
1	市场营销学	7-301-21056-7	马慧敏	42.00	4	市场营销学(第2版)	7-301-19855-1	陈　阳	45.00
2	市场营销学：理论、案例与实训	7-301-21165-6	袁连升	42.00	5	市场营销学	7-301-21166-3	杨　楠	40.00
3	市场营销学实用教程(第2版)	7-301-24958-1	林小兰	48.00	6	市场营销理论与实务(第2版)	7-301-20628-7	那　薇	40.00

序号	书　名	标 准 书 号	主　编	定价	序号	书　名	标 准 书 号	主　编	定价
7	市场营销学(第 2 版)	7-301-24328-2	王槐林	39.00	14	消费者行为学	7-5655-0057-2	肖　立	37.00
8	国际市场营销学	7-301-21888-4	董　飞	45.00	15	客户关系管理实务	7-301-09956-8	周贺来	44.00
9	营销策划	7-301-23204-0	杨　楠	42.00	16	客户关系管理理论与实务	7-301-23911-7	徐　伟	40.00
10	营销策划	7-301-26027-2	张　娟	38.00	17	社交礼仪	7-301-23418-1	李　霞	29.00
11	市场营销策划	7-301-23384-9	杨　勇	40.00	18	商务谈判(第 2 版)	7-301-20048-3	郭秀君	49.00
12	广告策划与管理：原理、案例与项目实训	7-301-23827-1	杨佐飞	48.00	19	消费心理学(第 2 版)	7-301-25983-2	臧良运	40.00
13	现代推销与谈判实用教程	7-301-25695-4	凌奎才	48.00	20	零售学(第 2 版)	7-301-26549-9	陈文汉	39.00

工商管理类

序号	书　名	标 准 书 号	主　编	定价	序号	书　名	标 准 书 号	主　编	定价
1	企业文化理论与实务(第 2 版)	7-301-24445-6	王水嫩	35.00	10	创业基础：理论应用与实训实练	7-301-24465-4	郭占元	38.00
2	企业战略管理实用教程	7-81117-853-1	刘松先	35.00	11	公共关系学实用教程(第 2 版)	7-301-25557-5	周　华	42.00
3	企业战略管理	7-301-23419-8	顾　桥	46.00	12	公共关系学实用教程	7-301-17472-2	任焕琴	42.00
4	生产运作管理(第 3 版)	7-301-24502-6	李全喜	54.00	13	公共关系理论与实务	7-5655-0155-5	李泓欣	45.00
5	运作管理	7-5655-0472-3	周建亨	25.00	14	东方哲学与企业文化	7-5655-0433-4	刘峰涛	34.00
6	运营管理实验教程	7-301-25879-8	冯根尧	24.00	15	跨国公司管理	7-5038-4999-2	冯雷鸣	28.00
7	组织行为学实用教程	7-301-20466-5	冀　鸿	32.00	16	企业战略管理	7-5655-0370-2	代海涛	36.00
8	质量管理(第 2 版)	7-301-24632-0	陈国华	39.00	17	跨文化管理	7-301-20027-8	晏　雄	35.00
9	创业学	7-301-15915-6	刘沁玲	38.00	18	公共关系理论与实务	7-301-26341-9	王志敏	33.00

人力资源管理类

序号	书　名	标 准 书 号	主　编	定价	序号	书　名	标 准 书 号	主　编	定价
1	人力资源管理(第 2 版)	7-301-19098-2	颜爱民	60.00	5	员工招聘	7-301-20089-6	王　挺	30.00
2	人力资源管理实用教程(第 2 版)	7-301-20281-4	吴宝华	45.00	6	人力资源管理：理论、实务与艺术	7-5655-0193-7	李长江	48.00
3	人力资源管理原理与实务(第 2 版)	7-301-25511-7	邹　华	32.00	7	人力资源管理实验教程	7-301-23078-7	畅铁民	40.00
4	人力资源管理教程	7-301-24615-3	夏兆敢	36.00					

服务管理类

序号	书　名	书号	编著者	定价	序号	书　名	书号	编著者	定价
1	会展服务管理	7-301-16661-1	许传宏	36.00	4	服务性企业战略管理	7-301-20043-8	黄其新	28.00
2	非营利组织管理	7-301-20726-0	王智慧	33.00	5	现代服务业管理原理、方法与案例	7-301-17817-1	马　勇	49.00
3	服务营销	7-301-21889-1	熊　凯	45.00					

经济、国贸、金融类

序号	书　名	书号	编著者	定价	序号	书　名	书号	编著者	定价
1	宏观经济学(第 2 版)	7-301-19038-8	蹇令香	39.00	6	外贸函电(第 2 版)	7-301-18786-9	王　妍	30.00
2	西方经济学实用教程	7-5655-0302-3	杨仁发	49.00	7	国际贸易理论与实务(第 2 版)	7-301-18798-2	缪东玲	54.00
3	管理经济学(第 2 版)	7-301-24786-0	姜保雨	42.00	8	国际贸易(第 2 版)	7-301-19404-1	朱廷珺	45.00
4	管理经济学	7-301-24573-6	钱　津	42.00	9	国际贸易实务(第 2 版)	7-301-20486-3	夏合群	45.00
5	矿业经济学	7-301-24988-8	李　创	38.00	10	国际贸易结算及其单证实务(第 2 版)	7-301-25733-3	卓乃坚	42.00

序号	书　名	书号	编著者	定价	序号	书　名	书号	编著者	定价
11	政治经济学原理与实务(第2版)	7-301-22204-1	沈爱华	31.00	24	货币银行学	7-301-21345-2	李　冰	42.00
12	政治经济学	7-301-24891-1	巨荣良	38.00	25	国际结算(第2版)	7-301-17420-3	张晓芬	35.00
13	国际商务(第2版)	7-301-25366-3	安占然	39.00	26	国际结算	7-301-21092-5	张　慧	42.00
14	国际贸易实务	7-301-20919-6	张　肃	28.00	27	金融工程学	7-301-18273-4	李淑锦	30.00
15	国际贸易规则与进出口业务操作实务(第2版)	7-301-19384-6	李　平	54.00	28	金融工程学理论与实务(第2版)	7-301-21280-6	谭春枝	42.00
16	国际贸易实训教程	7-301-23730-4	王　茜	28.00	29	国际金融	7-301-23351-6	宋树民	48.00
17	国际经贸英语阅读教程	7-301-23876-9	李晓娣	25.00	30	国际商务函电	7-301-22388-8	金泽虎	35.00
18	中国对外贸易概论	7-301-23884-4	翟士军	42.00	31	保险学	7-301-23819-6	李春蓉	41.00
19	国际贸易理论、政策与案例分析	7-301-20978-3	冯　跃	42.00	32	财政学(第2版)	7-301-25914-6	盖　锐	39.00
20	证券投资学	7-301-19967-1	陈汉平	45.00	33	财政学	7-301-23814-1	何育静	45.00
21	金融风险管理	7-301-25556-8	朱淑珍	42.00	34	兼并与收购	7-301-22567-7	陶启智	32.00
22	证券投资学	7-301-21236-3	王　毅	45.00	35	东南亚南亚商务环境概论(第2版)	7-301-25823-1	韩　越	42.00
23	货币银行学	7-301-15062-7	杜小伟	38.00					

法律类

序号	书　名	书号	编著者	定价	序号	书　名	书号	编著者	定价
1	经济法原理与实务(第2版)	7-301-21527-2	杨士富	39.00	4	劳动法和社会保障法(第2版)	7-301-21206-6	李　瑞	38.00
2	经济法	7-301-24697-9	王成林	35.00	5	国际商法	7-301-20071-1	丁孟春	37.00
3	国际商法理论与实务	7-81117-852-4	杨士富	38.00	6	商法学	7-301-21478-7	周龙杰	43.00

如您需要更多教学资源如电子课件、电子样章、习题答案等，请登录北京大学出版社第六事业部官网 www.pup6.cn 搜索下载。

如您需要浏览更多专业教材，请扫下面的二维码，关注北京大学出版社第六事业部官方微信(微信号：pup6book)，随时查询专业教材、浏览教材目录、内容简介等信息，并可在线申请纸质样书用于教学。

感谢您使用我们的教材，欢迎您随时与我们联系，我们将及时做好全方位的服务。联系方式：010-62750667，wangxc02@163.com，pup_6@163.com，lihu80@163.com，欢迎来电来信。客户服务 QQ 号：1292552107，欢迎随时咨询。